フランス革命の思想と行動

近代を問う I

フランス革命の思想と行動

近代を問う 第I巻

河 野 健 二 著

岩 波 書 店

目　次

フランス革命の思想と行動

序　絶対主義とブルジョワ革命

はしがき

絶対主義とブルジョワ革命との関連、推移の問題については、対象を西ヨーロッパの場合に限っても、論ずべき多くの点がある。しかし、本稿でこれらの問題を統一的に論ずることは、もとよりわたしの能力の及ぶところではない。わたしの志すところは、経済的発展の観点から絶対主義とブルジョワ革命との関連、推移の問題を取り上げて、何らかの見通しをつけるということである。もとより絶対主義とブルジョワ革命というテーマ自体が、十分に大きすぎる問題である。したがってここでは単に問題に接近するための一応のあらすじを述べて見ることで満足せざるをえない。

一　ブルジョワ革命の問題点

絶対主義とブルジョワ革命の問題は、すなわち絶対主義廃絶の問題である。中世社会のなかから発生し、発展した絶対主義が、その歴史的役割を終えて打倒されるにいたるその理由およびその経過がここでの問題である。この絶対主義の終末、廃棄の問題は、しかし、同時に絶対主義の全過程、その歴史的地位および役割についての一定の認識を前提とする。あるいは、むしろ絶対主義の廃絶が問題となるときに、初めてわれわれは絶対主義の総過程という問題を正面に持ち出すことができる。これについて、一、二の予備的な問題点をまず述べておこう。

いうまでもなく、絶対主義は一つの権力形態である。権力形態である以上、それは経済関係の産物であると同時に、経済関係とは別個の独自の存在である。それは、経済によって規定されながら、経済に反作用を及ぼす力をもっている。これは自明のことである。ところで、絶対主義は経済関係にどのように作用するのか。この点について当然に考えられる立場として、権力形態は一つの制度であり、「上部構造」にすぎず、それ自体が主体的に発展することはなく、発展し変化するのは経済過程であるという考え方がある。絶対主義が、どのような意味をもち、どのような役割を果すかは基礎構造との関連において理解される必要があることはいうまでもないが、一般に権力の形態や作用の問題を基礎構造のなかに埋没させてしまうことには疑問を抱かざるをえない。たとえば、絶対主義をもっぱら封建的な経済構造との関連で説明する見解があるが、それは絶対主義の性質を一面的に、固定的にのみとらえる立場である。こういう見方では絶対主義のもつ歴史的役割を見失うと同時に、政治過程の総体をつかむことが不可能になると私は考える。

絶対主義を問題とするとき、その成立期と没落期がまず区別される。成立期の絶対主義は、もちろん一定の枠のなかではあるが、経済関係の歴史的に進歩的な方向を代表し、一定の限度内ではあるが、経済のブルジョワ的発展を促進する役目を果す。ところで、そのブルジョワ的発展が一定の限度に到達し、絶対主義権力とのあいだに矛盾・相剋が現われるとき、絶対主義は時代おくれとなり、その封建的・保守的本質が露呈される。絶対主義の打倒を目指すブルジョワ革命が、ここで日程にのぼる。絶対主義は、このように本来、矛盾した二つの性質——一定のブルジョワ性と封建性とを同時に一定の枠のなかに取りこむ権力形態であり、その点で過渡的な政権であり、本来安定性を欠如しているものである。

絶対主義は権力の形態・作用であるから、経済構造からは相対的に独立しており、ある場合にはブルジョワ的発展を促進したり、逆にそれを妨害することもある。社会のブルジョワ的発展を促進するとき、決してそれ自身ブルジョワ権力ではない絶対主義が、客観的には歴史をおし進める役割を果す。それと同時に、ブルジョワ的発展が一層発展して絶対主義が反動的にそれを妨害するとき、それが絶対主義廃絶のための基本的な動因となる。そこで問題は、ブルジョワ的発展のいかなる段階が、絶対主義をブルジョワ的発展の妨害物たらしめるか、それを明らかにすることにある。

ところで、こうした問題について、すでに大塚久雄氏を中心とする「大塚史学」の人びとが主張する有力な見解がある。それは、一口でいえば、中産的生産者層を主体とするマニュファクチュア=産業資本の発展が絶対主義廃絶のための前提であり、したがってブルジョワ革命は、こうした産業資本が権力を握ることを中心課題とする革命であるということになる。こうした見解の背後には、周知の「商業資本」対「産業資本」の理論があり、この二つの対立の歴史的表現として絶対主義とブルジョワ革命の対抗が把握されるという関係にある。「商業資本」対「産業資本」の議論についてはここでくりかえす必要はないが、こうした見解につながるブルジョワ革命観について、二、三の問題点を指摘することは必要である。

まずこの見解においては、ブルジョワ革命の要因が商業資本と産業資本という「資本」の二つの形態の対抗関係としてとらえられているという点が重要である。つまりブルジョワ革命の基本的要因は、商業的であるか、産業的であるかという、同じブルジョワジーの二つの分派・類型のなかに求めるわけである。つまり、ブルジョワ革命を封建勢力と結ぶ商業ブルジョワジーと、革命を求める産業ブルジョワジーの対抗という問題におきかえるわけである。もちろん、商業資本と産業資本の対抗は現実に存在するし、また産業形態の経済史的な分析のなかでこうした問題点を取り上げることは必要である。しかしブルジョワ革命の問題をこれらの経済的諸力の対抗から一元的にひき出すことはどうであろうか。むしろ政治的もしくは経済外的な諸力である身分や特権、制度や組織の対抗関係として把握されるべきではなかろうか。

つぎに、この見解によると、ブルジョワ革命が産業資本制覇の途をひらき、近代社会を終局的に打ち出すものとされるけれども、もしそうならば、たとえばイギリスで名誉革命以後も、国家という組織的強制力による原始蓄積が強行されたのは、いったいどのように合理的に説明されるのであろうか。もし産業資本が政治権力を握るほどまでに確立しており、それがいわゆる前期的資本にたいして革命をかちとるのであれば、産業資本確立のための原始蓄積が「上から」行われるはずはないし、また、もしも革命後、真の意味での原始蓄積が行われ、産業資本が確立するというのであれば、ブルジョワ革命を産業資本から説明することはできないはずである。したがって、いずれにしてもブルジョワ革命を産業資本に直結させる見解は成立しえないといわねばならない。

なおこれに関連するが、ブルジョワ革命ののちにおいてもなお、たとえばイギリスで、貴族制と門閥寡頭政治とが強固に残存するのはなにゆえであるか。またさかのぼってクロムウェル革命ののちにおいて、ふたたび王政が復活するのはなにゆえであるか。フランスでボナパルティズムのごとき半独裁権力が大革命の直後にもかかわらず成立するのはなにゆえであるか。一般にブルジョワ民主主義と呼ばれる政治形態が、その成立期においてすでに内包しているこれらの矛盾、不徹底性、これは単に西ヨーロッパの民主主義を「古典的」とし、これに対して「前期的」な絶対王政を対比するというやり方からは、十分に解きうる問題であるとは思われない。

二　イギリスのブルジョワ的発展

以上の問題点を解明するために、イギリス、フランス両国の経済発展の過程を簡単に回顧し、ブルジョワ革命がどのようにしてたたかわれるか、その性質および役割はどこにあるかを考えよう。

大づかみにいって、絶対主義もブルジョワ革命も、社会のブルジョワ的発展に基礎をおいていることは疑いえない。この意味で、ブルジョワ革命を分析するためには、資本主義的生産の発展の度合を見る必要がある。いうまでもなく、資本主義的生産の発展の過程は、資本が生産のプロセスを掌握し支配してゆく過程である。資本は、周知のように、封建的土地所有であれ、共同体的土地所有であれ、結局はすべてを自己の法則に従わせる。だから、土地所有の形態、あるいは「型」が近代社会のあり方を規定するのは限られた時期だけのことであって、長期的には資本が工業のみならず農業をもいかに支配するかということが、その国の経済のあり方を決定する。

イギリスにおける資本主義的生産の歴史が、一四世紀中期以後の毛織物工業の発展によって代表されることは、すでに大塚氏の優れた分析によってわれわれの知るところである。この毛織物生産の急速な発展を促進し、それを可能にした要因として、一つは商業革命と呼ばれる世界市場の成立・国際通商戦の展開があったこと、いま一つ国内的条件として、イギリス封建制の特殊な性質があったことも周知のところである。いいかえると、商業資本の巨大な発達と封建的生産関係の解体過程、この二つが結び合わされるところから、イギリス毛織物生産が「産業の基軸」(大塚久雄『近代欧洲経済史序説』二篇一章)として、世界史の上で、圧倒的な地位を占めることとなる。この点は改めて論ずるまでもない。

ところで、ブルジョワ革命との関連において、ここで問題となる点は、毛織物生産の発展が旧来の封建権力ならびに王権にどのような影響をあたえ、支配権力がどのようにこれに対応したかということである。一五世紀末、チューダー絶対王政の成立にいたるまでの数十年間は毛織物生産が「国民的産業」として確立される時期であるが、この毛織物生産と歩調を揃えて羊毛生産=牧羊業が急速に拡大していったことも顕著な事実である。牧羊業の拡大と発展は、一五世紀の七〇年代以後の「囲い込み運動」となって、その後の数十年の間にイギリス農村の様相を一変させるが、この囲い込み運動の主導権を握ったのは、ブルジョワ地主(ジェントルマン)であり、それを機縁として牧羊業者に転成していったものが自営農民の上層部たる富農層であった。ところで、このブルジョワ地主は、いったいどこから生まれたのであろうか。

イギリスにおける封建諸勢力に重大な打撃をあたえたものは、かのバラ戦争(一四五五—八五年)である。ランカスター、ヨーク両家の王位争奪を契機とするバラ戦争は、イギリスのほとんどすべての封建諸侯を渦中に巻き込み、それによって旧貴族の没落と王権の強大化を結果した。バラ戦争の後に成立したチューダー王朝は、旧貴族・修道院の領地を没収し、封建家臣団を解散させて絶対王政の基礎を築くにいたるが、この没収した大所領は王権に忠誠を誓う新しい貴族、商人に配分されて、新貴族層が作り出されることとなる。この過程をイデオロギー的に表現するものが、旧封建諸侯のローマン・カソリックに対する、アングリカン・チャーチの台頭にほかならない。

イギリス貴族はこのような絶対王政の支配下に再編成され、絶対王政と緊密に結びついて再出発するが、これらの新貴族は、当時著しく発展しつつあった貿易取引や牧羊業に対応して新しい性格を身につける。その経緯はつぎのようであろう。

イギリスの毛織物生産は、その成立の当初から特権都市以外のいわゆる農村地域に広く行われ、農民的小生産を基本的な生産形態として、商業・買占資本がこれを問屋制的に支配するという関係にある。この農民的小生産の一部がマニュファクチュア資本家に上昇し、他の一部が賃労働者に転落してゆく過程が、そのまま資本家的生産の発展を示すものにほかならないが、少なくとも一五世紀から一六世紀半ばまでの時期において、買占資本が都市および農村において圧倒的な力をもっていたことは疑うべくもない。イギリス新貴族が、すでに農村地域に根を下ろしている毛織物生産を前提として、毛織物商人と結びついて羊毛生産のなかに利益を見出したことはきわめて自然である。つまり、新貴族は封建的搾取に依存するよりも、商業資本と連携して羊毛生産に転換することを有利とし、自らをブルジョワ化していったのである。囲い込み運動、プロレタリアの創出過程はその現われである。封建的土地所有者は、自分自身が資本家(地主経営)に転化するか、あるいは市場経済に適合的な土地所有者となって資本家的借地農を介在させるか、いずれにせよ土地所有者のブルジョワ化という過程がここで進行する。

新貴族＝ブルジョワ化した土地所有者は旧貴族の転化したものであるが、しかしかれらは必ずしも反封建的な勢力となるのではない。元来、土地所有そのものが決して資本家的関係の産物ではなく、資本家的関係に先行しそれを妨害する要素であるのとひとしく、ブルジョワ地主の役割もまた、本質的には封建的な関係をブルジョワ的なかたちで再生産するというところにある（マルクス『余剰価値学説史』一巻一章六、及び二巻二章参照）。しかしイギリスでは、すでに述べたように、土地所有の基礎をなす農民的生産がマニュファクチュアに向って著しく発展しており、農民の階級分化が行われて、資本家的借地農が広く作り出されるという過程が進行している。したがって、新貴族は旧貴族と並んで王権に随順するよりも、むしろ旧貴族および王権の固有の基礎である封建的自営農民を一挙に消滅させて、土地を資本家的借地農の手に渡すことも辞さない態度をとる。ジェントルマンの多くは貿易業者や買占資本家と相結んで旧貴族に対抗し、ブルジョワ的関係の促進者として振舞うことができたのである。

一六世紀の半ば以後、マニュファクチュア時代とされる時点でブルジョワ的発展の代表者となるものは、一方における巨大な商業・買占資本と、他方、ブルジョワ的大地主である。大商人はその生産的基礎を地主の囲い込みによる労働者の創出によって補充され、原料をこれまた囲い込みの所産である牧羊業の発展によって供給されながら国際通商戦にのり出すし、他方、大地主は毛織物生産の発展による羊毛の値上りを全面的に利用するという関係ができあがる。

もちろん、商業資本の支配の下部には、広汎な家内工業のみならず単純協業およびマニュファクチュア生産が存在しており、したがって商業資本といっても、独立的な商業資本のほかに、問屋制的な買占資本、事実上のマニュファクチュア資本家にいたるまでを包含し、その間に深刻な利害対立があることは無視できないが、しかし全体として商業資本が優位を占めたことは事実である。王権が擁護し奨励したのは広汎な生産者層を支配する特権的商業資本の一群であって、ギルド統制・産業規則・大貿易会社・王室独占などとあいまって生産者を従属させる装置が作り上げられた。

ブルジョワ的地主が推進した囲い込みや、自営農民の絶滅の傾向に対しては、王権は一二回にもわたって、囲い込みを禁止する条例を出しており、その限りではブルジョワ的発展を阻止して、古くからの自営農民を救済しようと試みている。しかしこれはあたかも毛織物生産に関して「織布工条例」を制定して都市外の毛織物生産を禁止しようとしたことと同一であって、そのために囲い込み運動が終了したわけではなく、また新貴族の利益が拒否されたわけでもない。こうした点は絶対主義が本質的にもっている矛盾の一つの現われであって、立法の阻止にもかかわらず、新貴族は地方権力を掌握することで事実上、自己の利益を貫徹するのである。なお、王権による産業奨励が、間接的にブルジョワ的地主に利益をあたえたことはもちろんである。

三　イギリス革命の性格

イギリスの一七世紀は、新興の貴族や富農層などの権利要求が表面化する時代である。それは課税権をめぐる王権と議会との対立によって表現される。クロムウェル革命(一六四〇—六〇年)は、チャールズ一世を処刑することでこの対立に結末をあたえ、ブルジョワ化を目指す諸勢力に勝利をあたえたものにほかならない。

「議会の承認なしに租税はかけられない」、これは絶対王政に対するブルジョワ的要求を直截に示す言葉であるが、同時にこの言葉は、絶対王政による租税政策がブルジョワジーにとって堪えがたいものとなっていること、大地主や大商人はもはや絶対王政の保護を必要としないまでに成長していることを告げる言葉である。一六四〇年に始まる長期議会はついに国王にこの原則を承認させ、ここに王党と議会党、国教派と清教派との衝突が開始され、一六四九年クロムウェルが政権を掌握するにいたるが、その経過は別として、クロムウェル革命における基本的な問題点を挙げておこう。

その第一は、絶対王政のもとでしだいに発展したブルジョワ的生産は、すでに十分に成長したために、王権のギルド統制・独占政策を妨害と感じるようになったことである。絶対王政の政策は、基本的には領主的、貴族的特権を維持しながら、他方、少数の特権資本を擁護して、生産者大衆の利益を顧みない。したがって地主・資本家といわず、清教徒的な中産階級もまた、王党よりも議会党を支持するほどになる。特定のブルジョワジーと結ぶ封建勢力の手に握られた権力が上層ブルジョワに向っても開かれること、つまり議会が権力を握ることが要求されてくるわけである。こうなると、王権はブルジョワ的発展の妨害者に転化する。たとえば、エリザベス朝の末期以後、東インド貿易の独占に反対する反独占論争が展開され、王権のギルド統制＝カンパニー支配に対抗する農村工業の攻勢が、ついに一六二三年の「独占取締令」となって実を結んだことはその著しいものである。これは東インド会社という特権資本に対する非特権的な資本の対抗であって、これを商業資本に対する産業資本の対抗とすることは一面的であり、より正確には、特権的中継貿易資本に対する商業や産業の利害の対抗と、後者の勝利を示すものとして受取る必要がある。

第二に、ブルジョワ的攻勢に直面した王権は、伝統的利害に拘束されて、封建的、反動的な抑圧者として現われるということである。絶対王政は、権力の集中や政策の一元化という、初期における一定の進歩的役割を失い、反対に旧来の封建勢力と結んで、封建的諸特権を盾としてこれ以上のブルジョワ的発展を食い止めようとする。チャールズ一世は、古証文のなかから昔の封建的特権を見つけ出してこれを新たに徴収しようとし、上納金、王領地買戻し義務、貴族の称号の買取り、辻馬車税、船舶税、特許権払下げなどを復活し、北部や西部の旧教勢力と結んで議会を圧伏しようと画策した。王権のこの反動性が、産業家だけでなく新貴族層をも明白に革命の側に立たすこととなり、封建的か近代的か、あるいは王党か議会党かという二者択一が、時代の最大の関心となったことは顕著な事実である。

つぎに、革命がブルジョワ革命であるということは革命の歴史的意義を示すものであるが、革命の実行部隊が名もなき民衆であり、革命が民衆参加の革命としてたたかわれたことを無視することはできない。クロムウェルの二万の軍隊は、出身の上下などは問わない誠実な清教徒の一団であった。軍隊内の最も進歩的な意見を代表した平等派のジョン・リルバーンや、土掘人《ディガーズ》の代表ウィンスタンレーなどは、原始キリスト教的な徹底した民主主義を主張し、共産主義的な実践もまたこの時に行われている。これらの民衆勢力こそ、革命を勝利させた推進力であった。

クロムウェルは、しかし、貴族や上層ブルジョワと手を握って革命を終結させる。一六四九年、彼は「平和の攪乱者」という名の下に、平等派を弾圧し、これを壊滅させる。ロンドンの大商人たちは「神聖な財産」の救済者クロムウェルとフェアファックスを祝福して、一夕盛大な祝宴を開催する。新貴族もまた新教の勝利によって、かれらが封建領主=旧教徒から奪いとった財産の安全を保証される。民衆革命の成果は、こうして大ブルジョワジーの掌握するところとなる。

クロムウェル革命の挫折は、クロムウェルのアイルランド征服に原因をもっている。「クロムウェル治下のイギリス共和国は、アイルランドで難破した。」(マルクス) クロムウェルの部下たちはアイルランドで地主となり、旧教徒たるアイルランド農民の搾取者に転化する。イギリスにおける民主主義革命の担い手は、アイルランドに入って特権階級となる。「他国民を抑圧するいかなる国民も自由とはなりえない」(エンゲルス)という言葉が、ここに当てはまるであろう。アイルランド征服は国内に反作用し、王政復古をひき出す力となる。レベラーズに示されるような急進的デモクラシーがこれ以上進むことを恐怖するブルジョワジーと地主は、革命の退潮期を利用してチャールズ二世を迎え入れる。これが王政復古である。

王政復古(一六六〇―八八年)はイギリス革命の限界を示すものであり、一たび権力を握った王は、ふたたびかつての絶対権力を復活しようとして、議会=ブルジョワ勢力に対抗して旧教の再興を企てる。旧教の復活は旧封建勢力の復活を意味するものであり、それは、すでに国土の一〇分の七を手に入れたブルジョワ地主にとって死命を制せられる重大問題であった。大ブルジョワジーと大地主は、そこで自分たちの支配権をふたたび国王に明確に承認させておく必要に迫られる。名誉革命(一六八八年)は、大ブルジョワジーと大地主とがクロムウェル革命の成果を終局的に手中に収めたことを示すものである。こうしてこの二つの階級は、制限君主制と世襲貴族制に装われた妥協的な政治形態のもとで、トーリーとホイッグの二つの政党がこもごも「門閥寡頭支配」を継続することとなる。これがイギリス革命の実質的な内容である。

四　フランスのブルジョワ的発展

フランスにおける資本主義の発展は、イギリスに比べて約一世紀おくれて出発する。イギリスでは一五世紀末に絶対王政が成立するが、フランスではこれが一六世紀末であり、イギリスでは独立自営農民が一五世紀に成立するが、フランスで自営農民が一応成立するのは一六世紀である。一六世紀のイギリスでは、前に述べたように毛織物を中心とするマニュファクチュアが急速に発展し、世紀の後半以後、本格的なマニュファクチュア時代に入ることが確認されているが、フランスでは本格的なマニュファクチュア時代は少なくともコルベール時代以後のことである。したがってブルジョワ革命もまた、イギリスでは一七世紀の四〇年代以後、八八年までに達成されるのに対し、フランスでは一八世紀の終末に完成されるという具合に、これまた約一世紀のへだたりがある。

フランスのこのような立遅れは単に量的なものではなく、質的にフランスの政治と経済を規定している。一七世紀のフランスが、強大な王権を擁して上からブルジョワ的発展を促進せざるをえなかったのは、フランス経済の後進性を取戻すための努力の表現である。コルベルティスムは、そのため重商主義の代名詞にまでなっている。イギリスでは王権の全国支配は一五世紀末に完成し、王の裁判権は荘園の内部にまで及ぶが、しかし新貴族＝ジェントルマンが出現するに伴って地方権力は新貴族によってふたたび掌握され、王権は浮き上ってしまう。これに反しフランスでは貴族権力が強大で、王権は貴族を支配下に収めるのに手間取るが、しかし一たび貴族が特権によって宮廷の寄生物に転化してのち、ようやく王権は全国を支配することになる。絶対主義的な官僚制度、画一的な統制政策、恩恵的な保護政策、これらはすべてフランス絶対王政を特色づける要素である。

王権の強さは、貴族権力の相対的な弱さの表現である。トックヴィルの説明によれば、フランスの貴族は権力を失って特権を維持したが、イギリスの貴族は特権は失ったが権力を維持することができたといわれる。フランスの貴族は王権によって保護される必要があったが、しかし農民に対する貴族支配、とくに封建地代の収取関係は消滅したわけではない。農民に対する関係からいえば、貴族による搾取の上にさらに王権による収奪が加重され、それがアンシァン・レジームの堪えがたい重圧として受取られるわけである。フランスで貴族が絶対王政の批判者として立ち現われるのは、一八世紀のそれも後半以後のことである。

フランス絶対主義を特色づける右のような権力機構を打倒するブルジョワ革命は、どのようにして準備されたのであろうか。フランスにおける自立的なブルジョワ的発展は、一七世紀末から一八世紀にかけて始まると見られるが、その一つは農村工業の発展であり、いま一つは農業革命である。

アンシァン・レジームにおける産業発展、とくに一八世紀にいわゆる農村工業という形でのマニュファクチュアが北フランスを中心として急速に発達することについては、ここでは多くを述べない。大づかみにいうと、一七三〇年から五〇年にかけて毛織物・麻織物・綿織物などを中心とする農村工業の急速な発展が見られ、グールネ、ネッケルなどの統制廃止論とあいまって、一七六二年には農村工業にたいするギルド統制の撤廃がたたかいとられる。一八世紀末になると工業への機械の導入が始まり、イギリスにおける産業革命に影響されて、革命までの二〇年間はフランス産業がかつてない発展をとげる時期となる。農村工業の発達は都市ギルドに反作用し、都市と農村の対立を尖鋭化し、都市の手工業職人の職人組合結成を促し、ストライキを頻発させた。王権はこれにたいして特権商業資本たる親方＝製造業者を擁護し、職人および農村工業の抑圧をはかる。こうして、王権に対する都市の労働する大衆や産業家の対抗関係、革命への展望が準備される。

農業革命の発端となったものは、イギリスと同じく、農民共同地の囲い込みと、その牧場または農園への転換である。ブルジョワ地主による土地収奪のこの過程は、いわゆる「領主的反動」と呼ばれているが、その実質は、ブルジョワ的発展に対応しようとする領主や私的地主の努力の現われである。しかし、この囲い込み運動は一六、七世紀にかなり進展するとはいえ、北フランスを除いて一般に低調であった。

一七、八世紀に入って農業革命を一層進めたものは、休田制の廃止を伴う農業技術の変革である。休田制の廃止、人工牧草の栽培は、人口の急速な増大と集中の結果として、農業生産力の一層の向上が必要となったことによる。したがって、新農法はやはり北フランスの工業地帯の近辺が中心となる。しかし、新しい農業技術を導入するためには、零細な農民的土地所有とその共同体的な関係という障害を打破しなければならない。そのためには共同地を取り上げ、共同体的な関係を解消し、私的所有権を確立することが必要となってくる。「有利な経営」を企てるブルジョワ的地主や経営を担当する借地農にとっては、農村の共同体的拘束や自営農の伝統的慣習を否定して「農業個人主義」のためにたたかうことが、近代的革新の途であった。

農業革命は、しかしながら、フランスの全土をおおうまでにはいたらない。囲い込みについて見ても、耕地が牧場地に転換するのは、現在のベルギー領エノー、ブーローニュ近辺などの北フランスの一部であり、大部分の地方では、地主的収奪の対象となったのは、もっぱら共同放牧地に限られた。農業技術の改革も、土地からの農民の追放によるのではなく、むしろ農民保有地の交換分合によって少しずつ進められるという形をとった。このようなフランスの情勢のなかで、どういう利害関係が成立し、どのように革命への途が打開されたのであろうか。

五　フランス革命への途

王権は、ブルジョワ地主による共同地の収奪あるいは分割に対して、これを抑制し、農民的所有権を維持しようとする努力を絶えず怠らない。もっとも、それは農民保護というよりも、徴税のための源泉をブルジョワ地主の手から守るための努力である。自営農民を封建的支配と共同体的な生活関係のもとにとどめておくことが、王権およびその庇護下の貴族にとって有利であったからである。というのは、旧領主は、政治権力の大部分を王権に明け渡して特権貴族となっているが、封建地代の取得者としての権利は、王権という一層強大な権力のもとであくまで確保されたからである。貨幣経済の発展は旧領主による搾取をますます強化し、「木靴《サボ》をはいて、ブドウ酒のかわりに水を飲む」アンシァン・レジームの窮乏せる農民を作り出さずにはおかない。

しかし、租税と地代の重圧は、それだけでは革命への道を作り出さない。ブルジョワ地主の攻勢がいま一つこれに加えられる。ブルジョワ地主は封建的搾取関係そのものを否定しはしないが、農業方法と土地所有にまつわる身分的、共同体的関係を批判することによって王権および旧貴族に対立する。ブルジョワ地主は農民の階級分化を促進して富農と貧農の区別を作り出し、富農層と結んで農業近代化の主導力となる。これが「啓蒙思想」の背後にある利害関係であった。

封建的自営農民は、その存立の基礎を共同放牧地と共同体的関係に置いている。したがって、共同地の収奪、近代的農業の侵入は、かれらの生存権を直接に脅かさずにはおかない。「上から」の近代化、すなわちブルジョワ的土地所有の浸透に対抗して、かれらが「農民的土地所有」の自立を要求した根拠がここにある。しかし、農民を真に圧迫していたものは、ブルジョワ的関係よりも、むしろ領主的特権と租税とがそれに加重されていたことにある。農民が土地所有権を確保し、または拡大するためには、貴族が封建的特権を口実として、搾取を強化することにも、また共同地を分割することにも反対しなければならない。封建的であれ、ブルジョワ的であれ、土地所有はそれ自体が一つの特権にほかならない。これを農民の側に確保するためには、特権階級や、国王を頂点とする権力機構の動向との対決を必要とすることとなる。

フランス革命は、絶対王政にたいしてブルジョワ地主が、自らの権利たる「神聖な所有権」を確認させようとするイギリス的な変革を出発点としている。自由主義的貴族と上層ブルジョワは、国王と貴族がもった政治的特権の撤廃を獲得するが、しかし「財産の神聖」という名のもとに、一部の権利の有償買戻しを宣告することによって革命を終結させようとする。一七八九年の立憲議会から一七九一年にいたるまでの期間は、こうしたブルジョワ的原則の浸透がはかられた時期である。

しかし、フランス革命は、こうしたブルジョワ的な限界をのり越えて深化し拡大した。イギリスでは、ブルジョワと新貴族が王権と封建貴族と教会に対抗して勝利を収めたけれども、フランス革命では、民衆と同盟するブルジョワ層が一層急進的な革命を目指した。

一七九二年、ジロンド派内閣のもとで政治的特権に対する攻撃は一層前進し、封建的権利の無賠償撤廃が原則として承認される。さらに一七九三年ジャコバン独裁の下において、「あらゆる旧領地的諸義務、封建的徴税的諸権利は、恒常的たると一時的たるとを問わず、また、昨年八月二五日、立法議会によって発布された法令により保存されたものをも除外することなく、ことごとく無償で撤廃される」(法令第一条)。ジャコバン独裁は一切の封建的関係を革命的に一掃することを命じたが、不幸にしてこの政権は一年あまりしか続かなかった。

フランス革命を推進してきた民衆のエネルギーは、ロベスピエールの独裁で頂点に達したが、しかし戦局の安定や物価上昇がその前途をとざした。農民についていえば、国有地の分割や身分的・物的負担の解消とともに、かれらはみずからの手中に収めた土地にあくまでしがみつく保守的な財産所有者となる。革命は歩みを停め、急進派の役割は終わりをつげる。こうして財産所有者はナポレオン的半独裁のなかに安住の地を見出すことになる。これがフランス革命の終結点である。

むすび

フランス革命は、すでに一〇〇年以上も前に、ピューリタン革命という宗教の衣をまとってイギリスで達成されたブルジョワ革命を、民衆が参加し介入する公然たる権力闘争としてさらに一歩を進めたものである。イギリスでは、大ブルジョワジーと大地主が、民衆勢力の弱みに乗じて革命の成果を掌握し、その上で絶対主義時代よりもさらに組織的な原始蓄積を遂行した。ブルジョワジーと地主は、絶対王政の遺産を飾り物として、強大な国家権力を対内的にも対外的にも発動することによって、自己の存立を誇示した。名誉革命以後、産業革命までの数十年間の歴史がこれを立証する。産業ブルジョワジーが政権を獲得するにいたるのは一八三二年の選挙法改正の時期までまたなければならないし、またブルジョワ・リベラリズムの確立も、これとつながっている。

しかし、一八世紀のフランスは、一七世紀のイギリスではない。イギリスで革命によって解決された問題は、すでにアンシァン・レジームのフランスで部分的ではあるが解決への途をふみ出している。たとえば、貿易の私的独占を廃止して国民的独占に移すことはすでに一八世紀の後半に行われており、インド会社はグルーネの攻撃に遭って一七六九年に独占権を取り上げられた。共同地の囲い込みや分割を認める法令も、一八世紀の半ばには種々の地方で公布され、公然たる囲い込みが進行する。ギルド組織や産業統制がフィジオクラートによって解除されたことは周知のところである。

アンシァン・レジームの下でのこのような漸進的な近代化の方向、これはチュルゴー、カロンヌなどの重農主義者による「上から」の資本主義化であるが、しかし絶対王政は、単にそれが存在するというだけでこうした「上から」の近代化に限界を設定する。なぜなら、絶対王政の支配機構、寄生的な特権階級、不断の戦争などは必然的に租税の重課となり、「低廉な政府」を要求するブルジョワ的な立場とは相容れないからである。イギリスの革命の場合に比して、フランスのブルジョワジーはすでに重農主義者＝自由主義貴族を政権に送り込むまでに成長をとげているが、しかし絶対主義はその本来的に保守的な性格の故に、漸進的な上からの改革の途すらを閉ざしてしまう。

反動化する絶対王政は、封建貴族と結んでブルジョワジーと民衆からの収奪を強化し、かえって自らの没落を速める結果となる。封建的特権の重圧のみでなく、マニュファクチュアの発展、農業革命の深化によって急速にめざめさせられた小商人、手工業者、農民、職人などの勢力は、飢饉と物価騰貴に促されて自然発生的に起ち上がり、政治的な妥協をしりぞけて、革命を民衆の革命として完成させる。フランスにおけるブルジョワジーの成長と、圧制と貧困に反発する民衆のエネルギー、これがイギリス革命の不徹底さを一掃して、急進的なブルジョワ革命を打ち出した要因である。

しかし、ブルジョワジーは、まだ自分自身を唯一の支配権力とするほどの能力をもたなかった。イギリスでは制限君主制と貴族制とを支柱とし、フランスではナポレオン帝政と王政復古とを呼び出す必要があった。フランス革命もまた産業ブルジョワジーの完全な支配をうち立てたものと見ることはできない。フランスで大地主と金融・商業資本家の支配が拡大されて、かれらが政権を握ったのは、一八四八年の二月革命以後のことにすぎない。

したがって語の真の意味での資本主義的社会の確立は、イギリスでもフランスでも、産業革命の時期を経た一九世紀の前半期であると見なければならない。ブルジョワ革命を直ちに産業資本主義の成立ないしは勝利と同一視することはできないのである。

あとがき――本稿の作成に当って、フランスについてはマルク・ブロック、ジョルジュ・ルフェーヴル、アルベール・ソブールの諸著作、イギリスについてはクリストファー・ヒル編 The English Revolution 1640, 1949 のほか、雑誌 Science and Society が「マルクス主義の百年」を特集した Vol. XII, No. 1, Winter 1948 の諸論文、なかでもクリストファー・ヒル、ポール・M・スウィージーの執筆にかかる論考を参照した。

第一部　アンシァン・レジームと思想の革命

第一章　アンシァン・レジーム下の「地主的」改革

一

資本家的生産様式が成立する歴史的過程は、封建的生産関係およびそれに本質的に依存する特権的商業・高利貸資本の拘束のもとから、生産者――農民・手工業者――が解放され、上昇することを主要内容としている。このことは現代の歴史学が確認しているところである。ところで、生産者の解放および上昇は、若干の経済史家が説くような漸次的な移行として、あるいは、直線的な発達として現われるものでは決してなく、権力闘争をも内包する高度の政治闘争を通じて、その所産としてはじめて現われる。この点も科学的な歴史認識が達成した「成果」として、われわれの前にある。(1)

さて、資本家的生産様式の成立は、いわゆる本源的蓄積の時期にはじまり、「産業革命」にいたって完結する歴史的過程であるが、それではブルジョワ革命は資本家的生産様式の成立にとってどのような意義をもつのであろうか。ブルジョワ革命における階級闘争は、資本家的生産様式の成立にいたる「二つの途」とどのように関連するのであろうか。

ブルジョワ革命が資本家的生産様式の成立にとっての前進的な契機であり、しかも基本的な条件であることは明らかである。しかし、それはいかなる意味においてであるかを問うとき、一般にそれは産業資本の勝利――封建的土地所有にたいする、あるいは前期的商業資本にたいする——として把握されているけれども、[2] この点には問題があると思われる。なぜなら、ごく簡単にいってしまえば産業資本の確立は、ブルジョワ革命の時期においてではなくして、「産業革命」の時期において始めて達成されるからである。いい換えれば、ブルジョワ革命は本来の意味での産業資本がまだ確立してない段階で闘われるからである。しかし、このことはブルジョワ革命が産業資本の成立にたいして関連をもたないということではない。その意味は、ブルジョワ革命は産業資本が自生的に成長し、確立するための前提条件をつくり出すのであり、したがって、ブルジョワ革命において闘争する主体的勢力は産業資本ではなく、その先駆形態・その土壌としての小商品生産者なかんずく中産農民の階級であろうということ、これである。いうまでもなく中農階級＝小商品生産者の解放は、産業資本が広汎に自生的に成立するための主体的ならびに客体的条件を整備する。この意味において、ブルジョワ革命は「産業革命」の基本的な前提たり得るのである。

周知のようにブルジョワ革命を中心とする前後の時期は、イギリスにおいても、フランスにおいても、農業上の変革が急速に行われた時期である。それは「産業革命」に先立つ「農業革命」の時期であった。一五世紀以来のイギリスの囲込み運動は、名誉革命以後、大がかりに進められ、いわゆる第二次囲込み運動として特徴づけられているが、フランスにおいても一八世紀は「農業革命」の時代であった。ところで、この「農業革命」は果してブルジョワ革命と無関係なものであろうか。この点について『資本論』は次のごとく教える。[3]「なるほど、協業および少数者の手における労働の手段の結合は、農業に適用されると、多くの国では大工業時代よりずっと以前に、農業人口の生産様式したがってまた生活条件および就業手段の、大きな、突如として強行的な革命を惹起する。だがこの闘争は、もともと資本と賃労働との間でよりも、むしろ大土地所有者と小土地所有者との間で演ぜられる。(中略)イギリスにおけるが如き大規模な土地盗奪は、大農業に対し、はじめてその適用場面を生み出してやるものである。従って農業上のかかる変革は、その当初にはむしろ政治革命の外観を有する」と。すなわち、「農業革命」——大規模な土地盗奪および大農業――は、政治革命として現われ、大土地所有者と小土地所有者との闘争として展開される。ここにブルジョワ革命を解くための鍵がある。

　では、「農業革命」の時期における大土地所有者と小土地所有者との闘争とは、一体いかなる性質のものであろうか。一言すれば、それは「農業上の変革」の主導権を大地主が握るか（地主的農業改革）、農民が握るか（農民的農業革命）をめぐって展開される闘争である。「地主的」農業改革においては、農業革命の一切の成果は大地主の手に帰し、農民の土地からの追放が大規模に進められるとともに、大地主はその封建的諸属性を窮極的には棄て去ることなくして「経済外的強制」が存続する。ブルジョワ革命は、不徹底な地主革命にとどまり、「民主主義革命」としての実質をもつことができない。これに対して、「農民的」農業革命のコースは「土地革命」を通じて農民を完全な土地所有者として解放し、自立的な農民の産業資本への上昇を可能とするとともに、ブルジョワ革命を徹底した「民主主義革命」として完成させる。この後者の途の勝利こそが、ブルジョワ革命をブルジョワ的「変革」から区別するポイントである。そして、それのみが自生的な「産業革命」のための豊かな前提として役立つことができる。

　したがって、ブルジョワ革命における基本的な階級対立は、いずれも近代的進化を目指しつつある「地主」と「農民」との対抗関係である。すなわち「地主的」改革の途は、地主の所有地を農民の占有から「解放」し、土地所有者としての地主に完全なフリー・ハンドを与えることを目的とする。封建的諸特権や諸規制は、それが地主的利害に反しないかぎりにおいて、放棄されるばかりでなく、従来の封建的な農業経営を一掃して「近代的な」借地農経営を導入することが行われる。「地主の解放」を目的とするこうした「上から」の近代化は、しかしながら社会の基本的構造をなす封建的関係そのものを全面的に近代化するものではない。地主が農民から徴収する地代は、農民の全剰余労働を徴収し、利潤発生の余地を与えない「封建時代」として存続することができる。なぜなら、たとい個々の地主は最早、「経済外的」権力をもたなくとも、それは「本質的に権威主義的な」国家権力によって引きつがれる可能性があるからである。したがって、この「地主的」改革は、危機に陥入りつつある封建勢力が、新たに生き延びるための方策として作用する。それは、社会の資本家的発展のすべての利益を地主の手に収めるとともに、生産者大衆を資本家的発展の否定面にのみ直面させるからである。「地主的」改革のもつ外見上の、表層的な近代性の故に、その本質までも見誤まることがあってはならない。

これに対して、ブルジョワ革命の決定的な契機となるところの「農民的」土地革命の方向はこれと全く対立する。それは「地主的」改革の進行に促されて立ち上り、その進行を農民の側に有利に転化させるために、まずなによりも政治的変革を要求する。なぜなら、農民は特権階級の打倒を通じて、「農民的」土地所有をうちたてなければならないからである。したがってそれは革命運動として現われ、革命を通じて封建的土地所有の完全な撤廃を闘いとる。この過程のなかで、王政および政治的特権の廃止、人民の基本的権利の確認などを含むブルジョワ民主主義の最大限綱領が実現される。この「下から」の「農民の解放」こそ近代的進化のためのいま一つのコースに他ならない。

（1）『資本論』III、二〇章「商人資本に関する歴史的考察」参照。

（2）例えば、大塚久雄『近代資本主義の系譜』、高橋幸八郎『市民革命の構造』を見よ。

（3）『資本論』I、一三章(5)。

二

一八世紀中葉のフランスは、「旧制度」の危機が異常にふかまった時期である。一七五六年に始った七年戦争は、フランスの財政状態を著しく悪化させたばかりでなく、貿易および産業の発達は停頓し、前世紀のコルベール主義以来たえず犠牲にされてきた農業の上に再び財政難の重圧が加ってくる。ブルボン絶対王政は、農村における半封建的

(寄生地主的)土地所有を基礎とし、特権マニュファクチュア・商業・金融などの大ブルジョワジーと結びついて存続したものであるが、これら王権・貴族・大ブルジョワジーの支配の基礎は、人口の四分の三以上を占める農民からの搾取にあったことは明らかである。絶対主義の重荷は、半封建的農村の上にのしかかっていたのである。

フランス全土の土地所有の状況は、貴族および教会の特権階級による土地所有が約三割、ブルジョワすなわち寄生地主による土地所有が約二割で、農民の所有地は全土の三割から四割を占めている。(1) このように農民の所有地は、すでにアンシァン・レジームの下で三、四割に及んでいるが、しかしこのことから革命前にかなり広く自立的農民が存在していたと推定することはできない。それは、土地の経営状態を見ればわかる。農民所有地はきわめて零細に分割され、個々の農民が所有する土地はごく僅かで、独立経営をなしうる農家はほとんど見られない。だから、土地をもつ農家といえども、その多くは同時に小作農として地主の土地を耕作しなければならなかった。(2) 封建的な土地所有関係は、かくして、すべての農民層を左右する力をもっていたのである。

農民経営は小農民による伝統的な耕作方法の下に置かれ、現物経済と共同体強制とが強く支配しつづける。村落共同体 communauté rurale は、二つの慣行を基礎として成立する。すなわち、強制輪作 assolement forcé がその一つであり、いま一つは共同放牧 vaine pâture である。耕作者はすべて自己の属する共同体の伝統的な輪作方法——二圃制または三圃制——に従わねばならず、耕作を終った土地は隔年または三年に一度、休耕としてこれを村落のすべての家畜のために開放しなければならない。耕地は、収穫が終った瞬間に、共同体のメンバーの「共有財産」として取扱われる。共同体はこのほか草原地の共同利用や、燃料や肥料の採集、落穂拾いなどによって、富農たると貧農たるとを問わず、すべての村落民の「共同の権利」——droits collectifs——を慣習的にうちたてていた。だから、共同体は、一方では、地主の土地所有権を共同体的権利によって制限し、地主が単純な地代取得者たることから脱して土地の排他的利用——例えば囲込み——に転ずることを防止するとともに、他方では、部落内の貧農が没落し、プロレタリア化することを共同体的権利によって支えとめるという役割を果したのである。(3)共同体は、この意味で寄生地主制を支え、農民の階級分化をくい止める防壁であった。

共同体強制の下で、辛うじて生存を続けた大多数の農民は、さまざまの負担を支配者たちに払わねばならなかった。まず王権にたいしては、古くからのタイユのほか、一八世紀の始めにつくられたcapitation、一七四九年になってできたvingtième、そのほか道路つくりや軍事輸送などの賦役さらには軍役などの直接負担を義務づけられている。間接税には酒税、塩税、国内関税等が主なるものである。教会税として一〇分の一税を払い、また領主に固有の封建地代たる貢租を払ったことはいうまでもないが、領主はそのほか農民支配の武器たる裁判権や、狩猟や漁撈についての特権、通行税・市場権税・領主独占などのいわゆる封建的権利droits féodauxを農民に対して行使することができた。(4)一八世紀の農民は、これらのうち、とくに直接税の増徴や苛酷な塩税など絶対王政の財政負担が累加することに悩まねばならなかった。当時の経済文献が財政問題とくに租税論に重点をおいているのもこのことと関連している。

王権による搾取の強化、つまり租税の増加は、たしかに農民にとって重大な問題であったが、しかし更に農民を困難な事態に直面させたのは、一八世紀とくに後半以後はげしくなる領主的反動の傾向である。王権が財政難に陥入ったのと同じく、貴族層もまた社会の資本家的発達の影響をうけて財政的窮乏にさらされたが、かれらは生活の不如意を打開するために、封建的搾取を強化し旧い封建的権利を復活することを企てる。それは、かつて中世領主が行ったような直営地経営を復活し、そこから得られる利益によって財政難を切り抜けようとする方法である。(5)すなわち、封建的土地所有者は近世以来、農民の共同体＝コミュノーテの権利を確認し、領主に所属する牧野や山林を農民の共同利用に委ね、それによって封建時代の収取関係を維持してきたのであるが、ここにいたって「コミュノーテ」を破壊することによってより一層大きな地代収入を挙げようとするにいたるのである。

しかしながら、貴族の側からのこのような反動攻勢は、単に貴族の主観的意図にもとづいて古いものの復活が図られたと見るべきではない。歴史はそれほど簡単にあともどりはしない。反動攻勢は、当時の客観情勢を反動勢力が自己に有利に利用した点で、それが一つの社会的な力となる根拠をもっていた。だから同時にそれは反動「改革」として現われる。ではその客観情勢とはいかなるものであったか。まず、直接的には、一八世紀における市場の拡大が挙げられる。すなわち、人口増加とくに都市の人口増加[(6)]と植民地からの食糧需要の増加[(7)]とが、これである。市場の拡大は、農業の大規模経営にたいして一つの可能性を与えることはいうまでもない。つぎに、農業技術の進歩、すなわち新品種の導入、耕作方法の改良、人工牧草の栽培などの新農法が生れ普及することが必要である。これは、フランスにおいては、イギリス農法の輸入という形で行われた。一七五〇年、デュアメル・デュ・モンソーはイギリスのタルの新農法をフランスに紹介し、これがフランスの貴族層に新しい刺戟を与えたばかりでなく、一般にイギリスの「地主的」リベラリズム――Tory Free Traders――の運動が広くフランスに受入れられつつあった。さいごに、これが最も重要であるが農村の内部に新農法を導入するための社会的条件が成熟しつつあったこと、すなわち貴族層が農民から取り上げた土地の経営を委託することのできる新しい社会的身分が成長してきたことである。それは、いかにして成長したか。

一二、三世紀以後、領主直営地が分割されて農民に貸付けられ、土地保有農民が一定の土地に対して世襲的な権利を確保する道が開かれる。いわゆる「農奴制解消」は、こうした歴史過程の法制的表現に他ならないが、農奴解放を通じて形成される「封建的」自営農民は、一六世紀以降の「価格革命」と農民的商品生産の発展とによって、急速な階級分化をとげる。もともと、農民層のなかには封建制下の典型的な「本来の」農民たる「役畜をもった」農民――laboureur――と、役畜をもたない「腕の」農民――brassier――との区別が見られるが、「役畜をもった」農民のなかには、商品経済の波にのって富裕な借地農 fermier となり、地主の土地を一括して借り入れて大農経営を行いうる階層が現われる。かれらは、パリ周辺や北フランスの農村でとくに見られるが、「農村の貴族階級[(8)]」と呼ばれるほどの独自性をもった農民層がこうして形成される。

ところで、富農層の上昇過程は裏返して見れば、小農民の没落過程である。富裕な農民が耕地を拡大し、社会の階梯を登ってゆくにつれて、小農民は耕地を失い、没落せざるを得ない。そして、この過程は貧農——brassier または manouvrier——が富裕な借地農のもとで雇傭されることによって一応完結する。資本家的借地農と農業労働者への両極分解がこれである。もっともこのような分化過程は、フランスではとくに北フランスの農村に見られるだけあって、一般的にはすでに述べたように小農民が広汎に存在したのであるが、しかし農村のこのような近代的分解、少くともその現実的可能性の存在こそは、「地主的」であれ「農民的」であれ、農業の近代的進化の物質的基礎を用意するものであった。一八世紀を通ずる「封建反動」は、フランス農村の以上のような階級分化を前提として行われる。それは、大土地所有者の共同体的慣行を破砕して、土地を農民の手から取上げ、富裕な借地農と農業労働者を導入して、新農法を行わしめることを内容としている。大土地所有者は、このさい封建制下の領主権を口実として土地取上げを行ったが、しかしその実質的内容は農業の近代的進化を「上から」促進することにあった。こうした「地主的」改革を理論的に整備し、かつそれを代表したものがケネーを先頭とするフィジオクラート Physiocrates の一派であった。以下この点について見よう。

(1) Albert Soboul, La Révolution française, p. 26.
(2) G. Lefebvre, La Révolution française et les Paysans II (Cahiers de La Révolution française).
(3) M. Bloch, Les caractères originaux de l'histoire rurale française, p. 40.
(4) A. Soboul, op. cit., p. 28.
(5) M. Bloch, op. cit., p. 131.
(6) E. Levasseur, La population française, t. L, p. 202, 228.

フランス全人口	一七世紀末――	一、九〇〇万人
	一八世紀末――	二、三〇〇万人
パリ地方	一六三七年――	四一五、〇〇〇人
	一六九四年――	七二〇、〇〇〇人
	一七四六年――	八〇〇、〇〇〇人

（7）Levasseur, Histoire du commerce de la France, t. I, p. 481.
（8）A. Soboul, op. cit., p. 26.

三

一七五〇年代におけるフランスの危機的情勢は、当時の思想家たちに影響を与え、いかにしてこの危機を打開し、いかなる方向にフランスを導くべきかについて、活潑な討論が行われ始める。すでに一七世紀において、当面の財政難の打開に関連してヴォーバン、ボアギュベールなどの財政論によってはじめられた問題提起は、重商主義政策をめぐるムロン、フォルボネ、カンティヨンなどの商業論、経済本質論に発展し、また政治の分野でのモンテスキュー、ヴォルテールの政治論＝政治思想も、やはりこの時期を前後している。当時、ルイ十五世の寵妃ポンパドゥール夫人の侍医として宮廷にあったケネーも、やはりこの頃から社会への関心を抱き始める。一七五二年、貴族の称号を与えられた彼は、ニヴェルネ地方に、数領地を含む広大な土地を買い入れ、(1) そこでイギリス式大農法を早速実施しているが、「近代型」大地主としての彼のこの経験が、五六、五七年の『百科全書』への二論文となって実を結ぶ。元来『百科全書』はそれ自身が「農業全書」としての性格をもったものであったとされるが、(2) ケネーの二論文――『借地農論』

Fermier と『穀物論』Grains――は、新農法が地主および国家にとって、いかに経済的に有利なるものであるか、そのための経済政策はいかなるものでなければならないかを、明確に教えた指導的な論文であった。

『借地農論』においてケネーは、フランスの土地の八分の七を占める小農法すなわち貧しい折半小作農 métayer による牛耕法に対して、馬を用いる三圃式の大農法が生産においてはるかに優っていることを数量的に明らかにし、さらに、大農法は富裕な借地農によってのみ遂行されうることを論ずる。(3) したがって、借地農こそは新農法の、そしてまた国家の真の基礎である。「土地を肥沃にし、家畜を殖やし、農村の住民を引きよせ、定着させ、そして国民の力と繁栄とを作り上げるものは、借地農の富である。(4)」では、借地農が発展するためには、いかなる条件が必要であろうか。ケネーは、そのための三つの条件――(1)農民離村の防止、(2)恣意的な課税の廃止、(3)穀物取引の自由、を挙げる。(5) これらのうち、とくに税制改革と穀物取引の自由との二つは、後年のケネーおよびフィジオクラートの政策論の中心スローガンとなる点で注目される。

『穀物論』は、ケネーの門弟デュポンやケネーの註釈者オンケンが、ケネー経済理論の完成を告げる論文だとしているものであるが、(6) ケネーはここで国民経済的な観点に立ちつつ、唯一の生産的な労働としての「農業」の重要性、一切の経済活動の根源としての「農業上の富」――「本源的富」――の役割を強調する。彼の「重農主義」の基本原理は、すでにここで与えられる。

以上の二論文のほか、ケネーは『百科全書』のために『人間論』Hommes、『租税論』Impôt、『貨幣利子論』Intérêt de l'argent を書いたが、結局これらは『百科全書』には載らなかった。これらの論文においても、ケネーはフランスの当面する現実をきわめてリアルに分析すると同時に、「借地農民の育成」という観点からフランスの政治およびそのイデオロギーを批判する。(7) 一般に一七五六、七年までのケネーは、地主とならんで、借地農あるいは広く一般農民の利益を擁護しつつ、農業における政治の重要性を認め、専制主義や、独占商業や、タイユや、徴税制度に対して積極的な批判を行っている。(8) この点に、彼が「百科全書派」と協力し得た根拠があったといってよい。

しかし、ケネーはその本領である「地主的」立場を明確にせざるを得なくなる。一七五七年『百科全書』への弾圧が再び始まるとともに、彼はそのために用意した原稿の発表を中止し、彼の主張を広く社会的なかたちで実現することを止めて、個人的に国王の信頼をかち得ることによって実現しようと努めるにいたる。天才的な着想といわれる彼の『経済表』Tableau économique（1758）は最初、彼が大臣の地位をうるために宮廷内で配布したものだとされている。(9) もっとも彼のこうした野心は直ぐには実現されなかったが、『百科全書』から離れた彼は、大地主や官僚のなかから得られた同盟者たちとともに、独自の「学派」を結成して「登用」の機会を待ちわびたのである。

ケネーおよび彼の一派のこうした行き方は、かれらの「理論」のなかにも反映している。かれらは、基本的に生産者＝農民の立場にいるのではなく、地主＝財産所有者としての視角に立っている。「重農主義」の基本的な命題は、いうまでもなく、農業を唯一の生産的な労働とし、農産物あるいは「純生産物」produit net を真の富とする点にあるが、この学派がマルクスによって、経済理論の対象を流通部面から生産部面に移し、剰余価値——「純生産物」の源泉をはじめて生産過程のなかに求めた点で高く評価されていることは周知のところであろう。(10) それにもかかわらず、ケネーは剰余価値の源泉を人間労働一般のなかに求めることができないで、農業という特殊具体的な労働のなかに、すなわち「人間と自然との協同」とくに土地の自然的性質のなかに求めた。このことは、土地または「自然」に関する一切の神秘化のための途を用意することになる。フィジオクラートの自然哲学——「自然秩序」の理論の根がここにある。

土地の自然的性質のなかに、生産力の根源を見ようとするケネーの理論は、まことに地主＝土地所有者のイデオロギーたるにふさわしいものといえる。彼は、剰余価値の源泉を生産過程にもとめながら、その生産過程を人間的労働の過程としてではなく、「自然」の生産過程への人間の協力として把握する。したがって、彼によれば「土地」の生産物、すなわち農産物のみが社会的有用性をもつのであって、農産物のみならず他のすべての生産物に内在する一般的な共通物、すなわち価値およびその実質は問題とされない。ケネーが剰余価値――「純生産物」――の理論をもちながら、価値論をもたないのはこの故である。ケネーの視点は農業や農産物という素材的な観点から離れないのである。

地主弁護論としてのケネーの「体系」は、『経済表』の階級構成のなかに明らかに現われている。周知のようにここでは、地主階級 classe des propriétaires が不生産階級 classe stérile のなかに包合されることなく、生産階級および不生産階級の両者を統合する中枢部に置かれている。『経済表』の構想において明瞭なことは、生産階級が年生産において受け取る分け前は、かれらの年投資分および固定資本の補充分の回収に限られ、利潤部分の取得は認められないのである。したがって、「純生産物」のすべては「地代」として地主の手に帰し、「利潤」の存在を範疇としては認めない。この意味でケネーの「地代」は、なお前資本主義的な地代であるといわねばならない。

ケネーの地主的立場は、その政策論を見るとき一層明らかである。まず、租税論について見よう。彼の租税論の核心は、簡単にいえば、第一に借地農の投資＝「年前貸」を保護するために、恣意的な、過重な租税に反対することであり、次に彼の経済的理論の当然の帰結として、租税は年々の「純生産物」＝所得のみから有効に徴収されるが故に、地代に対する単一税の設定を主張することである。ところで、彼の借地農保護の主張は、借地農それ自身の資本蓄積のためではなくして、もっぱら地代増加のためであった。前に述べたように、「地代」は「利潤」のすべてを吸収するからである。しかし、ひとは或は問うかも知れない。もしケネーが地主の保護のみを指向していたのなら、なぜ彼は地主にのみ租税を課す単一税のごときものを主張したのであろうか。なぜ商人や工業者または金貸しなどへの課税を主張しなかったのであろうか、と。これについては、答えは簡単である。なるほど地主は租税を負担するが、それは元来、生産階級がつくり出した「純生産物」のなかから支払われるばかりでなく、地主の支払う租税は、本来の「地代」が地主に帰属することを少しも妨げるものではない。また、商人や工業者への課税を主張し得ないことは、彼の理論的前提そのもの、すなわちこれらの階級を不生産階級と規定することの当然の帰結である。一体、単一税はケネーにおいて具体的にどう説明されているかを見ると、この関係ははっきりする。『経済表の分析』を見よう。一年の「純生産物」二〇億フランのうち、租税として国家が受取るのは五億七二〇〇万であるのに対して地主の収入は一一億四四〇〇万、残りの二億八六〇〇万が教会の収入とされている。すなわち地主は収入の七分の六を生産階級から受け取って七分の四を「地代」として取得し、七分の二を租税として支払う。したがって、地主は国民所得の過半を取得するのである。さらにまた地主は、自己の手を通じて残余の租税を支払うことによって、それを「地主的」土地所有の利益の安全のために役立たせることができる。この意味でケネー租税論のねらいは、「地代」取得を確保すると同時に「地主国家」の体制を整備するところにあったといわねばならない。

つぎにケネーの穀物取引についての主張はどうであろうか。これは明らかに、イギリスにおける「地主的」自由貿易論のフランス版である。名誉革命以後、囲込運動の進展につれて、イギリスのブルジョワ地主はいわゆる「トリー自由貿易論者」として穀物の自由輸出政策を推進したが、ケネーの主張はフランスにこれを適用したものと見られるであろう。したがって、それは、穀物価格の低落を防ぎ地代収入の増加を企てる「地主的」政策以外のものであり得ない。ただケネーの主張する穀物政策は、アンシァン・レジームに特有の流通上の諸制限——たとえば市場制限や流通税——、および独占的な流通機構、すなわち特許商人や請負制度に対する批判として、また絶対王政の低穀価、低賃金政策を打破するものとして積極的な意味をもっていたことは認めなければならない。彼が、商業の不生産性を明確にするとともに、商業独占の撤廃を力説したことは、単に地主といわず、生産者一般を独占的な商業資本の支配から解放する途を指示するものであったからである。

ケネーの経済理論を、彼の政治理論に向ってつなぐ環は、その「所有権」論＝財産論である。一言にすると、財産とくに土地所有権の絶対性の確立が、彼の社会構造論をつらぬく基本観念となっている。彼によれば、各人は自己の所有物に対して、絶対的な支配権をもたなければならない。それは、人間の「自然権」に属する。「なにが自分に属し、なにが他人に属するか」を明白に決定すること、これが「自然の規律」なのである。[11] このように「所有権」は、社会あるいは政府の設立に先立って存在する「自然権」であるが、同時にそれは一切の社会の基礎をなすものとして把握される。「所有権の確実は、社会の経済秩序の本質的基礎である。[12]」したがって、社会は「所有権」に対して、その「自由」と「安全」とを保証する義務がある。土地を所有する者は、一切の制限から自由にその土地を利用すべきであり、またそれについての一切の危険から免かれていなければならない。社会あるいは政府の根本的な任務はこの点にかかっている。さらに無視することのできない点は、ケネーが「所有権」は本質的に「不平等」であることを強調する点である。各人の所有は、歴史的に不平等であるばかりでなく、「不平等」は本来「神の計画」にもとづく自然法則であり、しかもそれは「悪よりも、むしろ多くの善を無限につくり出す」ものである。[13] したがって、本来不平等な所有権を平等にしようとすることは、「所有権」そのものを破壊することに他ならない。[14]「所有権」は、こうした平等主義の危険からも「安全」でなければならないのである。

さて、以上のような財産論が現実になにを意図しているかは、改めて述べるまでもないであろう。それは「地主的」土地所有を神聖化し、それに無制限の自由を与えることを目的としている。自由な「所有権」は、また財産の不平等に立脚することによって、貧しい無産大衆を「自由」に搾取することを保証される。ブルジョワ地主は、かかる「所有権の神聖」を確立することによって、はじめて農業の近代化を推進することが可能であったということができる。

人間の「自然権」としての「所有権」は、政府＝後見的権力により、また実定法によって、その能力を一層、拡大される。「法および後見的権力が、所有権と自由を保証しないときは、有効な政府も社会も全く存在せず、あるものはただ政府の見せかけをした独裁か、それとも無政府かだけである。[15]」すなわち、政治権力は「所有権の神聖」を現実的に確保することを第一義としている。この故に、すでに見たごとく、租税は土地所有者によって負担される。地主は、それによって自己の「所有権」と自由を、主権者に護ってもらうのである。だから、租税はすべての財産所有者の「共同財産」co-propriété[16]であって、それ以外のものではない。ところで、この租税＝「共同財産」は、いかに管理されるであろうか。ここでも、ケネーの財産理論が適用される。すなわち、財産は、すでに明らかなように、個人的に所有され、しかもその所有は絶対的であるとともに永続的でなければならない。したがって、「共同財産」の受託者も、特定の個人であると同時にその権能において絶対的であり、かつ世襲的であることが必要である。かかる条件を充たす政府の在り方、それは特定の個人による世襲的な絶対支配、すなわち「専制主義」despotisme である。フィジオクラートは、「自然法」にしたがう専制君主国家を理想とし、これを「合法的専制主義」despotisme légal と名づける。[17]こうして、「合法的専制主義」の実体は、全地主階級の代表たる専制君主が「所有権」の絶対性を確保するために、人民に対して強力政治を行うことに他ならない。これは明らかに、国家を最高の「地主」とする地主支配の体制であり、文字通りの「地主国家」である。[18]フィジオクラートはここにいたって、イギリス的な制限君主制や権力分立論からまったく離れて、絶対君主の一身のなかに、かれらの理想の国家を描いている。ケネーが、ルイ十五世や、皇太子(のちのルイ十六世)の啓蒙に多大の期待を寄せたのは、決して偶然ではないのである。

(1) G. Weulersse, Les Physiocrates, p. 1.
(2) H. Lefebvre, Diderot, p. 16.
(3) Quesnay, Œuvres par Oncken, p. 160. 坂田太郎訳、八一ページ。
(4) Ibid., p. 189. 訳、一二七ページ。
(5) Ibid., p. 170. 訳、九七ページ。
(6) Ibid., p. 150. 島津・菱山訳、二五九ページ。また p. 193. 坂田訳、一三六ページ。
(7) Ibid., p. 216. 坂田訳、一七四ページ。

（8）とくに「人間論」を見よ。
（9）Œuvres, p. 127-128. 島津・菱山訳、二一九—二二一ページ。
（10）『剰余価値学説史』Ⅰ、1、改造社版、五二ページ。
（11）Œuvres, p. 365.
（12）Œuvres, p. 331. 増井・戸田訳七八ページ。
（13）Œuvres, p. 368.
（14）Weulersse, op. cit., p. 184.
（15）Œuvres, p. 374.
（16）Mercier de La Rivière, L'Ordre naturel et essentiel, p. 114.
（17）Ibid., p. 138.
（18）Léon Cheinisse, Les idées politiques des Physiocrates, p. 136.

四

ケネーをはじめとしてフィジオクラートが推進した「地主的」改革の試みは、すでに一八世紀の初頭以来、個々の開明的な貴族によって実行に移され、かれらの圧力によって地方の行政当局や裁判所のなかには、休耕の廃止や土地取上げを公認するものも次第に現われつつあった。(1) しかし農村の共同体的慣行がとくに強力であった北東部のフランスでは、囲込みをめぐって烈しい紛争が巻き起り、「地主的」改革の途が決して平坦でないことを予知させるかのようであった。

王権は、こうした地主攻勢に対して、最初は傍観的であったが、運動が急速に拡大してゆき、事態が深刻になるにつれて、統一的な対策の必要に迫られた。一七五九年以後、農業行政はベルタンが掌握し、財政長官のトルデーヌと協同して、この問題に当ることとなる。ベルタン、トルデーヌはいずれも、イギリス農業に理解をもち、経済的自由主義を原則として支持する人々であり、改革派にとっては有利な情勢が訪ずれたわけである。しかし、ベルタンは囲込みの進行が、農民とくに貧農の生活源を奪いとり、それによって社会不安が高まるであろうことを察知して、容易に囲込みの合法化に着手しなかった。

しかし、フィジオクラート運動は、その重要な主張の一つであった「穀物取引の自由」をまず実現することができた。一七六三年、トルデーヌは、フィジオクラートのデュポン、チュルゴーなどと協力して、穀物の自由取引を宣言する。これはフィジオクラート運動の「最初の勝利」(2)であるとともに、「地主」攻勢のために途を開いたものであった。フィジオクラートの主張は、種々の刊行物によって活潑に宣伝され、ル・トローヌ、ボードーなどの有力な共鳴者を得たばかりでなく、フランス各地には多くの「農業会」が設けられて、新農法を推進するための土台が出来上りつつあった。「穀物取引の自由」は、ケネーが期待したごとく穀物価格の引上げを結果し、それに刺激されて貴族たちの農業熱は一層高まった。政府の側でも、ベルタンは一七六六年に入会地の取上げについての調査を行っているが、「囲込みの自由」のために決定的な一歩が踏み出されたのは、ベルタンの政敵で税務長官たるドルメッソンによってであった。(3)一七六八年、ドルメッソンはロレーヌ、ベアルン、トロワ・ゼヴェーシェの三州で「囲込みの自由」を公認し、次いで各地に及ぼし、これによって一応の達成を見た。囲い込みは、とくに大都市を控えた農村地方や牧場経営に適した丘陵地帯において、急速に進行することとなる。(4)

囲込みと穀物取引の自由によって示される「地主的」改革の途は、上に見たように、一応の成果を収めたが、しかしそれはあくまで「一応の」成果でしかなかった。なぜなら、支配階級のなかには「ブルジョワ地主」への転化をなし得ない階層、およびそれを欲しない階層が存在し、これらの勢力が強く抵抗したからである。すなわち旧来の封建的特権に依存して寄生生活を継続しようとする貴族や教会の勢力、特権商人や徴税請負人のごとく旧来の生産関係に依存する勢力は、パルルマン Parlement とくにパリのパルルマンを主要な代表とし、各地の商業会議所や市政機関をも動員して、「地主的」改革に対抗したのである。(5) フィジオクラート的な改革の途ですら、客観的には、旧来の特権階級を真に打倒することなしには不可能であったことは、これによっても明らかであった。もっとも、ケネーは国王の専制支配を通じて、旧勢力を抑制することを考えたのであるが、事実は王権は新旧勢力の対立のなかで動揺していたに過ぎない。この点に、フィジオクラート運動の限界——その空想性があったといえよう。

しかしながら、旧勢力の抵抗は「地主的」改革を真に挫折せしめたものではなかった。階級的性質をひとしくする両者の間には、なお妥協の余地が残されていたからである。フィジオクラートの「最も恐るべき敵」(6)は、別のところにあった。すなわちそれは、農民および都市民の抵抗である。まず、穀物取引の制限撤廃について見よう。一七六三年の法令は、穀物取引を自由にし、したがって穀物の外国輸出をも認めたものであるが、市場の拡大とそれに伴う投機との結果、小麦価格は次第に上昇の傾向を辿った。加うるに、一七六六年および六七年には不作が続いたため、六八年になって小麦価格は当初の約六〇%ほどの上昇を見るに至った。このことは、地主や借地農を満足させたけれども、市民や貧農にとってはそうではなかった。一七六八年には、ノルマンディー、トレーヌ、メーヌで食糧暴動が起っており、「パリに放火する」(7)と書いたプラカードが持ち出されたりしている。民衆の抗議は、買占商人や地主に向けられることから次第に、穀物輸出を認めた一七六三年の法令に向けられるようになり、トルデーヌおよびフィジオクラートに対して烈しい非難が加えられた。パルルマンその他の旧勢力も、民衆のこの不満を利用して、改革派を攻撃し、結局一七六九年、社会不安の波のなかでフィジオクラートは没落し、翌年には穀物取引の再統制が復活する。

囲込みについてはどうか。例えば、ブーロネ地方では、耕地の牧場への転換に伴って、一七七一年囲込み法令が公布されたが、これに対して共同体は反対運動を始め、一方では国王にまで請願するとともに、他方、囲込みそのものに対する直接攻撃――垣根の破壊・果樹の引抜き・家畜や人間への発砲――が行われた。[8] この闘争は単に貧農や小農民のみでなく、一般農民(ラブルール)をも含めた全共同体の闘争として行われ、しかもそれは一七八九年の大革命にいたるまでねばり強く闘われた。このブーロネの場合は、耕地が牧場に転換したのであるが、穀物生産が継続して行われた地方においても、囲込みが現実に見られたところでは、垣根の破壊や「あらゆる種類の妨害」[9]が行われた。農民のこうした闘争はところによっては大革命を経過して七月王政の時代に入っても、なお跡を絶たなかったといわれる。[10]

さらに、注目されることは、農民の闘争を通じて、農民層のなかにおける階級分化が表面化する場合もあったことである。例えばロレーヌにおいては、貧農と中産農民との共同闘争が行われているが、その要求の内容においては、明白な相違が見られる。すなわち、中産農民の囲込み反対は原則的に囲込みを認めないというのではなく、ただ囲込みには多大の経費が必要であり、「金持や僧院や領主や大借地農」[11]でなければ、それをなし得ない故に、囲込みに反対したのである。だから、かれらは旧来の農業方法、すなわち休耕や共同放牧をそのまま続けることを主張したのではなく、囲込みを伴わないで牧草や新作物の栽培を行うことには反対でなかった。これに対して貧農は、あくまで共同体的権利を維持し、旧農法が存続されることを要求し、したがって囲込みには全面的に反対するという態度をとっている。この二つの傾向は、フランス革命の経過中さらに明瞭なかたちであらわれる。もちろん両者いずれも「農民的」土地革命を推進したとはいえ、前者は「土地分割」の要求をかかげて、モンタニャール独裁下の農民として勝利するが、後者は「土地共有」を要求するバブーフの運動のなかに、自己を表現している。革命による前者の解放と前者の後者への対抗、これが「小ブルジョワ的」反動および「ナポレオン的」半独裁をひき出す社会的基礎となる。

いずれにせよ「地主的」改革のための攻勢は、農村を挙げての反対運動に阻まれて、一七七一年以後は殆んど進行することができず、囲込みは結局、草原地の入会権を取上げることを除いて、見るべき成果を収めたとはいえない。[12]

こうした情勢を反映して、一七七三年ドルメッソンは失脚し、ベルタンが再び農業行政の担当者となってドルメッソンの積極政策は放棄される。[13] 革命にいたるまで、この情勢には根本的な変化は見られない。

(1) Bloch, La lutte pour l'individualisme agraire dans la France du XVIIIe siècle, Annales d'histoire économique et sociale, 1930, p. 337.
(2) Weulersse, op. cit., p. 8.
(3) Bloch, op. cit., 375.
(4) Ibid., p. 360.
(5) Weulersse, op. cit., p. 19.
(6) Ibid., p. 37.
(7) Ibid.
(8) Bloch, op. cit., p. 530.
(9) Ibid., p. 539.
(10) Bloch, Les caractères, p. 243.
(11) Bloch, La lutte, p. 541.
(12) Bloch, Les caractères, p. 226.
(13) Bloch, La lutte, p. 337.

五

一七七四年、フィジオクラートの統率者ケネーはパルルマンやフィナンシエ(財政家)からの攻撃と、新王ルイ十六世の寵を失ったことによって失意のうちにその生涯を終わる。(1) ケネーの意図した「穀物取引の自由」と、「土地所有権の神聖化」はいずれも見るべき成果を収めないうちに阻止され、絶対王政に内在する矛盾は解決されないままに持ち越される。「地主的」改革のなかではなく、「農民的」革命のなかにのみ問題の決定的な解決のかぎがあることを見なかったケネーは、頻発する農民暴動のなかに、おそらく自己の行くてをさえぎる黒い影を見たことであろう。

しかし「地主的」改革の道は、ケネーの死によって、全く閉されたのではない。ケネーの死と出じ年に、リモージュのアンタンダン(州知事)であったチュルゴーが財政総監に就任したからである。チュルゴーはフィジオクラシーの「信奉者」でないにしても、少くとも「協力者」として取引の自由と財政改革のために努力した。ミラボー、リヴィエール、デュポン、ボードーなどのフィジオクラートは、チュルゴーを「学派」の新しい指導者として、再び活動を強化する。(2) しかしチュルゴーの前途も明るいものではなかった。彼は一方では、フィジオクラートから過大な期待をかけられると同時に、特権階級やフィナンシエの側からは疑惑をかけられ、結局、進むことも退くこともできないままに一七七六年失脚してしまう。

フィジオクラートは、すでに七五年以後、チュルゴーと対立状態になり、かえってチュルゴーの反対者でフィナンシエたるネッケルに接近するといった変則状態が生れる。(3) ネッケルは、チュルゴーに代ってフランスの財政立て直しに当るが、やはりその過程で特権階級への課税を実施せざるを得ないこととなり、再度の大臣就任にもかかわらず、それを果し得ないで結局、革命を迎えるが、この経過についてはもはや周知のところであろう。

このように、アンシァン・レジームの下での「地主的」改革の途は、絶対王政を前提とするかぎり、到底なしとげ得られないものであった。絶対王政を前提とする「地主的」改革は、当然に一切の犠牲を生産者＝農民に転嫁せざるを得ないところの反動「改革」として現われるのみであった。「地主的」改革が近代的進化のコースに沿うためには、絶対王政そのものを廃止し、旧来の特権階級を切り捨てなければならなかった。それはすなわち広汎な革命的農民と結びつく「民主主義革命」によって、何よりもまず政治的に全機構的にのみ解決される問題であった。それを可能にしたところのものは、中小農民の全面的な解放を目指すところの広汎な政治革命であり、「農民」の解放が「地主」の解放に優越し、一時的にせよ、それを圧倒することを通じてであった。「ブルジョワ民主主義」革命の一切の成果は、この点にのみかかっていた。

（1） Œuvres, p. 11. 島津・菱山訳四二ページ。
（2） Weulersse, Les Physiocrates sous le ministère Turgot, p. 3.
（3） Ibid., p. 9.

第二章　フィジオクラート運動の歴史的役割

はしがき

周知のように、フィジオクラート運動は、一八世紀の半ばからフランス革命までの間に、ケネーを中心として展開された農業近代化の運動であった。この運動は、いわゆる「封建制から資本主義への移行」の一翼をになうものとして歴史的な重要性をもつばかりでなく、社会科学の発達の上においても、「重農主義」の理論体系を結実させた点で、学説史上、不動の地位を占めるものである。ところで、視点を前者、すなわちフィジオクラート運動がフランス社会の推転にたいして、どのような意義ないし役割をもったか、という問題にかぎって考察する場合にも、なお未解決の点がすくなくない現状である。簡単に一、二の事例をあげると、高橋幸八郎氏はフィジオクラート学説をアンシァン・レジーム末期の「領主制的反動」を援護した「反動体系」のイデオロギーであると規定し(『近代社会成立史論』二〇〇ページ)、これに対して横山正彦氏はケネーの学説を端的に「農業資本主義論」として把握する(「ケネーの農業資本主義論とその歴史的意義(一)」経済学論集二一巻一号)。また、わたし自身もかつてこの点を検討して、フィジオクラート運動を「地主的改革」の体系であると主張した(本書第一章)。こうした見解の対立ないしは相違を解決するためには、なお多くの研究をつみ重ねなければならない段階にあるが、さいわい、この方面でのすぐれた研究書であるウーレルスの近著が公刊されたのを機会に、わたし自身も従来の自説を再検討する必要にせまられた。ウーレルスにはすでに『フランス

における フィジオクラート運動』と題する上下二巻の大著があるが(Georges Weulersse, Le Mouvement physiocratique en France《de 1756 à 1770》, 1910)、さらに戦後になって彼の遺稿が整理されて『チュルゴーとネッケル両大臣のもとでのフィジオクラシイ』という表題で公刊された(G. Weulersse, La Physiocratie sous les ministères de Turgot et de Necker《1774-1781》, 1950)。序文によると、まだあと二冊分の原稿が残されているとのことだが、生涯をあげてフィジオクラート運動の研究に没頭したこの碩学の業績から教えられるところはまことに多い。本稿は、以上のような問題関心と機縁にみちびかれてでき上ったものである。なお、本稿の要旨は一九五四年度の「土地制度史学会」の秋季大会で報告した。

一

重農主義学説のもつつよみの一つは、それが経済・生産を規律している客観法則(自然的秩序)を明らかにするという立場にたった点にある。自然と社会を通ずるこの必然法則への信頼が、重農主義の基本的な態度であり、そこから科学としての経済学がはじめて出発することができたのである。だが、このことは重農主義の理論体系がアカデミーや学者の書斎のなかで、また平穏無事な時代的環境のなかで形成されたことを少しも意味しはしない。反対に、それはアンシァン・レジームの激しい変動のさなかに、農業や財政などの現実問題との困難なとっ組み合いのなかから生れてきたのである。経済学における最初の法則認識が、そうしたものとして成長し、それ以外の成長の仕方をもたなかったということは、科学をとかくアカデミーの枠のなかだけで考えがちであるわたしたちにとって意味ぶかいことである。

現実の諸問題とのふかいかかわり合いのなかから成立した重農主義学説は、理論体系にまで高められることによって、その役割をおえたものでは決してなかった。重農主義者のなしとげた法則発見こそは、実は現実問題を解決するための実践を可能ならしめるものであった。法則発見と社会的実践とは、わたしたちが今日そうでなければならないように、切り離されて存在したのではなかった。この二つは切り離されると、ふたつとも駄目になってしまう性質のものである。このことは、重農主義者といわず、一八世紀の思想家たちがひとしく自覚していたところである。この意味で、わたしたちが重農主義の学説を取扱うとき、それが現実の対決のなかから生れまたふたたび社会的実践にかえってゆくべきものとして存在したことを見落すならば、その真価を明らかにし得ないであろう。言葉をかえると、それは重農主義をフィジオクラート運動として把握することであるが、以下ウーレルスの研究成果を考慮しながら、フィジオクラート運動の性格とその役割についてのわたし自身の見解を改めて提示することとしたい。

そこで、社会運動としてのフィジオクラート運動の内容を要約してみよう。まず、そのスローガンはなんであるか。フィジオクラートが「神聖な標語」として掲げた三つの言葉は、財産 Propriété と自由 Liberté と安全 Sureté とであった。このうち、財産または所有権を示す第一のスローガンが最も重要であり、他のすべての標語の基礎をなすものと考えられている。つまり、自由という場合も、すぐれてそれは財産の自由であり、安全というのも、すぐれて財産の安全なのである。これら三つのスローガンのほかに、第四のスローガンがある。それは不平等 Inégalité という言葉である。この不平等もいうまでもなく、財産の不平等を指しているが、情勢に応じて前の三つのスローガンからは切り離して用いられた。このスローガンほどフィジオクラートの社会的役割を明確に示すものはないが、それだけに公然と持ち出すことがはばかられたようである。しかし、不平等という標語は、「それにもかかわらず存続し、決して否認されはしなかった(1)」のである。

右に端的に示されているように、フィジオクラートの主張の基本点は、財産の「自由」と「安全」と「不平等」を実現すること、いいかえるとそれは「私有財産制の確立」ということであった。この所有権あるいは私有財産権は、フィジオクラートの哲学において、「自然権」の名のもとに合法化され、神聖化されて、フィジオクラートの自然法思想の核心をかたちづくっているが、その点はここでは問わないこととして、[2]このようなスローガンをかかげるフィジオクラート運動の綱領＝プログラムはいかなるものであったかをつぎに見よう。

フィジオクラート運動の綱領とも見るべきものは、基礎過程(経済過程)に関するものと、政治過程に関するものとの二つに区別することができる。このうち重要なのは経済過程であって、政治過程は経済過程によって根本的に規定され、それに従属するものとして考えられている。フィジオクラートの一人、ベスニエ・ドゥ・ロルムの言葉を引くと「政治的諸法は経済関係に適合すべきであって、経済関係が政治的諸法に譲歩すべきではない」[3]のである。なぜなら、経済過程こそ「自然」のうち立てたものであり、そこでは永遠にして不動の「自然法則」が作用しているのに対して、政治過程は「人為」であって、そこでは人間の情欲と誤謬とが作用するからである。では、このように基礎過程として把えられた経済過程において、フィジオクラートが実現しようとしたプログラムはいかなるものであっただろうか。

経済過程で問題となる点は、基本的にはつぎの二つであろう。すなわち、その第一は「土地清掃」であり、第二は「大農経営の助長」である。「土地清掃」とここで呼ぶ政策は、土地に附着する一切の拘束を撤廃して、土地を自由なブルジョワ的「財産」として解放し確立することであり、具体的には領主の封建的権利を廃止することと、農民の共同体的諸規制から土地を解放することとの二面的な要求を同時にみたさなければならない。フィジオクラートがスローガンとして掲げた「財産」の自由・安全・不平等という要求は、実践的にはここに帰着するのであって、かれらのいう「財産」はすぐれて土地財産であり、それ自体が一の「自然」にほかならない。かれらは、土地＝自然に附着する「人為」的拘束を一掃することを、かれらの最も重要な任務としたのである。では、なぜかれらはこの点を重視したのであろうか。これについては多くを述べるまでもなく、かれらは土地(自然)のもつ生産力を認めたからであり、さらにそのことはイギリスから導入されつつあった新農法、北部フランスにおける大農経営の発展などを歴史的背景としてもっていることは周知のことがらに属する。(4) この知識と経験の飛躍的な向上こそが、かれらの運動の基動因であった。これにみちびかれて、かれらは封建的権利と共同体的拘束との両者にたいする攻撃を開始したのである。

つぎに挙げられる政策は、大農経営を普及し、発展させることである。これは「土地清掃」＝自由な私的所有権の創出を前提としてはじめて機構的な意味で成立しうるものであるが、富裕な借地農による大農経営を発展させることが、「財産」としての土地の生産性を高める基本方策であるとかれらは考えた。このさい大農経営のための技術的知識は、もちろんすでに与えられているが、しかもフィジオクラート運動は単なる技術改良の運動ではなかった。大農経営のための社会的・経済的条件の整備、これがフィジオクラートの目標であった。大農経営を発展させることは、いうまでもなく直接には借地農(フェルミエ)の富を増加させることであり、同時に国富の増大を意味するものであったが、しかしフィジオクラートが追求したのは、借地農階級の利益でもなければ、また階級の立場をはなれた国家の利益でもなかった。フィジオクラート運動の中心をなすものは、「土地清掃」に示されたような自由な土地所有者としての地主の利害であって、ただそれが借地農の発展という媒介項を通じて追求されるにすぎない。この点は、フィジオクラートと資本制生産との関係にかかわる重要な論点であるから、やや立入って問題とする必要がある。

フィジオクラートの理論の性格について、マルクスは次のような規定を与えている。「一つの学説体系のレッテルは、単に買手を欺瞞するだけではなく、しばしば売手をも欺瞞するものであって、なかんずくこの点において、それは他の諸商品と区別される。ケネーおよび彼の直弟子たちは、かれらの封建的看板を信じていた。今日にいたるまで、わが学者先生たちはそうである。だが、実際は、重農主義体系は、資本主義的生産の最初の体系的把握である。産業資本の代表者——借地農業家階級——が全経済的運動を指導する。農耕は資本主義的に経営される。すなわち、資本主義的借地農業者の企業として大規模に経営され、土地の直接的耕作者は賃銀労働者である。(5)」ここに指摘されているように、フィジオクラートの理論は明らかに資本主義的生産を把握した体系であって、それ以外のなにものでもない。

いいかえると、フィジオクラートは借地農が「全経済活動を指導する」世界を眼の前にしており、それを描いている。しかし、ここでわたし達が問題とするのは、かれらがいかなる視角から資本制的生産を問題にしているかということであり、また、かれらが実践を通じてなにを企図したかということである。ところで、同じマルクスは『剰余価値学説史』のなかで、この点をつぎのように説明する。「実際においてそれ〔重農主義〕は、資本主義的生産を分析し、且つ資本が生産され、生産する諸条件を、生産の永久的自然法則として叙述した最初の体系である。他方において、この体系はむしろ封建制度の、すなわち土地所有の支配のブルジョア的再生産として現われる。……資本発展の第一の条件は、土地所有の労働からの分離、土地、すなわち労働のこの基本条件が、特別なる階級の手中に存する独立せる力として、自由なる労働者に対立することである。それ故に、土地所有者はこの叙述において本来的の資本家として、すなわち剰余労働の取得者として現われる。……封建制度がブルジョワ化され、ブルジョワ社会が封建的外見を受ける。(6)」この章句を注意して読むと、フィジオクラートの理論のイデオロギー的性格がマルクスによって天才的に洞察されていることがわかる。フィジオクラートは、農業労働者はもちろん、借地農の視角からさえ、資本主義的生産を見ているのではない。かれらは「土地所有者が本来的な資本家として現われる」ような視角から資本主義的生産を把握しているのだ。このことは、フィジオクラート理論の内容そのものを規定しているが、ここではこれ以上、立入らないで、フィジオクラートの主張した大農経営が大土地所有者=地主の階級的利益にしたがうものであったことを確認するにとどめておこう。(7)

では、大農経営を発展させるためには、どうすればよいか。その第一の方策は、借地農の経営を保護することである。「土地を肥沃にし、家畜をふやし、農村の住民をひきよせ、定住させ、そして国民の力と繁栄とをつくり上げるものは借地農の富である。(8)」これは『借地農論』におけるケネーの言葉だが、『借地農論』『穀物論』などでケネーが力説するのは、借地農とくに「富裕な借地農」の経営資本=年前貸を保護しなければならないという点である。もっとも、借地農の資本は範疇としての「利潤」を生むものとして把握されていないで、ただ固定資本の補塡と経費の支払いにあてられる部分を回収するにすぎず、純生産物はすべて地主の所得に帰するものと考えられている。この点に、フィジオクラートの地主的立場が表現されていることは明らかだが、しかしそれが農業の資本主義的経営を前提とする地主的立場であることも、また事実である。フィジオクラートは、そうした意味での地主の立場から、経営資本の保護を要求したのである。

第二の方策は、いわゆる「新農法」の普及と奨励である。新農法の技術的側面は農学者の領域であったが、フィジオクラートが努力したのは、新農法の遂行をはばむ社会的経済的な条件を明らかにし、その廃止を要求することであった。そのための具体的な手段については再論するが、一言にすると「耕作の自由」を確保することが、新農法の推進にとって不可欠の条件であった。したがって、フィジオクラート運動は、「耕作の自由」を実現することを当面の目標として進められねばならなかった。

以上が経済過程におけるフィジオクラートの綱領と見るべきものであるが、この経済綱領を基礎とし、これにみちびかれてフィジオクラートの政治綱領が構想される。もとより、前に見たように、重点は経済綱領におかれているから、そうしたものとして政治綱領を評価すべきであるが、しかしこの場合にもフィジオクラートの運動の社会的な性格が明確にあらわれていることに注意する必要がある。

政治綱領の要点は二つあると思う。その一つは「合法的専制主義」を要求することであり、いま一つは「財産家の秩序」をつくることである。「合法的専制主義」という言葉は、いかにも苦しい表現で誤解をまねきやすいが、フィジオクラート運動を封建的反動、あるいはそれに類似するものと見る考え方もこうしたところに由来するのであろう。事実、フィジオクラートの当時においても、ルソーなどは合法的と専制主義との二つの用語は同時に成立しがたいことを指摘して、この概念をしりぞけている(9)。しかし「合法的専制主義」という表現が意味するところをフィジオクラート運動に即して解釈すると、それは必ずしも反動的なものとはいえない。フィジオクラートは、人民あるいは代議機関による政治形態をしりぞけて、君主政治を主張した点において、保守的であったことは疑うことができないが、しかしその君主政治はかれらのいう「自然法」すなわち経済法則にしたがうべきものであって、社会にたいして最少の権能しかもたないものと考えられている。「かれ〔専制君主〕の義務は、ただ一つのことに帰着する。それは、各人が自己の仕事を自由に、且つ容易になしうるようにしてやることだ。」[10] これはミラボーの言葉だが、見られるようにフィジオクラートの「専制君主」は家父長的な専制君主ではなくて、ただ「自然法則」の発現を援助するという政治的役割しかもたない君主なのである。だから、かれらのいう「合法的専制国家」は、内容的に見ると、決してブルジョワ国家からそう遠くへだたるものではないのである。[11]

しかし、なお問題はのこる。というのは、それならば、なぜかれらは権力がただ一つであること、しかもそれが世襲的な権力であることを望んだのかという疑問がとけていないからである。フィジオクラートの現実的関心からいえば、かれらにはやはり強力な君主が必要であった。なぜなら、前にも述べたように、かれらは一方では封建的諸権利の廃棄を主張し、他方では農村共同体の打破を要求したが、このことはいいかえると一方では貴族の反抗を抑えてその特権を放棄させることであり、他方では農民の抵抗を排して、これを「所有権」の法則にしたがわせることであった。こうした両面作戦の武器として、もっとも役立つものが、国王を頂点とする権力組織＝官僚制であると考えられたことは想像にかたくない。かれらが「租税の前における諸身分の平等」[12]をいうとき、それは貴族と地主・ブルジョワジーの平等を要求しているのであり、またかれらが「財産家の秩序」[13]を構想するとき、それは財産なき者の完全な無権利状態を指している。そうした社会・関係を形成するための強力が、かれらのいう「合法的専制主義」の権力なのであった。

「合法的専制主義」の構想をささえていた現実的あるいは実践的根拠は、右のごときものと考えられるが、しかしフィジオクラートは理論的に「合法的専制主義」の必然性を立証しようと努力している。つまり、かれらは「私有財産」の原理そのものの論理的帰結として「合法的専制主義」を説明しようとするのである。かれらのいう「私有財産」の原理とはなにか。それは、簡単にいうと、一つの財産は一人の人間に帰属し、その人間は自己の財産について絶対的な権能をもつという原理である。ところで、君主(主権者)もまた、一人の財産所有者ではなかろうか。君主は、一個の人間として自分自身の財産をもつばかりでなく、租税という「一般財産」または「共同財産」の受託者としても、また財産所有者である。だから、財産所有者としての主権者は、私有財産の場合と同じく、ただ一人であり、「共同財産」たる租税の管理について絶対的な権能をもち、かつ相続によってその永続性が保証されなければならない。こうした条件をみたす政治形態、それは「私有財産」の原理にしたがうという意味で合法的な専制主義以外にはないことになる。(14) 一言にすると、これは家産国家の理論ということになるだろうが、しかしフィジオクラートがその国家の基底に、自由で独立した「私有財産」の世界を構想している点は無視することができない。

そこで、次の問題に移ろう。フィジオクラートの主権論の基礎には、「財産家の秩序」と名づけられる社会構造論があることは以上でほぼ明らかだが、ここでその主張を要約しておこう。かれらの要求する「財産家の秩序」は、私有財産の所有者だけが政治および社会の主体であり、一切の政治はかれらの利益にしたがわねばならないと同時に、政治のための費用＝租税もまたかれらのみが負担するという秩序である。つまり、すべてが「私有財産」を中心として動くような政治や社会の仕組みをつくり上げるということだ。そこでは、あらゆる経済外的な要素はすべて「私有財産」のなかに解消され、また、財産をもたない者はなんらの積極的な役割を認められない。「法律および後見権力が所有権と自由とを保証しないとき、有効な政府も社会も全く存在せず、あるものはただ政府の見せかけをした独裁か、それとも無政府かだけである。(15)」また、財産所有者としての地主、財産の運用者としての借地農が、もし存在しないとしたら、「国家や行政という言葉は、意味のないひびきでしかなくなるだろう(16)」といわれる。同時にまた、財産なき者

＝貧農の窮乏や、農村人口の減退などに示される土地所有制度の矛盾、そこから出てくる貧農の土地要求といったものをかれらは理解することができないばかりでなく、そうした見解を誤りだとしてしりぞける。「農村人口がへるのは、大地主がすべての土地を占有した結果、農民が自分の利益のために耕作すべき土地を持つことができないからだと思っている人々の意見は、いかに誤った論拠のうえに立っていることか[17]」とケネーは述べている。まもるべきものは「財産家の秩序」であって、それをおかす者は絶対に容赦しないというのが、フィジオクラートの立場であった。

（1） Weulersse, La Physiocratie sous les ministères de Turgot et de Necker, p. 309.
（2） Quesnay, Œuvres, p. 359 以下の「自然権」droit naturel と題する論考を見よ。
（3） Boesnier de l'Orme, De l'esprit du gouvernement économique, p. 319, cité par Weulersse, op. cit., p. 109.
（4） 例えば、横山正彦「ケネーの農業資本主義論とその歴史的意義」経済学論集二一巻一号、拙稿「アンシァン・レジーム下の「地主的」改革」本書の第一部第一章参照。
（5）『資本論』三巻三篇一九章。
（6）『剰余価値学説史』一巻一章。
（7） 前掲拙稿、参照。
（8） Quesnay, Œuvres, p. 189.
（9） Vaughan, The Political Writings of J.-J. Rousseau, Vol. II, p. 159.
（10） Weulersse, op. cit., p. 311.
（11） Ibid., p. 312.
（12） Ibid., p. 78, 149.
（13） Ibid., p. 325.
（14） Ibid., p. 310. Weulersse, Les Physiocrates, p. 189.

(15)　Quesnay, Œuvres, p. 394. フィジオクラートの一人メルシエ・ドゥ・ラ・リヴィエールの言葉を引くと、「所有の権利の発展、結果、適用ではない他のなんらかの権利は想像することも不可能である。所有の権利をとりのぞけば、もはや権利なるものは存在しないのだ」cité par Weulersse, La Physiocratie, p. 103.
(16)　Weulersse, Les Physiocrates, p. 199.
(17)　Quesnay, Œuvres, p. 203.

二

以上、わたし達はフィジオクラート運動の基本綱領と見られるものについて述べてきた。そこでつぎに、問題をさらにしぼって、もっぱら経済綱領について、かれらの運動がどのような具体的な対策を用意していたかを検討することとしよう。

経済綱領の第一点は、「土地清掃」のために封建的諸権利の廃止を求めることであった。いうまでもなく封建的権利にもさまざまの種類がある。フィジオクラートはそれをいかに把握したかが、まず第一の問題である。この点についてのフィジオクラートの見解には、多くのあいまいさと矛盾があることは否定できないし、またそのこと自体がかれらの階級的立場を反映しているわけだが、そのなかでもかなり明確な見解をうちだしているのはフィジオクラートに近くて、しかも自己の独自性を失わなかったコンドルセやチュルゴーであったことは注目される。コンドルセは、封建的諸権利を二つに区別する。その一つは、自然的な権利であって、年々の地代に対応するものであり、いま一つは、単なる約束にもとづく権利である。「前者について社会は援助をあたえることができるが、その買戻しを命ずることはできない。しかし後者は、土地や動産の所有権と混同されてはならない。土地または動産の所有権は、社会にさきだつものであり、社会はそれを確保するために設けられたのだ。だから、立法権はそれを攻撃することができない。〔これに反して〕ある種の義務や、負担や、団体は、社会のあとから出来たものであり法律の産物である。したがって、他の別の法律によって破壊されうるものなのだ。(1)」だから、後者の場合には、賠償による強制買戻しが正当化されると説くのである。

コンドルセによる封建的権利の区別は、フランス革命の時期における封建制廃止の問題と関連してきわめて興味あるテーマであるがここではその点に立入らない。ただ、確認しておきたいことは、封建的権利のうち領主の土地所有者としての権利が無条件に擁護されていることと、それ以外の領主的権利について有償撤廃の方向がうち出されていることである。もっとも、コンドルセの見解は、フィジオクラート運動を最もラディカルに表現したものであるが、しかしフィジオクラートが右の二つの方向に沿って運動を進めていることもまた事実である。その具体例をいくつか挙げてみよう。

「われわれの封建的諸制度の残存物、それはローマ人のもとからわれわれが採用した無反省な市民法と入りまじっているのだが、その残存物はあらゆる面から所有権を非常に制限するために、土地の占有者は、自分の収穫を完全に受取ることができないで、その収穫をふやすことを怠たり、また当然、怠たることをよぎなくされるのだ。(2)」これは、フィジオクラートの機関誌「市民日誌」の一節だが、私的土地所有権と封建的権利との矛盾を明らかにしている。封建的諸権利のうち、例えば売渡し地にたいする農民の買戻し権については「買戻し権は無数の訴訟をひき起し、王国のあらゆる売渡し地は、なんらかのかたちで少くとも一年間は無主地のままである。この期間中、どんな耕作が行われるだろうか、また国家にとってなんという損失だろうか(3)」という批判が加えられ、領主の狩猟権については、「野兎を絶滅すべきである。また、耕作者の秣をシャコの卵のために犠牲にすることをやめて、耕作者に委ねるべきだ(4)」という抗議が述べられている。

封建的諸権利のなかで、とくに経済的意味の大きかったものは、自由民の保有地に課せられるフラン・フィエフ、農奴身分に課せられるマンモルト、財産取得に関して徴収されるロ・エ・ヴァント、現物地代たるシャンパールなどであるが、フィジオクラートはこれらの権利(農民の側からいえば負担)が、私有財産の自由と農業経営の発展にとって重大な障害物であることを認識していた。例えば、フラン・フィエフについて、ル・トゥローヌはいう。「この税金は一年分の収入をそっくり取り上げる。しかもそれは所有権が移転するたびごとにであり、そのほかに二〇年ごとに取られるのだ。だからこの税金は、多くの人々に相続地を受取ることを思いとどまらせる。その作り出す弊害は信じがたい程である。(5)」シャンパールについて、同じくル・トゥローヌは「シャンパールは、生産物のすべてについてかけられるために、純生産の著しく大きな部分を占めることになる」ことを指摘しつつ、その対策をつぎのように述べる。「後者〔シャンパール〕を消滅させる一番正しいやり方は、領主がその生産物について徴収権をもつ部分に相当するだろうだけの土地部分の完全な所有権を領主にゆずり渡すことを債務者に許してやることである。領主はそれを借地に出すことで、等しい収入を得ることができる。(6)」

ウーレルスも認めるように、フィジオクラートは種々の封建的権利が農業生産にあたえる影響を指摘はしたが、しかし「少くともかれらの歴史の主要な時期のあいだ〔一八世紀の五〇年代、六〇年代〕には、積極的な解決策を提案しはしなかった。(7)」この点で、かれらが多少とも実践的になったのは、七〇年代になってチュルゴーの精力的な活動が封建制の廃止を政治の日程にのぼすにいたってからのことであることは注目すべきである。しかも、その場合も右のル・トゥローヌの提案が示しているように、封建的権利の廃止とは、農民の保有地を削りとって、これを領主に差し出すことでしかない。領主は完全な土地所有者として再生し、農民は自由な労働者に転化せざるを得ない。文字どおり、これは「上から」の地主的な土地改革以外のなんであろうか。フィジオクラートは、土地制度の基本に手をつけることを考えないで、もっぱら封建的土地所有者がそのまま近代的土地所有者に横すべりする途をさがし求めるのだ。

ウーレルスもいうように、それは「なんと長期、かつ困難な企だてだろう！」[8]

フィジオクラートは、事態の困難さを充分に認めた上で、領主や国王の啓蒙や、その自発的な動きに期待をかける。例えば、貴族の狩猟について、ル・トゥローヌがその範囲を貴族の居住する領地にのみ限ることを要望した[9]のもその一つだが、また彼は次のように述べて国王の率先垂範を促している。「封建制廃止のための最大の障害は、封建制が財産権とつながっており、またそれが世襲財産をなしていることである。この資格では、それ〔封建制〕は尊敬すべきものであり、わたしはそれを破壊するためには、年貢負担者や臣下が、主君から異議が出ないようにきめられた金額で、相続財産の解放を買取るようにさせる以外の方法を知らない。そして、封建制はあらゆる面でただ一つの中心たる国王に帰着するから、国王が模範を示して鎖をたちきり、買戻しを認めなければならない。[10]」なぜ、かれらが貴族や国王に権利の売渡しをすすめたかというと、それはこうした形での土地改革は、貴族や国王になんらの不利をもたらさないで、かえって収入の安定と増加をもたらすことをかれらは承知していたからである。ボンセルフはいう。「領主は権利の売却によって、自己の全部の土地を売るよりも多くを引き出すであろう。かれは自分の思いのままになる資金の獲得と権利とを取りかえるだろう。この解放は権利金の総額、つまり臣下の支払い分を基準として行われるだろう。ところが他方、領主の収入は〔本来〕、控除分や経費をひいてはじめて成りたつのだ。……こうした収入の増大のほかに、かれは管理や運用のための出費に当る分だけを免かれるであろう。[11]」フィジオクラート運動の目指した封建的諸権利の廃止は、誰のためでもなく、実は封建的支配者それ自身の延命策——土地所有権を保持しながら、身分的権利を売渡す——を内包するものであったことがわかるであろう。

経済綱領の第二点は、「土権清掃」のためにする共同体的諸権利の撤廃であった。第一点が領主対策だとすると、これは農民対策である。ここで問題となる権利の主なものは、共同地に関する権利と、共同放牧、池や沼の利用、採草、落穂拾いなどの共同利用権とである。いうまでもなく、これらの権利は農村共同体の存在を前提とするものであって、アンシァン・レジーム下の一般農民は共同体の一員として農業生産に従ったのである。こうした共同体の存在に制約されて、農民のあいだでは私的所有権の観念が確立せず、ながく農民の意識を規定していたものは「財産共有」の観念、「共有地不分割」の原則であった。共同地や共同牧地の存在、収穫後の耕地立入りの自由などは、そうした観念をささえる地盤であったばかりでなく、同時にそれは小農民や貧農の生活および経営をささえる最後のよりどころでもあった。[12]

私有財産の確立を、体制として排除する目的をもつこうした共同体的権利は、当然、フィジオクラート運動と対立するものであった。フィジオクラートの立場からすると、「土地所有権の本質は、それがただ一人の人間に属する点にある」し、また「あらゆる改良は所有権の精神に由来し、あらゆる退化は共同体の精神に由来する。[13]」したがって、共同体という「太古の野蛮のなごり[14]」を排除して、完全に私的な土地所有を実現することが、かれらの課題でなければならない。どうすれば、それを実現することができるか。その対策として、かれらが指向したのは、一つは共同地の分割を促進することであり、いま一つは土地所有者による囲込みの自由を要求することであった。共同地の分割は、いうまでもなく共同所有を私的所有におきかえ、永久的な私有財産をつくり出す方法であるが、その結果としてもたらされるところは、一方で自由な土地所有者による農業経営と、他方で「土地」から自由な農業労働力とが同時に形成され、それによって生産力が上昇することであった。「信頼できる正確な調査にもとづく集計〔の結果〕は、うたがいもなく次のことを示している。すなわち、共同地をもつ教区は、共同地が広ければ広いほど住民がもっとも少なく家畜がもっとも少なく、また国庫にもたらすところがもっとも少ない。[15]」では、共同地をいかに分割するか。平等分割であるか、それとも不平等分割であるか。フィジオクラートの答えは、もちろん不平等分割である。財産の不平等は、フィジオクラート運動のスローガンの一つであった。ウーレルスの説明を借りると、「いずれにせよ、この忌むべき不分割から脱却するために、フィジオクラートはもっぱら所有者のあいだだけでの財産または租税に比例する分割以外のいかなる仕方をも決して考えなかった(16)」のである。当時の農民の要求であった平等分割、すなわち頭わり分割は、フィジオクラートの決して容認し得ないところであった。ここにも、フィジオクラート運動の階級的性格が顔をだしていることは明らかであろう。

　こうして分割された共同地、さらにそれだけではなく農民の本来の耕地においても、土地の所有者は自己の土地を自由に利用することが保証されなければならない。そのためには、囲込みによって土地所有者が自己の土地から共同地役権を排除する必要がある。一例をあげると、ブーロネ地方では「旧慣の文言によると、土地保有者は農奴地《フィエフ》についてはその四分の一以上を囲込むことが禁じられ、平民地《ロチュリエ》ではさらにそれ以上か、または五分の一以上が禁じられた。……ところで、のこりのすべての土地、すなわち開放地は、放牧地であれ、耕地であれ、未耕地であれ、共同利用に供せられた。もちろん、鎌による収穫、または家畜の飼育が終ってのちだが、いわゆる囲込み期間は、三月一五日に始まって聖ピエールの日、八月のかかりにおわる。だから、畑のあるじは、きわめて限られた囲込み部分を除いて、畑を四カ月半しか自由にできないのだ(17)。」ここに明らかなように、共同利用権の存在は私的土地所有の観点からすると重大な妨害物である。こうした妨害物を排除するためには、法律によって共同利用を撤廃するだけでは不充分であって、土地そのものを物理的な手段(垣・石垣・溝など)によって保護しなければならない。これが囲込みである。囲込まれた土地では、もちろん共同放牧も移動牧畜も排除され、土地所有と耕作の自由が確保されることとなる。

　もっとも、囲込みの自由は、フィジオクラートが最初に要求した運動とはいいがたく、地方の貴族や地主のイニシアティヴにもとづいて、まず各州の立法として実現され、六〇年代のおわりになると統一的な立法への動きが表面化してくるが、フィジオクラートはそうした動きを支持し、あるいは立法化を完成させるためにはたらいたのである(18)。もちろん、この囲込み運動にたいしては、農民の側からの強力な反対闘争が展開され(19)、それがフランス革命にいたる伏線の一つとなるわけだが、それは別としてフィジオクラートが囲込み立法を促進したことはかれらの当然の帰結であり、またかれらの社会的立場をそのまま表現するものであったことは明らかである。

(1) Weulersse, La Physiocratie, p. 103.
(2) Weulersse, Mouvement Physiocratique, t. I, p. 434.
(3) Ibid.
(4) La Physiocratie, p. 92.
(5) Mouvement, p. 436.
(6) La Physiocratie, p. 272.
(7) Mouvement, p. 437.
(8) La Physiocratie, p. 306.
(9) Ibid., p. 267.
(10) Ibid., p. 306.
(11) Ibid., p. 58.
(12) Bloch, Les caractères originaux de l'histoire rurale française, p. 228.
(13) La Physiocratie, p. 264.
(14) Bloch, op. cit., p. 224.
(15) La Physiocratie, p. 265.
(16) Ibid.
(17) Ibid, p. 267.
(18) Mouvement, p. 419.
(19) Bloch, La lutte pour l'individualisme agraire en France au XVIIIe siècle (Ann. Hist. Écon. et Soc., 1930), p. 530.

三

以上はフィジオクラート運動の土地改革としての側面をとり出したわけであるが、つぎにはいわば農業改革としてのフィジオクラート運動をとり上げよう。経済綱領の第三点は、すでに見たように、農業経営の近代化、すなわち大農経営の形成のために、借地農保護を要求するという論点であった。この点は、少くとも表面上は、フィジオクラートが最も力を注いだ問題であって、したがって従来もっぱらこの点のみがフィジオクラート運動の特徴として受取られてきた。ウーレルスの研究も、実は、この点で例外ではないのであって、彼はフィジオクラート運動をやはり文字どおりの「農業資本主義」の運動であるととらえており、それが「上から」の近代化運動である点をふかく追求していない。わたしは、フィジオクラート運動を全面的に明らかにするためには、その農業資本主義論がまとっている封建的な側面が、一体いかにして、また何故、必然的であったかを解明すべきであると考える。上来、わたしはフィジオクラート運動が、土地問題についていかなる立場をとるものであったかを見てきたが、ここでは、この立場が経営問題のなかで、どのようなかたちをとっているかを、とりあげることとしよう。

ケネーが大農経営の有利性を主張し、借地農の「元本」を保護すべきことを論じたことは、よく知られている。「耕作者の利益は、すべての経済活動と、あらゆる農業上の成功との原動力である。(1)」また、「耕作者の前払いは、土地耕作の支出によって、可能なかぎり最大の生産高を年々再生せしめるだけのものでなければならない。(2)」借地農の前貸資本は年々、耕作者の手許に還流しなければならないし、また支出の増大に応じて、増大して還流するものでなければならない。では、こうした前貸資本の還流＝再生産を保証する条件は、いかなるものであろうか。この点もまた周知のところだが、フィジオクラートがとくに重視したのは税制改革と穀物取引の自由の二つの条件である。税制改革の対象とされたものは、タイユ、十分の一税などの直接税、通行税、関税、市場税などの流通税、賦役、軍役などの労働強制等のほか、徴税請負制、納税連帯制などの徴税制度にまで及んでいるが、その一々について検討する余裕はない。フィジオクラートの税制改革の要点は、これらの複雑な租税を地租に統一して、その他を撤廃すること、また、納税義務者＝土地所有者と国家とを直結させるために徴税請負や連帯制を廃止することにあったと見られる。このうち前者の「単一地租」の主張は、フィジオクラートの経済理論たる土地生産力説にもとづくものであり、後者はかれらの政治論たる地主国家論につながるものである。

「単一地租」を設定せよという主張は、そのかぎりでは、租税負担のすべてを地主に帰着させるわけだから、フィジオクラートの地主擁護論とは矛盾するように見える。しかし、地主は地租として提供する部分を、一体どこから取得するだろうか。いうまでもなく、それは借地農がつくり出す「純生産」からである。すでに述べたように、フィジオクラートの体系では、借地農の利潤は範疇として認められていない。「純生産」はすべて地主の所得に転化される。あるいは、マルクスの言葉を借りると、「地主は同時に資本家である。[3]」したがって、地主はフィジオクラートの考える社会の唯一の「所得」を独占するわけで、そうした条件のもとで地主以外の租税負担者を求めることは、論理的に不可能なのだ。実践的に見ても、「単一地租」の主張は、地主の負担を増加させることはないばかりでなく、地主支配を正当化し強化する役割を果すものである。まさしくそれは、フィジオクラートの構想する地主国家の経済的基礎をなすものに他ならない。ケネーは、この点をつぎのようにいう。「卿紳たちに、自己の土地財産を利用することを認め、また、かれらが土地を借地にだし、借地価格に応じて租税を支払うことによって、土地の利用を高めることは、貴族と農業とを利するためにきわめて好都合であろう。卿紳たちはきわめて大きな利益を見出すだろうし、また農業の発達に多くを寄与するであろう。[4]」(傍点は引用者)

徴税請負や納税の連帯責任制を廃止する要求は、まえにも述べたように、納税者＝土地所有者たちと、かれら自身の機関たる国家とを直結するためのものである。徴税請負や連帯責任制の存在は、本来、透明であるべき国家と個人(=土地所有者、したがってまた事実上の主権者としての個人)とのあいだの関係を無限に複雑にし、かつ困難なものにする。「ヨーロッパのあらゆる交通路の上にばらまかれた二〇万人をこえる徴税〔吏〕の軍団こそは、この巨きな大陸を脅やかしているかくも不幸な状態と、避けることのできない革命とを明らかに証拠だてるものだ。[5]」納税の連帯性についていうと、教区のなかに住む農民のうち四人の多額納税者には連帯強制の義務がおわされ、「かれらが予見することも、ふせぐこともできない教区の支払い不足を理由として投獄される。[6]」多額納税者は大部分、富裕な借地農であるから、投獄は農業生産の停頓を意味し、借地農の破産をもたらす。フィジオクラートにとって、これは堪えがたい障害であったことは明らかである。

以上の租税対策は、結局、借地農の耕作からすべての経済外的拘束を撤廃し、「耕作の不可侵性」を確立することに帰着する。耕作の完全な「不可侵性」こそは、「農業にとって、確実な成功を収めるための最も確かな方法であり、この欠くべからざる第一歩なくしては、他のすべての計画は無の空虚さの上にうち立てられた空想でしかない[7]」のだ。ところで、「耕作の不可侵性」は、租税問題について主張されるばかりでなく、租税よりももっと広汎な問題、つまり国の経済政策一般についても主張される。そして、実はフィジオクラートがより多くの期待をかけて主張したのもこの点である。というのは、借地農経営の観点からすると租税批判はそれ自体としては消極的であって、借地農の収入を積極的に増加させるものではないからである。一般的な経済政策としてフィジオクラートの要求したものは、改めて述べるまでもなく、経済的自由主義の政策であるが、これを経営自体の問題に具体化したものが、「取引の自由」、および「良価」の主張である。「良価」すなわち生産費をつぐなう穀物価格は「取引の自由」を通じて、その所産として実現されるものであるから、ここで重要なのは「取引の自由」である。

「取引の自由」について、フィジオクラートがなにをいっているかを一々とりあげることは、あまり意味のないことであろう。ここで検討したいことは、「取引の自由」という要求がもつ社会的性格である。「取引の自由」という主張は、イデオロギーとしてみれば、それはイギリスにおける地主的自由貿易論、一八世紀イギリスのトーリー・フリー・トレイダーズの主張をひきつぐものである。このことは、かつてわたしの述べたところである。(8) しかし、一つの国に成長したイデオロギーは、他の国の現実のなかに移しかえられると、往々ちがった性質と役割を帯びてくることも、また事実である。この点についてはどうか。「取引の自由」への要求は、フランスの現実のなかでは、一方では国内の独占(買占)商人の特権にたいする挑戦と絶対王政の設定した流通圏にたいする批判とを意味し、他方では産業保護に名を借りた重商主義的な貿易政策を根柢からくつがえすことを意味するものであった。アベ・ボードーがいうように、穀物に関する旧制度は、「関係者にはきわめて有利だが、生産者および消費者にはきわめて有害な独占(9)」制度であり、したがってフィジオクラートは「独占権《バナリテ》をうちやぶれ」という要求をかかげる必要に迫られたのである。穀物商人、製粉業者、製パン業者などの特権、およびその流通機構にたいするフィジオクラートの攻撃は、かれらの主観的意図がどうあろうとも、生産者の解放と社会進歩のための闘争であったことは明らかである。これにくらべると自由貿易——輸出入の自由——の主張は、学説的には重要な前進であるが、しかもなお原理的な主張にとどまっていたといえる。なぜなら、フィジオクラートは自由貿易を現実に施行する局面では、不確定な態度をとったことが多く、なによりも当時のフランスでは穀物の自由輸出を行うための条件を欠いていたからである。この点が、ネッケルとフィジオクラートの対立点の一つとなるのだが、それは別として、フィジオクラートがとくに重視したのは、国内市場の形成——隔地取引の自由——という契機であって、具体的にはそれは借地農、ひいては地主のために「良価」を実現しようとするものであった。(10) たとえばチュルゴーは一七七〇年代の「取引の自由」がなにをもたらしたかについて、つぎのごとくいう。「要するに、さいごにつぎのことを認めねばならない。生産者=商人の平均価格で〔小麦〕一セティエ当り三リーヴル八ソルの増加は、領主および地主にとっては、純生産がほとんど倍増したことである。……この値段である二一リーヴルたらずのうちには、三リーヴル以上の純収入があると考えてはならない。原前貸の利子、年々になされる前貸の回収分、経費および失費とくにたえず増大する租税などが、収入のうち約一七リーヴルに達する。……だから新増加はほとんど二倍であったのだ。(11)」ここには、フィジオクラートが「良価」を要求したことの真の根拠が示されているだろう。もっとも、チュルゴーは「取引の自由」による地代の上昇を是認するのだが、これに対してネッケルはこの点をつぎのように批判する。「穀物取引のこの絶対的な自由は、土地所有者がそのすべての力を思うままにふるうのを許すことでしかないのだ。(12)」「取引の自由」が、直接には、借地農の収入増加となって現われることはもちろんであるが、しかしその利益は地代引上げを通じて地主に帰属させられる。これが、フランスの現実であったばかりでなく、同時にまたそれはフィジオクラートの体系の要求でもあったわけである。

経済綱領の第四点は、大農経営のためにする新農法の推進ということであった。新農法の推進は、以上に述べたような経済面、経営面での改革を前提とし、それと並んではじめて行いうるものであった。したがって、新農法の導入は単なる農業技術の問題ではなく、それ以上の深い意味をもつものであった。フィジオクラートが新農法を推進するに当って採用した方法は、「耕作の自由」を主張し、これを確保するということであった。つまり伝統的な耕作方法、および国家的・領主的強制から耕作者を解放することである。たとえば、休耕を伴う強制輪作や、国家からの耕作強制、領主の強制による単一栽培などを撤廃することであった。なかでも、休耕の義務について、フィジオクラートがその不生産性をきびしく批判したことは改めて述べるまでもなかろう。絶対主義国家の耕作強制について、ル・トゥローヌはいう。「政府は、王国のある地主に向って、お前たちは小麦を耕作すべし、とか、また別の地主に向って、お前たちはブドーを栽培すべし、とかいう権利もないし、利害ももたないのだ。(13)」ここに見られるように、土地所有の自由は、当然に土地利用＝経営の自由にまで拡大されねばならない。借地農経営は、これによってはじめてたしかな地盤の上に立つことができる。「市民は所有する権利をもつだけでは十分でない。さらに、それを自由に利用できる状態においてもちつづける必要がある。前者は、国家の側からの所有権にたいする尊敬を求めるものだし、後者は所有者のために自己の財産を好むままに用いる権利を要求するのだ。[14]」

フィジオクラートが新農法を推進するための具体的な方法として力を入れたのは、フランスの各地に農業会を結成させてゆくことであった。ケネーが最初に構想した農業会は地方の身分会によって設立され、農業改革の方法について勧告するとともに、経済学の普及にも当るという広汎な権限をもった組織であったが[15]、一七六〇年以後、現実に各地方につくられた農業会はかなりちがったものであった。農業会は、各地の地主や大借地農をあつめて、パリをはじめ、ツール、リヨン、リモージュ、オルレアン、ルーアン、オーヴェルニュ、ソワッソンなどに設置されたが、それらはいずれも政治や行政に対して口をだすことを厳重に禁止されており、農業の実務面だけに活動を限定しなければならなかった[16]。したがって、農業会は、フィジオクラートの意図した社会運動としての農業改革の機関としては、ほとんど役に立たなかったのであるが、しかし少くとも新農法を普及する機関としては意味をもっていた。家畜飼育、人工牧草、農業用具、肥料、集約農法等々が、農業会の主要な関心のまとであったからである。こうして、農業会は新農法の技術普及の機関として、農業に対する「趣味」をかき立てながら、貴族や大地主を農業改革の途にひき入れるものとして役立ったのである。

（1）　Quesnay, Œuvres, p. 324.
（2）　Ibid., p. 332.
（3）　『剰余価値学説史』一巻一章。
（4）　Quesnay, Œuvres, p. 228. 嶋津・菱山訳二巻九九ページ。
（5）　Weulersse, La Physiocratie, p. 281.
（6）　Ibid., 68.

（7） Ibid., p. 281.
（8） 「アンシャン・レジーム下の「地主的」改革」前掲。
（9） La Physiocratie, p. 185.
（10） Ibid., p. 182.
（11） Ibid., p. 93.
（12） Ibid., p. 204.
（13） Ibid., p. 268.
（14） Ibid., p. 59.
（15） Mouvement, t. I, p. 377.
（16） Ibid., t. II, 159. Les Physiocrates, p. 222.

四

以上は、フィジオクラート運動の要求項目を、経済的側面にかぎってみてきたのであるが、つぎには問題を当時の社会的現実のなかに移して、フィジオクラート運動が占めた位置、その役割を考えてみよう。

フィジオクラート運動が、地主的な立場からする農業資本主義化の運動であったことは、これまで述べてきた要求項目の分析からくみとることができると思うが、それではこの運動は一八世紀フランスの社会・経済関係をどのように変えようとしたのであろうか。当時のフランス社会の基礎をなす階級関係は、もちろんかつての純粋封建制の時代のように、領主対農奴という単純な構成をとってはいない。土地所有者と耕作農民との対抗という封建的な階級関係が、社会の基本構造として貫かれている点では本質的な変化はないが、しかし封建領主も農奴もさまざまの変容を示しているし、各々の階級が新しい分化をとげてもいる。この変容と分化との結果、形成された絶対王政期の階級関係はほぼ次のようなものとしてえがかれるであろう。

まず、支配階級たる封建的土地所有者=領主は、その政治権力の多くを失いながらも、なお特権的身分層として、絶対王政の庇護のもとに社会の最上層部を構成する。宮廷貴族、僧職身分、軍人、官僚、地方貴族などがこれであって、その多くは特権的な大土地所有者として、農民とのあいだに農奴制の濃厚にまとわりついた搾取関係を維持している。これは社会の最も反動的な階層であり、封建制のいわば極北である。これらの階層と身分関係の上では反撥しながら、しかし利害関係の上では本質的にこれとつながる階層として、特権ブルジョワジーの一団がある。大商人、高利貸、徴税請負人などがこれだが、かれらは国王権力に寄生し、流通過程を掌握することによって、貴族勢力に匹敵する上層支配層たる地位を占める。すでに見たように、フィジオクラート運動が、その運動目標のなかにこれら二つの階層にたいするある程度の批判を内在せしめたことはまことに当然のことであった。この二つの階層をなんらかのかたちで処理することを抜きにしては、一切の社会改革は存在することもできなかったのである。

特権ブルジョワジーは、本質的に反動的な階層であり、封建的な生産関係を前提とし、それに寄生することのみがかれらの生存を保証する条件であった。しかし、逆説のようだが、かれらが一個の社会的勢力として成長し、結集されたこと自体、基礎構造における封建的関係がある程度、変容されたことを意味するものであった。それは、一言にすると、封建農民が領主によって全一的に搾取される関係から、商業・高利貸資本によってもまた搾取されることの可能性が生れたということだ。もちろん、搾取の形態はさまざまだが、いずれにせよ領主対農奴という基本関係の在りかたの変化を、基礎構造のなかに認めなければならない。歴史的にはこの過程は、農奴解放・直営地の解体・地代形態の推転などによって、また農民戦争・宗教改革・ルネッサンス等々によって現わされる封建的自営農民の成立、農村共同体の確立として把えられるであろう。

右のような事態の所産として、領主権力の後退と特権ブルジョワジーの上昇とが現われる（絶対王政はこの力関係の変化の上に立つ）が、農村のなかでこの変化に対応して形成された搾取関係が、寄生地主制と名付けられるものであった。寄生地主は、それ自体が商人であり、高利貸であることが多いが、流通過程を通じて農民を経済的に隷属させることから、さらに進んで自営農民を分益小作農に顚落させ、農民の小保有地を併呑して地主制度をうち立てる。封建領主が後退して、単なる一定額の地代取得者に転化したそのあとをうけて、農民から高率の小作料を徴収し、農民を依然として半封建的搾取の下に隷属させるものとして、寄生地主が現われてくるのである。貴族が特権的封建地主であるとすれば、これは市民的封建地主（半封建地主）である。封建的搾取関係は、寄生地主によって再編成され、自営農民は寄生地主に上昇する一部の富農層を除いて、過少農または小作農の地位につき落される。こうして形成される寄生地主制が絶対主義に特徴的な土地所有形態であり、これらの市民的地主が支配階級の一翼として君臨していたのである[1]。

では、農民はどうか。絶対王政の下ではすべての農民が一様に貧乏であった、と想像するのは一片の公式論であろう。農民は、農村共同体のわくのなかに閉じこめられてはいるが、しかしさまざまの身分的、経済的差別をまとって生活している。少数とはいいながらも、そのなかから富農層が成長し、それが近隣の貧農を従属させつつ、寄生地主へ上昇する過程も進行する。領主権力が後退したあとの間隙に、商品・貨幣流通の波が押しよせると農民の貧富の差はしだいに大きくなり、またそのなかから必然的に富農層も成長してくるのだ。しかし、富農層の成長には、それ以上には出られない一定の限界点というものがある。その一つは、封建制と寄生地主制のわくであって、前に見たように、封建的諸権利が富農経営の発展を押しとどめるし、いま一つは共同体的諸規制が自由な農民経営の発展を阻害する、したがって、絶対王政のもとでの農民経営は、きわめて狭いわくのなかでしか発展しえないから、いきおい富農層は商業や高利貸を兼営しつつ、寄生地主への途を歩むこととなる。貧農の場合もこれに対応するのであって、すでに述べたように、かれらの終局的な没落＝プロレタリア化をくいとめる条件として共同体的諸権利が役割りをはたす。だから、貧農は無限に窮乏化するけれども、それはかれらを一片の土地、または共同地にますます強くしばりつけるだけであって、自由な労働力は体制的につくり出されないのである。こういう農民分解の特殊なあり方こそは、寄生地主制に特徴的なものであるが、こうした農民層のなかから資本主義経営をうち出すにはどうすればよいか。これがフィジオクラートの当面した課題であった。

ここから出てくる結論は、一方では封建的諸権利をカネで買い取ることができるものに置きかえて、富農経営の自立性を確保することであり、他方では共同地の分割、耕地の交換分合を進めて、貧農を自由な労働者に転化させ、富農経営のもとに雇い入れるということである。フィジオクラートが唱導したところは、まさにこのコースに沿うものに他ならなかった。しかし、現実問題としては、まず第一に土地問題を解決しなければならないし、またフランスにおける富農の数はいたって少い(耕地の六分の五は分益小作農による旧式農法である[2])ばかりでなく、その富農も大規模な借地農経営のための資金をもっていない。そうだとすると、採るべき手段はやはり貴族や大地主を説得して、そのイニシアティヴのもとに、必要な土地改革(土地清掃)を行わしめ、原前貸しを投入させたのち、さらにその上で富農を借地農に転化させる方策を「上から」つくり出す必要が生れてくる。フィジオクラート運動における地主優先の立場は、右のような現実的根拠をもつものと考えられる。

ところで、フィジオクラート運動は、絶対王政下の階級関係をどのようなものに作りかえることを意図したことになるだろうか。まず、王権であるが、王権はもちろん存続するばかりでなく、特権貴族や大ブルジョワジーなどの寄生物をきりすてるという意味で、一層、強力な存在となり、もっぱら「財産」の擁護者としての任務を新しく受取ることになる。貴族や特権ブルジョワジーは、その特権を放棄して純然たる土地所有者(近代地主)となるかぎり、その存続が認められる。ウーレルスはいう。「もちろん新秩序、すなわち「所有者の秩序」のなかへは、僧侶も貴族もその資格に応じてはいるのではなくて、もっぱら所有権を理由としてはいるのである。(3)」寄生地主も同様に、農民とのあいだの半封建的関係を清算して、より有利な地代収取の途、つまり近代地主への転換をなしとげなければならない。「囲込み」と共同地分割がその方法である。こうして形成される近代地主――「地主のブルジョワ化」――のもとで、富農が借地農として、その土地の経営を委託され、プロレタリア化した貧農を労働者として雇傭し、資本家的な大農経営を行うのである。農業における資本家的な生産関係が成立し、地主―資本家―賃労働者という三階級区分を伴う階級関係が展望されることになる。

しかし、すでにくり返して述べたように、こうした階級関係の移行=転換をなしとげる主体的条件は、フィジオクラートにおいて「土地」もしくは「地主」の側にあると考えられている。「土地」の生産力のみが、社会を新しくする原動力であり、また「地主」のみがそれを可能にする能力と権利との主体である。フィジオクラートが、労働の生産性はもとより、資本の生産性をも把握することができず、逆に土地の生産性と労働(または人間)の不生産性(4)とに立脚した理論構成をとっていることは、まさしくかれらの立場の理論的な表現にほかならないが、かれらの政治理想もまた「地主」――年収六〇〇リーヴル以上――を唯一の構成員とする政治組織を建設することにあった。たとえば、ル・トゥローヌはいう。「よく組織された地方政治は、ただ土地所有者のみによって構成されねばならない。なぜなら、かれらだけが租税の負担者だからだ。(5)」同様の見解は、若干の差異はあるにせよ、フィジオクラートのすべてが構想していたところであった。

フィジオクラートの想定した三階級区分は、まことにすぐれた着想であって、その後のフランス社会はかれらの着想をそのままに実現したことは改めて述べるまでもないが、しかしここに想定された三階級のうち、フィジオクラートが主導権を認めたのは、地主階級であった。このことは、地主以外の階級に主導権を認める別の立場を可能ならしめるし、別の立場からの批判の余地をのこしたことにもなる。わたしの見解を述べると、富農→借地農というブルジョワ的立場は、「百科全書派」によって表現されているし、また中産農民→貧農というコースのもつ要求は、ルソーにはじまりマブリ、ランゲなどに引きつがれる小市民的急進派によって現わされていると思う。(6) この二つの傾向は、もちろん「下から」の運動であるが、これとは別にもっと上層からフィジオクラート運動を阻止しようとする動きもあったことは無視できない。それは、貴族、教会、財政家、特権商人などの上層支配階級の動きに表現されるもので、かれらは保守的、反動的な立場から、フィジオクラート運動を極力、圧殺しようと試みた。たとえば、有名な警視総監セギエはフィジオクラートのスローガンたる「自由」がひろく社会のなかに浸透しつつある状況を憂慮していう。「こんにち、きわめて一般的になったこの言葉〔自由のこと〕から、……自分のわがまま以外のなんらの法律をも認めず、またおのずから形成される規則以外のなんらの規則をも認めない無制限の自由を理解してはなりません。この種の自由はたちまち放縦にかわります。……陛下、よく統治された国家には、現実的な自由しかありません、そこにあるものは法の権威のもとに存する自由のみであります。(7)」このほか、有力な反対勢力としては、パリのパルルマンがあり、自由主義的な法令の登録を片っぱしから拒否しつづけたことは周知のところであろう。

こう見てくると、フィジオクラート運動は、上からと下からとの二つの反対勢力にはさまれていたことがわかる。そのなかでかれらは、「土地所有権」と「経済学」とをふりかざしてたたかったのであるが、かれらの採った方針は人民に依存するのではなくて、国王に依存して、社会を改革するという方針であった。すでに述べたように、かれらは明らかに資本主義的関係を把握していたが、しかしそれを一般的、支配的な関係たらしめるためには、やはり強力が必要であることを自覚していた。封建的諸権利を廃棄するためにも共同体規制を一掃するためにも、強い権力の発動がなければならなかった。それは「革命的」な強力ではなくて、「合法的専制主義」の権力であった。こうして、フィジオクラート運動は、本質的に「上から」の近代化運動として現われざるを得なかったのである。

すべての「上から」の改革運動がそうであるように、フィジオクラート運動もまた人民に背をむけて、支配階級との妥協の余地をのこすものであった。それは、すでに指摘したように、封建的諸権利と共同体的権利とに対するかれの取扱い方のちがいとして現われている。こうした妥協的改革という性質は、フィジオクラートのおかれていた条件からいって、やむを得ないといえるかも知れないが、しかしまたアンシァン・レジームの下では、そうした妥協的改革すらいれる余地がなかったのである。フィジオクラートは、貴族や教会勢力との妥協の道を用意していたが、しかし人口の圧倒的多数をしめる民衆の運命に考慮を払うことをしなかった。かれらは、この点について素朴な楽観主義をかくそうとはしていない。貧農は土地を失って労働者になるかも知れないが、しかしかれらが借地農のもとで働けば一層生活がよくなるであろう、というのがフィジオクラートの見解であった。「貧乏人たちよ！　もし、お前たちが飢えているのなら、金持のために働くがいい。そうすればお前たちは、金持の富と結ばれるだろう。[8]」皮肉なことには、フィジオクラート運動が挫折した根本の原因は、実にこの点にあった。ウーレルスが認めたように、「人民の利害こそがフィジオクラート体系の没落の主要な原因である[9]」ことを銘記しなければならない。

人民の側からの批判は、フィジオクラート運動が促進した諸法令たとえば「囲込み」の法令や、「穀物取引の自由」を認めた法令などに対する反対運動として展開されたが、その詳細についてあとづける余裕はここにはない。ここでは、人民の側に立った若干のイデオローグたちの主張をいくつか示すだけにとどめておこう。「耕作者を苦しめる労働は、もしすべての人間がそれを分けもったときには、気持のよいゴラクでしかなくなるだろう」という立場にたつマブリは、フィジオクラートのすすめる土地集中や雇傭労働の導入につよく反対する。「ひとは自分を大きくするために、不幸な農民の資産を買入れ、かれらに昔の奴隷制よりももっと苦しい貧乏をおしつける。」フィジオクラートは「パンの値上りを喜びをもって眺める。なぜなら、彼はそれが国家の最大の基礎だと考えるからだ。彼は、なぜ人民が安い暮らしがしたいと欲するほど馬鹿なのかを考えはしない。合法的専制主義に熱中している彼は、商業のなかにしか、とくに穀物商業のなかにしか自由を求めないのだ。[10]」また、大農経営と生産力の上昇が農民を幸福にするというフィジオクラートの理論について、ランゲはつぎのようにいう。「ボースは、非常に小麦の豊富な地方だが、乞食がうようよしている。それは大土地所有者の数があまりに多いからであり、また以前は二〇家族を生活させていた土地をただ一人の借地農が耕作しているからである。[11]」農民のための土地改革ぬきの農業の近代化は、農民を「所有権の悪魔[12]」のえじきにするだけだと、ランゲは主張する。また、フィジオクラートのいう労働の自由について、グリムは皮肉をこめて主張する。「貧しい日傭いが諸君につぎのようにいうとき、諸君はなんと答えるか？　諸君はわたしが自由であることを要求する。しかし、もしわたしが生きる自由をもたないとしたら、わたしの自由とは一体なになのだ？　わたしは働く、しかしわたしは飢え死にしそうだ。わたしのすべての労働も、必要とする食物を確保するには足りない。諸君はわたしの村の借地農がカネをためることを妨げる権利をもっているとは思っていない。ところが諸君はわたしが生存することを妨げる権利をあえてみずからに与えるのだ！[13]」こうした批判は、フィジオクラート運動の社会的性格がいかなるものであったかを明示している。それはまた、農民蜂起や食糧暴動と結びついてフィジオクラートの最もおそれていた革命の危機を予告する声でもあった。フィジオクラート運動は、七〇年代から八〇年代にかけて激しくなる左右からの反対の叫びのなかに埋没することをよぎなくされたのである。

（1）　いわゆる「寄生地主制」について、それをフランスにのみ特徴的な土地制度とする見解もあるが、わたしは絶対主義一般に適合的な土地制度であると考える。本書第二部第二章参照。なお、イギリスについても「寄生地主制」が認められることについては、吉岡昭彦「イギリス絶対王政成立期の農民層分解」『商業論集』二三巻五号を見よ。
（2）　Quesnay, Œuvres, p. 171.
（3）　Weulersse, La Physiocratie, p. 325.
（4）　Weulersse, Les Physiocrates, p. 217.

(5) Weulersse, La Physiocratie, p. 321.
(6) 拙稿「フランス革命の思想的「原型」」本書所収参照。
(7) Weulersse, op. cit., p. 214.
(8) Ibid., p. 205. これはコンドルセの言葉である。
(9) Weulersse, Mouvement Physiocratique, t. II, p. 572.
(10) Weulersse, La Physiocratie, p. 24-51.
(11) Ibid., p. 354.
(12) Ibid., p. 356.
(13) Ibid., p. 214.

五

さいごに、フィジオクラート運動とフランス革命との関係について要点だけを書いておこう。まず、フィジオクラート運動が、いかなる意味においても、革命をめざした運動でなかったことはたしかである。むしろフィジオクラートは、革命の危機を予感し、いかにして革命の危機を回避するかを自己の課題とした。このことは、フィジオクラートといわず、すべての啓蒙主義者に共通の心情であるが、コンドルセのごとき人物ですら、「人々が幸福と自由をうることを望みうるのは、世界をくつがえすことによってではなく、それを啓蒙することによってである」(1)という。フィジオクラートのミラボーは晩年、農民反乱のキザシに脅えながら、つぎのように回想して自己をなぐさめたという。「彼は全生涯をあげて、貧乏人の負担をかるくすることと、普通教育の必要性を説いてきたし、また、圧政と反乱とのあいだに可能なただ一つの障壁をきずくために何が必要かを示してきた。(2)」「圧政と反乱とのあいだ」に障壁をつくって両者を遮断し作用させないようにすること、これがフィジオクラートの政治的要求であった。

では、フィジオクラート運動はフランス革命とは無関係なものと考えることが許されるだろうか。運動は、主体的な面では革命的でないばかりか、反革命的であったとさえいえる。しかし、運動が客観的に果した役割はこれとはちがう。マルクスが指摘したように、「重農主義体系」の受けとり手があざむかれただけではなく、その唱導者自身が歴史によってあざむかれていたのだ。それは、いかにしてだろうか。

わたしの考えを簡単にいえばこうである。社会の体制的危機がおとずれる時期には、ただ革命をめざす運動だけがコッゼンとして現われて、それが革命をなしとげるという工合に簡単にことが運ばれるものでは決してない。社会主義革命のときもそうだろうが、ブルジョワ革命のときは意識的な革命運動というものがないだけに、一層このことは真実である。しかも、社会の矛盾はふかく、危機は深刻である。社会のあらゆる階層が、なんらかのかたちで危機の打開策に関心をよせ、自己の対策を示す必要に迫られている。そのなかで、まず主導的な力を握るものとして現われる運動が、支配階級じしんの自己批判というかたちで、新旧の二つの社会の橋渡しを試みる「上から」の改革運動であろう。「上から」の改革運動は、運動の性質上、かなりの成功を収めることができるが、しかし政治の基本矛盾を根本的に解決できないという限界をもっている。したがって、改革運動がひろがればひろがるほど、それはかえって人々を根本的な矛盾に直面させ、自覚させるという結果になる。そこで、改革運動は中途にして挫折し、もっとラディカルな、もっと広汎な層の運動に途をゆずることになる。改革運動は、自己の意に反して革命運動に転化し、決定的な解決が争われる段階へと移行せざるを得ない。これが歴史の法則というものであろう。

当面のフィジオクラート運動についていうと、この運動は一方では、封建的諸権利の廃棄を要求する点で、旧封建勢力と矛盾し、他方では共同体的権利の一掃を主張する点で、一般農民と対立する。フィジオクラート運動が、しだいに浸透し、実績をあげてゆく過程で、こうした矛盾はかれらの意図に反して拡大し、深刻とならざるを得ない。旧封建勢力は、社会の新しい発展を理解する能力をもたないし、一般農民および小市民は封建制と資本主義との二重の矛盾のなかに立たされて、自然発生的に不満を爆発させる。こうした矛盾の拡大が一方では、自由主義的な財政改革にたいする貴族の反抗となって現われ、他方では農民暴動および食糧暴動となって、いずれもフランス革命の直接の序曲を構成する。フィジオクラートの試みた妥協的改革の途は、もはや閉ざされてしまい、封建勢力と農民層とが、ブルジョワジーをあいだにはさんで、決定的に闘争する段階を迎えるわけである。こうした意味で、フィジオクラート運動はフィジオクラート自身の主観的意図は別として、フランス革命のための必要な経過点として役立ったのである。

（1） Weulersse, La Physiocratie, p. 116.

（2） Ibid.

あとがき——本稿を書きおえてのち、横山正彦氏から、「ケネーの農業資本主義論とその歴史的意義」の続編を送られ、一読する機会をもった。同氏は、そのなかで、わたしの主張がマルクスに忠実でない旨を指摘しておられるが、わたしはケネーについて、方法の上ではマルクスにしたがいながら、しかしマルクスが問題にしたのとは異なった局面を明らかにしようとしたのであり、それによって新しい研究領域を開こうと努めたのである。もしも横山氏のように、すべてがマルクスによって回答が与えられているという態度をとるならば、今日マルクス主義者が経済学史あるいはその歴史的背景を新しく研究することの意味は認められなくなるであろう。わたしは、横山氏がケネー学説の分析において、資本主義を強調しながら、結論のところで、突如として「地主」を持ち出してくることの混乱を指摘したい。したがって、わたしはなお自説を改める必要を感じないが、本稿についても忌憚のない批判をたまわりたいと思う。

第三章　ルソーにおける疎外と自由

はじめに

哲学者アランは、ルソーについてこう書いた。「このたぐいまれな、強力な精神が浸透すれば、世界をゆるがすにちがいない。というのは、彼がゆっくりとその注意を向けるいたるところで、攻撃は直接的であるから。しかし、それ以上のことをわたしはいいたい。この著者が発明したものは、ゆうに数世紀をやしなうに足りると。[1]」ルソーの影響力の大きさ、その「強力な精神」は、彼の著作が書かれて二百年のあいだ作用しつづけたし、今後もそうであろう。この故に、彼は「最も賞賛されると同時に、最も非難される著作家[2]」としての光栄をもった。「ひとはアリストテレスや、スピノザや、モンテスキュを研究し討議することはできる。しかし、ルソーは好くか憎むか、二つに一つである。[3]」

「好くか憎むか」は別として、現代もなお生きつづけるルソー思想のつよさの秘密はどこにあるのか。現代の問題状況のなかで、ルソーから汲みとるべきものは何であろうか。彼の生誕二五〇年を記念して、スイス、フランスをはじめ世界の多くの国では、「現代に生きるルソー」について多くの論文が書かれ、行事が行なわれた。本稿もそれに寄与することを願って、ルソーの思索のあとをその主要著作について検討しようとするものである。

(1)　Alain, Histoire de mes pensées, 1936, p. 63.

(2)　Bertrand de Jouvenel, Essai sur la politique de Rousseau, 1947, p. 15.

（3） 桑原武夫編『ルソー研究』七〇ページ。

一 欲望と疎外

ルソーは『学問・芸術論』の本文のはじめに、ホラチウスのつぎの言葉をかかげている。[1] すなわち「われわれはもっともらしい外観によって欺かれる。」そして、『学問・芸術論』の末尾には、つぎの言葉がある。「おお徳よ！ 素朴な魂の崇高な学問よ！ お前を知るには多くの苦労と道具が必要なのだろうか。お前の原則は、すべての人の心のなかに刻みこまれてはいないのか。お前のおきてを学ぶには、自分自身のなかにかえり、情念をしずめて、自己の良心の声に耳をかたむけるだけで充分ではないのか。ここにこそ真の哲学があり、われわれはそれに満足することを知ろうではないか。[2]」この二つの引用を示すだけで、ルソーの関心がどこにあったかは明らかである。ルソーは、人間が「もっともらしい外観」にとらわれることをやめて、「自分自身のなかにかえり」「自己の良心の声に耳をかたむける」ことこそ急務であるとした。「外観」や「学問」や「芸術」をすてて、人間が本来の自己に復帰するところにのみ幸福があるとするのである。

ジュネーヴ大学のスタロバンスキーは、このルソーの人間観、いな彼の人生態度そのものにおける無媒介の直接性への志向を「透明《トランスパランス》」への要求と名づけ、この「透明」と「障害《オブスタクル》」との対抗、前者による後者の克服のなかにルソー思想の核心を求める。[3]「われ」と「事物」、「存在」と「外見」、「自然」と「人為」の対立も、すべてこの論理によって説明される。ところで、人間の本来的な道徳性、人間としての自然な感情への信頼は、ルソーその人にとっても本来的なものであり固有のものであったが、『学問・芸術論』において彼がそのことを強調したことのうらには、パリに出ていらい彼が見聞した「文明社会」への批判があった。彼は当時親友としてつき合ったディドロとともに、目の前の「文明社会」が根本的に不健全なものであり、非人間的なものであると判断した。(4)知識はふえ、芸術は栄えるにもかかわらず、いなそれ故にこそ、人間の不幸が増大するものと彼は考えた。したがって、彼がとった立場は世間普通の立場とは逆であった。彼は「文明」とは反対の道を歩もうとする。

「今日、人々が賞賛しているすべてのことに正面から反対すれば、全般的な非難だけしか期待できない。いく人かの賢者に賞賛されるという栄誉をうけるためには、公衆の賞賛を考慮する必要はない。私はこのような立場をとったのである。(5)」ルソーは、「当世流行」の見解、つまり一八世紀に盛んになる貴族や宮廷中心の文化主義、都会的な工芸や娯楽の発達を肯定する立場に背を向ける。「どんな時代にも、その世紀や、国土や、社会の見解にしたがうように作られる人がいるものである。自分の世紀をこえて生きようと望む場合には、このような読者のために決して書いてはならないのだ。」『学問・芸術論』で提出されている命題は、人間の「欲望《リビド》」が人間の疎外をみちびくという考え方である。いわゆる「疎外論」は近年にいたってマルクスと結びつけて常に論じられるが、近代社会における疎外は実にルソーによって最もはやく、全面的に分析されているものといえる。もっとも、彼にはマルクスに見られるような歴史発展論も経済分析もないことはもちろんである。しかし、ルソーは疎外を一つの理論としてだけでなく、みずからの一生を通ずる体験として定着し、そこからの回復を終生の課題とした。彼ののこした人間的記録は、すべてこの問題にささげられたといえる。(6)つまり、彼の人間論は人間の疎外とそこからの回復をあつかい、彼の社会論は社会による人間の疎外とその回復を論じたものであり、彼の生活記録はまさに彼みずからの疎外とそこからの自由を求めた彼の苦闘の記録である。

いま一度、『学問・芸術論』にかえろう。ルソーは、人間の疎外の原因を「欲望」のなかに認める。「精神は肉体と同じく、みずからの欲望をもっている。肉体の欲望が社会の基礎をなし、精神の欲望が社会のたのしみの基礎をなす。政府や法律が人間集団の安全と幸福をはかる一方、学問・文学・芸術は、圧制の度合いは少ないが、おそらく一層強力に人間たちを縛っている鎖を花飾りでおおい、人生の目的と見られる根源的な自由の感情を窒息させ、かれらに奴隷状態を好ませ、そして文明国民とよばれるものをつくり上げる。(7)」

『学問・芸術論』が批判するのは、人間の「欲望」のうちの「知的欲望《リビド・シエンディ》」であり、その結果としての「知識信仰」である。(8)では、なぜ「知的欲望」が問題となるのか。『学問・芸術論』の論理は、ルソー自身がのちに『懺悔録』のなかで認めたように、必ずしも一貫していないで、熱情にかられて雄弁をつらねたというおもむきがある。はじめのうち、ルソーは学問・芸術を直接に攻撃しないで、むしろ「欲望」を攻撃する。政府や法律をつくり出し、「王の地位」を高くする根源は、人間の肉体的「欲望」——食物や住居の必要——にある。そして、その人間を縛りつける「鎖を花飾りでおおう」ものが、人間の精神的「欲望」の産物である学問・芸術に他ならない。

「君主たちは、快い芸術や贅沢の趣味が臣下のあいだで拡がることを常によろこびの目で眺める。なぜなら君主たちはこうして臣民たちに隷従にきわめてふさわしい狭少な魂をつちかうことのほかに、人民がふけるあらゆる欲望がそれだけかれらを縛りつける鉄鎖となることを充分承知しているからである。(9)」欲望による人間の自己疎外と、それを一層つよめるものとしての学問・芸術の役割が、ここに指摘されている。「欲望が王の地位を高め、学問と芸術がそれを堅固なものとする。」あるいは「われわれの学問・芸術が完成に向って前進すればするほど、われわれの魂は腐敗した。」「学問・芸術の光りが地平にのぼるにつれて、徳が消えてゆくのが見られる。これと同じ現象は、あらゆる時代、あらゆる場所において見られた。(10)」

したがって、学問・芸術の発達は有用なものでも、望ましいものでもない。それは人間の疎外をふかめるからである。「ローマ人は徳を実践するだけに満足していたが、かれらが徳を研究しはじめるやいなや、すべての徳は失なわれた。」ルソーは精神的欲望が一定の限界内にとどまっていた原始未開の民族のなかに理想を認めた。初期のペルシア人、スキタイ人、ゲルマン人、アメリカの未開人、スパルタや初期のローマ人などである。「おお、スパルタ！　役に立たぬ理論にとっての永遠の恥辱！　芸術のおかした悪がひとまとめにアテネに導入され、僭主（ピシストラト）があれほど苦労して詩人の王（ホメロス）の作品を集めていたあいだに、お前（スパルタ）は芸術と芸術家、学問と学者を城壁のそとへ追い出したのだ。[11]」アテネは高尚な趣味と哲学者をもち、大理石と織物をつくったが、スパルタはそうしたものをもたなかった。しかし「そこでは人々は有徳な者として生まれ、国の空気そのものが徳を行きわたらせる。」人間の直接性、徳と自由な感情の回復を求めるルソーの立場ははっきりしている。「肉体の力や強さが見出されるのは、農夫の粗野な衣服のなかであって、廷臣の金ぴか衣裳のなかではない。魂の力や強さにほかならぬ徳もまた、装飾とはかかわりをもたない。」

「天文学は迷信から生まれ、雄弁は野心、憎悪、へつらい、虚偽から生まれ、幾何学は貪欲から、物理学は無益な好奇心から生まれた。[12]」ルソーは勇敢に学問を断罪する。芸術は奢侈の産物であり、法律学は不正の産物であり、歴史学は暴君や戦争や陰謀家の生み出したものである。「無為のなかに生まれた学問が、こんどは無為をはぐくむ。そして、とり返しのつかない時間の浪費こそ、学問が必然的に社会にあたえる第一の害である。」彼は知識や学問よりも、「永遠の知性がわれわれをそのなかにおいた幸福な無知」のほうを選ぶ。彼は哲学者や雄弁家たちが「人間のうちにあるあらゆる神聖なもの」をうちこわし、いやしめることに反対する。「人間のうちにある神聖なもの」それは徳・勇気・質素・勤勉などによって象徴される人間の「自然」であった。

こういう立場からすれば、社会の経済的発展、すなわち商業や貨幣の導入もまた排斥すべきものとなる。それは疎外の増大とならざるをえない。「生活用品が多くなり、芸術が完成し、また奢侈がひろがる一方、真の勇気はおとろえ、いくさの徳は消滅する。しかもそれは小部屋の暗がりのなかで作られる学問やすべての芸術のしわざである。[13]」のちに『人間不平等起原論』のなかで展開される命題が、すでに顔を出す。つまり、不平等が悪徳を生むという思想である。「すべての悪習は、才能の差別と徳のだらくによって、人間のなかにみちびき入れられた有害な不平等以外のどこから生まれてくるだろうか。これこそわれわれのあらゆる学問研究の最も明白な成果であり、学問研究のあらゆる結果のなかで最も危険なものである。(14)」

学問・芸術をこのように排撃するルソーは、結局、何をうったえようとするのか。原始未開の状態に立ちかえることができないことは明らかである。では、どうすればこの疎外から逃がれうるのか。後年の著作および彼の生涯をつうじていえることは、その方途は基本的に二つである。その一つは、疎外からの自由を社会的に追求することによって、この現存社会そのもののなかで、人間の解放をかちとることである。『人間不平等起原論』から『社会契約論』への道すじがそれを示すであろう。いま一つは、人間が外面的なものを棄て去って、自分自身の内側に復帰することによって自由を回復することである。『エミール』および『孤独な散歩者の夢想』がそれを示すであろう。この二つの方途は、「あれかこれか」であって、両方を同時に求めるわけにはゆかない。わり切ったいい方をすれば、一方は革命家の道であり、他方は隠遁者の道である。したがって、一方をとれば、他方を棄てなければならない。しかし、それにもかかわらず、すでに「文明社会」に入りこんだ人間は、ルソーその人がそうであったように、二つの方途を同時に追求し、そのあいだで模索しなければならない。いわば、それが人間の宿命である。ところで、ルソーの模索のあとは、『学問・芸術論』のなかにすでに影をおとしている。それはどのようにだろうか。

第一の方途は、「市民」の状態を述べたつぎの文章によって示唆される。「われわれは物理学者、幾何学者、化学者、天文学者、詩人、音楽家、画家をもっているが、もはや市民をもたない。あるいは、市民がまだ残っているとしても、へんぴな田舎にちらばって、貧しくさげすまれて死んでゆく。これがわれわれにパンをあたえ、われわれの子供に乳をあたえてくれる人々の陥っている状況であり、かれらがわれわれから受けている感情である。(15)」もし貧しい農民たちが、「市民」としてこの社会のなかに復位する日があるとすれば、学者や芸術家にたいするルソーの評価は変ったものとなるだろう。そういう見方を許すつぎのような指摘もある。「一方の側に権力だけが、他方の側に知識と知恵だけが存在するかぎり、学者が偉大なことに思いを致すことはまれであり、君主たちが美しいことを行なうのは一層まれであり、国民は依然として卑しく、腐敗し、不幸であることだろう。[16]」これでわかることは、ルソーが攻撃したのは学問・芸術それ自体というよりも、むしろ学者と芸術家の現状であり、それが政治や人民から離れて独善におちいっていることであろう。したがって、彼はベーコン、デカルト、ニュートンなどのような「人類の教師たち」、つまり「人間精神の栄誉のために記念碑をうち立てることを義務とする少数の人々」にたいしては、学問・芸術にしたがうことを承認した。その意味は、先人の模倣に終始する学者・芸術家を認めないということに他ならない。

いま一つの方途は、政治や学問・芸術のすべてに背を向けて、人間が自分自身に復帰することである。最初に引用した「すべての人の心のなかに刻みこまれている」徳をよびさまし、「自己の良心の声に耳を傾ける」ことこそが「真の哲学」であるという立場である。「われわれの幸福を自分自身のなかに見出すことができるときに、それを他人の意見のなかに見つけようとしても、何になるだろう。[17]」一切の「装飾」や「無益な好奇心」をすてて、「根源的な自由の感情」にしたがうときにのみ、人間にとっての幸福がある。グロチュイゼンがルソーについて述べた言葉を借りるなら、「われわれは知識において貧弱であるが、しかし感情においては偉大である」というのが、彼の不動の信条であった。[18]

（1）『学問・芸術論』河出書房版、一〇ページ。訳文は、前川貞次郎氏が岩波文庫のために用意された草稿を参照した。
（2）同上、五八ページ。
（3）J. Starobinsky, J.-J. Rousseau, 1957.
（4）A. Adam, 〈Rousseau et Diderot〉, Revue des Sciences humaines, 1949.
（5）前掲訳、七ページ。
（6）J. Proust, 〈Le premier des pauvres〉, Europe, 39ᵉ Année, nov.-déc., 1961. 本稿は、プルーストのこの論文およびこの「ル

ソー特集号」からしげきを受けたことを直接の動機としている。
(7) 前掲訳、一四ページ。
(8) Bertrand de Jouvenel, ⟨Essai sur la politique de Rousseau⟩ dans Du Contrat Social, 1947, p. 26.
(9) 前掲訳、一五ページ。
(10) 同上、二〇ページ。
(11) 同上、二五ページ。
(12) 同上、三三ページ。
(13) 同上、四三ページ。
(14) 同上、四九ページ。
(15) 同上、五〇ページ。
(16) 同上、五七ページ。
(17) 同上、五八ページ。
(18) B. Groethuysen, Philosophie de la Révolution française, 1956, p. 182.

二　不平等と専制

『人間不平等起原論』の着想は、よく知られているように、パリ郊外サン＝ジェルマンの森のなかで練られた。彼は「森のなかにわけ入って、そこに原始時代の面影をもとめ、見出し、得意になって歴史をたどった。人間のちっぽけな虚偽を片っぱしからやっつけた。わたしは大胆に人間の本性を赤裸々にあばき、その本性をゆがめてきた『時』と『物』の進歩を追求し、また自然人と人為の人間を対照することによって、いわゆる『進歩改良』のなかにこそ人間の不幸の真の原因があることを人々に示そうとした。(1)」(『告白』) ルソーの精神は神の高みにまでのぼり、冥想のなかでつぎのように悟った。「たえず自然に不平をいっている非常識の人々よ、君たちの一切の不幸は、君たち自身から来ていることを知るがよい！」

この告白は、彼の関心が疎外の形成過程を明らかにすることにあったこと、また彼の解決が人間の自己への回帰にあったことを示すものである。もっとも『人間不平等起原論』のなかでは、のちに有名になったほどには「自然にかえれ！」という解決策が積極的に提出されてはいない。むしろ重点は、疎外状況の形成の論理を示すことにあった。「自然状態」と「社会状態」の対比、その移行の契機の分析、人間と社会の転換の論理が力づよく、あざやかに展開される。ルソーは「社会状態」を「大多数の者が暗黒と貧困のなかではい廻っているのに、一握りの強者と富者が権勢と幸運の頂上にある」状態としてとらえる。(2) つまり、人民の大多数が、政治的にも経済的にも疎外され、「不平等」が極点に達している状況である。なぜ、こういう状況が生じたのか。それについて、「臆説的で条件的な推理」を示すこと、これが『人間不平等起原論』の課題であった。

ルソーは歴史の出発点に「自然状態」を認める。それはつぎのようにえがかれる。「森のなかをさまよい、生産技術も、言語も、住居も、戦争も、同盟もなく、なんら仲間を必要ともしなければ、かれらを害しようとも少しも望まず、おそらくは仲間の一人一人を個別的に認知することすらかつてなく、未開人はごくわずかの感情に服し、自分ひとりで満足しながら、このような状態に適する情操と明知だけをもっていた。(3)」こういう「自然人」の孤立的な世界にあっては、「不平等」つまり「自然的不平等」はかりに存在しても、ほとんど意味をもたない。なぜなら、未開人は相互に比較し合うことで、なんらの利益をえないからである。問題の「不平等」について、ルソーはいう。「私は人類のなかに二種類の不平等を考える。一つは、自然によって設定されるものであるから、私が自然的または肉体的不平等と名づけるもので、これは年齢や健康や体力の差と精神の質の差から成りたっている。もう一つは、それが一種の規約に依存し、人々の合意によって設定されるか、もしくは少くとも認可されるものであるから、これを道徳的あるいは政治的不平等と名づけることができる。(4)」

「自然的不平等」は人間に固有のものであるが、しかしそれは「自然状態」のもとでは大した意味をもたない。それが意味をもってくるのは、「政治的不平等」または「制度の不平等」が増大するにつれて、ますます増大するからである。たとえば、健康や体力の差は人間の育てられ方のいかんによって一層大きくなり、精神上の能力の差は教育のあり方に依存する。そして、この人為的につくられる人間の差異が、あたかも「自然的差異」であるかのように扱われ、逆にそのことによって「制度上の不平等」が合理化され、擁護されるのだ。「実際、人々を区別する差異のうち、多数のものが、もっぱら習慣と、社会のなかで人々の採用する各種の生活様式の産物でありながら、しかも自然的差異として通っているということは見やすいことである。(5)」

人々が自分ひとりで生き、粗末なあばら屋で満足し、ひとりでできる製作品をつくっていたあいだは、「自由で、健康で、善良で、幸福に生き、たがいに独立の交際のたのしさを享楽しつづけた。」しかし、「一人が他人の援助を必要とした瞬間から、かれがただ一人で二人前の貯えをもつことが有効であると気づかれてから、平等は消え、私有がはじまり、労働が必要となり、そして広大な森林は美しい野原と変って、その野原に人々の汗をそそがねばならなかったし、やがてそこに奴隷制と貧困が収穫とともに発芽し成長するのが見られるようになる。(6)」私有財産と他人のための労働の開始が、「奴隷制と貧困」の原因である。そのプロセスは、つぎのように説かれる。「これら各種の変革のなかに不平等の進歩をたどるとき、われわれは法律と所有権の設定が第一項であり、為政者の職の制定が第二項、第三項は適法の権力から恣意の権力への変遷であったことを見出すであろう。こうして富者と貧者の状態が第一の時期によって、強者と弱者のそれが第二の時期によって、そして第三の時期によって主人と奴隷の状態が認可される。(7)」この第三の時期が、不平等の最終段階である。

このそれぞれの段階の特徴づけ、およびその移行の仕方について、生彩ある分析があるが、詳しくふれる余裕がない。ただ、指摘しておくべきことは、所有権の設定にしても、富者が強者に転化する場合にしても、人民の多数があまりに単純であって、「土地に囲いをして『これは俺のものだ』と宣言することを思いついた」人間を見逃したからであり、また「政治制度の利益を感ずるだけの理性をもっていたが、その危険を見おとすだけの十分な経験をつんでいなかった」ために、「みんなが自分の自由を確保するつもりになって、自分の鉄鎖の前にかけつけた」結果であると説かれていることである。「君たちの一切の不幸は、君たち自身から来る」と彼が断言する理由はここにある。そして彼はいう。「要するに、およそ事物はそれによって迷惑をこうむる人たちよりは、むしろそれによって得《とく》をする人たちによって発明されたと信ずるほうが、より合理的である。[8]」いま一つの問題点は、不平等の最終段階、すなわち専制主義が出現して、「極度に盲目的な服従が奴隷にのこされた唯一の徳となる」段階に達したのちにおいて、人間はどうなるのかということである。ルソーは歴史の進歩を是認しなかったが、またその無限の堕落や末世思想をも説かなかった。疎外の局限は、彼によれば、新しい意味での「自然状態」への回帰である。歴史は直線的に進行するのではなく、円環的に回帰するのである。「これがつまり不平等の最終項であり、円を閉じ、われわれの発足した起点にふれる終極の点である。ここで再び個々人がすべて平等となる。というのは、今やかれらは無であり、臣民はもはや主人の意志のほかはなんの法をもたず、主人は自分の欲情のほかはなんの規則ももたず、善の観念や正義の原理もまた消滅しているからである。[9]」ここで、人々は専制君主とのあいだでただ暴力による関係のみをとり結ぶ。したがって、「ただ力だけがかれを支配したのだから、ただ力だけがかれを転覆させる。」つまり、革命が正当化される。ここに悪の累積の局限が、そのまま一挙に善の実現に通ずるという革命の論理が見事につかまれていることを知るべきである。この論理は、ロベスピエール、サン＝ジュストにひきつがれて実践化される。

前にも書いたように、ルソーは疎外からの回復について多くを述べていない。しかし『人間不平等起原論』の論理から、もし人がルソーは空想的な平等主義者であるという断定をひき出したとすれば、それは正しくない。ルソーは「人為的不平等」を是正して、それを少くとも「自然的不平等」に近づけることを主張していることはたしかである。「単に実定法によって認可される人為的不平等は、それが同じ比例で自然的不平等と符合しないときはいつでも自然法に反する。」つまり、「子供が老人に命令したり、愚者が賢者を指導したり、また飢えた大衆が必需品にも事欠いているのに、ほんの一握りの人々には余分な物が多すぎる」などということは許されない。しかし、さらに進んで「人為的不平等」そのものを全面的に排除することを彼は主張したであろうか。

この点は、最近メシナ大学のヴォルペ教授によって指摘されたものであって、彼は『人間不平等起原論』におけるルソー自身の註がその解答をあたえているとする。[10] その註には、こう書かれている。「分配上の正義は、それが市民社会で実行されうるときにも、自然状態のあの厳格な平等とは対立するだろう。そして、すべての国家の成員はその才能と力に応じて国家に奉仕すべきであるのと同じく、市民たちもまたかれらの奉仕に応じて待遇をうけ、優待されなければならない。[11]」すなわち、市民社会における平等は「能力に応じて働き、労働に応じて報酬をうける」かたちで実現されるのであって、決して無差別の形式的平等ではありえない。ヴォルペはこの点でルソーが形式的平等主義という「ブルジョワ思想」からまぬかれており、マルクス、レーニンの「生産物の不平等分配の思想」に接近しているという評価をあたえる。一見、抽象的な思弁をあやつっているようなルソーの議論が、実は驚くべく鋭敏な感覚によってうら打ちされていることを知るべきである。

ヴォルペだけでなく、今日のルソー研究者の多くは『人間不平等起原論』にきわめて高い評価をあたえる。前に挙げたスタロバンスキー、モンペリエ大学のプルースト、オハイオ大学のヘイヴンスなどもそうである。これは『人間不平等起原論』が社会的疎外の発生と発展を対象に即して把握する上で不朽の貢献をしていることが再発見されたことの結果である。発表当時、ルソーは「この論文を理解しうる読者は、ほとんどヨーロッパ中にいなかった」といって失望したが(『告白』)、今日では『新エロイーズ』や『エミール』よりも、いや『社会契約論』よりも、『人間不平等起原論』のほうが重要視される。思想の運命というものは、およそこうしたものであろう。

(1)『告白』岩波文庫、中、一七四ページ。
(2)『人間不平等起原論』岩波文庫、一一四ページ。
(3)前掲訳、七四ページ。
(4)同上、三四ページ。
(5)同上、七五ページ。
(6)同上、八九ページ。
(7)同上、一一一ページ。
(8)同上、一〇〇ページ。
(9)同上、一一六ページ。
(10)Volpe, 〈De《l'Inégalité》au《Etat et Rêvolution》〉, Europe, op. cit.
(11)前掲訳、一七三ページ。

三　政治体の原理

人間の疎外を、一方では人間性そのもの、つまり道徳と欲望の矛盾としてとらえ(『学問・芸術論』)、他方では人間の社会的存在が生み出す矛盾、つまり貧富の矛盾としてとらえた(『人間不平等起原論』)ルソーは、こんどはその疎外状況からいかにして人間を回復させるか、「根源的自由」をいかにしてこの地上で実現するかを問題とせざるをえない。もし、その問題を彼が提出しなかったとすれば、ヴォルテールが批判したように、彼は反社会的な復古主義者でしかなかっただろう。しかし、いうまでもなく彼はこの問題を提出し、それに解答をあたえた。『社会契約論』と『エミール』がそれであった。

『社会契約論』は、人間の疎外を社会的に解決することをめざしたものであり、その点で『人間不平等起原論』の立場をひきついでいる。すでに見たように、専制主義のもとで、社会の不平等は最終段階に到達し、そこでは逆に各人の平等が実現されるというのが『人間不平等起原論』の結論であった。この極限状況のなかで、各人はその権利と自由をとりもどすのである。ふたたび訪れた「自然状態」は、しかし、永続するであろうか。それがかつての原始未開の「自然状態」たりえないことは明らかである。では、どうすればよいか。これが『社会契約論』の課題であった。

「人間は自由なものとして生まれた、しかもいたるところで鎖につながれている。自分が他人の主人であると思っているような者も、実はその人々以上に奴隷なのだ。どうしてこの変化が生じたのか、私は知らない。なにがそれを正当なものとしうるか。私はこの問題は解きうると信じる。[1]」「社会状態」すなわち「市民の世界」での「正当で確実な政治上の法則」はいかなるものであるか、これが問題とされる。ところで、この問題は部分的には『政治経済論』(一七五五年)においてすでに取扱われている。たとえば、そこにはこう書かれている。「合法的あるいは人民的な政府、すなわち人民の幸福を目的とする政府の第一の、しかも最も重要な格律は、あらゆることについて一般意志にしたがうことである。[2]」では「一般意志」とはなにか、それはいかにして国家構成の原理たりうるのか。いうまでもなく、それが『社会契約論』の問題であった。

『社会契約論』の主題はよく知られている。つまり、人間が陥っている疎外状況、「いたるところで鎖につながれている」状況を「正当なもの」にかえるためには、どのような原理的認識の上に立つことが必要であるかということであった。この場合も、ルソーの関心は、現にある人間の状態や政治体(国家)の傾向を是認するのではなくて、その根源にある原理をさぐり当てて、それによって現実を批判すること、つまり現にあるものとは別のところに理想を設定することにあった。「事物の本当の起源を示すよりも、事物の自然を示す」ための推理を行なうこと、これが彼の方法である。

「人間の制度は、一見したところ、もろい砂粒の上に築かれているように見える。それらの制度を注意ぶかく点検してはじめて、また建物をつつむ埃りと砂を払いのけてはじめて、人は建物の立っている堅固な土台を認め、そしてその基礎を尊敬すべきであることを学ぶのだ。」(『人間不平等起原論』序)　人間の制度をつつんでいる「埃りや砂」とは何か。それは「強者の暴力」や「弱者の隷従」などが示している偶然的で外面的な変化である。一体、支配者と人民の関係は「力」だけがささえているものであろうか。「最も強い者」が権利をもち、人民が自由を放棄して「奴隷」となるといったことは、果して正当なこととして認められるかどうか。認められないとすれば、政治体を真にささえるものは何か。どうすれば、それをとらえることができるだろうか。

ルソーのあたえる回答は、「つねに最初の約束にさかのぼれ(3)」ということにつきる。社会的結合の究極の基礎は、人民が王をえらぶ前に人民はまず人民となる行為を前提としなければならない点にある。つまり、あらゆる義務にさき立って全員一致の結合契約が人々のあいだで行なわれること、それが「最初の約束」としての「社会契約」である。それはつぎのような契約である。「われわれの各〻は、身体とすべての力を共同のものとして一般意志の最高の指導の下におく。そしてわれわれは各構成員を全体の不可分の一部としてひとまとめに受けとる。(4)」こうして、特殊な個人は消滅して、「一つの精神的で集合的な団体」がつくられ、諸個人は「自由であることを強制される。」つまり、個人的従属がなくなり、そのかわりに政治機関が活動し、市民の行なう契約が合法化されるからである。

国家は、このようにすべての人間の共通の利害にもとづいてつくられる。そして、その国家のはたらきを指導し、規律するものは、人民全体の意志としての「一般意志」であり、それは「つねに正しく、つねに公けの利益を目ざす」もので、「譲渡すること」も、「分割すること」もできないものである。あたかもそれは『学問・芸術論』でルソーが予想した完全な人間、すなわち自らに満足し、つねに善をめざし、力づよくまた素朴である人格が、「主権」または「政治体」という形をおびて現われたのにひとしい。つねに自足し、自分を他人にゆずることも、分裂することもない「共同の自我」、それが「国家」であり、「主権者」である。

「社会契約によって、われわれは政治体に存在と生命をあたえた。いまや立法によって、それに運動と意志をあたえることが問題になる。(5)」社会においては、神の正義は役にたたない。「権利を義務に結びつけ、正義をその対象に向わしめるためには、約束と法律がなくてはならない。」では、その法はいかにして制定されるのであるか。予想される答えは、法は一般意志によって定められるということであろう。今日であれば、世論にしたがってということになろう。しかし、「人民の声は神の声である」ことを認めたルソーも、人民が時々にくだす判断が、つねに合理的であり、現在よりも将来を考え、危険と利益を計量するとまではいいきることはできなかった。「人民はほっておいても、つねに幸福を欲する。しかし、ほっておいても人民はつねに幸福がわかるとはかぎらない。一般意志はつねに正しいが、それをみちびく判断はつねに啓蒙されているわけではない。(6)」「人民は腐敗させられることは決してないが、ときには欺かれることがある。(7)」

すでに社会をつくり、法を立てるという人為の世界に入りこんでいる以上、人為をすてることはもはや問題になりえない。徹底した人為の立場以外に、この問題をとく方法はない。そこでルソーは、今日から見れば問題の余地のある二つの対策をもち出す。その一つは「立法者」であり、いま一つは「市民宗教」の制度である。「もろもろの国民に適する、社会についての最上の規則を見つけるためには、すぐれた知性が必要である。(8)」それが立法者である。立法者は法を決定する人間ではなく、法案を作成し、法典を編纂する人間である。権力も、特殊な利害関係ももたず、ただすぐれた知性と識見をもって法をあたえる偉人である。それは古代ギリシアの都市におけるように外国人であってもかまわない。人間は、国家をつくる前には、市民ではなく自然人にすぎないから、いかなる制度や法律が最も自分たちに適するか、いかにすれば永続的な国家をうちたてることができるかを知ることができない。そこで、それらをすべて知り、同時になんらの野心ももたない神のような立法者が必要となる。立法者はいわば民主国家の知的な支柱である。この考えは、一見空想的であり、かつあまりに理想主義的であると見られるが、しかし例えばのちのフランス革命において、シエースやコンドルセ、あるいはロベスピエールの果した役割を考え合わせるとき、必ずしも空想であったとはいえない。むしろ、偉大な個人の知能なしに歴史は進みえないことが、するどく洞察されていたといえる。ルソーがコルシカ島のために憲法草案をつくったのも、彼が自分を立法者と見なした上のことであった。いずれにせよ、民主主義の制度が自動的に国家の運営を保障するとは考えていないのである。

市民の国家への団結をささえる精神的支柱が、「市民宗教」である。国家と宗教という困難な問題について、ルソーは宗教の三つの種類をあげる。(9) その第一は、「人間の宗教」としてのキリスト教であり、国家とは無関係な「純粋で単純な福音の宗教」としてのキリスト教である。第二は、特定の一国で定められ、固有の守護神をもち、法によって規定された外的な礼拝をもつ「市民の宗教」である。第三の種類は、人間に相互矛盾する二つの立法や二つの祖国をあたえる「ローマのキリスト教」やラマ教や日本の宗教などの「混合した非社会的なおきて」をもつ宗教である。この三種類のいずれをもルソーは否定する。第三のものは「人間を人間自身と矛盾させる」から「無価値」であり、第二のものは、人々を「軽信的、迷信的にし」、「排他的、圧制的」なものになる点で有害である。第一の宗教は、政治体とかかわりをもたず、市民の心を国家からきりはなす。したがって、「これ以上、社会的精神に反するものを私は知らない。」「キリスト教は、服従と依存だけしか説かない。その精神は圧制にきわめて好都合なので、圧制はつねにこれを利用せずにはおかない。まことのキリスト教徒は奴隷になるようにつくられているのだ。」(10)

そこで、ルソーは「純粋に市民的な信仰告白」を主権者が定めることを求める。「それは厳密に宗教の教理としてではなく、それなくしてはよき市民、忠実な臣民たりえない社交性の感情としてである。」それを信ずることを何びとにも強制しないが、しかし主権者はそれを信じないものを国家から追放することができる。しかし、どのような宗教であっても、それが「市民の義務に反するものを何も含まぬかぎり」、寛容が認められる。こうした市民宗教は、いかなる内容をもつものであろうか。それは、「つよく、かしこく、親切で、先見の明あり、めぐみ深い神の存在、死後の生、正しい者にあたえられる幸福、悪人に加えられる刑罰、社会契約および法の神聖さ」を認め、また「不寛容」を否認するという教理をもつものである。[11] つづめていえば、宗教と道徳と国家を認め、不寛容を排除するということである。

このルソーの主張も、はるかにフランス革命をさきどりしている。フランス革命は「信教自由」の条項をふくむ「人権宣言」を定め、その論理的帰結としての「僧侶俗事基本法」への宣誓をすることを僧侶に求めた。[12] そして、その宣誓を忌避する僧侶を革命の敵として追放することを定めた。人民主権の国家は、超国家的な組織や集団を容認できなかったからである。しかし、他方、フランス革命はそれ自身の精神的支柱を必要とした。一七九三年、ジャコバン支配のもとで挙行された「自由と理性の祭典」、一七九四年ロベスピエールが主宰した「最高存在の祭典」が、それを示す。ルソー主義者のロベスピエールは、こういった。「神の存在と霊魂の不滅が夢にすぎないものとしても、その夢はやはり人間精神のつくりだした諸観念のうちで最も美しいものであろう。」彼は「最高存在の祭典」の主宰者として、「無神論」をかたどった肖像に火をつけ(「無神論は金持ちの教理にすぎない」)、そのことで人民の国家への団結と道徳心をふるい起こそうとした。[13] ルソーの宗教論は、見事に生かされているといわねばならない。

「立法者」と「市民宗教」を二つのささえとして、ルソーは「一般意志」にもとづく国家を構想する。各人は、この国家に全面的に吸収されることによって、はじめて自由をうる。すべての人間が平等な市民として、生命の安全と権利を確保するのは、こうした国家においてである。疎外はいまや、この国家において完全に回復され、「他人のために働くことが、必ず自分自身のために働くことになる」[14] 関係が生まれる。人間は社会によって、社会のなかではじめて全面的に解放されるという思想が、これほど明確に主張されたことはかつてなかった。

(1) 前掲訳、一五ページ。
(2) 同上、一八ページ。
(3) 同上、二七ページ。
(4) 同上、三一ページ。
(5) 同上、五七ページ。
(6) 同上、六〇ページ。
(7) 同上、四七ページ。
(8) 同上、六一ページ。
(9) 同上、一八四ページ。
(10) 同上、一八九ページ。
(11) 同上、一九二ページ。
(12) 桑原武夫編『フランス革命の研究』第六章、「キリスト教と国家」参照。
(13) 拙著『フランス革命小史』岩波新書、一六〇ページ。
(14) 前掲訳、五〇ページ。

四　人間の教育

『社会契約論』でルソーは、人間の社会的解放の路線を見事に設定した。しかし、彼じしんについていえば、この分析は理論的究明ないしは希望の表明であって、それ以上のものではなかった。啓蒙活動や政治的実践は、彼の関心のそとにあった。しかし、彼が目の前にした社会は、危機的な様相を深めていた専制主義の社会であった。彼は「われわれは危機に近づきつつある。革命の世紀に近づきつつある」と書き、「私の考えによれば、ヨーロッパの大王国さえ、もはや長く存続することができない。これら各国にはそれぞれ全盛時代があった。全盛時代をもった国は衰運に向っているにきまっている」と注記した。(1) では、彼は『社会契約論』の思想にすべてをかけて、起るべき革命を待ち望んだであろうか。そうではなかった。彼はフランスのような大国が、革命によって再生するだろうとは信じなかった。ヨーロッパでの「立法可能な国」として彼の目に映ったのは、コルシカ島でしかなかった。

したがって、社会的解放の路線は彼にとって現実的なものではなかった。彼のみならず、彼の同時代人の多くもまた、アンシァン・レジームのもとで一生をおわるべき運命にあった。そのかぎり、疎外状況を脱することができないのは自明である。では、どうすればよいのか。『学問・芸術論』のなかで彼が示唆した「自分自身のなかに幸福を見出す」という人間の主体的解放の路線が、ここで再発見される。それが『エミール』のテーマである。

ルソーは人間解放に二つの方向があることを明らかに自覚していた。「われわれは自然とたたかうか、社会制度とたたかうか何れかをよぎなくされ、人間をつくるか市民をつくるか、どちらかを選択しなければならない。何となれば、両者を同時につくることはできないからである。(2)」「自然とたたかって」人為の世界で「市民をつくる」ことに没頭したのが『社会契約論』であった。そして『エミール』は、その反対に「社会制度とたたかう」ことで「人間をつくる」ことを課題とするものであった。したがって、この二つの立場は本来相反するものであって、調整できるものではない。たとい現実には人々が「自然」と「社会」の両方にひっぱられて分裂したり、妥協的になったりすることはあっても、それは「二つの相反した目的を追求して、二つとも取り逃す」ことでしかない。『エミール』の立場は、したがって反社会的な「自然の教育」であり、他人を顧慮しないで「自己のためにのみ」なされる教育である。

社会に背を向けて説かれる教育論は、まず人間それ自体を抽象的、一般的にとり上げる。身分や職業の相違は問題ではないし、社会の習慣や知識を注ぎこむことが教育ではない。社会にさからってつくられる「自然人」こそが、「この人生の善と悪にもっともよく堪え」ることができるのだ。「運命の打撃にたえ、貧富を度外視し、必要に応じてアイスランドの氷のなかにでも、マルタ島の焼けつく岩の上にでも生きて行くこと」を教えるのが「自然の教育」(3)である。したがって、子供は自然と事物の必然性のなかで育てられ、人間に依存することからは注意ぶかく守られる。こうして教育される子供には、社会の悪はもはや入りこみえない。社会がどうであろうと、彼は自由な人間として生きることができるからである。

ルソーの教え子たるエミールが、どのような教育的配慮のもとで、どのような経過をどって成長したかをあとづける必要はあるまい。自然と事物の必然性のなかできたえられ、感情と道徳、信仰と理性をゆたかに身につけて成長したエミールは、つぎのようにえがかれる。「彼は二十歳をこえ、心身ともに完備し完成し、強健、敏捷、巧妙、堅固で、常識と理性と親切と同情にとみ、品性をたもち趣味をそなえ、美を愛し、善を行ない、はげしい情欲の支配を克服し、因襲のクビキを脱し、しかも知恵の法則には服従し、友情の声にはすなおに従い、あらゆる有益な才能をそなえ、多くの遊芸に通じ、富貴を眼中におかず、生活の糧を自分の手の先にもち、いかなる場合になってもパンにこと欠くおそれなど絶対にないのだ。(4)」みずからに満足し、欲望を能力の範囲内にとどめ、運命のあらゆる変化をのり切ることのできる完全な人格がここにある。

成人したエミールは、結婚を前にして外国旅行に連れて行かれる。ヨーロッパのどこに最も幸福に暮らせる土地があるかをさがすためである。そして、エミールは『社会契約論』の主旨を教えられ、政府や国家の性質、社会契約や一般意志、市民の権利や義務についての説明を受ける。二年間の旅のおわりに、エミールはヨーロッパのどこに住むかは問題ではないことをルソーに告げる。「地上における私の地位が何でしょう。私が何でしょう。私がどこにおろうとそれが何でしょう。人々のいるところ、いつでも私は兄弟のなかにいるのです。人々のいないところ、いつでも私は自分の内にいるのです。」「私には自由になるために何もすることはないように思われます。自由であることを阻止しようとさえしなければ、それで充分です。あなたが、ああ私の先生！　あなたが私に必然にしたがうことを教えて、私を自由にして下さったのです。」[5]ルソーはこれに同意し、そしていう。「自由はいかなる形態の政治のなかにも存在しない。それは自由人の心のうちに存在するのであって、彼は自分とともにどこへでもそれをもってゆくのだ。卑劣な人はどこへ行こうとも奴隷根性を自分の身につけている。ある人はジュネーヴにいても奴隷であるだろうし、またある人はパリにいても自由人であるだろう。」[6]ルソーはエミールに生まれ故郷に住み、都会ではなく田舎で暮らすことをすすめる。単純で質朴な田園生活こそが、自由人にふさわしいという考えである。

こうして『エミール』は、『社会契約論』とは全く別の、対立した問題意識と方法をもちながら、しかも「人間の自由」にたどりつく。ただし、この場合は「社会における個人」の自由であって、「社会そのもの」または「市民」の自由ではない。『エミール』の場合は、個人の解放が問題であって、その視点はあくまで個人主義的である。周知のように、この点に関連してルソーは個人主義者か、全体主義者かという「ルソー問題」が発生し、論議がくりかえされた。[7]この問題をくわしく検討する余裕はないが、「個人主義か全体主義か」という形式的な対立の図式のいずれかにルソーを位置づけようとすることが、有意味かどうかは疑わしいであろう。人間の自由をとりもどすために、一個の人間としてどうあるべきかという問題と、集団として、人民全体としてどうあるべきかという問題の二つの領域がありうることは当然であり、それが簡単に合致しえないことも明らかである。たとえば社会的幸福以外に人間の幸福はありえないことを説いたマルクスも、彼じしんが個人として自由と幸福を自己の内部に感じていたかどうかという問題をもっていたはずである。マルクスは「生活様式および思想の完全な自由、失われることのない愛情、快活さと真面目さ、境遇へのいかなる打撃にもたえる健全で平衡のとれた精神」を生涯にわたってもちつづけた人物であったとされる。[8]この人間像は、成年に達したエミールについて、ルソーが叙述したところときわめて類似している。ルソーは、いかにして人間がこのような個人的完成に近づきうるかを個人の成長に即して追求したのにすぎない。だからといって、ルソーを個人主義者、マルクスを全体主義者といって壁をきずいてみても意味のないことであろう。

『エミール』でルソーは、人間の自由は自然と事物の法則、もしくは必然性にしたがうことだと説いた。ところで、社会(国家)におけるすべての成員の自由は、「法」によって確保される。「人々は正義と自由を法にのみ負っている。全員の意志のこの有益な機構こそが、人間のあいだの自然的平等を権利として再建する。(9)」この場合の「法」と「自然の法則」とのあいだには、考え方の上で大きな差のあるものではない。社会における人間は、もしその社会によって自由を確保しようとするならば、「自然の法則」にひとしい「社会の法」を徹底的に人為の立場でつくり上げなければならない。なぜなら、手を拱いておれば、人間の制度は「自然の自由」をたえず破壊する傾向をもつからである。「個人の自由」が「市民の自由」にまで拡大される道は、したがって『エミール』とは反対に、徹底的な反自然の路線以外にはありえなかった。その点で、ルソーの前提を認めるかぎり、『エミール』と『社会契約論』とのあいだには論理的な不整合は存在していない。ただ、当時の社会状況のなかにおかれた人間としてのルソーについていえば、『エミール』における問題設定に彼がより多くの親近性を感じたであろうことは容易に想像される。彼が『告白』を書いたことのなかにも、その事情は反映しているというべきであろう。

(1)　『エミール』訳、第三篇三四〇ページ。
(2)　同上、第一篇二一ページ。
(3)　同上、二五、二八ページ。
(4)　同上、第五篇八〇五ページ。
(5)　同上、第五篇九一八、九二〇ページ。
(6)　同上、第五篇九二一ページ。

（7）桑原武夫編『ルソー研究』、杉之原寿一「ルソーの社会思想」参照。なおルソーを合理主義者とするか、非合理主義者とするかについては、E. Cassirer, The Question of J.-J. Rousseau, 1954, p. 39 et suiv.
（8）H. Lefebvre, Pour connaître la pensée de Karl Marx, 1947. 訳、ミネルヴァ書房、八六ページ。
（9）『政治経済論』訳、二〇ページ。

五　ルソー自身の疎外と自由

こうしてルソーは、疎外からの社会的解放と個人的解放の二つの方向を明らかにした。問題は、社会（人間）につくか、自然につくかのどちらかであって、中間の道はない。ところが、世人の多くは「（自然と人間の）いずれにつかんかと惑いつつ、自から安んずることもできず」して一生をおわる。[1]ここにルソーは彼の時代の不幸を見たのである。

しかし、ルソー自身の後半生はどうであったか。『社会契約論』と『エミール』の刊行を機会として、最大の不幸が彼をおそった。『エミール』で述べた彼の信仰告白が異端とされ、一七六二年六月、フランス政府は『エミール』の焚書とルソーの逮捕を決定した。疎外の哲学者は、彼自身の疎外を体験しなければならないことになった。スイスからプロシャ領へ、さらに湖中の小島サン＝ピエール島へ、さいごにイギリスへと放浪の生活がつづく。その間も、彼はたたかいをやめない。『山からの手紙』『告白』『対話、ルソーはジャン＝ジャックを裁く』は、自己の潔白と誠実を訴え、反対派の陰謀をうち破るためのたたかいの記録であった。迫害への最後の抵抗として彼は『対話、ルソーはジャン＝ジャックを裁く』をノートル・ダム寺院の祭壇にささげて、世論を味方にしようとした。しかし、いつもは開いている祭壇前の鉄柵がしまっていて、それも果せない。神もまた迫害者に組するのか。彼の絶望は深まる。気をとりなおした彼は、『なお正義と真理を愛するすべてのフランス人へ』と題するアピールをつくって、みずから通行人にくばる。しかし、この六十四歳の老人の訴えに耳をかす人は少なかった。

社会への訴えが無効であると覚ったルソーは、一転して自己自身にかえる決心をする。これは彼自身が『エミール』で設定したコースである。死の二年前から書きはじめられた未完の随想『孤独な散歩者の夢想』は、自己自身にかえった人間の幸福感と解放感を美しくつづる。これは決して敗北者の心境吐露ではない。あたえられた運命のきびしさを自己の選択したものにきりかえ、それによって迫害者への勝利と人間性の回復をうたった解放の文章である。隠遁者の弱々しいロマンチックな回想だとうけとることは正しくない。本来、この状況はルソーのたたかいにもかかわらず、社会から押しつけられたものであり、その状況のなかでいかにして状況に屈伏しないで自己の自由を回復するかが、彼の問題であった。

「こうして私は地上でたった一人になってしまった。もう兄弟も、隣人も、友人もいない。自分自身のほかにはともに語る相手もない。(2)」おとし入れられた孤独のなかで、最初は憤慨し、焦り、錯乱したルソーは、しだいに努力の空しいことをさとる。迫害者がすべての攻撃手段をつかい果したことが、かえってルソーを落ち着かせる。「憎しみの矢を考えもなく使いはたすことによって、迫害者たちが私にほどこしてくれた恩恵がそこにある。かれらは私にたいしてあらゆる力を失ってしまった。いまでは私は鼻の先で笑っていられるのだ。(3)」迫害者たちが望むことは、ルソーが悲嘆にくれ、不安と恐怖のなかで心弱く悩んでいることである。「私が不幸でなければ、かれら自身が不幸なのだ。(4)」だからこそ、ルソーはたち直る。「私は自分の経験にもとづいて、本当の幸福の源は私たち自身のうちにあること、したがって幸福でありたいとねがうことのできる者を本当に不幸にすることは、他の人間にはできないということを知るようになった。(5)」

このことはルソーが自分の思想を棄てたことを決して意味しない。その反対である。人間に「自己自身にかえれ」と説きつづけてきた人こそ、ルソーその人であった。「身体が衰え、精神がにぶくなった私は、どんな推論によって自分の信念と準則をうち立てたかも忘れている。しかし私は、良心と理性の承認をえてそこからひき出した結論は決して忘れないし、今ではそれに従っている。哲学者たちはおそろいでけちをつけにくるがいい。かれらは時間と労力をむだにするだけだ。[6]」たとえば、ルソーは『社会契約論』で社会的自由を求めた。そのルソーと、隠退後のルソーのあり方とは矛盾するではないかという疑問がおこりうるだろう。ルソーは明快に答える。「私は人間の自由というものは、その欲するところを行なうことにあるなどと考えたことは決してない。それは欲しないことは決して行なわないことにあると考えていたし、それこそ私が求めてやまなかった自由、しばしば守りとおした自由なのであり、また何よりもそのために同時代人を憤慨させることになったのだ。[7]」ではなぜ、ルソーは「一個の人間」の自由ではなく、社会人全体の自由を望んだのであろうか。それら自己自身の自由を求めたからこそ、すべての人の自由を求めたのである。もし、自分に全能の力があったとしたら、何を望んだかと自問し、こう答える。「ただひとつのこと。それはすべての人の心が満足している光景を見ることだったにちがいない。公衆の幸福な様子を眺めることだけが不変の感情をもって私の心にふれることができただろうし、そのために尽したいという熱い願いこそ最も永続的な私の情熱となったにちがいない。[8]」「何かの祝い日などに民衆のすべてが歓喜に酔っているのを見、すべての人の心が人生の雲間にきらめく一瞬の、しかし強烈な悦楽の神々しい光にほころびるのを見るのにまさる快い楽しさがあろうか。[9]」

しかし、いまやルソーはもっぱら自己にこもって、そこに「魂の平和」を見出そうとする。ところで「魂の平和」を何によってえられたのだろうか。彼の持論、すなわち「自然につく」ことによってである。彼はサン＝ピエール島での幸福な生活を回想し、植物採集と自然のなかでの瞑想に純粋な喜びを見出す。自然の必然性のなかに浸って、感覚と感情の充足を求めることであった。「すべては私をそのために生れついた幸福でなごやかな生活にひきもどす。あるときは知的な楽しくもある対象に心を向けて、それに甘美なものを感じながら自分の精神と官能をゆだね、あるときは私の心情にふさわしくつくり出した空想の子供らと戯れて感情を養われながら、あるときはまた私一人きりで自分に満足し、やがて私にあたえられるものと感じている幸福にみたされて、私は一日の四分の三をすごしている。[10]」ルソーは、自分自身の哲学を完全に生きたというべきである。

死の直前、彼はエルムノンヴィルの静かな自然公園のなかに移った。彼はこの土地が気に入り、そこで死ぬことを願った。公園のなかには池があり、そのなかに人工の島があった。サン＝ピエール島を想わすこの島に埋葬されることを彼は望んだ。フランス革命の勃発によって、彼の遺骸がパリ市内のパンテオンに移されるまでの十年あまりの間、彼はエルムノンヴィルの自然のなかで眠ったのである。

(1)『エミール』第一篇、訳、二五ページ。
(2)『孤独な散歩者の夢想』岩波文庫、一一ページ。
(3)同上、一五ページ。
(4)同上、一〇一ページ。
(5)同上、二三ページ。
(6)同上、五二ページ。
(7)同上、一〇六ページ。
(8)同上、一〇三ページ。
(9)同上、一四三ページ。
(10)同上、一三八ページ。

第四章　農民史におけるルソー

一　ルソーと農民

ルソーが、その六十七年の生涯を通じて追求した目的は、なんであったか。一言でいえば、それは、人間を内的にも外的にも解放すること、一切の圧制や貧困から、一切の卑屈や虚偽から、人間を自由にすることにあったといってよい。そのため、ルソーの関心は、いきおい圧迫された者、貧しい者に向って注がれざるを得ない。一七五七年、彼はドゥドト夫人にあてた手紙のなかでいっている。「わたしの家の戸はかつて不幸な人々にたいして閉じられたことはありません。あらゆる種類の人々が、わたしの名声や、わたしの配慮や、わたしの財布や、あるいはわたしの忠告を求めてやって来ますが、誰ひとり失望してわたしの許を去ったものはありません。(1)」

貧しい不幸な人々に対する同情は、その反面、当然に権力者や金持にたいする反感となって現われる。「ある不正の行為を見聞すると……あたかもその結果が自分の上に落ちてくるもののように激怒する。暴君の残虐や、悪らつな僧侶の非道を読むたびに、生命をいく度うしなっても、その醜類を刺し殺してしまいたく思う。(2)」これは、ルソーが『告白』で述べている言葉であるが、ルソーの作品は彼のこのようなはげしい感情によって、裏打ちされていることを知っておく必要がある。

ところで、人民の側に立って、社会の不正をただし、人間を解放しようとするルソーの問題意識は、しかしながら、彼のすべての作品のなかで、同じような地位を占めるものではない。まず、初期の作品である『学問・芸術論』や『人間不平等起原論』についていえば、人民にたいするルソーの共感は、人間の原始的な自然状態を讃美し、自然状態における人間の本来的な道徳性や幸福を強調することによって示される。また、ルソーの圧制にたいする反感は、学問・芸術を批判することによって、さらには社会状態そのものを批判することによって示されている。ルソーのこのような問題解決の仕方は、ここではまだ多分にモラリスト的であることが特徴である(3)。彼は、社会の不正や人民の不幸を、道徳の立場から批判し、人間の本来的な、あるいは原始的な道徳性を回復することに期待を寄せているからである。

しかし、『人間不平等起原論』においてすでに見られるように、彼の問題意識は、この時すでに、いちじるしく社会的な、実践的な性格をおびてきており、人民の不幸の原因を財産の不平等のなかに求め、政治あるいは権力を財産関係から説明するにいたっている。こうした傾向は、『政治経済論』、さらにそれから『社会契約論』に移るにつれて、一層、明確となる。これらの作品では、もはやモラリストとしてよりも、むしろ政治思想家として、問題をとり上げ、政治または国家の根本的なあり方を追求することによって、解決をあたえようとする。『政治経済論』における「奢侈税」の主張、『社会契約論』における「人民主権」の理論が、その著しいものである。

『政治経済論』を経て『社会契約論』に到達したルソーは、その社会的、実践的な意識のするどさにおいて、いわば絶頂に立っている。『政治経済論』において、彼は金持階級にたいする奢侈税の設定を力をこめて説いているが、しかしこの主張については、次のような反対論があることを彼自身が予想している。それは、政治を握っているのは、金持階級なのだから、金持が自分たちに不利益な奢侈税などを設けるはずはないではないか、という反対である。ルソーは、これに対して答える。主権者たる人民が、人民の敵である連中に政治を委ねるかぎり、人民の幸福などは問題にならない(4)、と。このルソーの指摘は、明らかに政治権力を「人民の敵」から奪いかえすことを暗示している。『社会契約論』では、この点がさらに明確となる。すなわち、そこでは、人民主権の必然性が理論的に明らかにされるばかりでなく、市民は、その満場一致によって、社会契約を破棄することができる[5]と説くことによって、革命による人民主権の樹立が正当化されるのである。

『エミール』は、『人間不平等起原論』の構想を、人間の一生に適用して、『人間不平等起原論』における自然状態と社会状態との対比を、人間の幼少年期と社会環境との対比に置きかえたものである。そして、人間の本来的な・自然的な性質をいかにして守り、育てていくかという点に、教育論としての『エミール』の中心課題がおかれる。したがって、それは当然に反社会的な、いわば反教育的な教育論としての性質をつよく持っている。『新エロイーズ』もまた、社会的とくに身分的拘束にたいする恋愛、または「魂」の勝利という一本のテーマによって貫かれている。権威と金銭の支配にたいして、素朴で自然な感情の側に立とうとするルソーの姿を、われわれはここでも見あやまることなく取り出すことができる。

さて、ルソーが無限の同情を寄せた貧しい人々、その自由と権利のためにルソーがたたかった人々は、具体的にはいかなる人々であったろうか。ルソーが、人間は本来、自由で平等であるというとき、彼はそこに一切の身分関係、階級関係、権力関係から解放されている人間、「拘束と屈従にがまんできない、かの自由で共和的な精神、かの不屈で誇りたかき性格[6]」の持主を想定し、それを理想化している。『人間不平等起原論』では、こうした人間を原始社会のなかに見出し、『エミール』ではこれを人間の幼年期に見出し、『社会契約論』では一般意志にもとづく理想的な社会状態のなかに見出している。

このような人間の本来的な、自然的な状態、自然人(homme naturel)に最も近い人間を、現実のなかに求めるならば、「すべての人間は、ハダカで貧しい者として生まれる[7]」といわれる、その「ハダカで貧しい」人々である。そして、それは何よりもまず、人口の圧倒的な多数を占めている農民階級である。ルヴァスールによれば、革命前のフランスの人口は約二千六百万人、そのうち農民は約二千万人で、全人口の七六パーセントに相当する。[8] これらの農民は、後に述べるように、一般的な窮乏のなかで苦しんでいたが、ルソーがこれらの農民の運命に深い関心を寄せ、農民を圧迫する権力者、貴族・教会・商人などに対抗したことは、きわめて自然な成りゆきであった。

農民にたいするルソーの関心は、一つには彼自身の体験にもとづいている。彼は、青年時代、パリからシャンベリーへ旅行する途中で、収税吏の目を恐れて、パンやブドウ酒を隠さざるを得ない農家の有様を見て、つよく心を打たれる。そして、自然の恵みにみちた美しい田野が「無残な収税吏のえじき」とされている状態を悲しみながら、次のように回顧している。「これが不幸な人民を苦しめる悪政にたいし、また圧制者にたいして、その後、私の心に燃え上った消えることのない憎悪の念の芽ばえであった。[9]」また、ずっと後年のことであるが、エルミタージュや、モンモランシーでの見聞として挙げているのは、貴族たちの狩りの楽しみのために、農民は野獣を殺すことを禁じられ、そのため野獣に田畑を荒されても、「ただ、そら豆やえんどうのなかで、夜通し、鍋や太鼓や鐘をうち鳴らして、防ぐ以外には方法がなかった[10]」哀れな農民の姿である。

しかし、ルソーの農民にたいする同情ないし共感は、たんに彼が上のような見聞をもったことによるだけではない。すでに述べたように、彼は農民を自然人に最も近いものとして見ていたが、さらに重要なことは、彼が農民の労働そのものの価値を認め、また農民の労働が行われる農村を都市に比して重視していることである。このような観点に立ってはじめて、彼は農民に加えられる圧迫と搾取が、実は社会全体の不正の顕著な現われであることを見抜くことができたし、また農民の自由と権利を守ることが、実は人間を解放し、人民の国家をうち立てる途であることを、自覚することができたといってよい。

『人間不平等起原論』のなかでルソーは、農業と鉄器生産とが、文明段階に移るための二つの技術であったと説き、農業労働から土地の私有が始まり、それが財産の不平等をもたらすことを明らかにしている。[11] すなわち、人類は狩猟や漁撈に従事していた段階では、自由と独立を維持することができたが、農業段階に移るとともに、自由と独立は支配と服従にとってかわられ、暴力と収奪が生まれる。このようなルソーの主張は、原始社会と文明社会とを対比的にとらえようとする『人間不平等起原論』の構想からすれば、当然の帰結であるが、しかしすでに文明段階に入りこんでいる現実の社会に即して考えるならば、ルソー自身がいっているように、われわれは「森へ帰って熊と生活する(12)」わけにはゆかない。だから、原始的な狩猟や漁撈のみをいつまでも理想とすることはできない。

そこで、『政治経済論』になると、金持階級に対して農民および農業生産を擁護する必要が、地租および農産物税に対する反対という形で主張され、『社会契約論』では、古代ローマ人が農業を尊重したことについての指摘が見られるようになる(13)。『エミール』では、農業は「人間の従事しうる職業のなかで、最も正直な、最も有用なものであり、したがって最も高尚なものである(14)」とされ、『コルシカ憲法草案』では、農業は一国の自由と独立にとって、欠くべからざるものであるという主張がされている。「国家の外国からの独立を維持する唯一の手段は、農業である。諸君が、世界のすべての富をもっているとしても、もし自らを養うものをもたないならば、諸君は外国に依存するであろう……商業は富をつくる。しかし農業は自由を保証する(15)。」

農業にたいする右のような評価は、当然、農村にたいする讃美につながる。「ひとが人間(humanité)を愛し、そのために尽すことを学ぶのは農村においてであり、都会ではそれを軽蔑することしか学ばない(16)。」このようなルソーの言葉は、余りにも多いので、一々引用しないが、ただ彼が農村と国家および国民との関係について、次のように述べていることは注目される。「都会は、人類を破滅にみちびく深淵である。多くの民族は、幾代かののちには、滅びるか、衰えてしまう。それは復活されねばならない。しかして、それを復活させるものは、常に農村である(17)。」「田園生活の平等と単調さは、他の生活をまったく知らない者にとっては、何物にもかえ得ない魅力である。そこから、自己の状態にたいする満足が生まれ……祖国にたいする愛が生まれる(18)。」

いま一つ興味あることは、ルソーが農村と革命との関係について、つぎの言葉を残していることである。「諸君の村落(pièveーーコルシカの行政区域)の力が、革命をなしとげ、その堅固さが、革命を支えた。……欲ぶかい人間の集っている都市は、わずかの利権を守るために、民族を売り渡したのである。[19]」これは、コルシカの独立戦争についていわれているのであるが、ルソーは、農村の人民こそ、自らの血によって自由のためにたたかったが、都市は征服者に屈して、その圧制の拠点となるにいたったことを指摘している。ここで、都市と農村との関係が、階級的な政治的な観点においてとらえられていることを注意すべきである。

(1) Corr. Gén., III, 233.
(2) 岩波文庫、上、三二ページ。
(3) Vaughan, The Political Writings of J.-J. Rousseau, VI, 11.
(4) 前掲訳、六六ページ。
(5) 同上、一四二ページ。
(6) 同上、一六ページ。
(7) Emile, 192. 訳、三九〇ページ。
(8) Levasseur, La population française, 1889, I, 219, 370.
(9) 前掲訳、上、二三五ページ。
(10) 同上、下、一三五ページ。
(11) 同上、八九ページ。
(12) 同上、一四五ページ。
(13) 同上、一五七ページ。
(14) 同上、三四一ページ。手工業の労働については、農業に匹敵する重要性が認められている。ただ、それは農業や日常生活にとって不可欠の工業生産、たとえばカジ屋・大工などに限られ、奢侈的な工業生産は強く排斥されていることは特徴的である。（訳、三二六、三四一ページ）

(15) Corse, 311.

(16) Corr. Gén., III, 29.

(17) 前掲訳、六三ページ。

(18) Corse, 310.

(19) Corse, 317.

二　一八世紀の農民

そこで、ルソーがこれほど共感と同情を寄せた農民および農村の状態は、どういうものであったかについて、簡単に見ておきたい。一八世紀、あるいは広くアンシァン・レジームの農民が、一般的な窮乏状態にあったことは、多くの人々の指摘するところであり、ルソー自身もそれを強調している。しかし、ここでは少しくルソーを離れることとなるが、社会・経済史の上からこの問題を考えてみたい。

一八世紀の農民が、一般的にいって窮乏状態にあったことは疑いをいれないが、しかしそのことを指摘するだけでは、当時の農民が一八世紀末の大革命に向っていったこととの必然性、農民の革命的エネルギーの源泉がどこにあったかをとらえることはできない。そして、そのことはまた、ルソーがなぜ農民史の上で大きな役割を果したかを、理解し得なくするであろう。したがって、問題は、農民の一般的窮乏ということに尽きるのではなくして、一般的窮乏のなかに、どのような階級関係が貫いているかを取り出すことが必要である。

さて、アンシァン・レジーム期を通じて、最も優勢な土地所有の形態は、いうまでもなく封建的・領主的土地所有であるが、しかしフランスの大土地所有者は、プロシャに見られたような農奴制的な直接経営も行わず、またイギリスにおけるような土地集中、すなわち資本家的大農経営をめざす近代的地主ともなることなく、その所有地の大部分を小農民の経営にゆだねて、自らはそこから取得される地代収入に依存していた。この意味で、アンシァン・レジームの土地所有関係は、形式的には本来の封建的な土地所有の下にあったと考えることができる。

この封建的な土地所有制のもとにあって、半ばブルジョワ的な寄生地主制が発展した。この寄生地主制のもとで、大多数の農民は、地主の土地を借りて収穫物を切半するメタイエか、あるいは定額小作料を支払うフェルミエとして地主に従属し、日傭い農民たるジュルナリエとして農業労働に従事する農民もあった。(1) もっとも、メタイエといわれる農民も、借地だけに依存していたわけではなく、多かれ少なかれ、自己の土地を所有していたことを無視することはできない。いわゆる農民的土地所有の面積は、フランス全耕地の二〇パーセントから七〇パーセント、(2) 平均して三〇—四〇パーセントに達していたといわれる。(3) しかし、重要なことは、これらの農民所有地がきわめて多くの農家に分散していたことであり、農家一戸当りの面積よりすれば、到底、独立経営を行うことが不可能であるという状態にあったことである。このことが、メタイエの著しい普及と結びついていたことは明らかである。例えば、のちのノール県の地方では、耕作者の七五パーセントが一ヘクタール以下の土地しか持たない状態にあった。(4)

このような状態であったから、土地をまったく持たない農民も、かなりの数に上った。ルフェーヴルによれば、フランドルの沿岸平野では、農民の七五パーセント、バス・ノルマンディーでは三〇、四〇パーセントが全く土地を所有しない農民によって占められていた。(5) これらの農民は、農村の共同体に依存するか、あるいは富農に雇傭されるかして、辛うじて生存していた惨めな階層であり、僅かの打撃で没落して乞食や浮浪人となり、いわゆる農民離村の不断の源泉をなしていたのである。

アンシャン・レジーム下において、過小農および貧農が支配的に存在していたことは、以上のようであるが、これらの零細農民の存在を支えていた経営的な条件は、根強い農村共同体的慣行の存在にあった。農民たちは、個々に独立して農業を営んだのではなくして、共同体の取りきめにしたがって、その作物を定め、播種・刈入れ・休耕の時期や方法を決定した。このように農村共同体は、農家経営にたいして強制力を振いうるものであったが、同時にそのことによって、それは農家経営の破滅的な転落を、くい止めるとりでとして役立つこともできた。

共同体的慣行の基本点は、一つは休耕の実施であり、いま一つは共同地の利用である。休耕は、地力を維持するためと、休耕地を家畜飼育にあてるために、広く行われた制度であるが、二圃あるいは三圃制度などの強制輪作によって、休耕を規則的に行ない、それによって一定の時に個々の農民の耕地を集中して、これを共同放牧地とする制度である。したがって、休耕は、農業生産を維持するとともに、農業と牧畜を結合する上に、不可欠のものであったわけである。これに対して、共同地の利用は、農業生産を補充するために不可欠のものであり、草原・森林・湖沼などがその対象であったが、牧場として利用されるほか、燃料・肥料・牧草などの供給源として重要なものであった(6)。

もっとも、農村共同体の存在は、その成員たる農民の完全な平等を前提とするものではない。むしろ反対に、アンシァン・レジームの農家は一軒ごとに貧富の差があるといわれるほど、複雑な階級分化をとげている。したがって、共同放牧地の利用にしても、各農家が送り込むことのできる家畜数は、各農家の耕地面積に比例して定められるという工合に、完全な平等主義は、もはや存在しなかったのである。しかし、それにもかかわらず、共同体の存在によって、たとい一片の土地をも持たない貧農でも、共同体の成員である以上、最低数の家畜を放牧することが保証される。したがって、農民、とくに貧農にとっては、共同体の存在、共同体的権利の存続こそは、その生活を支える最後の支柱であったのである。

ところで、一八世紀の半ば、あたかもルソーが文筆活動を開始した頃、フランスの農村には新しい事態が進行しつつあった。それは、貿易の発展、とくに農産物取引の発展に促されて、大地主が有利な農業経営にのり出す気運が高まってきたことである。これは、とくに商人出身の新地主に多いが、旧来の貴族層もまたこの機に乗じて、領主的権利の復活および強化を企てる。これは、従来の共同体的拘束をうち破って、私的所有権の確立と農業の近代化に向うものであったという意味から、これを農業個人主義と規定し(7)、ルフェーヴルは、それが大土地所有者によって遂行された前期的な性格のものである点から、これを貴族的反動と規定する(8)。

この新しい傾向の主要な内容は、一つには農民を共同地からしめ出して、草原地を囲いこみ、これを人工牧草地として、羊その他を飼育すること、いま一つは、農民の共同放牧を禁止して、休耕を伴わない合理的な、自立的な農業経営への途を開くことにあった(9)。そのために大地主、とくにブルジョワ的地主は、自己所有の土地に対する農民の共同利用を排除し、あるいは小作地の集中を強行して、その経営を上層農民=資本家的借地農に委ね、もって地代収入の増大をはかるにいたる。このうち、農民を小作地から直接的に追放することは、領主権および農民的所有権と対立する関係から容易には行なわれなかったが、共同地とくに草原地の取り上げは、大地主と地方官憲との結合によって強力に押し進められることとなる。

一八世紀の六〇年代に、とくにいちじるしくなるこの農業改革の運動は、明白に対立する二つの利害関係を浮き出させる。それは、一つには、大地主・資本家的借地農・富農を結ぶ農業近代化の主張者たちの線であり、かれらは「所有権の神聖」と「囲い込みの自由」を唱え、イギリス流の新農法を推進する。これに対するいま一つは、貧農を先頭とし、広汎な農民層を率いる勢力であり、これは地主の囲い込みに正面から反対し、「共同体の権利」をあくまで維持しようとする。六〇年代以後、この二つの勢力の対立は、次第にするどくなり、地主の囲い込みに反対する農民暴動が、何回となく勃発するようになる。たとえば、北部のエノー地方では、畑地の牧草地への転換が行なわれ、一七七一年、囲い込み法が公布され、それにもとづいて、草原地の周囲に頑丈な垣がめぐらされる。これに対して農民は共同体を挙げて反対闘争に起ち上り、「垣の破壊、果樹の引き抜き、家畜や、さらに夜にまぎれて人間に対する発砲[10]」までが行なわれた。

大土地所有者による「上から」の近代化の運動は、農村共同体を破砕して、私的所有権の絶対的自由を実現し、合理的な農業経営を前提とする穀物取引の自由・国内関税の撤廃を求めるものであった。このような改革運動は、一方では、かなりの家畜数と経営面積をもつ上層農民には、新しい致富の機会をあたえるが、他方、共同体に依存する多数の小農民を急速に没落させる。農民層の階級分化は、これによって一層促進され、農民はますます貨幣経済のなかにまきこまれ、貧農のプロレタリア化、浮浪人化が大量的に進行する。このことは、ルソーが『人間不平等起原論』で指摘しているところとまったく符合する。「産業や技芸が普及し、繁栄するにつれて、奢侈を維持するに必要な租税を負担し、しかも労働と饑餓との間に一生を送るように宣告され、軽蔑の的となっている農民は、その畑を棄てて、彼が都会にもたらすはずのパンを求めて、都会におもむく。」それはまさしく「放棄された畑、荒れ果てた土地、乞食や泥棒になった不幸な市民のひしめいている街道[11]」に象徴されるところのものである。

大多数の農民を苦しめたのは、もとより、囲い込みだけではない。農民は、固有の封建地代たるルドヴァンス、シャンパールを領主に支払い、十分の一税を教会に支払うばかりでなく、タイユ、人頭税、二十分の一税、賦役などの直接税、さらには塩税その他の消費税、関税などを国王に収めなければならない[12]。こうした特権階級の支配が、基本的に維持され、あるいは強化されている上に、ブルジョワ的大地主による直接的収奪が加えられたわけである。

国王や保守的貴族の立場は、囲い込みに対して、それが前に挙げた租税や地代の徴収を困難ならしめるかぎり、これに反対を示したが、しかし結局のところ、農業改革は国王および貴族と大地主との妥協のもとに、働く農民層を唯一の犠牲者とすることによって、大体その目的を達したものと見ることができる。それは、農業改革を、主として共同地に限定することによって、また貴族自体がブルジョワ化することによって成しとげられた[13]。これによって、一八世紀後半の農民層は、近代化をめざす地主をふくめてすべての特権的上層階級に決定的に対立せざるを得なかったのである。

(1) G. Lefebvre, La place de la Révolution dans l'histoire agraire de la France, Annales d'histoire économique et sociale, oct. 1929, II.
(2) 高橋幸八郎『市民革命の構造』御茶の水書房、参照。
(3) G. Lefebvre, La Révolution française et les paysans, Cahiers de la Révolution française, II.
(4) G. Lefebvre, La place de la Révolution, III.
(5) Ibid.
(6) M. Bloch, Les caractères originaux de l'histoire rurale française, 1931, II ch. 5. 河野・飯沼ほか訳『フランス農村史の基本性格』創文社、参照。
(7) Bloch, La lutte pour l'individualisme agraire dans la France du XVIIIe siècle, Annales d'histoire économique et sociale, 1930.
(8) G. Lefebvre, La Révolution française et les paysans, I.
(9) Bloch, op. cit., I.
(10) Ibid., II 530.
(11) Inégalité note, 206. 訳、一四三ページ。
(12) H. Sée, Histoire économique de la France, 1939, IV, ch. I, 1, 4.
(13) Lefebvre, La Révolution française et les paysans, IV.

三　改革と革命の途

囲い込みの自由と、休耕の廃止を内容とする農業近代化の運動を、理論的に代表したものは、エコノミストまたはフィジオクラート(physiocrates)と呼ばれた人々である。宮廷医フランソワ・ケネーを代表者とするこの一派は、最初の近代的な経済理論をうち立てたが、かれらの活動は理論の分野にとどまらず、アンシァン・レジーム末年の政治にいちじるしい影響をあたえている。

エコノミストの主張の中心は、その経済的自由主義にある。かれらは、現実の社会のなかに自然法・自然法則の存在を認め、それを自由に発現させるところに、政治の役割があると考える。このような見解は、明らかに、大地主や大ブルジョワジーの利益と合致するものである。かれらが主張する「自由」は、支配階級たる有産者の自由であって、働く人民の自由ではありえない。かれらは、基本的には、現存の権力関係を承認し、そのなかでブルジョワ的要素の占める比重を増大させようとする。エコノミストが啓蒙専制主義という「上から」の改革論者であるゆえんはここにある。

エコノミストは、宮廷官僚および国王の地方官吏たるアンタンダンのなかに多くの共鳴者を見出し、囲い込みの自由や通商の自由のための政策を実行に移すことができた。例えば、ベルタン、ドルメッソンは、農業改革を促進し、カロンヌ、チュルゴーは、経済的自由主義のために多くの努力を払っている。一七六七年から一七七七年までの間に、囲い込みの法令が出された地方は、トロワ・ゼヴェーシェ、ロレーヌ、ヴァロワ、エノー、フランドル、ブーロネ、シャンパーニュ、ブルゴーニュ、フランシュ＝コンテ、ルシヨン、ベアルン、ビゴール、コルシカの多くを数えるが、(1)これこそエコノミストの影響下にブルジョワ化しつつある絶対主義官僚がなしとげた成果であった。

右のような現実的意味をもったエコノミストの「哲学」は、所有権とくに土地所有権の絶対化と、一切の生産力の源泉たる土地の神秘化と、神の意志の実現としての自然法にたいする信仰とを内容としている。かれらは、所有権の神聖という名の下に、現実の社会における財産の不平等を弁護し、「不平等は神の計画のなかにある」(2)とする態度をとる。かれらは、所有権にたいする一切の制限に反対するが、かれらの反対は封建的な制限よりも、むしろ共同体的な制限に向けられる。かれらによれば、共同体的慣行は「人類が長い間よぎなくされていた野蛮で下等な条件の記念物」(4)であり、「憎むべき権利」(3)であり、これに反して、「壁や、柵や、垣で囲まれた不動産こそは、唯一の真の財産である」ということになる。

さらに、かれらは農業のみが唯一の生産的労働であり、それのみが純所得(produit net)をもたらすことを明らかにする。しかし、かれらの考える農業は、基本的に農民の労働に依存するものではなくして、かれらが重視する自然または土地と、労働との結びつきによって、成り立つものである。かれらによれば、重点はむしろ土地におかれ、生産の真の要素は、労働ではなくして、土地であるということになる。(5)この見解は、明らかに、地主的立場からの近代化論である。

とはいえ、エコノミストは、多分に理神論的ではあったが、社会を自然的秩序の世界としてとらえ、そこにはたらく必然の法則を認識することができた。これが、かれらによって最初の社会科学的認識、科学としての経済学がうち立てられたゆえんであるが、かれらのこの達成の基礎には、エコノミストが当時の生産力の最高段階を代表し、かれらの主張が同時に社会の生産力を高めることができたという事情がある。饑饉と食糧の値上りに絶えず直面していた当時の社会にあって、かれらは所有権に絶対的自由をあたえることが、農業生産を高めるゆえんであることを、明らかにすることができた。かれらが、自由放任と、素朴な楽天主義の使徒たりえたのは、この故であった。

いわゆる哲学者《フィロゾーフ》と呼ばれる啓蒙主義者のなかには、ケネーその他のエコノミストも包含されているが、フィロゾーフのなかのいま一つのグループは、百科全書派《アンシクロペディスト》である。ディドロ、グリム、ダランベールなどを主要なメンバーとするアンシクロペディストの立場は、エコノミストとかなりの親近性をもっているが、しかし一般的にいって、エコノミストよりは一層、積極的であり、改革的であったと見られる。

エコノミストは、ブルジョワ的土地所有を合理化するために、土地所有一般を擁護し、それによって旧貴族の特権的土地所有をも併せて、これを擁護する結果となっている。このことは、かれらが土地所有の共同体的な制約については、強くこれを排撃しながら、領主的または封建的制約については、むしろ妥協的な態度をとっていることに示されている。このように、エコノミストは階級的には、ブルジョワ化しつつある地主層の立場を表現しているが、これに対してアンシクロペディストは、いわばブルジョワジー全体の立場に立とうとしている。そして、その限り、かれらはエコノミストとは違って、封建的支配に対する積極的な批判者としてふるまっている(6)。かれらが、封建的支配の支柱であった領主や超越的な君主の権威に対抗し、精力的なキリスト教批判を展開したことは、最もよくこれを示している。

したがって、アンシクロペディストの「哲学」は、「自然」から神性を追放して、これを理性的認識の場にひき出すことにあった。かれらの「哲学」が、自然力の全一的な支配を主張する「自然哲学」さらには無神論に結実したことは、ひとの知るところであろう。このことは、超越的な、非合理な支配権力を一掃して、自らの社会、自らの権威をうち立てうるにいたったブルジョワジーの自信のほどを示すものに他ならない。

政治的な立場からいえば、かれらはヴォルテール、モンテスキュの線に沿って、イギリス流の制限君主制の側に立ち、いわゆるブルジョワ自由主義を代表している。ディドロにしても、ドルバックにしても、専制主義はもとより、啓蒙専制主義をも明確に批判している(7)。しかしながら、かれらはルソーのような革命的な立場をとるものではなく、常に改革者としての範囲にとどまっている。かれらは、一定の制限を付して、王権の支配を認めるとともに、人民の政治への参加についても、これに一定の制限——たとえば土地所有者たること——を加えようとする。[8] かれらの財産所有者としての立場からは、王権に表現されるような、なんらかの権力機構の存在が不可欠であり、したがってまた、広い全人民的なデモクラシーは、かれらの眼には行き過ぎとして映らざるをえなかった。

アンシクロペディストの「哲学」の社会的な内容は、個人の幸福を追求することにある。かれらが、特権や身分に反対して、すべての人間を法的平等の地位におくことを説いたのは、それによって個人が自由な経済活動——幸福の追求——を営むための条件がみたされると考えたからである。「社会が有用であるのは、その成員が自由に、みずからの幸福のために働く手段を社会があたえるからに過ぎない。[9]」ドルバックのこの言葉が示しているように、かれらは本質的に個人主義者であり、現実主義者である。また、具体的には、かれらのいう個人は、貧民や労働者ではなくして、財産所有者である。ディドロはいう。「解放なくして、あるいは自由なくして、所有権はない。所有権なくして、農業はない。農業なくしては、いかなる力も、偉大さも、富裕も、繁栄もないのだ。[10]」

一般的にいって、アンシクロペディストの主張は、エコノミストにくらべて、一層、進んだものであることは明らかであるが、しかし両者いずれも財産所有者のイデオロギーを表現している点で、異なるところはない。ただ、アンシクロペディストはたとえばディドロの人民主権論[11]に見られるように、急進的な小ブルジョワジーの立場をも包合している点を無視することはできない。しかし、アンシクロペディストの主要な関心は、宗教や迷信とたたかって人間に理性的認識をあたえることにかかっている。かれらは、人間に理性をあたえ、あるいは君主を啓蒙することによって、社会を改革しうると信ずるほどに楽天的であった。したがって、政治や権力の問題は、かれらにとっては、第一義的な重要性をもつものとしては迫ってこない。むしろ、かれらは超国家的な、普遍人類的な立場にたって、人間理性に呼びかけるという態度をとっている。したがって、かれらがいずれも、政治的には部分的な改革論者たるにとどまったことは、むしろ当然だといわねばならない。

エコノミストや、アンシクロペディストをふくむいわゆるフィロゾーフが、既存の財産所有者としての立場から改革論を述べているのに対して、ルソーの主張は、これらと根本的に対立している。それはあたかも、囲い込みを中心とする農業改革について、王権・貴族・大地主の全勢力に対して、一般農民層がこれと対立したことと揆を一にしている。土地から追い立てられている貧農や半プロレタリアが、妥協や改革によっては救われないのと同様に、ルソーもまた妥協や改革をしりぞけて、直接に革命への途を指向している。以下、そのことを問題としよう。

(1) Bloch, Caractères, 226.
(2) Ch. Bourthoumieux, Essai sur le fondement philosophique des doctrines économiques, Rousseau contre Quesnay, II, 28.
(3) Bloch, La lutte pour l'individualisme, I, 333.
(4) Ibid., 335.
(5) R. Gonnard, Histoire des doctrines économiques, 1930, 213.
(6) Kingsley Martin, French Liberal Thought in the Eighteenth Century, VII, 1.
(7) H. Sée, L'évolution de la pensée politique en France au XIIIe siècle, 185, 221.
(8) Ibid., 189, 222.
(9) D'Holbach, Système social, II, 3.
(10) Diderot, Observations sur l'instruction, publié par Paul Ledieu, 139.
(11) Sée, L'évolution de la pensée politique, 180.

四　ルソー的解決

ルソーの思想的経歴は、フィロゾーフにたいする全面的な批判から出発している。それは、すでに『学問・芸術論』

のなかに見ることができるが、ルソーは、フィロゾーフの啓蒙家的な文化主義、つまり学問や芸術や奢侈の効用を過信するブルジョワ的な進歩主義にたいして、これを正面から攻撃する。「学問、文学、または芸術は、それによって人々がつながれている鉄鎖の上に花飾りをひろげ、人々のうちに、かれらがそのために生まれついていると思われる生得の自由の感情を圧しつぶし、かれらにその奴隷状態を愛させ、かくしてかれらを文明国民と呼ばれるものにつくり上げる。(1)」学問や芸術は、悪徳の産物であり、奢侈と無為の結果であり、人間の道徳と勇気を失わせる。ルソーは、モラリストとしての立場から、フィロゾーフの文化主義を批判し、哲学者は「父親でも、市民でも、人間でもない(2)」ものだと批判している。これは、立場は異なるが、マルクスがフォイエルバッハにあたえた言葉、「哲学者たちは、世界を種々に解釈して来ただけだ。肝心なのは、それを変更することだろうに(3)」というのと同じく、「哲学者」にたいする全面的な不信の表明である。

『人間不平等起原論』において、ルソーのフィロゾーフ批判は、一層、前進をとげる。ルソーは、フィロゾーフが是認している財産の不平等が、いかにして発生し、なにをもたらしたかを論じて、フィロゾーフを批判するとともに、現実の社会をするどく批判している。しかし、このルソーの批判は、まだモラリスト的であり、悪徳やだらくやれんびんが中心の問題であって、政治や社会制度をいかにして改めるかという問題は、第一義的な重要性をもつにはいたっていない。「たえず自然に不平をいっている非常識の人々よ、君たちの一切の不幸は、君たち自身から来ていることを知るがよい！」これがルソーのテーマであった(4)。もちろん、『人間不平等起原論』は、個人の本来的な、自然的な権利を基礎づけた点において、重要な作品ではあるが、しかしその限りでは、まだフィロゾーフの個人主義哲学の影響下にあるものといわねばならない。

ところで、現実の社会において、政治が決定的な重要性をもつことに、ルソーが気づいたのは、遅くとも一七五三―五四年の頃である。ちょうどこの頃は、私交上においても、ルソーとフィロゾーフとの間の不和が決定的となる時期でもあるが、ルソーの思想上の独自性もまた、この頃に確立される。[5] すなわち、すでに『ナルシス序文』(一七五二年)において、ルソーは「これらのすべての悪徳は、人間に属するというよりも、悪い政治のもとでの人間に属するのだ」[6]と述べて、人間が悪いのではなく、政治が悪いのだということを明確にしているが、『人間不平等起原論』の公刊にさいして、彼が付した献辞(一七五四年)では、さらにこの考えを進めて、「主権者と人民が唯一不二の利害しかもちえないような国」[7]、すなわち人民と主権者が同一の人格である「民主的な」政府を理想として語っている。

このようなルソーの政治論は、一七五五年の『政治経済論』で、かなり展開されるが、それが完成されるのは一七六一年の『社会契約論』である。ここにおいて、フィロゾーフとルソーとの相違は決定的となり、ルソーの思想の上のまったき独自性が確立される。そして、のちの『コルシカ憲法草案』および『ポーランド統治論』は、すでに確立されたルソーの政治思想の具体的な適用[8]であると考えることができる。

さて、以上の諸著作を通じて、ルソーはいかなる社会を理想としているであろうか。なによりもまず、それは人民が主権をにぎる国家、すなわち人民の一般意志が支配する国家でなければならない。それは、ルソーが牢獄の生活にくらべている専制君主制[9]でないのは勿論、君主と人民の契約にもとづく制限君主制でもなく、「政府のために人民を犠牲にすることなく、人民のために政府を犠牲にしうるような」国家なのである。[10]

このような国家は、エコノミストの主張するような、自由な経済活動の推進者としての超越的な国家でもなければ、アンシクロペディストのように普遍的な人類主義を認めるものでもない。ルソーにとって、国家はさらに根源的ななにものかである。一般意志の表現である人民主権は、他のなにものによっても拘束されないし、譲渡も分割もできず、構成員の全体を支配する絶対権力をもっている。[11] このような強力な国家は、しかし、その構成員の自由や権利を抑えるために強制力をふるうのではなくて、反対に、市民の自由や権利を守るために強力なのである。ルソーは、社会契約の強制力について、それは「自由になることを強制される」[12]という意味だと述べているが、このルソーの主張は、絶対主義国家の権力を人民が奪いとって、これを人民の権利の防壁に転化させるという革命的な含蓄をもっているものである。

ルソーの国家論と革命との関係についていえば、ルソーはホッブスやロックのように客観的な自然法(loi naturelle)の実現がそのまま国家をつくるとは考えない。彼は自然法を否認してはいないが、その自然法論はむしろ自然権論というかたちをとる。つまり人間の主体的な意志の実現こそが、人間にとって「自然」であるという考え方である。こうしてルソーは国家を人民の意志に基礎づける。だから、人民が特定の政府をくつがえし、また国家そのものを作りかえることも可能である。[13] ルソーは、このようにして、革命の理論的正当づけを行なっているが、しかしもちろん彼はそのことを明白な形では表現していない。ただ、ルソーの主張するところを、もしも現実の社会のなかで貫こうとすれば、当然それは革命的実践という形をとらざるを得ないことは明らかである。これこそ、ルソーが当時の社会で危険人物とされ、またのちの革命に強い影響を与えるにいたった最大の理由である。

ところで、このような国家の内容は、いかなるものであろうか。ルソーの意図するところは「大多数の者が暗黒と貧困のなかでうごめいているのに、一握りの権力者や金持が権勢と幸運の絶頂にある[14]」状態を改めることである。それは、いかにしてなされるか。彼の答えは簡単である。それは、平等を実現することによってである。すでに、農民の場合について見たように、ルソーによれば、働く人民こそが社会の基本でなければならない。「労働は、社会に住む人間の必須の義務である。富んでいようと、貧しかろうと、強かろうと、弱かろうと、徒食している人々はすべて泥棒である[15]」だから、「あらゆる帝王や、あらゆる哲学者が取り除かれてしまっても、殆んど差支えはない。万事はそのために一向、故障を生じない[16]」のである。ルソーは、彼の生徒であるエミールが、刺繡や、メッキや漆職人のような奢侈品の生産に従うこと、音楽家や、役者や、著作家になることを欲しない。「わたしは、彼が詩人よりも、靴工になってくれるほうがよい。[17]」こうしたルソーの言葉は、彼が農業、および必需品生産の労働のみを、社会に必要なものとしていることを示している。

土地の私有は、労働にもとづくかぎり、その権利が認められる。「耕作者に、その耕した土地の生産物にたいする権利をあたえ、したがって、土地にたいする権利……をあたえるものは、ひとり労働のみである。[18]」だから、地主的な大土地所有は、当然に否定される。すべての市民の富は「いかなる市民も、他人を買うことができるほどには豊かでなく、また自分を売らねばならぬほどには貧しくない[19]」ことが必要である。そのための具体策として、ルソーが『コルシカ憲法草案』で書いているのは、都市に集中した人口を、全土に平均して再分配し、一定限度の土地をあたえて農民とし、その土地は登録させて、同面積の交換以外は、贈与も遺贈も認めないこととする案である。[20]ヴォーンは、これを「考えられうる最も過激な形式による国家社会主義である[21]」と述べているが、こういう着想はのちになって、リカード派社会主義者やヘンリー・ジョージの地代論、さらにはロシアのナロードニキに見られる「土地公有論」の端緒を開いたものである。

『新エロイーズ』のなかで、ルソーはその理想とする農民生活を、ヴォルマール家の生活のなかに見出している。ルソーは、すべての農民を、ヴォルマールの状態まで引き上げることを、考えていたに違いない。ヴォルマールは、かなり豊かな自営農民であるが、土地を買い入れたり、財産を増加したりすることは考えず、土地の生産力を高め、できるだけ自給生活をすることに、喜びと幸福を見出す。「富裕になるためのわれわれの大きな秘訣は、貨幣を僅かしかもたないことであり、また、能うかぎり、財産の使用において、生産物とその使用との間の中間的な取引を避けることである。[22]」これは、ヴォルマールの処世法の一つであるが、彼は傭い人の報酬すらも現物で支払い、衣類も、酒も、油も、パンも自家で生産する。ヴォルマールこそは、ルソーの理想とする勤勉で、節倹な農民、自己の自由と独立を完全にかち得ている農民を具象化したものであると見られる。

ルソーのこのような理想からすれば、商業や、貨幣や、奢侈の一切が排斥される。「昔の政治家は、たえず風習と道徳について語った。しかるに、われわれの政治家は商業と貨幣についてしか語らない[23]。」「奢侈は百人の貧乏人をわが国の都会で養い、十万人の貧乏人をわが国の農村で滅亡させる[24]。」自給的な農業と物々交換の必要を説くルソーにとっては、商業や貨幣はその必要がないばかりか、社会の不平等をつくり出す点において、有害なものである。たとい余剰となった農産物ですらも、これを外国に輸出することは、禁止されねばならない。なぜなら、輸出禁止は「大土地所有の発生する根をたち切る[25]」ために必要だからである。ルソーによれば、「貨幣が多かろうと、少なかろうと、国民は富みもしなければ、貧しくもない。」なぜなら、貨幣は一つのしるし《シーニュ》でしかないからである。しかも、貨幣は富のしるしではなくして、「不平等のしるし[26]」であり、財産関係を表現するものでしかない。だから、ルソーにとっては、貨幣の流通が少なければ少ないほど、国民の幸福が増大することとなる。これは、重商主義的な通説に対する批判であることは明らかである。

さいごに、租税論を見ておこう。右のルソーの見解から当然でてくるのであるが、ルソーは貨幣をもってする租税徴収に反対し、公有地を設定して、そこからの収入をもって財政上の必要をみたす方法を主張する[27]。財政家および徴税請負人の存在は、ルソーのはげしく非難するところである。「財政制度を最も危険ならしめるものは、財政家を用いることである[28]。」ルソーは、貨幣による租税よりは、むしろ賦役による租税をすすめたり、あるいは現物税と貨幣税の併用を説いたりしている[29]。さらに注目すべきことは、彼が地租や、農産物税について、これらが結局、働く農民の負担となり、農業生産を妨害することとなるゆえんを述べて、これに反対していることである。これにかわって、彼は奢侈税の設定を主張し、金持の庭園や、建物や、器具や、乗りものから税金をとる必要を述べている[30]。このことは、働く農民を解放し、富める者を抑制しようとするルソーの基本的な立場をあらわすものである。

（1） 河出書房版、一四ページ。

（2） Narcisse Préf., V, 105. 同上、一三六ページ。

(3) 『ドイツ・イデオロギー』訳、七七六ページ。
(4) 『告白』訳、中、一七四ページ。
(5) René Hubert, Rousseau et l'Encyclopédie, ch. 3.
(6) Narcisse Préf., V, 106. 訳、一三九ページ。
(7) 同上、一二ページ。
(8) 『コルシカ憲法草案』(一七六五年)と『ポーランド統治論』(一七七二年)との間には、ルソーの政治思想そのものにかなりの変化があり、それは単にコルシカとポーランドという対象の相違のみによるものとは考えられない。これは、ルソーの思想上の経歴の問題であるが、『コルシカ論』が、ルソーの政治論の頂点に立つ最後の作品であるのに対して、『ポーランド論』を書いた晩年のルソーは、明らかに著しく後退している。彼は、ポーランドについて、王権を認め、貴族主義を説くとともに、「魂の解放」や「心の中に共和国をたてる」ことの必要を力説している。
(9) 『社会契約論』訳、二一ページ。
(10) 同上、八九ページ。
(11) 同上、四二ページ。
(12) 同上、三五ページ。
(13) 同上、一四二ページ。
(14) 『不平等論』訳、一一四ページ。
(15) 『エミール』訳、三四一ページ。
(16) 同上、三九八ページ。
(17) 同上、三四五ページ。
(18) 『不平等論』訳、九二ページ。
(19) 『社会契約論』訳、七七ページ。

(20) Corse, 316, 349.
(21) Vaughan, op. cit., II, 302.
(22) N. Héloïse, IV, 42.
(23)『学芸論』訳、三八ページ。
(24) Dernière réponse à M. Bordes, I, 53 note. 訳、八〇ページ。
(25) Corse, 356.
(26) Ibid., 327.
(27)『政治経済論』訳、四五ページ。Corse 338.
(28) Corse, 340.
(29) Ibid., 338, 341. 訳、五九ページ。
(30)『政治経済論』訳、六三ページ。

五　農民史におけるルソー

ルソーの理想とした社会が、いわば人類史の古代社会の復活であり、商業や貨幣のはたらきを最小限にして、自然経済を維持しようとしたものであることは、もはや明らかとなった。しかし、このことから、ルソーを復古主義者とし、あるいは「うしろ向きのユートピスト」(1)と規定することは、果して正しいであろうか。

むしろわれわれは、往々、すぐれて革命的な理論が、復古という形において主張されたことを知っている。中世の多くの農民戦争は、原始キリスト教の平等状態を実現することを目的としているし、イギリス革命のレヴェラーズにしても、またわが国の安藤昌益(2)にしても、人間がすべて平等に生きていた過去の時代を借りて、その革命思想を語っている。のちのフランス革命において、革命家たちが建設しようと努めたものが古代ローマの制度や風俗であったことを想起すべきである。マルクスはこういった。「カミーユ・デムーラン、ダントン、ロベスピエール、サン＝ジュスト、ナポレオン、これら昔のフランス革命の英雄たち、党派や、群衆は、ローマの衣裳をつけ、ローマの文句をつかって、自分の時代の任務、近代ブルジョワ社会を解放し、またつくりだす任務をはたした。(3)」ルソーの場合も、彼は自然経済への復帰を説くことで実はアンシァン・レジームの現実にたいする根本的な批判を提出したのだ。このことを見のがすべきではない。

すでに見たように、一八世紀にはブルジョワ的な発展が急速にすすみ、人口の大部分を占める農民層は、貨幣負担の増大と、共同地の収奪の前にさらされていた。フランスの農村は、かつての牧歌的な時代から、一挙にして、隷属と荒廃の時代を迎えつつあった。これは、資本主義社会の成立にとって、避けることのできない一過程にほかならないが、しかしルソーは、そこに、時代の一切の悪を認め、これを解決する途を求めたのである。

ブルジョワ的発展を代表していたフィロゾーフは、社会の自然法則を説くことによって、問題を「前向き」に解決することができたけれども、しかし「圧制」と搾取に苦しむ農民＝小生産者の立場に立つ者にとっては、社会の自然法則ではなくして、社会を主体的に作りかえることこそが問題であった。「人間が建設した一切は、人間が破壊することもできる。(4)」経済の問題は、それ自体として、政治から離れて解かれるのではなくして、経済を政治に従属せしめることによって、はじめて解決される。すなわち、問題は、何よりもまず、政治の問題として提出されねばならない。これが、ルソーの政治論のになった課題である。

ところで、地主やブルジョワジーの立場に立つ者は、基本的には、現実の社会の進行方向を肯定し、現実に支配的な勢力の存在を承認して、その上で改革を説き、政策を考える。それは、改革と妥協の途である。これに対して、ルソーは、むしろ社会の進行を押しとどめ、「かつてのよき時代」をこれに対比する。小生産者が生産力の新しい段階を代表した時代は急速にすぎ去りつつあった。かれらは「時代の子」ではなく、時代のそとに投げ出され、おき去りにされかねない存在である。かれらは、牧歌的な過去の記憶のなかに生き、過去を直接的に現在のなかに実現しようとする。一揆的な行動主義と、超越的な神秘主義とが、かれらの行動を特徴づける。農民たちの行動のスローガンは「共同体を守れ」という形で、共同体的な慣習をあくまで維持することが目的であったが、ルソーもまた個々の人間をそのままに解放する「自由放任」ではなくして、人間を国家組織のなかに全面的に吸収し、そのことによって人間の自由と独立と財産権を確保しようとする。ルソーの人民主権論、およびその主権の絶対性・強力性の理論は、その根拠をここにもっている。

ルソーは、支配階級と人民とが共存しうることを認めない。「社会においては、一人の人間の幸福は、他の人の不幸となる。(5)」「多数者は常に少数者の犠牲にされ、公衆の福利は個人的利益の犠牲とされる。(6)」だから、このような社会で、もし人が犯罪をしなければ生きてゆけないとすれば、「絞首刑にすべき者は、犯罪者ではなくして、彼は犯罪者とならざるを得ない羽目に陥しいれた人間である(7)」ということになる。このように、ルソーにとっては、「すべてか、無か」であって、中間の途はない。これは、支配階級のすべてと対立し、ただ革命的な立ち上りによってのみ、自らの途を開くことのできた勤労する農民大衆の立場を最もよく表現するものである。しかし、農民の闘争が非合理的な神秘主義によって色濃く染められていたように、彼の政治論もまた、夢想的神秘主義と無関係であったとはいい切れない。それは一つには彼の反文化主義であり、いま一つは、全能の神にも比すべき「立法者(8)」の理論であろう。

農業改革の犠牲に供せられつつあった小生産者にとっては、資本主義の発達——いわゆる「上から」の資本主義——こそ、みずからの敵であった。資本蓄積の進行とその結果について、ルソーはいう。「なんという奇怪な、また忌わしい制度であろう! そこでは、蓄積された富は、たえず一層大きな富を蓄積する手段を容易にし、何ももたぬ者が、なんらかの物を得ることは不可能なのだ。(9)」ルソーが、その進行をとどめようとし、そこからの脱出を考えたのは、この資本蓄積の進行――いわゆる本原的蓄積の過程――と、それによる大衆の窮乏化という事態であった。これこそ、エコノミストが促進し、勤労する農民層がこれに対抗した事態であった。

近代化の担い手である地主や富農層の利益は、一般農民とは対立するけれども、商人や投機業者とは結びついて、穀物取引の自由や、貿易の自由の要求をかかげる。エコノミストの一人たるチュルゴーは、一七六〇年代以後、穀物に関する国内関税を撤廃し、自由な穀物貿易のための政策を推進するが、これに対して農民は、それが穀物価格を吊り上げ、商人の買占めを助長するために、自らの生活が破壊されるので、これに反対し、むしろ穀物取引の統制や、作付け強制の側に立つ(10)。これは、ルソーが『コルシカ憲法草案』で述べている貿易統制や、一種の管理経済の主張、さらには商業や貨幣にたいする反対論とも合致するであろう。

いうまでもなく、ブルジョワ的な自由貿易論は、世界主義あるいはコスモポリタニズムの上に立っている。これに対して、当時の農民や手工業者は、まだ国際取引や、外国侵略から利益をひきだしうるまでには成長していない。かれらは、外国との競争を恐れ、自給経済の原則を守ろうとする。かれらは、侵略者にたいしては、一片の土地をも失うまいとする愛国的熱情をもつとともに、また自己の国土を世界で最もすぐれたものと考えるショーヴィニズムをもっている。かれらのこの愛国心が、フランス革命において、外国勢力、およびこれと結ぶ王権その他の反動勢力にたいする攻撃となって現われ、それが革命を守り、革命をなしとげる有力な動因であったことは、周知の事実である。われわれは、ルソーの説いた愛国主義ないしはナショナリズムを、この観点から理解することができるであろう。

『社会契約論』、『エミール』を書いたルソーは、官憲の弾圧と暴民の迫害に堪えつつ各地を転々したが、『告白』にはじまり『夢想』にいたる晩年の作品では、孤独な、冥想的な調子を深くしてくる。ところが、ルソーのこのような態度に反比例して、農民層は囲い込みの進行に促がされて、七〇年代以後、各地で現実に起ち上り始める。農民の闘争は、フランス革命に結実し、革命を維持し、推進させる基本的な力として働いた。農民は、新しい権力者たるブルジョワジーに迫って、封建的諸権利の撤廃と、国有財産の分割を承認させる。一七九三年、ロベスピエールを指導者とするジャコバン独裁のもとで、一切の封建的権利の無賠償撤廃と、国有財産の分割売却とが実行に移される。農民にたいする一切の身分的拘束はなくなり、農民が自由な土地所有者となるための手がかりがあたえられる。

しかし、フランス革命は、農民革命によって支えられたとはいえ、それ自体はあくまでブルジョワ革命であった。したがって、アンシァン・レジームの下で始まったブルジョワ的進化の方向は、依然として貫かれるのみならず、一層、強化される。[11] 農民は、封建制の撤廃をたたかい取るけれども、国有財産を買い取って真の土地所有者となり得た農民は、全体の三五パーセント程度にすぎない。[12] ブルジョワ革命は、上層農民をブルジョワに転化させるとともに、大多数の農民を資本の隷属下におき、農民の階級分化を異常に速めるために役立ったに過ぎない。

こうして、ルソーが意図した農民＝小生産者層の真の解放は、ブルジョワ革命によって、完全に成しとげられたと見ることはできない。それは、ルソーが指摘したとおり、権力が「人民の敵」であるブルジョワジーの手に握られているかぎり、不可能なことであった。ルソーの革命的な民主主義の理論と、農民解放の熱情とが、今日もなお清新さと力強さを保っているゆえんは、おそらくこの点にかかっていると見られるであろう。

（1） A. Lichtenberger, Le socialisme au XVIIIe Siècle, V 178.
（2） ノーマン『忘れられた思想家』岩波新書、下、七章。
（3） ルイ・ボナパルトの『ブリュメール十八日』参照。
（4） 『エミール』訳、三三九ページ。
（5） 同上、一五八ページ。
（6） 同上、四一八ページ。
（7） 同上、三三七ページ。

(8)　『社会契約論』訳、六一ページ。
(9)　Narcisse Préf., 106.
(10)　G. Lefebvre, La Révolution française et les paysans, II.
(11)　Ibid., IV.
(12)　M. Bloch, Statistique de la France, II 22.

あとがき

本稿は最初、一九五一年に刊行された桑原武夫編『ルソー研究』(岩波書店)の一章として発表された。今回、『フランス革命とその思想』(一九六四年)に収めるに当って、若干の訂正と補足を加えた。基本点は改めていないが、自然法思想との関連と旧制度下の土地所有の問題については説明の仕方をかえた。なお、ルソー思想の評価について、現在から見るとルソーをもっぱら社会思想家として扱っている欠点があると思う。

私は本稿と同じ趣旨のルソー観を述べた「フランス革命の思想的『原型』」をフランス文にして、雑誌『ウロープ』の「ルソー特集号」(一九六一年一一―一二月)に掲載した。この論文についてアルベール・ソブール教授は私信で、君の説に賛成するが、「農民」のほかに都市の手工業者の立場もまたルソーによって表現されていること、つまり小生産者一般のもった歴史的状況とルソーを対応させたほうが一層適切だと思うと指摘された。教授は革命中の「サン＝キュロット」についての代表的な研究者であり、その研究から着想されたものと思われる。ルソーを小生産者層の動向から理解することについて、私はもちろんそれに同意するし、私の意図も小生産者を代表する存在として農民をとり出したことにあったが、ただルソー思想をたとえばパリの「サン＝キュロット」層、つまりブルジョワ的発展から疎外されてゆく手工業者や職人の世界観の表現としてだけ受けとるとしたら、それはルソーの反時代性や空想性だけを強調することになりはしないかというおそれがある。ルソーはそういう傾向をもちながらも、基本的に前向きである。それは当時の農民＝小生産者層がなお全面的に没落する運命にはなくて、政治的変革すなわちフランス革命を通ずることによって、「分割地農民」として再生しうる可能性をもっていたこととつながるだろう。この点をつかまえなければ、近代民主主義の先駆者としてのルソーの積極性、その思想内容のゆたかさと永続性を理解しえないと思う。

なお、本稿での注記の書き方について、たとえばCorr. Gén.とあるのは『ルソー書簡全集』のこと、それにつづく記号は巻数、つづいてページ数を示すことを断わっておきたい。

第五章　『フランス百科全書』の経済思想

はしがき

はじめに、『百科全書』の経済思想を取扱う上での基本的な視点を明らかにしておきたい。『百科全書』は、ふつうフランス革命の知的源泉をなすものと説かれており、革命を準備し、ひきよせる上でいちじるしく貢献したとされるのであるが、こうした主張が承認されるためには若干の限定が必要であるということが第一点である。右の主張が、もしも『百科全書』がフランス革命において現実に見られたような社会の根本的な変革――例えば王政廃止・封建制の一掃など――を肯定し、あるいは力説したという意味であるならば、『百科全書』は全般的にいって、そうした態度をとっていないというべきである。『百科全書』は、社会の革命的な転換を主張していないばかりでなく、一般に現実社会そのものを批判するという態度を明確にとっているわけでもない。『百科全書』が意図したところは、ダランベールのいうように、「学問・技術ならびに工芸の体系的辞典」たることであり(『序論』)、「合理的辞典」(Dictionnaire raisonné)たることであって、社会改革を直接に志向したものとはいえない。

しかし、「学問・技術ならびに工芸の体系的辞典」が、社会的関心と無関係に成立するわけはなく、とくにアンシァン・レジームの下で、宗教的権威と伝統が支配している時代では、「合理的辞典」たることが、すなわち明確な社会批判に他ならないことを認める必要がある。ただ『百科全書』の社会批判は、社会そのものを批判するというよりは、社会批判のための「一般的諸原理」および「最も本質的な項目」(『序論』)を呈示するということにあったわけである。したがって、個々の現実の制度や技術や政策を批判するのではなくて、それらの諸事象を「人間の知識の一般的体系」にまで還元することによって、これを批判することが『百科全書』の任務であった。ディドロが「哲学の世紀」の果すべき役割と考えたところは、まさにこの点にかかっていた(項目《百科全書》)。

個々の事象を、それが依存する一般的原理にまでさかのぼって批判するという点で、『百科全書』が最も重大な関心を向けたのは、宗教または教会の問題であった。宗教とくにキリスト教は、アンシァン・レジームの権力関係――身分関係および封建的搾取関係を含む全体としての権力関係――を支える柱であり、これを攻撃することなしに新しい社会関係、およびその理論を構想することは不可能であったからである。この意味で『百科全書』が掲げる「合理的辞典」と言う表現は、反宗教的または非宗教的、あるいは世俗的辞典という傾斜において理解することができる[1]。

『百科全書』をつらぬく基調が、原理的な立場よりする社会の諸事象の理解ないしは批判に置かれていたということ、またその場合にカトリックおよび教会に対する批判的検討に重点があったということは、一般に承認されるところであろう。しかし、このことは『百科全書』が現実の社会的諸事象、なかでも政治上および経済上の諸事象に対して無関心であったことを決して意味するものではない。政治および経済の問題は、むしろ右に述べたような『百科全書』の基調、あるいは問題意識の故にこそ、きわめて重要な地位を与えられたのである。というのは、『百科全書』が重点をおいている宗教批判の立場そのものが、宗教に対する世俗の独自性を承認し、宗教的領域に対して非宗教的領域を確立することをめざしており、その裏づけとなっているものは宗教的認識に対する現実認識の優位性――「権威」に対する「理性」の優越――にほかならないからである。ディドロは、このことをつぎのように述べる。

「こんにち哲学が長足の進歩をとげ、その領域に属するすべての対象を支配下におき、その語調が支配的な語調となり、ひとは理性の法則にしたがうために、権威や先例の束縛を振りほどき始めた。だから、基本的な原理的な労作のうちで、完全に満足できるものは殆んどないのだ。」《百科全書》『百科全書』のこうした「哲学」は、だから当然に豊富な現実認識を含んでいるばかりでなく、その上に立脚している。『百科全書』の「哲学」が、ルネッサンスあるいは一七世紀の哲学と区別される所以は、この点にあるといってよい。それは、固有の意味での哲学、すなわち世界観またはその体系を指すばかりでなく、そこから出発して自然および社会についてのすべての対象を包括し、政治や経済の問題についてもなんらかの解答をあたえうる「哲学」なのである。だから『百科全書』の対象とした領域は、学問・技術のすべての領域にわたっており、この故にこそ『百科全書』といわれうるのであるが、当面の主題についていえば、経済事象に対する関心も決して稀薄ではないことを指摘せねばならない。『百科全書』のもった社会的な役割は、教会批判と同時にそれが社会・経済的な制度や現象に対して新しい観点を示し、有用な勧告をあたえた点にあり、そうした貢献を通じて『百科全書』はフランス革命に先立つ「精神革命」の担い手となりえたのである。

『百科全書』が経済事象を問題とするときにも、さきに述べた『百科全書』の基調はやはり失われてはいない。つまり、『百科全書』は、個々の経済事象をそれ自体として理解し、あるいは批判するよりも、その理解のしかた、または批判のしかたについての基準はなんであるかを問題としている。したがって、そうした問題意識にかかわる項目については、多くのスペースをあたえ、執筆者を選択して取組んでいるが、そうでない項目は機械的に、簡単な常識的説明だけで満足している。つまり、項目によって精粗・巧拙の差がかなり強く出ている。これは『百科全書』の問題意識のかなり明らかな現われであると同時に、当時の科学水準――ディドロ自身が認めているように、新しい「原理」は確立したが、個々の知識内容は充実していないという段階《百科全書》――を反映するものであろう。

まず、『百科全書』の経済関係の項目が、いかなる執筆者によって、いかなる立場から書かれているかについて概観しておこう。従来、経済思想史の上で『百科全書』への言及がなされたのは、重農主義の始祖ケネーが、その初期の二論文、すなわち《借地農》と《穀物》の二項目を寄稿したからであった。いうまでもなく、これらの二論文は、ケネーの『経済表』の構想が成熟する前の彼の経済思想を示すものとして思想史の上できわめて重要な地位を占めるものであるが、『百科全書』にとってもこの二項目は重要な意義を担うものである。というのは、ケネーの執筆した項目は僅かに二つであったけれども、(2)ケネーの思想は『百科全書』の編集者ディドロに大きな影響をあたえ、ディドロは重農主義の基礎的な理論にしたがいつつ多くの項目を執筆しているからである。例えば、《農業》、《自営農》、《人間》、等をその代表的なものとして挙げることができる。

これについで、従来、多少とも注目されているのは、ルソーの《経済》(Economie)という項目である。この項目は、社会科学関係でルソーが寄稿したただ一つの項目であるが、しかしそれは『百科全書』のなかで極めてユニークな地位を占めている。というのは、この項目でルソーは、百科全書派の一般的な傾向とは別個に、空想的社会主義に近い立場を示しており、前章で述べたように金持に対して貧乏人を擁護することを力説しているのである。(3)このルソーの項目に対して、編集者ディドロは不満をもったらしく、十一巻で再び《政治経済》(Œconomie politique)という項目を設けて、ブランジェの執筆を求めている。ルソーのほうも、《経済》が発表された一七五五年の少し前から、百科全書派と不和になり、思想的にもまったく別個の途を進んだので、《経済》を最後として『百科全書』から離脱した。(4)この意味で、ルソーのこの項目は、彼の思想的経歴の上においても、注目すべき論文たることを失わない。

ケネーとルソーのこの二人は、『百科全書』の経済思想を構成する上での二つの極であるということができる。しかし、この二人とも百科全書派のなかに長くとどまることをしなかった。ケネーは一そう保守的な方向に、またルソーは一そう革命的な方向を目指して、それぞれ自己の途を進んだからである。こうして『百科全書』の経済項目は、ケネーおよびルソー以外の執筆者によって担当されねばならなかった。それは誰であったか。すでに述べたように、その一人は『百科全書』を代表する人物ディドロであった。彼は、ケネーが『百科全書』を去ってからも、ケネーと私交上の親密さを保ったといわれるが、(5) ケネーから強い影響を受けつつ、前に挙げたような項目によって『百科全書』の経済思想を全体として重農主義の線に近づける役割を果している。しかし、ディドロの経済思想は、単にケネーの理論の受け売りに終始したと見ることはできない。彼は同時に、ルソーが表現しているような一種の財産均分論に近づいている場合もある。例えば、《立法者》、《市民》、《奢侈》等にそれを見ることができる。もっとも、ケネーからの場合にくらべて、彼がルソーの影響を受けている程度は、著しく微弱ではあるけれども、しかしディドロがケネー的な見解に安住していたとは到底、考えることができない。この点については、あとで改めて問題にすることとしよう。

このように『百科全書』の基本線は、ディドロその人によって、ケネーとルソーの両極のあいだに引かれているといえるのであるが、しかしこのほかにも経済項目を執筆した若干の人々を挙げることができる。その第一は、経済項目として《市場》と《財団》の二つを書いたチュルゴーである。(6) チュルゴーはいうまでもなく、重農主義を継承し、発展させた理論家であったばかりでなく、アンシァン・レジーム下の財政長官にもなった人であるが、右の二項目はそのチュルゴーが二十八歳の時に書いたものである。この二つの項目は、やはりチュルゴーの思想的方向を明確に示している点で注目に価する。それはケネーよりも一層、徹底した経済的自由主義の立場であるということができるからである。

つぎに挙げられるのは、重商主義者フォルボネである。フォルボネは、《商業》、《貿易商会》、《土地の耕作》等の項目を書いており、いずれもかなりの力作であって、商業の重要性を主張するだけではなく、商業の歴史的発展や商業政策についても重要な発言をしている。しかし、彼の立場は、百科全書派のなかでは最も保守的な部類に属するといってよいであろう。このほか、財政・租税についてペスリエ、ダミラヴィル、貨幣・価格についてジョクール等があるが、理論的な水準の点ではあまり問題とはならない。これらの人々の書いた項目のうち必要なものについては、再論の機会があるから、そのときにゆずることとしよう。

さて、こう見てくると、経済項目の執筆者についての一つの見取図をえがくことができる。もっとも、それは『百科全書』の出版許可が取消された一七五九年までのあいだ、巻数にして一巻から七巻にいたるあいだのことであるが、この期間における執筆者の編成は、およそ次のようなものとして理解することができる。すなわち、まずディドロが中心にいて、そこから右のほうにチュルゴー、ケネー、ダミラヴィル、ブランジェ、フォルボネがならび、ディドロの左側にはルソーがいるという配置である。あるいは、いい方をかえると、ルソーからフォルボネにいたる思想の陣列を、ディドロがかなめになって組織し、統一しているという編成である。もしも、こうした理解が正しいとすれば、直ちにつぎの疑問が起るであろう。というのは、もしそれが統一戦線だとするならば、編集者ディドロはどのような原理にもとづいて、統一をなしとげたのであるか、種々の執筆者の立場の相違を越えて共通の関心のまととなった目標ないしは要求はいかなるものであったか、ということである。つまり、種々の経済項目を一貫している基本的な問題関心はなんであるか、とくに編集者ディドロはそれをいかに把握しているか、この点がつぎの問題である。

(1) もっとも、これは『百科全書』が宗教の分野においてのみ顕著な功績をあげていることを意味するものではないし、また『百科全書』が常に宗教に批判的であるというのでもない。ただ『百科全書』の基本的性格がこうしたものであり、重点がここにあることを指摘するまでである。
(2) ケネーは、右の二項目のほか、《明証》(Evidence)を『百科全書』の六巻に書いており、さらに「人間」(Hommes)「租税」(Impêts)「金利」(Interêt de l'argent)を寄稿すべく執筆したが、一七五九年、『百科全書』が弾圧されたので発表を中止した。
(3) 『政治経済論』岩波文庫および解説参照。
(4) 前章参照。
(5) G. Weulersse, Les Physiocrates, p. 109. R. Hubert, Les sciences sociales dans l'Encyclopēdie, p. 287.
(6) チュルゴーは、右の二項目のほか《語原》、《存在》、《膨脹》の三つの項目を書いている。

一 基本性格

右の問題にはいる前に、まずディドロあるいは百科全書派が、「社会」をどのように理解しているかについて見ておきたい。端的に結論づけると、『百科全書』の社会観のいちじるしい特徴は、その自然主義的な理解の仕方にあるといってよい。つまり、「社会」をなんらかの意志にもとづく作為として見るのではなくて、「社会」をつくる人間の意志そのものが自然の産物であり、人間の「自然的傾向」の結果であると考える。[1]「人間は社会に生存すべくつくられている。」《社会》「社会」を作為としてではなく、自然として見る考え方は、社会を神の意志にもとづけるのでもなく、また君主あるいは人民の意志にもとづけるのでもない。もちろん「社会」はそれを構成する人間の意志と無関係ではありえないが、しかし『百科全書』とくにディドロにおいては、「社会」を構成する人間の意志そのものが客観化されて、それ自体が「自然」の自己発展の所産であると考えられている。つまり、人間は「社会」をつくることを強制されるのである。だから、「社会」または「人間」は自然化され、いわば「自然」の連続として理解される。ディドロのいわゆる生物学主義、あるいは唯物論への途がここに開けていることは、いうまでもない。この点は、ルソーが「自然」と「社会」とのあいだに質的な相違を認めたのとは、決定的に異なっている。ディドロによれば、「社会」の形成は人間の「自然的性向」、とくに人間に固有の「社交性」(sociabilité)にもとづくものであるから、「社会」の成立はルソーに見られるような意味での「社会契約」なしに、いわば自然成長的な過程として見られるのである。[2]《社会》

ディドロによって現わされている右のような社会観が「自然法思想」のうちでいかなる地位を占めるか、あるいはそれが政体論とどう関連するかといった問題は、ここでの課題ではない。ここで確認しておきたい点は、ディドロにおいて、現実の社会または社会状態が、すぐれて自然主義的に理解されているということ、社会は一つの自然的・客観的な存在であり、その故に「理性」的認識が可能であると考えられていることである。

では「社会」は、人間のどのような「自然的欲求」、あるいは「必要性」によって形成されるのであろうか。ディドロはいう。「人間は、社会に集合することによって、自然状態よりはより幸福な状況を求めるのだ。自然状態は、平等と自由という二つの長所をもつが、また暴力の恐怖と、自然的欲求や、危険のさいに援助がえられないという二つの短所をもっていた。人間はだから、これらの不便をまぬかれるために、かれらの平等と自由の一部を失うことに同意したのだ。」《立法者》

「社会」を形成することは、人間にとって自然なことであり、それによって、人間にはより多くの幸福がえられる。「立派で寛大な心をもった人々は、他人に善をなすことのなかに最も純粋な満足を見出す。なぜなら、人々はそれによって自然がかれらにあたえた傾向にしたがうだけであるからだ。」《社会》(傍点は引用者)だから、そうした「社会」において人間が目指す基本的な目標は、人間のより以上の「幸福」ということ以外にはない。「人間社会の一切の調和は、次の一般的で単純な原理に依存する。わたしは幸福であることを欲する。しかし、わたしは、わたしと同じく幸福でありたいと欲している人々と共に生きている。だから、人々の幸福をも求めながら、あるいは少なくとも決してそれをそこなうことなしに、われわれの幸福を求める方法をさがそうではないか。」《社会》

周知のように、「自然状態」から「社会状態」への移行の問題は、ルソーにおいては根本的な重要性をもつものとして取扱われており、「自然状態」における人間の平等と自由が、いかにして「社会状態」のなかで生かされるか、また「社会状態」における自己と他の対立はいかにして解決されるかという問題は、根本的な難関となっている。(3) ところが、ディドロは、この難関をきわめて容易に通り抜ける。それは彼が「社会」を自然化し、人間の「社交性」を認めたからであるが、こうした彼の理論の背後に、彼が究極的には社会の現実的な発展に対して、あるいはそれを可能ならしめるものとしての人間の能力や技術の向上に対して、楽観的な見通しをもっていたことが指摘されるであろう。

したがって、彼が「自然状態」の平等と自由とを失っても、なお人間は「幸福」になりうると考えたその根拠は、具体的にどこに求められているかを問うことが必要になってくる。それを問うことは同時に、ディドロの社会的要求の内容がいかなるものであるかを明らかにすることになる。

ディドロは、ルソーと違って、社会内での階層関係——地位や財産の相違——を積極的に肯定する立場にたつ。彼が人間の「自然的平等」の喪失を認めるとき、それは「社会」における人間の不平等関係を認めることを意味している。「各人に、彼のものである幸福をあたえるだけではなく、彼の身分や地位に応じて、ふさわしいだけの尊敬や名誉のしるしをもあたえなければならない。なぜなら、服従は社会の紐帯であり、それなくしては家族においても、政府においても、なんらの秩序がなくなるだろうから。」《社会》したがって、人間が「社会」をつくるときにむすぶ「契約」は、上位者と下位者の区別を当然に予想しているばかりでなく、むしろその区別を明確にすることこそが「社会」形成の目的なのである。《社会》彼の理想とする「社会」の基本的な在り方は、上位者と下位者が互いに結合して、各々が他の者のために道徳的義務を果し合うという関係なのである。

社会のなかで上位者と下位者の階層区別を基本的なものと考えるディドロの見解は、当然に「財産」についての彼の理解の仕方につながっている。正確にいえば、「財産」の安全と自由の確立という『百科全書』の実践的な課題がまずあって、それが各項目に反映しているというべきである。百科全書派は、封建的な身分や、恣意的な権力や、特権などに対しては批判的であるけれども、しかしそれらにかわって、かれらは「財産」関係を社会の基本的な構成原理として新たに持ち出すのである。ディドロの社会観においても、「自然状態」から「社会状態」への移行にさいしての決定的な徴表が「財産」であることは、ほぼ間違いのないところである。「市民社会をつくる人間の主要なもくろみの一つは、かれらが獲得した、あるいは獲得しうる諸利益の平穏な占有を確保することにあった。かれらは、かれらの財産の享受を何人も妨げ得ないことを欲したのだ。」《所有権》「財産」は、もちろん、国家のなかに組入れられて「所有権」となるのだが、ルソーにおいては、国家または「社会契約」があって始めて「財産」があるのに対して、ディドロの場合には「財産」が国家に先行する一つの自然的権利として考えられていることが特徴である。(4) だから、ルソーにあっては、「社会契約」によって個人はそのすべての「財産」を国家または主権者に委ねるが、ディドロでは主権者は個人の「財産」に対して限定された権限しかもたず、したがって個人は「財産」を部分的にしか国家に譲渡しない。この点は、租税論を取扱うとき再論するが、いずれにせよ「財産」が、国家の成立に先行し、かつ国家のなかに全面的には吸収され得ない人間の固有の権利として把握されている点は重要である。

ディドロの国家論あるいは政治論は、右のような「財産」論の論理的な展開として理解することができる。すなわち、「自然状態」のなかで人間が集積してきた「財産」を安全に維持し、その自由を確保することが「立法者」の任務であり、それを裏づけるものが「法」であり、それを執行するものが「主権者」であり、そうした装置の全体が「国家」なのである。(5) つづめていえば、ディドロの構想した国は、まさに「財産所有者の国家」そのものであった。例えば、彼はいう。「所有権こそが市民をつくる。」なぜなら「国家のなかで財産をもつすべての人は、国家の利益に関心をもつ」からである。だから「財産をもつという理由によってのみ、人は自己の代表者をもつ権利を獲得する。」《代表者》

しかし、ディドロがこれによって、もしも既存の「財産」をそのままで擁護しようとしたとするならば、『百科全書』はたとい通俗の意味でブルジョワ的であったとはいえるにしても、それが批判的ないしは改革的な役割をもち得たとはいえないであろう。「財産」の擁護というかたちで、実質的には封建的あるいは身分的「財産」をも擁護することが可能であったし、また事実そうしたことは行なわれたからである。ディドロが、この点についてどれほど意識していたかはともかくとして、少なくとも彼が「財産」をそれ自身として擁護するのではなくて、その均等化を問題としていることは明らかである。まず、「財産」を完全に平等にするという意見——それはルソーによって示唆され、当時の社会主義思想家たとえばマブリーによって主張されている――についてはどうか。ディドロはいう。「市民が権利や財産の平等に近づけば近づくほど、国家は平穏になるだろう。この利益は、他のすべての政府にくらべて、もっぱら純粋の民主政治にのみ属するように見える。しかし、もっとも完全な民主政治においてさえ、すべての成員の完全な平等は、一つの空想事である。そして恐らくこういう政府が解体してしまういわれはここに在るのだろう」《市民》。同様のことは、ジョクールによってもいわれている。《自然的平等》

ではディドロは、どういう視角からこの問題を取扱うのであろうか。端的にいえば、彼は為政者や財産家に向って「共同体の精神」(esprit de communauté)を呼びかける。「人間が自然状態で得ていた二つの利益、すなわち平等と独立とを失ったことをできるだけ感じさせないために、立法者はいかなる風土、いかなる環境、いかなる政府の下にあるかを問わず、所有権の精神を共同体の精神に変えるように心掛けねばならない。立法がこの目的を追求することの多いか少ないかに応じて、一層それは完全にもなり、不完全にもなる。」《立法者》つまり、彼によれば「財産」はそれ自体として尊重されるが、しかしその運用に当っては、「共同体」=「共同利益」の精神が優越しなければならない。「かれら〔政治家たち〕は、各々の市民の財産を保証しなければならない。しかし、かれらはすべての人々の維持をはかること、すなわち最大多数の利益を目的とすべきであるから、財産への愛や、財産をふやし、それを享受する欲望を市民の間で維持し、かき立てながら、しかも共同体の精神、愛国の精神を保持し、かき立てることに努めなければならない。」《奢侈》

ディドロが、「所有権の精神」を「共同体の精神」から区別して理解している点、両者が必ずしも調和しうるとは考えていない点は、たとえばケネーのように、財産をそれ自体として擁護し、その配分について考慮しない立場からは区別されるところである。この点に、ディドロあるいは『百科全書』の思想の独自性があることを認めなければならない。では、ディドロの説く「共同体の精神」にもとづく政治とは具体的にいかなるものであろうか。項目《奢侈》のなかで、彼はかなりこの点をつっこんで述べている。彼は、特権階級の奢侈に反対して、一般市民や農民の奢侈を推奨する立場を明らかにしているが、それが可能となるためには社会に偏在している富を分割する必要があることを認める。彼はつづけていう。「しかし、わたしは決して農地法〔土地均分法〕や、財産の再分割や、過激な手段を提案するものではない」と。ではどうすればよいか。それは「特定の製造業や、特定の種類の商業に対する排他的特権がもはやなくなり、財政のもうけが少なくなり、負担や利益が同じ人間につみかさなることが少なくなり、有閑生活が恥によって、あるいは暇のつかい途を取り上げることによって、罰せられることである。」そうすると「富が気のつかぬうちに分割され、増大し、奢侈もそれと同様に増大し、また分割されて、すべてが秩序のなかに復帰する」こととなるという。つまり、特権と独占と寄生生活の廃止が主張されているのである。

「農地法を提案するものではない」と断言しながらも、しかも「あまりにも不平等な富と、金持の有閑性と、愛国心の消滅」《奢侈》に対して抗議せざるをえなかったこのディドロの心情は、一体どのように説明さるべきであろうか。「財産」の安全と自由を求めることと、財産家を攻撃することとは、明らかに矛盾することではないだろうか。思うにディドロは、この二つが明白に矛盾するものだとは考えていなかったのではないか。というよりもむしろ、この二つのあいだにあると思われる矛盾を現実的な形で解決することが、ディドロの問題ではなかっただろうか。つまり、単に既存の「財産」関係をそのまま維持するのではなくて、現に「財産」をもたない人々、あるいは僅かしかもたない人々が、できるかぎり多く「財産」所有者となりうる途を打開すること、これが大「財産」を批判しながらも「財産」を尊重するという彼の思想の奥にある願いではなかっただろうか。

多くの市民が富を獲得し、多くの農民が土地所有者になり、こうして社会に多くの「財産」所有者が現われてくることについて、ディドロはかなり楽観的な態度を示している。彼が急激な変革を求めなかった理由も、ここに在ったのであろう。ところで、ディドロは、なぜ事態を楽観することができたのであろうか。『百科全書』についていうかぎり、それは彼が産業・技術の進歩、あるいはもっと一般的にいえば、生産の発展に対して強い信頼をよせていたからである。生産の発展ないしは普及による一般民衆の生活の向上、それが富と「財産」を行きわたらせる源泉であるということ、これが『百科全書』をつらぬく重要な基調の一つであった。

したがって、われわれはディドロの「財産論」のほかに、それとならんで彼の生産、ひいては労働に対する尊重という考え方を取り出すことができる。これもまた、『百科全書』の経済思想を理解する上での重要な論点であると思われる。『百科全書』が産業の技術に対する関心を高め、その解明と普及に努めたことについては、多くを述べる必要はあるまい。ダランベールは『序論』のなかで、技術の発明家を「人類の恩人」と呼び、「その精神の明敏さと、その忍耐と、その豊かさの最も感心な証拠をさがしに行くべきところは、職人たちのところである」と述べている。ディドロの言葉を引けば、「わたしは、いくらかでも公平を旨としている人達に、次のことについての判断を委ねる。それは、これほど大切な人間〔手工業者のこと〕を甚だしい軽蔑のまなこで眺めるようにさせることは、理性あることとか、偏見であるか、ということの判断である。ひどい軽蔑の的であるこの職人がいなければ、詩人も、哲学者も、雄弁家も、大臣も、軍人も、英雄も、まる裸のままだろうし、またパンにも事欠くことだろう。」《手工業》

しかし、ここでの問題は、ディドロが技術や製造業をいかに重視したかということにつきるのではない。技術や製造業の普及および奨励によって、なにが意図されているかという点が問題である。この点で、ジョクールの書いた項目《人民》のなかに注目すべき指摘が見られる。ジョクールは、農民や職人が「国民のうちで最も数が多く、しかも最も必要な部分」をなす人々であるにかかわらず、かれらが「人民」として賤しめられ、惨めな生活を送らざるを得ない状態に対して憤慨しているが、彼によれば、現在のフランスでは人民に対して、かれらが貧乏であると同時に勤勉であり、同時に従順でもあるという、一度には成り立ち得ない条件が要求されている。ところが、人民が勤勉に働くようになるのは、かれらが重税に圧しつぶされたり、生活に絶望したりすることなく、労働によってかなりの暮しができるようになって始めて可能である。そして、そのことは決して人民の従順さをそこなうことにはならない。「いかなる歴史においても、労働による人民の安楽が、かれらの従順さを失わせたことを証拠だてるただ一つの事実にも出会うことはない。」だから「労働による人民の安楽」こそが追求さるべき目標だということになる。ジョクールはいう。「沢山のカネが人民の手にはいるようにせよ。そうすれば、結局、誰もが満足するだけのカネが国庫にもたらされるであろう。」《人民》

つまり、『百科全書』の基本的な考え方は、民衆の生産活動を促進し、富を蓄積させ、生活態度を引上げることによって、できるかぎり多くの人々を「財産」所有者たらしめるという点にある。だからそうした見通しに支えられて『百科全書』は農業や工業の技術や経済に多大の関心を寄せたのである。もちろん、こうした考え方が乗り越えがたい限界をもっていることは明らかである。それは、たとえばルソーがある程度もっていたような階級闘争の視点をもたないという点に現われている。『百科全書』は、所有関係という社会の根本的な矛盾を指摘しないで、すべての民衆がやがては順当に財産所有者になるだろうとの楽観主義をとっているからである。しかし、ルソーの主張が経済問題については、結局、空想的な願望に終始したのに対して、『百科全書』は社会の現実的な発展の方向を具体的に把握することができたという点をもかえりみる必要があろう。それは直接には、『百科全書』が財産論を生産力論と結合して提起したことにもとづくが、歴史的にいえば一八世紀のブルジョワジーが自己の階級を解放するだけではなくて、同時に勤労人民をも解放しうる国民的な存在にまで自己を高めつつあったことを表わすものである。(6) こうしたブルジョワジーの歴史的課題は、『百科全書』全三十四巻のなかに、まことによく表現され、答えられているといってよいであろう。

（1） 周知のように、自然という用語はきわめて多義であるが、ここでは人間をも含めた宇宙のなかで、なんらの計画や反省もなしに生まれ、それ自身の必然性にしたがって運動する自立的で可視的な世界を指すものとして、この用語をもちいる。

自然主義的という場合も、こうした含蓄をもつものとして理解されたい。したがって、こうした意味での自然は、神や人間の意志、およびなんらかの人格的存在とは直接かかわりをもたないし、また価値的な意味をもつよくもつものではない。ラランドの分類法にしたがうと、これは分類G、H、Iの項目を含む用語例に相当する(A. Lalande, Vocabulaire de la philosophie, t. II, p. 503)。

(2) 《社会》において、ディドロは自然および人間存在の究極に神を認めるという立場をとっている。しかし、このことは神=創造主が「社会」をつくることを意味するものではない。神は、存在の第一原因として前提されているだけであって、「社会」は神によって作られた人間が、その自然的性質に促されて形成してゆくのである。なお《主権者》を見よ。

(3) 『政治経済論』訳、一八ページ以下、『社会契約論』訳、一七ページ以下。

(4) 『社会契約論』第一編九章。ディドロの「財産」論は、全体としてロックの見解にしたがうものと見てよいであろう。ケネーにおいては、この理論が一層、徹底させられている(Œuvres, p. 365)。なお、ディドロが「財産」の起源をどう考えていたかについては『百科全書』では明確でないが、やはりロックと同じくその起源を労働に求めていたと思われる。例えば「家族の父は、彼が自己の労働によって集めた財産を、みずから享受し、かつ自己の子孫に伝えることを保証される」《所有権》(傍点は引用者)とある。

(5) ここに列挙したそれぞれの項目を参照。

(6) ここで国民的というのは二つの意味においてである。それはブルジョワジーが自己の階級以外に一般大衆の利益をも同時に代表し得たという意味と、その故にブルジョワジーは権力を獲得することによって国民主権の担い手となり得る段階に到達していたという意味とである。

二　生産論

私たちは『百科全書』の経済思想の基本線が、私有財産の安全と自由という財産論と、生産あるいは労働の尊重という生産力論との二つに置かれていること、しかもその二つが別々のものではなくて、結合しうるものとして把握されていることを見てきた。そこで、つぎにはこうした基本線が、具体的な経済問題の取扱いにおいて、いかに貫かれているかを検討したいと思う。もとより、経済問題といっても、その範囲はあまりに広いので、いきおい問題を限定せざるを得ない。ごく大ざっぱにいうと、経済理論の分野に属する問題と、政策的認識に属する問題との二つがここで取扱わるべきであろうが、[1] 本稿では主として後者について述べるにとどめたいと思う。

直ちに、本題に入ろう。政策的認識の上で最も重視されているのは、農業および農民の問題である。[2] さきに触れたケネーの二論文はいうまでもないが、その他に非常に多くの項目があり、アンリ・ルフェーヴルによれば、『百科全書』は、それ自体が一つの「農業全書」であったといわれる。[3] このことは、当時の経済事情、すなわち農業がなお最も重要な生産部門であったこと、農業において最初の近代的進化の方向が現れつつあったことの反映であることは明らかであり、改めて述べるまでもない。ディドロは《農業》という長文の項目のかかで、伝統的な農業生産の方法と、当時、一般の関心をひきつつあった新農法との詳細な紹介を行なっているが、この点だけを見ても、彼が農業にきわめて強い関心を抱いていたことを推察することができる。

ところで、農業に対する政策的関心の主眼点はどこにあったか。なにが『百科全書』の農業論の基本的な課題であっただろうか。それは一言にすれば「自営農民の解放」という観点であろう。この観点は、『百科全書』へのケネーの二論文についても、かなり明瞭に読みとることができる。いな、むしろケネーの二論文におけるこの観点をディドロその他が継承しているといったほうが正しいが、しかしここではケネーの論文についての検討は省略することとし、ケネー以外の農業関係の項目について見ることとしよう。

前にふれたように、ディドロの書いた農業関係の項目は、ケネーの影響を受けたものが少なくないが、しかしその場合でもディドロが目指した独自の傾向性を識別することは不可能ではない。ディドロは農業について、「この技術は種々の技術のうちで、最初の、最も有用な、最も普及した、そしておそらくは最も本質的なものである」《農業》(傍点は引用者)としており、その理由を別のところで、つぎのように書いている。

「あらゆる種類の富のうちで、たえず再生産されるものは、土地のたまものだけである。なぜなら第一次的欲求は常に変わることがないからである。製造業は、それにたずさわる人々の給料をわずかに越えるだけしか生産しない。貨幣の取引は、それ自身は全く実質的な価値をもたないしるしを動かすものでしかない。真の富をあたえるものは、土地であり、土地だけだ。その富の年々の再生が国家に固定的な収入を保証するが、それは世論から独立しており、目に見えるものであり、需要のために差引くことはまったくできないものなのだ。」《自営農》

このような主張は、ディドロが完全にケネーの「重農主義」を受入れていることを示すものである。さらに顕著な一例を引けば、右の引用につづいてつぎの文章がある。

「ところで土地のたまものは、常に自営農の前貸しに比例し、またそれを準備する支出に依存する。こうして、自営農の富の大小が、大きな領土をもつ国民の繁栄についての極めて正確な温度計たることができるのだ。」《自営農》

こうした点を見れば、ディドロがケネーの圧倒的な影響の下にあったことは明らかであり、こうした点から、『百科全書』(4)の経済理論の面白さは、それがケネーの理論を受入れている点にあるのだという見解も生まれてくるのであるが、しかし少なくともディドロが志向したところは、単にケネーの理論の受売りであったということはできない。

たとえば、ケネーが富の基本的な源泉として「土地」を考えていることは周知のところであるが、これに対してディドロは別の項目でつぎのごとくいう。「真の富は、人間と土地だけである。人間は土地なくしては何の価値もなく、また土地は人間なくしては何の価値もない。」《人間》すなわち、ここでは、人間と土地との両者、いいかえると土地と労働の二つが相並んで、「真の富」とされている。これは単に言葉の上のことだけではない。言葉だけを問題にすれば、ケネーの場合にも労働または人間がまったく無視されているとはいえない。そうではなくて、ディドロの右の言葉は、重要な帰結をみちびくものとして用いられているのだ。それは、つぎの文章が示す。

「純生産(produit net)が大であり、かつ平等に分割されればされるほど、政治はそれだけ良くなる。平等に分割された純生産は、より大なる純生産よりも望ましいものであることができる。後者の純生産の分割は、きわめて不平等であって、人民を二つの階級、すなわち一方は富を満喫し、他方は窮乏のうちに死に絶える二の階級に分裂させるであろう。」《人間》(傍点は引用者)

ケネーが「純生産」の増大を唯一の目標としたのに対して、ここではその平等な分割がより望ましいものとされる。これはディドロの農業論の著しい特色を示すものではないだろうか。ケネーでは、実は「純生産」すなわち地代であって、すべては地主の懐に入るものと考えられ、「純生産」の分割という点は、まったく問題になりえない。しかし、ディドロはこの点を衝くことによって、地主および大借地農のための農業政策を、ひろく勤労農民の富農化＝いわゆる「国民的富の形成」という方向に押しひろげようと努めたのではないだろうか。ケネー的な方向は、明らかに右の引用文が述べているように階級分化を促進せざるをえないが、ディドロはこうした「土地」所有の必然性のなかから「人間」を救済する途を「純生産の平等分割」に期待したのである。

もちろん、ディドロの右のような政策意図、つまり自営農民の解放という彼の関心が、どれだけ彼によって理論化されているかという点になると、残念ながらそうした試みさえ多くを見出すことができない。ことに難点は、彼が土地所有関係という基本にふれないで、単にその生産物の分配だけを問題としている点にある。したがって、「純生産の平等分割」という構想が一つのユートピア思想でしかなかったことも認めざるを得ない。(5) しかし、少なくともディドロの政策的観点がこの点にあったことを確認しておくことは、『百科全書』を理解する上で重要なポイントであろうと考えられる。

さきに述べたように、ディドロは「財産」の不平等に気がつかなかったわけではないが、しかしそれを是正する方法を「財産」そのものの分割――「農地法」――以外のところにさがし求めた。「純生産の平等分割」は、まさに、この目的にかなうものである。それは彼の恐れる階級分化を防ぎ、自立的で繁栄せる土地所有農民の「社会」を作るための基礎的な条件だからである。では、「純生産の平等分割」はどうすれば達成できるのであるか。そのための具体的な施策は、いかなるものでなければならないのだろうか。

「純生産の平等分割」とは、特定の少数者が過大な富を蓄積することを防止して、大多数の農民に富をうる機会を均等にあたえることである。ディドロの別の言葉によれば、それは「富の分割」《奢侈》をはかることである。「どこでも、大多数の人間は、農村の住民や耕作者から成っているし、成っているはずだ。かれらが安楽に暮すためには、かれらはよく働かねばならない。かれらがよく働くためには、かれらの労働から安楽な状態がえられるという望みをかれらがもたねばならない。さらにまた、かれらがそれを熱望しなければならない。」《奢侈》農民が安んじて労働できるためには、なにが必要であるか。《奢侈》のなかで彼が強調するのは、農村に対する重税の廃止と、特権および独占の廃止によって「富が気のつかない間に分割され、増大する」ことである。《自営農》のなかでは、さらにこれを定式化して、「農産物輸出の完全な自由」、「耕作の自由」、「恣意的課税の禁止」の三つであるとしている。

《自営農》のなかで要約されている右の三つの政策の目標は、いうまでもなくケネーの掲げた目標と同一である。したがって、その内容を一々検討する必要はないし、またそれほどの重要性も認められない。ただディドロの場合には、前に述べたような彼の問題関心からこの三つの政策が取上げられているわけであるから、政策の実行方法の上ではケネーの場合とは違ってくるはずだと考えられるけれども、『百科全書』に関するかぎりでは、そうした配慮を認め得ないことを述べておくにとどめよう。しかし、ケネー流の「穀物の自由輸出」については、後年(一七六八年)ディドロは疑問をもつに至ったらしく、穀物貿易への反対論を唱えるアベ・ガリアニに接近し、彼の著書『穀物貿易に関する対話』(Dialogue sur le commerce des blés)の出版や校正に協力している。(6) このことは、彼が「穀物の自由輸出」について、ケネーと同じ考え方に無条件に安住しえなかったことを実証するものであろう。

ところで、ディドロはいま一つ別の観点から「自営農民の解放」という目標に接近する。それは、農業経営と商品生産の結合という観点である。「村や、どれほど小さな町にも、農村の住民の生活や、その粗末な身なりのためにも、家具や織物の製造業が行なわれる必要がある。これらの製造業は、農業での安楽と人口をさらに増加させるであろう」《奢侈》。農民に富をあたえ、かれらを土地所有者たらしめる方法は、農民的商品生産＝いわゆる小商品生産を発展させることである。もとより、ここでディドロが考えているのは、中産・自営農民による商品生産なのであって、貧農が問屋制的な支配の下で労働する家内手工業ではない。後者の場合では、農民が富を蓄積して安楽な生活を送り、土地所有者に上昇することはできないからである。この点で、ディドロの書いた《マニュファクチュール》は、農民的商品生産の姿をいっそう、具体的に示している。

ディドロの《マニュファクチュール》は、後年(一七八八年)、かのフランス革命の「獅子」と呼ばれたミラボーが『プロシャ王国について』(De la monarchie prussienne sous Frédéric le Grand)のなかで説き、マルクスがそれを引用した有名な章句の原型をなすものである。(7) その内容をつぎに見よう。まず、ディドロは彼の「経験と理論」にもとづいて、マニュファクチュールを「集合マニュファクチュール」と「分散マニュファクチュール」とに区別する。前者の「集合マニュ」は特権と保護とを必要とし、その労働は「万事が鐘を合図に行われ、労働者は非常に束縛され、抑制され」

ているマニュファクチュールであって、「鉄工、鉄材截断、麻糸、ガラス、磁器、綴織」その他の業種がある。これに対して、「分散マニュ」は保護や特権をもたず、「人民とくに自営農」によって営まれる「ラシャ、セル、リンネル、ビロード、および羊毛、絹などの織物」の製造である。「集合マニュ」が一つの場所に多数の労働者を集め、「一人の企業家」がこれを指揮するのに対して、「分散マニュ」ではそれを構成する個人個人が自己の計算で労働するから、「彼自身が自己の支配人であり、監督であり、帳簿係であり、出納係等々であり」、妻や子供や一人または数人の職人が彼を手伝う。こうした小製造家の下では、「職人は親方の友達であり、同僚と暮すのと同じように、親方と暮す。炉ばたや燭台のところに座席を占め、多くの自由をもち、要するに親方の下で働くのがうれしいのだ」。

つぎに、ディドロは右の二つのマニュファクチュールの比較を行ない、「集合マニュ」のもつ欠点を数え上げる。その欠点は、一言にすれば、「集合マニュ」の経営は経済的でないということにつきるが、「公共の利益」という観点から見ると、この両者はもはや比較にならないとディドロはいう。その理由は、「分散マニュ」では時間と労力の最大限が用いられるから労働意欲が高まり、労働力の価格が下がり、商品の販売が有利となり、沢山の人々に職をあたえる。同時に、このことは外国に対する自国の商業の優越をもたらすからである。また、もしも自営農や雇農などが、自宅に織機をもって、農業のかたわら織機を用いることとなれば、「土地の耕作にとっても、非常に重要な結果が生まれる。」なぜなら、農民的商品生産の発展によって、「こうした勤労意欲がうち立てられる国ほど裕福な国はない」からである。

ディドロは、右のような見解が彼自身の経験によることを強調しながら、彼自身が「小製造業が大製造業を倒し」、「大工場が、それが大きいという理由だけで、まさに破産せんとしている」有様を目撃したことを語る。ディドロのこの指摘は、まことに興味ぶかいものであり、小製造業の一般的展開と繁栄こそが社会の真の基礎であることを確認したものである。まさにフランス革命は王権による特権付与を廃棄することによって新しい産業構造への道を開いたが、ディドロの指摘は、予言的であるとさえいってよい。(8) 彼は、ここで小生産者による生産力の自立的発展こそが、「富の分割」のための基本線であることを明らかにしている。もとより、生産力の解放による「自営農民の解放」は革命的変革なしには現実的には可能でなかったが、ディドロがこの点を自覚して問題を分析しているとはいえない。彼が果し得たのは、一般的な生産力の上昇という観点から、「上から」の人為的制度たる「集合マニュ」が必然的に没落するであろうことの論証であった。(9) これが経済における「自然」のコースとして彼が眼の前にしていたものである。彼における「社会」の自然主義的把握の論理は、ここでも明らかに一貫しているといわねばならない。

(1) 『百科全書』が経済理論の発展史の上で、いかなる地位を占めるかという問題については、実はあまり多くを語るべきものがない。『百科全書』は、ケネーの項目を見てもわかるように、経済理論の形成期を表現する著作ではあっても、なんらかの経済理論を前提する作品ではないと見られるからである。R. Hubert, Les sciences sociales dans l'Encyclopédie, p. 285

(2) ダランベールは、人間の身体的必要に直接、役立つ知識として解剖学と農学と医学の三つを挙げる(『序論』)。

(3) H. Lefebvre, Diderot, p. 16.

(4) R. Hubert, op. cit., p. 314.

(5) 小場瀬卓三『ディドロ研究』上、白水社、一九六一年、三四五ページ。

(6) Correspondance inédite de Diderot, I, p. 285. Lettres à Sophie Volland, II, p. 205, 211, 223. なお小場瀬氏、前掲書、参照。

(7) マルクス『資本論』第一篇二四章五節を見よ。マルクス以来、ミラボーの功績に帰せられてきたマニュファクチュール論が、実はディドロのこの項目に出発することはほとんど確実である。ミラボーの盗用癖は有名であるばかりでなく(井上幸治『ミラボーとフランス革命』八一ページ、一六三ページ参照)、彼が『百科全書』を読んでいたことは、一七八九年の議会でチュルゴーの《財団》をそのまま採用して教会財産の没収を提案したことからみても明らかである。

(8) ディドロが《マニュファクチュール》で示している視点は、『百科全書』の他の項目で継承されているわけではない。例えば、同じディドロの《技術》という項目では、「多数の労働者を集めた」マニュファクチュールにおいてのみ、技術的進歩と生産費の節減が期待されることを述べている。もっとも、これを字義通りの「集合マニュ」と解しうるかどうかは明瞭でない。というのは、彼は、リヨンでは「三万人の労働者が集められ」ているから、技術がすぐれているのだともいっており、この場合には一都市への「集合」がいわれているだけで、個々のマニュファクチュールの生産規模は問われていないと見るべきだからである。

(9) ここでいう「社会」の自然主義的把握の論理は、いうまでもなく古典経済学が共通にもつところの基本原理＝世界観と同一のものである。それは、アダム・スミスが「事物の自然のコース」と表現したものと同じである。こうした観点が、経済事象を体系的に把握する上で、いかに不可欠なものであったかは改めて述べるまでもないが、ディドロのつぎのような言葉もこのことを立証する一例である。「諸事象の性質が幾何学的な精密さを要求し、かつ許容するかぎり、わたしは政治的な世界も、物理的な世界とまったく同じように、多くの点で重さ・数・大いさによって測られることが認められるにいたることを信じて疑わない。」《政治算術》

三　商業論

私たちは「自営農民の解放」というディドロの構想を、農業および製造業の両者について見てきた。ところで、農民の農業生産および工業生度が発展して、それが富の一般的形成――ディドロのいう「富の分割」――を結果するためには、農業および工業生産の内部構造をそれ自体として問題にするだけでは不充分である。ディドロの意図する「生産力の解放」は、それを阻止している現実的な諸条件、とくに生産に対する機構的な制約を取り除かなくては不可能であった。生産力の発展を制約する機構的な諸要素については、すでに述べてきたところでも、たとえば「独占」、「特権」、「重税」、「集合マニュ」等というかたちで問題とされてきたところであるが、それらを総括し、その全般的な意味をさぐることは、のちにゆずることとして、ここではまず流通機構の問題について『百科全書』がなにをあたえるかを進んで検討しておきたい。

流通＝商業の問題について、ディドロが述べているところは、『百科全書』に関するかぎり、ケネーの「商業の自由」の立場を大体、引きついでいるといってよい。このことはすでに述べた。しかしながら、『百科全書』の商業論は、これにつきるものではない。商業の問題は、ディドロないしはケネーが扱ったのとは異なった立場から、フォルボネによって取上げられているからである。すでに述べたところから明らかなように、生産力の解放と上昇のなかに社会発展の「自然的」基礎を求める立場からすれば、商業あるいは流通機構の問題は、それに対する否定的な視点から眺められることは当然である。ケネーは「土地」という文字通りの「自然」の立場から、ディドロは「人間と土地」という「人間」的立場――それは人間における自然の立場である――から、商業あるいはその具体的表現である貨幣という人為に対して充分に批判的であった。商業や貨幣の独自性は、かれらにとっては認められない。それらは「生産」に従属する生産のための媒介物としてのみ存在の理由が認められるにすぎない。だから、商業や貨幣が現実にもっている独自性――その機構と担い手――を一掃する途が「商業の自由」という政策的要請となったのである。

しかし、フォルボネはこうした立場ないし見方をとらない。彼は商業を「相互的コミュニケーション」の一種と考え、その存在理由を神意にもとづく「人間の相互依存性」に求める。《商業》つまり、商業は「人間の自然」にもとづくものとして自然化され、そうしたものとして擁護される。商業は、このように人間が必要とするものの交換に他ならないが、その目的は農業および工業生産物の交換を通じて「必需品または便宜品の豊富さをうち立て」ることにあり、その作用は「それに携わる人々に自己の必要をみたす手段をあたえる」ことにある。《商業》だから、フォルボネにとって商業は農業、工業その他とならぶ重要な仕事として考えられているわけである。(1)

では、商業に対するフォルボネの政策的要請はなんであったか。それは、ケネーやディドロとどう違っているだろうか。商業を通じてフォルボネが意図した経済体制は、次のようなものであったと考えられる。すなわち、まず第一に、「一国民がその必要品のために他のいかなる国民の援助をも受けず」、しかも「輸出のための最大の余剰をもつ」状態、つまり国内的には自給するとともに、対外的には全面的な輸出を行なうことができる状態をつくり出すことであった。第二には、そうした輸出を背景として有利な「貿易差額」すなわち輸出超過を実現することである。彼は、第一の富を「実質的富」と呼び、第二のそれを「相対的富」と呼んでいる。《商業》つまり、「実質的富」を背景として、「相対的富」を獲得しうるような経済状態、これがフォルボネが追求したものであり、そのための手段が商業であった。

このようなフォルボネの商業政策論は、貿易による貨幣獲得それ自体を重視し、貨幣の国外流出を直接的に拘束しようという立場(=重金主義《ブリオニズム》)ではない。彼はそれを脱却して、もっと広い視野で商業を考えている。つまり、商業をそれ自体のために重視するのではなくて、ひろく産業活動との関連において――産業の前提として、または産業の結果として――考える。「二つの国の人民の安楽を比較しうるのは、かれらの保有する貨幣額によってではない。かかる比較は、かれらの保有する貨幣額によって獲得できる生活用品の質と量とにもとづけられるべきである。」《土地耕作》(傍点は引用者) 彼が「相対的富」の背後に「実質的富」の存在を認めたのは、「相対的富」すなわち貿易差額が、「実質的富」すなわち産業的基礎によって規定されることを把握していたからに他ならない。しかし、そうはいうものの、彼はケネーやディドロのように、産業あるいは生産活動をそれ自体として重視するわけでもない。このことはすでに述べたが、フォルボネが産業よりも商業に力点をおき、貿易差額の増大を基本的な経済目標としている点でやはり「重商主義」の枠のなかにいることは疑うことができない。

では、貿易差額の増大をはかるためには、いかなる条件が必要であるか。いうまでもなく、貿易差額の増大は輸出の増加にまたねばならないが、そのためには一国の輸出商品が他国のそれよりも廉価でなければならない。ではそれはいかにして可能であるか。フォルボネの眼はそこで国内産業のほうに向けられる。農業および製造業をいかにして、外国に優越させるか、これが彼の関心のまとになる。(2) まず、農業の面において彼が主張するのは、イギリス流の大農経営、いわゆる「新農法」の導入である。土地改良、人工牧草の栽培、開墾などによる生産力の増進、その結果としての穀物価格の引下げがこれである。イギリスで行なわれつつある農業改良に対して、彼は非常な関心をもちつつ詳細にこれを紹介している。《土地の耕作》

製造業についてはどうか。製造業についてフォルボネが主張する要点は、「人間労働の節約」ということである。「人間労働の節約とは、機械や動物による仕事のほうが人間労働よりも安くつくか、あるいは、そのほうが結局より多くの人間を雇用することができるか、いずれかの場合に、機械や動物を人間労働に代置させることにある。」またいう。「政治体の力は、人間を最もよく、また最も多く用いることに依存しており、それが政治的富(貿易による富のこと)を引きよせるのだ。」《商業》フォルボネは、このように農業および製造業の生産力を発展させるという観点に立っているが、しかし前にも述べたように、それは外国貿易=貿易差額を増大させるという政策的要請からみちびかれたのであって、生産力の向上それ自体を求めたのではなかった。したがって、彼の関心はたとい生産を問題とする場合にも、生産と流通との接触点、あるいはより正確には流通の観点からみた生産のほうに傾いていることを認めざるを得ない。例えば、上記の「人間労働の節約」にしても、それは国内向けの商品生産のためにする労働を節約して、これを輸出向けの生産部面や、航海や、植民にふり向けることが目的とされており、結局それは貿易の増大という彼の観点から割り出されたものに他ならない。「もし、外国貿易すなわち航海や、植民や、他国民の需要が、現にあるよりも更に多くの市民を用いることができるとすれば、これらのすべての目的を完全にみたすために市民の労働を節約する必要が生まれる」《商業》とあるのがこれである。

そこで彼が最も関心をよせた流通面における政策を見よう。叙述を簡単にするために、彼の主張を箇条書きにして示せば、次の通りである。

1 国内商業

国内商業について、彼は一応、自由競争を認める立場にたつ。「競争は、商業の最も重要な原理の一つであり、また商業の自由の重要な一部分である。」《商業》しかし、国内での自由流通も、それが「国の実質的富」を増大させるかぎり認められるのであって、無条件に認められるのではない。「立法者は、常に自己の原則を修正することによって、行き過ぎを是正することができる。」《商業》つまり、一定の「政治的利益」、具体的には貿易差額の増大という目的によって、規制され得るのである。

右の前提の下で、(1)地方間の自由交流を確立し、(2)河川税・私設関税・通行税を廃止することが主張される。

2 対外商業

対外商業は「政治的利害ときわめて緊密につながっている」から、貿易差額の増大という見地からうまく指導されなければならない。しかし、対外商業を行なう国内の商人に対しては、同等の条件での自由な競争が認められる必要がある。《貿易商会》

この点から、(1)貿易商人の競争を認めること。(2)「人間労働の節約」によって、輸出に従事する人手を作り出すこと。(3)輸出の諸経費を減少すること。その方法として、輸送費の節約――自国船舶の建造と活用、輸送税の軽減。輸出関税の撤廃ないしは軽減、輸出奨励金制度の設置などがある。(4)金利体系の改革、金利の引下げを行なうこと。

以上が、フォルボネの主張する商業政策の概要であるが、では、彼はこのような政策によって実現される貿易差額の増大が国内経済にいかなる影響をあたえると考えているのであろうか。まず第一に、貿易差額の増大は、外国からの貨幣流入を増大させるが、そのことは「(国内)商品を豊富に消費させるための資力をあたえる」《商業》こととなり、国内商品に対する需要を高め、産業活動を盛んならしめる。第二に、外国からの貨幣流入は、国内の流通貨幣量を増加せしめるが、それは物価を引上げて産業の利潤機会を多くするだけではなく、貨幣の供給増加による利子率の引下げによって産業活動に刺戟をあたえる。「貨幣としての富が、たえず一国に蓄積されると、それと同じ比率で貨幣に対する需要の数がふえてゆく。この新たな需要は仕事の種類を増加させるであろう。」《土地の耕作》最後に、以上による生産活動の増大は、結局、就業および生活水準を引上げる作用をする。「貨幣で支払われる(貿易差額の)金額は、国内での内的流通を増大させるだろうし、したがって最も多数の人々に安楽な生活を得させるであろう。」《商業》

ところで、このようなフォルボネの主張は、周知のようにケネーとのあいだで論争をひき起す原因となったのであるが、この論争に詳しく立入ることは本稿の課題ではない。(3) ただフォルボネとケネーとの相違点の特徴づけだけを行なっておくことは必要であろう。右のフォルボネの主張は、外国貿易によって獲得された貨幣が、直接の購買力として、また生産資本への転化によって、産業活動を促進することを認めているが、ケネーはこうした貨幣の生産的機能を全く認めない立場に立つ。ケネーによれば、貨幣は単純な流通手段であって、それ自身の価値をもたないから、貨幣の存在量が生産の在り方を規定するということは考えられない。決定的な条件は生産であって、貨幣または流通ではないのだ。取引される生産物の総量は、年々の再生産の規模によって決定されるものであるから、貨幣量の増大はそれだけ輸入を増加させるか、または国内消費を削減するかしなければならなくなる。いずれにしても、それが産業活動の促進剤となることはできず、むしろ再生産の循環をかく乱するものでしかない。だから、フォルボネの見解は、貨幣の生産性という幻想にとらわれた流通主義だということになる。

貨幣および生産についての右のような両者の理論上の対立が政策の上での対立となって現われたのがケネーの「自由貿易」とフォルボネの「保護貿易」である。ケネーは、生産に対する商業の拘束を撤廃するために「輸出の自由」

を主張し、フォルボネは、商業の独自性を承認する立場から、その保護ないしは規制を要求する。「われわれはすでに競争の必要性を証明した。いうまでもなく競争は経済的自由の核心である。政治のこの部分は、最もデリケートなものの一つである。しかし、政治の諸原理は常に、隣国に比してより有利な全般的差額〔一国の全貿易についてのバランス〕を獲得するという計画に帰着するのだ。」あるいはまた、「政治的利益が商業に及ぼす制限を束縛と呼ぶことはできない。かの〔商業の〕自由は、きわめてしばしば引き合いに出されはするが、ほとんど理解されていないものだが、それは誰もが納得する社会の一般的利益が許すかぎりの商業をたやすく行ないうるということでしかないのだ。」《商業》見られるように、こうした主張はケネーの普遍的な「自由貿易」論とはまったく違ったものである。このことは、もはやこれ以上、説明を要しないであろう。

では、フォルボネは右のような主張によって、具体的にはどのような経済的利益を擁護したのであろうか。彼を商業資本の利益の代弁者とすることは、あまりにも一般的な規定であろう。どのような商業資本であるか。なにがその要求であるか。これが問題である。ところで、フォルボネが単に転売によって利益を得る商業、すなわち仲立商業、あるいは彼の表現によれば「節約による商業」の立場にたっていないことは明らかであろう。それは例えば、商業と産業活動との関係についての彼の関心のほどをふり返ってみても明らかだが、端的には次のような言葉によっても知ることができる。「もし商人が、国民的な製造業の製品の消費を阻害するような舶来品をその国にもたらすならば、その商人はこの商品の販売によって利益を得るだろうが、国家は損失を蒙るであろう。(4)」《商業》いうまでもなく、仲立商業の立場からは、こうした理論は出てこない。本来、仲立商業は、販売と購買との差額にのみ関心をもち、産業的発展とか、国家の利益とかを眼中に置かないことを特色とするからである。

では、フォルボネは、国家と結びついた商業、具体的には「東インド会社」のような特権的商業資本を擁護しているのであろうか。彼が「国家の利益」というとき、それは同時に、特権商業の利益を意味しているのであろうか。これについても答えは、いな、である。さきに見たように、フォルボネが国内の貿易商人について、「競争」の必要性を強調していることがこれを示すが、彼は商人間の「競争」が本来、商業資本にとっては好ましいものではないことを認めながら、しかもなお「競争」関係の確立、したがって商業上の特権に対する反対を主張する。「この私人による貿易商会の活動は、個人経営にくらべて、格別の国家の引き立てをうけたわけではないのに、いつも商業界で冷たい眼で見られている。というのは、競争と名のつくものは、どれもこれも利得をへらすからである。しかし、まさにこの理由によってのみ、私人による貿易商会は国家にとって最も利益のあるものなのだ。まったく、国の商業なるものは、貿易商人の競争によって始めて拡がりもし、完成もされるのである。[5]」《貿易商会》このように、フォルボネは特定の商人が国家と結びつくことには反対なのである。彼のいう「国家の利益」または「社会の一般的利益」は、特定の商業または商業資本によって表現されるものではなくて、むしろ商業一般、あるいは総商業資本の利益と一致するものというべきであろう。

フォルボネの代表した商業資本は、右のような二つの限定の下にある資本である。それは仲立商業の資本でもなければ、特権的商業資本でもない。しからばそれはいかなるものであるか。端的には、それは輸出商業資本、すなわち国内の生産的基礎によって支えられるとともに、そのことによってもはや国家の直接的な保護は必要でないが、しかし対外的な意味での保護をやはり必要とする資本であるといえるであろう。その具体的な形態は、おそらく生産過程と直接、間接に結びついた問屋制的な商業資本であろう。しかし、問屋制資本といっても、封建的な生産構造に寄生する旧来の保守的な資本ではなくして、一八世紀の半ば以後、展開される生産力の上昇——「新農法」および「マニュファクチュール」——に促されて成長する新しいタイプの問屋制資本であると考えられる。[6]それは、もはや王室からの保護や特権に頼る必要をもたないし、また生産者の封建的な拘束、したがってまた生産の未発達から利潤を吸上げることに専念する必要もない。むしろ、これらの条件は新しい商業資本の発展を阻止するものとなる。フォルボネは、商業にまつわるこれらの妨害物を批判して、国民的な商業の発展を展望したかぎりにおいて、一定の進歩性をもつことができたといってよい。彼が当時のフランスにおいてかなり重要な役割を果し得たのは、もっぱらこの点にかかっていたと見られるであろう。[7] しかし、彼の時代においては、もはや商人の立場だけではなくして、商人の下から生産者の解放を求める立場が確乎たるものとなりつつあった。われわれは、それをケネー、とくにディドロにおいてすでに見出すことができた。ところで、実は商業を取扱った項目のなかにおいても、生産者の立場からの発言を見出すことは不可能ではない。つぎにそれを見よう。

さて、ここで触れておきたいのは、チュルゴーの書いた《指定市場》という項目である。チュルゴーは、市場を「自由市場」(marché)と「指定市場」(foire)とに区別し、「指定市場」は支配者によって人為的に設立されるもので、常になんらかの特権と結びつき、公権力の介入がたえず行なわれるものだと規定する。だから、支配者による「指定市場」の濫立は、決して「商業の自然のコース」にしたがって作り出されるものではなく、また、たとい「指定市場」が繁栄したとしても、それは「一国の商業の偉大さ」を示すものではあり得ない。「指定市場」の繁栄が、直ちに「都市」の繁栄となったのは、「都市」が自治都市として独立していた時代のことであって、「都市」を超えた「国家」の形成を見た今日では、このことはもはや当てはまらないのだ。だから「次のように結論しよう。大きな指定市場は、それが予想している拘束が有害であるのと同じく、決して有用なものではないのだ。そして、それは商業の繁栄状態の証拠であるどころか、反対に商業が阻害され、租税を重課され、したがって沈滞している状態の下でのみ存在することができるのだ、と。」

つまり、チュルゴーはケネーと同様に、「商業の自由」の原則に立って、商業に対する人為的障害たる「指定市場」に反対する。もっとも、これはケネーの影響というよりは、むしろグルネーの「レッセ・フェール」の主張を継承したものと見られるが、[8] この項目でのチュルゴーの見解はきわめて原理的な立場から明快にうち出されている。また、ケネーの商業論が商業の「不生産性」を立証することに主眼点を置いたのに対して、《指定市場》では特権商業に対して「商業の自然のコース」を擁護し、自由な商業を積極的に発展させるという視点がとられている。いいかえると、ケネーはより多く商業を批判したのに対して、チュルゴーは商業に介入する権力と、その機構とをするどく批判の対象とした。この点で、《指定市場》は、「経済的自由主義」の核心を明らかにしたものということができる。それは、地主および富農だけではなく、また農業者だけでもなく、すべての生産者を権力および特権商人の拘束から解放して、商業=流通を生産者の自由な競争の場面とすることを意図しているからである。いうまでもなく、これは「産業資本」に固有の要求である。《指定市場》は、『百科全書』の全体から見れば、とるに足りない短文ではあるけれども、しかしそれが後になって実を結ぶチュルゴーの経済理論をすでに萌芽のかたちで含んでいることは注目されてよいであろう。

(1) フォルボネの見解をさらに正確にいうならば、彼によれば農業および工業の生産物は、「あらゆる商業の基礎」であるばかりでなく、「農業、製造業、工芸、漁業、航海、植民、および為替は、商業の七つの分枝をなすものである」《商業》と。

(2) 彼が、農業と製造業とのうち、いずれに重きをおいているかという問題は、簡単には答えられないが、ほぼつぎのように見ているといえる。彼は「貿易差額」を獲得するには、「なしうる限り最大量を最も有利な方法で輸出すること」が必要だとするが、その「最も有利な方法」とは何かといえば、「土地の余剰生産物を輸出するための最も利益の多いやり方は、それに加工するか、それを精製するかである。」《商業》だから彼は製造品の輸出を「最も利益の多い」ものと見ているのであるが、しかし彼は農産物それ自体の輸出を否定しないことはもちろん、「農産物の輸出は、それを行なう社会に実質的かつ相対的な効果を及ぼすであろう」《土地の耕作》ことを認める。だから。「農業は商業(ここでは産業一般を指す)にとって不可欠の基礎である」とか、「農業は政治体において、人間のいとなむあらゆる生産中の第一位に価する」《土地の耕作》とかいわれるのであるが、ここでいう意味は、農業が輸出商品の素材を提供する上で最も本源的な産業であるということで、農産物の輸出が最も有利なものであるとは必ずしも考えていないと解することができる。

(3) ケネー「商業について」(『ケネー全集』嶋津・菱山訳、三巻二一〇—二一二ページ、(Œuvre, pp. 473-475)を見よ。

（4） これは商人が利益を得て、国家が損をする場合であるが、この反対に商人が損をして、しかも国家が利得をうる場合として、彼は次のような事例を挙げる。「もし貿易商人が不注意にも、自国の製造品を、それが（有利に）売れない国に輸送するとすれば、彼は販売において損失を蒙るだろう。しかし、国家は外国によって支払われるだけ、いつも利得するであろう。」《商業》いずれにせよ、彼が商人の利害を超えた国家の立場から商業を考えていることは明白である。もっとも、こういうフォルボネの立論は彼の独創とはいえないであろう。これは、いわゆる「重商主義者」に共通の見解だからである。

（5） 彼によれば「特権会社」は、もともと海賊が横行したり航海術が未熟であったり保険制度が知られていなかったりした「野蛮で無知の時代」の産物であって、その時代ではなるほどかかる制度も必要であった。しかし、このような必要性がなくなった時代においても、「国家の財政上の必要と貿易商人の貪欲とによって知らずしらずのうちにかかる特権が永久化されてしまった」のである。ところで、「かかる偏見は各国民のあいだに治安が行きとどき人知が啓発されても決して完全に消滅しなかった。というのは、推理するよりも模倣する方が便利だからである。今日においてもまだ、ある場合には、競争を制限することが有用だと多くの人々は考えている。」《貿易商会》

（6） 問屋制資本の二つのタイプを確定することは、近世経済史の上での最近の問題領域である。これは「マニュファクチュア論争」に或る意味で終止符を打つとともに、その新しい展開を約束するものであるが、差し当り、ここではモーリス・ドッブの『資本主義発展の研究』岩波書店、を指摘するにとどめよう。

（7） フォルボネは、ショワズールおよび財政総監シルエットの知遇を得て財政改革の立案に当るとともに、イギリス重商主義の紹介その他、多くの著作を書いて当代一流の経済学者としての地位を保つことができた。Rambaud, Histoire des doctrines économiques, 1909, p. 150. P. Harsin, Les doctrines monétaires et financières en France du XVIe au XVIIIe siècle, 1928 等を参照せよ。

（8） Alfred Neymarck, Turgot et ses doctrines, p. 48.

四　租税論

すでに、私たちは『百科全書』における基本的な経済関心のあり方を述べてきた。つぎに、『百科全書』の租税論についてて検討を加えよう。租税についてのかれらの見解は、すでに述べたかれらの基本視角を表現するものであり、それを具体化したものにほかならない。そこで、『百科全書』の租税論を、かれらの基本視角にかかわらせて整理すると、結局、次の二つの点に帰着する。すなわち、その一つは「私有財産」と租税との関係であり、いま一つは「産業」=生産と租税との関係である。

ディドロはいう。「市民社会をつくったときの人々の主要な目的の一つは、かれらが獲得した、あるいは獲得できた諸利益を安全に確保することであった。かれらは自己の財産を享有することを何人にも脅やかされたくなかった。そして、そのためにこそ人々は租税と呼ばれる財産の一部分を、全社会の保存と維持のために提供する約束をしたのだ。……かれらが、その従う主権者にいかほど人間としての愛情をもつにしても、かれらはすべての財産に対する絶対的にして、無制限の権力を決して主権者にあたえたのではなかったのだ。」《所有権》

「財産」と租税との関係は、このディドロの言葉のなかに要約されている。租税は「財産」の安全と自由を守るために、「財産所有者」の同意によってあたえられる「財産」の一部分である。つまり、租税は「主権者」の利益のためではなく、「財産所有者」自身の利益のために提供されるものであり、したがってそれはあくまで「財産」の部分的な譲渡にとどまるべきものである。このうちの前者が、ロックやモンテスキュにも共通する「租税利益説」の主張であり、後者が「部分譲渡の理論」と呼ばれるものであることは、多くの説明を要しないであろう。[1] いずれも、明白に「財産」の立場から考えられた租税論であることは疑うことができない。

しかし、いうまでもなく、右のような性質をもった租税は、アンシァン・レジームの下ではまだ成立していなかった。現実に存在する租税は、「財産所有者」の同意によってあたえられるものでもなければ、「財産」の自由と安全を守るためのものでもなかった。だからこそ、ディドロの租税論は一つの現実批判として役立つことができたのであるが、しかし、それでは彼の考えたような租税を現実に成立させるためには、どうすればよいのであろうか。そのための決定的な条件は、一体なんであろうか。ここで、ディドロの財産論との連関をさらにつっこんで検討する必要が生まれてくる。

すでに見たように、ディドロによれば「市民をつくるものは、所有権である」から、「国家」は本質上、「財産所有者」の国家である。「国家のなかで〔財産を〕所有するすべての人は、国家の幸福に関心をもつ。……人が自己を代表してもらう権利をうるのは、彼の財産に比例してである。」《代表者》ディドロは、「財産所有者」の構成する代議機関(assemblées)が立法に参加する政治制度、すなわち「制限君主政」(monarchie limitée)を理想としているが、その究極の根拠は右に見られるように財産論のなかにあるわけである。ところで、この代議機関はなにを主要な任務とするかというと、租税の決定、あるいは協賛がそこに含まれることは明らかである。「制限君主政の下で成功を収めるために、国民の全体は、立法権、上院や高等法院の長官の任命権、司法権、租税を設定する権利、さらに君主にその他の特権とともに、軍事および執行の権限を与える権利を留保することが可能である。」(ジョクール《根本法》、傍点は引用者) つまり、「財産所有者」は代議機関を通じて、租税を自己の利益に合致させることができるし、またそうしなければならないのだ。

もっとも、『百科全書』の租税関係の項目は、ディドロあるいはジョクールの右のような見解で統一されているわけではない。租税論は政治上きわめてデリケートな問題であっただけに、現存の租税を明白なかたちで攻撃することが困難であったことは容易に想像されるし、またそういう意味での現実批判がディドロ、あるいは彼の『百科全書』の真意でもなかったことについてはすでに述べる機会があった。しかし、いずれにせよ、租税あるいは租税制度が「私有財産」と矛盾すべきものではなく、「私有財産」そのもののために存在すべきであるという主張は、『百科全書』の基本的な立場であるといってよいであろう。(2)

つぎに、右のように理解された租税は、産業＝生産との関係でどのようなものと考えられているであろうか。つまり、租税の経済的役割はいかなるものであろうか。この点については、理論上は、すでにわれわれが述べたところを再確認するにとどまるが、しかし生産力の発展を現実的に拘束していたものは租税であったから、生産と租税との関係はつよい実践的関心の下に主張されていることを知らねばならない。たとえばディドロのつぎの文章を見よ。

「奢侈を秩序のなかに引きもどし、富の均衡を再建するためになすべき第一の仕事は、農村の負担を軽くすることである。今日の君主は、わたしにいわせると、田舎の農民に都市への移住を禁止することによって非常な誤りをおかしている。君主がそれを要求することができるのは、農民の状態を安楽なものにしてやってからのことなのだ。」《奢侈》(傍点は引用者)

同様のことをジョクールはつぎのようにいう。

「もし人々が、彼らの行ないうる新しい努力の成果を租税によって奪いとられることに慣れてしまったり、また、かれらがなんの後悔の念もなしに常に投げやりの生活を送るだけにとどまるならば、人々が自分のすべての力や勤勉さを用いることは決して見られなかったし、また今後もそうであろう。」《人民》

租税は、生産あるいは勤労意欲を妨げ、不生産階級に奉仕するものであってはならない。過重な租税は「一般的な混乱」《奢侈》を助長し、市民を絶望にみちびき、国家を破滅させずにはおかないからである。だから、「土地」や「産業」への課税を軽減する一方、財産家の「奢侈」に課税せよという要求が出てくる。租税は公平でなければならないという『百科全書』の主張の意味は、ここにある。「根本的なマキシムは、人民がどれだけ出すことができるかという点で租税を測るべきではなくて、人民が公平に負担すべき額はいくらかという点で測るべきだということにある。」《租税》もしも、こうした「調整」が行なわれないとすると、「不幸な人民」が負担過重におちいるか、あるいは国家が「永久の負債」に悩むかのいずれかの事態が起るとジョクールは主張する。彼はいう。「王国の栄光、偉大さ、力！これらの言葉は、臣民の自由、安楽および幸福という言葉のそばでは、なんと空しく、意味のないものだろう！一体、その成員の各々を国家の富に参加させることこそ、国民を富まし、強力にすることではないだろうか。」《租税》

右のような観点から、ジョクールは基本的な租税政策として次の十カ条を挙げる。「一、臣民および君主の富の源泉である農業、人口、および商業を強力に援助することが大切である。二、財政の事業〔例えば徴税請負など〕から得られる利益を、取引や開墾から得られる利益とつり合わせること。」《租税》以上の二点で、前に述べた産業発展の観点と、公平の原則とが取り出されていることに注意すべきである。以下、簡単を期するために要点だけ摘記すると、三、富や租税の不当な使用を制限すること。四、独占、通行税、排他的特権、親方免許状、免税領地、多数の徴税請負人とその圧制の廃止。五、祭事の削減。六、タイユ、軍役、塩税の弊害を是正すること。七、貨幣価値の引下げなどの非常手段を採らないこと。八、香料輸送を認めること。九、貨幣利子の引下げ。十、租税を軽減し、「分配の正義の原則」にしたがって租税を再分配すること、以上である。ジョクールは、《租税》のさいごで、以上のような改革が行なわれるならば、フランスは一層つよくなり、フランス人はさらに幸福になるだろうといい、「しかし、かくもよき日の黎明は、〔果して〕近づこうとしているであろうか」と結んでいる。ジョクール、あるいは『百科全書』流の財政改革にしても、その実現は決して明るい見通しに支えられていたのではないことが、これによってわかるであろう。(3)

ジョクールが租税について行なった具体的な提案は、金持への課税という意味での「消費税」の創設が中心である。「消費税」は、消費能力に比例して支払われるから公平であるばかりでなく、支払う上からいっても、消費のたびに少額ずつ払えばよいから負担とは感じないし、しかもそれを奢侈的消費に適用することによって、『百科全書』の基本目的である「富の分割」に役立たせることができる。だから、「消費税」といっても、それは「肉体的必要には課税さるべきではなく、豊富に対して課税さるべきであり、余剰にはなおさら課税さるべきである」し、また「徴税請負人」を介入させるような法外な課税であってもならないのである。(4)《租税》

こういうジョクールの主張は、ルソーの《経済》にも見ることができるが、ディドロでは見られない。ディドロは、「奢侈をそれ自体として攻撃する」こうした方法は、有効でもないし、また好ましいものとも考えてはいない。というのは、ルソーが奢侈税の主張をつらぬくために、「人民」の国家をつくることを暗示しているのに対して、ディドロはそうした革命的な立場をとらないから、奢侈税によって問題がかたづくとはしなかったのであろう。これについてのディドロの態度は、つぎの言葉に示されている。「もし諸君が〔奢侈を禁止するために〕それらの手段の一つを取り除いたにしても、一般の利益に反する同じような別の手段がとってかわるだろう。」《奢侈》ルソー的な観点に立たないかぎり、ディドロのこの考え方は現実に即しているとともに、理論的にも正しいといえるであろう。なぜなら、奢侈は一定の搾取関係の結果であって、原因ではないから、奢侈への課税は搾取関係そのものをなくすることにはならないからである。ルソーはこの故に「奢侈税」の主張と同時に、搾取関係＝権力機構そのものの廃棄を問題とせざるを得なかったのである。ジョクールの「奢侈税」の主張は、ディドロ、ルソーのいずれにくらべても異なっており、理論的な一貫性を欠いているものと考えられる。この点で、より正しい観点から租税改革の提案をしているのは、ケネーの《穀物》である。ケネーは、地主の収入に対して比例的な税率を適用すべきであるという考え方を発展させており、後年の「土地単税論」への傾斜を示しているからである。ケネーによって始めて、租税の経済的な根拠が「土地」の「純生産」に求められ、したがって、「直接税」以外のすべての租税が拒否されることになる。これは彼の思想のなかで経済学的認識が次第に確立しつつあったこととの結果に他ならないが、ともかく『百科全書』に関するかぎりでは、彼の理論はまだ充分に成熟していないというべきであろう。しかし、われわれは本稿ではルソーおよびケネーに深く立入ることは止めて、その他の執筆者に移ることとしよう。

『百科全書』での租税論は、右のほかペスリエ、ブシェ・ダルジ、ダミラヴィル、ブランジェなど多くの執筆者をもっているが、しかしその多くは、個々の租税や租税制度についての説明的記述であるか、あるいはそれにいくらかの批判をつけ加えた程度であって、とり立てて問題とするには当らない。ダミラヴィルの《二十分の一税》にしても、ブシェ・ダルジの《タイユ》にしてもそうである。だから、ここではやや特異と思われる二人の執筆者に限定して簡単な検討を加えることとする。その一人はペスリエであり、いま一人はチュルゴーである。この二人をとり出す理由は、行論のうちで明らかとなるであろう。まず、ペスリエから始めよう。ペスリエは、《徴税請負》、《財政》、《財政家》などの項目を載せているが、元来、彼自身が徴税請負人であったために、これらの項目では徴税請負制を弁護し、財政家の役割を合理化するという、『百科全書』の基本線からひどく離れた主張が述べられている。いま、その一々に立入る余裕はないが、彼はミラボーや、モンテスキュが行なった租税批判、すなわち徴税請負制や財政家に対する批判に対して、さらにそれを反駁しているのである。これは特異なことといわねばならない。『百科全書』の編集者ディドロは、なぜこういう項目を掲載したのであろうか。

ディドロがなぜわざわざペスリエの原稿を載せねばならなかったか、そのことの直接のいきさつについては残念ながら知ることができない。しかし、少なくともディドロがペスリエの項目に満足していないことは明らかである。ディドロは《徴税請負》および《財政家》の項目の末尾に彼自身でつぎのような意味の数行をつけ加えている。つまり、彼によれば『百科全書』は自らの「不偏不党」を示すとともに、徴税請負や財政家という重要な問題についての「討論と啓発」とが必要であると考えたので、ペスリエの論文を入れることとしたという。いいかえると、それはペスリエの書いた内容がよいからではなくて、一定の政策的考慮にもとづいて掲載されたのだ。おそらく、それはパルルマンや財政家からの『百科全書』への攻撃をやわらげる目的でとられた処置であろう。これらの項目が載ったのは第六巻であるから、当然そういうことも考えられるわけだ。[5] しかし、ディドロのこの配慮にもかかわらず、『百科全書』には出版禁止の命令が下り、苦難の時期が訪れたわけだが、ディドロはこの間にペスリエの如上の項目が気になったらしく、発表を考えないままで一文を書いている。それが『百科全書』の出版再開とともに、第十五巻に発表された。《上納金》という項目がこれである。

《上納金》のなかで、ディドロは『百科全書』のような「不朽の作品」のなかに誤りが混じることは残念であるとして、《徴税請負》および《財政家》のなかでペスリエがこれらを弁護するために挙げた論拠を一つ一つ批判する。ところで、ペスリエは、モンテスキュの論拠を一々批判しているのだが、ディドロはまず、モンテスキュの主張を述べ、次にこれに対するペスリエの「観察」を書き、さらにこの「観察」に対するディドロの「返答」を書くという工合にして、一々の論拠についてこの順序をくり返しているのである。一例を挙げよう。《徴税請負》のなかで批判されているモンテスキュの「第七の原理」にはつぎの言葉がある。「君主国の歴史は、徴税請負人のなした悪行に満ちている」[6]、これに対して、「共和国では国家の収入はほとんど常に直接徴収(régie)である」と。これに対するペスリエの「観察」は次の通りである。つまり、直接徴収と請負徴収のいずれがどの政体にふさわしいかを決めることは困難でもあるし、無益である。重要なことは、徴税制度を改めることはいけないことだということと、徴税請負にしても管理を充分にすればそれでよいということだ、と。ディドロは、この「観察」のあとに「返答」をつけて言う。「経験は確実な導き手である。経験から生まれる帰結は決してあやまることがない。」だから、ペスリエがモンテスキュに反対するためには、反対できるだけの「歴史的な事実」を挙げるべきである。つまり、公共の収入が請負に委ねられている国家で、しかも外には強く、内には人民の幸福だけを考えているような事例を挙げられるかどうか、これが決定的な問題である、と。

要するにディドロは、徴税請負や財政家には反対なのである。ペスリエの書いた項目は、だから『百科全書』の基本線に沿ったものとみることはできない。『百科全書』の基本的な租税思想は、「公共の資産の管理者や徴税人の財産〔は〕……もっとも憎むべきもので、したがってもっとも濫用を誘われるものだ」《奢侈》とする点に求めることが至当であろう。ペスリエの項目について私はこのように考える。

つぎに問題としたいのは、チュルゴーの《財団》という項目である。この項目は、せまい意味での租税論とはいいがたいかも知れないが、しかし公共事業のあり方を論じたものとして財政政策のなかに含めて考えることはできるであろう。チュルゴーがこの項目で主張しているのは、教会の公共施設――それは当時の公共事業の代表的なものであった――を批判することと、それにかえて私有財産の完全な自由を擁護することであった。私たちは、ここにルソーとは違った意味で徹底した経済思想を見出すことができる。それは、ディドロおよびケネーの基本思想をさらに展開し、前進させたものであり、いわば『百科全書』の真の意図をするどくつかみ出したものといってよい。このチュルゴーの項目の内容が後年、「革命の獅子」ミラボーによって、そのまま革命議会に提案されたことによっても、この項目の実践的役割は充分に推察されるであろう。(7) では、チュルゴーは《財団》をいかに分析したのであろうか。

まず、「財団」と呼ばれるものの内容はなにか。それは、人々から寄付金を集めて教会や修道院がつくった救貧院や、病院などの社会施設である。いうまでもなく、それらは教会財産の一部となっており、教会の存在理由を示す重要な支柱である。なかにはきわめて古い時代から続いているものもあれば、また新設のための募金が行なわれることも多い。つけ加えるまでもないが、教会はこれらの施設を地盤にして保守的な支配体制を維持していたのである。では、チュルゴーは、こうした「財団」をどう批判したか。彼は直截にいう。「以下の考察が、この世紀の哲学精神と協力して、新しい財団に愛想をつかさせ、古い財団に対する迷信的な尊敬の残存をうちこわすことができるように！」と。その理由はつぎのごとくである。「財団」の設立は出資者の富を減らし、資金を「一般的循環」から脱落させるばかりでなく、社会施設に収容される人々は労働過程から遊離するから、社会の労働人口の減少となり、生産を減退させる。加うるに、これらの施設では貧民や病人に対するまったく非人間的な取扱いが至るところで見られ、監視人をさらに監視しなければならない状態である。「この理由からして、国家の労働と富との間に一種のすきまができ、勤勉な人々の頭上に公共負担の重荷が増大し、われわれが認めるような現今の社会組織のあらゆる無秩序が発生するのだ。」

では、どうすればよいか。チュルゴーの答えは簡単である。「財団」は廃止して、すべてを私有財産の活動にまかせればよい。というのは、「公益は最高の法である」から、公益に合致しない「財団」を認めることはできないし、また「丈夫な人間はすべて自己の労働によって生活しなければならない」から、こうした施設は無用である。饑饉や、伝染病のときとか、老人や孤児の施設とか、農業や商業の保護のための一時的措置とかの場合には、私人が随時、自発的な自由組織をつくって救済をはかればよいので、永久的な「財団」などを必要とはしない。「人々がもし、諸君がかれらに与えたいと思っている幸福につよい関心をもっているとすればどうすべきか。かれらのなすがままに委ねよ(laissez les faire)。これこそ偉大な、唯一の原理なのだ。」もし、人々が幸福に関心をもっていなければ、かれらの関心を高めてやりさえすればよい。国家のなすべきことは、人々が勤労し、また勤労の成果を受取ることを妨げているものを取り除いてやりさえすればよいのだ。だから、「財団」などをつくる必要は少しもない。「もし、かつてこの世にあったすべての人が墓をもっていたとしても、おそらく耕作のための土地を見出すために、これらの不生産的な記念物をひっくり返し、また生ける者を養うために、死者の遺骨を動かさねばならなかったであろう。」「財団」という「不生産的記念物」は、ひっくり返す必要がある。これがチュルゴーの結論である。

チュルゴーの右の主張は、たとい教会財産に限られているにしても、その全面的な廃棄を説いている点で、きわめて注目すべきものである。それが、フランス革命の勃発によって実現されるにいたったのは、ブルジョワジーの心の底にあったものを的確に表現していたからであろう。すでに述べたように、『百科全書』は根本的に宗教＝教会批判の書物であるが、その教会批判を経済的な観点からこれほど明確な形で行なったものは、他に見出すことができないほどである。この意味で、《財団》は『百科全書』の基本目標を経済学の領域で達成することができたものといってもよいであろう。同時に、《財団》は一般的な意味での「財産」の立場は依然として維持しており、また生産の発展に重点をおいている点においても、ディドロ、ケネーなどと視角をひとしくしている。商業論の場合に見たのと同じく、租税論においても、チビルゴーは理論的に最高の水準に立っているといってよい。

(1) R. Hubert, op. cit., p. 293. ディドロと同様の租税本質観は、ジョクールにも引きつがれている。「租税とは、個人がその生命および財産を保護してもらうために、国家に支払うべき貢納である。」《租税》

(2) 「財産」をまもるために「財産」の一部を租税として譲渡させることは、ディドロや、ジョクールではスムーズに、むしろ当然のこととして考えられているが、ルソーではこれは矛盾としてとらえられている。この矛盾をとくものがルソーでは「法」であり、「一般意志」であるが、その「法」は単に既定事実としての財産関係を確認するだけにとどまらず、「財産」そのものの在り方を定めるという強い力をもつ。したがって、ルソーの租税論は、『百科全書』のなかで最もラディカルであり、租税否定の主張や、租税による財産関係の是正という点にまで進むのである(《経済》邦訳『政治経済論』岩波文庫、参照)。

(3) 『百科全書』の租税論が、ルソーを除いて一般に微温的なものであったこと、租税や、財産の否定にまでいたり得なかったことは、われわれの認めるところである。例えば、当時のフランスで人民のうらみの的であったタイユや塩税に対しても、ジョクールの右の紹介にある通り、「弊害の是正」ということ以上には出ない。しかし、だからといってソブールの如く、『百科全書』が租税問題について臆病であったとして、その批判的役割を認めないことには同調できない。それは現代の立場からするあまりに超越的な批判であろう。A. Soboul, Textes choisis de l'Encyclopédie, 1952, p. 14.

(4) もっとも「消費税」は一般的な形では大衆課税として、塩税その他の形で存在した。ジョクールのいう「消費税」はこうしたものとは別個のものである。

(5)『百科全書』は六巻、七巻を出版した一七五六年頃から、特権階級の反対をつよく受けるようになり、脱退者も現われてきた。
(6) ユベールがこれをディドロの言葉としたのは誤りである。Hubert, op. cit., p. 304.
(7) 島恭彦『近世租税思想史』三六〇ページ、井上幸治『ミラボーとフランス革命』一六三ページ参照。

結び

これまで、『百科全書』に含まれる主要な経済項目についての検討を行なってきたが、以上の検討を通じて私たちは『百科全書』の経済思想の核心が、財産論と生産力論との結合にあるということを明らかにすることができたと考える。それは、主としてケネー、ディドロ、チュルゴーの三者を結ぶ線であると考えられるが、それは農業論においても、商業論においても、租税論においても、ひとしく認め得た立場であった。さいごに、以上の検討を土台として、『百科全書』の経済思想がもつ歴史的な意味について、若干ふれておくこととしたい。

さきに、私は財産論と生産力論との結合ということをいったが、それは経済思想史の上で位置づければ、どのような意義ないしは役割をもつことになるであろうか。すでに農業論を扱ったさいに述べたように、ディドロが具体的に志向していたものは「自営農民の解放」であり、「富の分割」と「生産の発展」とが、そのための課題であった。商業および租税の問題は、こうした目的によって根本的に規定されるものとしての視角から取上げられ、解決されているといって差支えない。そのことは、不充分ながら解明しえたと思う。ディドロに表現されている右のような問題関心とその解決の仕方とを、私たちは積極的な意味での「生産力説」と呼ぶことができると考える。それは、生産力の継続的な発展・進歩のうちに、社会問題を解決するためのカギを見出し、生産を拘束する諸条件を撤廃し、その自由な発展を保障する諸条件を設定することに関心を集中するイデオロギーである。このイデオロギーは、ケネー、ディドロ、チュルゴーに共通であり、アダム・スミスにも引きつがれているが、産業革命を経た今日にいたってもなお一定の意味をもつ立場である。それはどのような意味をになっているであろうか。

「生産力説」が流通主義や、空想主義の経済思想から決定的に区別されるところは、それが生産という社会の基本的な事実に眼を向けた点にある。ディドロは、社会の物質的基礎として生産および再生産の自発的な進行を認めたが故に、社会を一つの自然過程としてとらえることができた。それは、支配者の意志や、人為からは独立したリアルな、必然的な過程である。旧来の一切の制度や、イデオロギーは、生産の自然的な過程の上にうち立てられた人為でしかない。したがって、それらは生産の法則(自然法)によって根本的に規定されており、またそれにしたがわねばならない。こうして、すべてを生産=労働に還元し、生産を高め、発展させることのなかに人間の幸福を実現するカギを見出すという立場が生まれる。

「生産力説」は、認識の基準を生産力の発展という点におくことから、進んでその生産力の現実的な存在形態を認識することができた。いかなる生産の形態が、生産力の発展により適当したものであるか、そのための経済的・社会的条件はいかなるものでなければならないか、それを動かしている動機はいかなるものであるか、等々。ディドロの《マニュファクチュール》は、その代表的な事例であるといえる。このことの当然の結果として、生産力の発展を現実的に拘束する諸条件に対する認識が高まらざるを得ないし、またそれに対する対策も考慮されてくる。『百科全書』が、生産に対する拘束として、とくに重要視したものは、独占、特権、重税、市場統制、徴税請負などであり、「産業の自由」に反する一切のものであった。『百科全書』の批判と抗議の矢はこれらの拘束に向って集中される。「批判の科学」としての「生産力説」が最も精彩を発揮するのは、この箇所においてである。「生産力説」は、たたかうブルジョワジーの理論的武器として、その最大の役割を果すことができたのである。

しかし、「生産力説」はブルジョワジーが一たび覇権を握って、新しい敵対勢力――プロレタリアート――に対抗するものとなるや否や、その批判的性格を失って体制擁護的なものに転化する。現代の「生産力説」は、例えば労働者の賃上げ要求に対して、賃上げのためには生産力を高めなければならない、という形で現われてくる。しかし、このことは単に歴史の推移の結果、そうなるというだけではなく、「生産力説」そのものの論理構造の結果に他ならない。その第一点は「生産力説」が階級という視点をもたないこと、たとえばディドロでは人間主義の立場がつよく押し出されているが、その人間が階級関係によって根本的に規定されていることが見逃がされている。これはルソーでは、かなり意識的にとらえられているが、一般的にいえば一八世紀の思想家にはまぬかれることのできない根本的な制約であった。言葉をかえれば、これは「生産力説」が生産力の立場にはたったが、生産関係を認めることはできなかったということである。独占や特権に対する『百科全書』の批判にしても、それは人間的立場からの批判であって、生産‐階級関係を根本的に変革する立場からの批判たることはできなかった。

このことは、「生産力説」が社会の歴史性を認め得ないという第二の欠陥をもたらす。ディドロは、「生産の発達」によって社会悪が結局、一掃されることを信じているが、しかしその新しい社会がやはり歴史的に限定されたものであることを認めようとはしなかった。もし彼がそれを認めたとすれば、救い難いペシミスムにおちいったかも知れないが、しかし彼がブルジョワジーに過大の期待をかけて失望するということもなかったであろう。この点もまた、一八世紀思想の制約であったことは明らかである。

「生産力説」のもった右のような制約は、『百科全書』では財産問題の取扱いに最もよく現われている。一言でいえば、『百科全書』の改革論は、所有関係の根本にふれない改革論であり、地主やブルジョワジーの社会理想と最も適合的な改革論であるといえる。それは、独占あるいは大財産には反対するが、財産そのものはこれを擁護する立場をとる。そのことは同時に、財産関係に立脚する権力の問題に対するかれらの認識を妨げずにはおかない。ルソーが、財産関係の是正ということを通じて、権力の革命的な変革というすぐれて政治的な問題意識に到達したのとは対蹠的に、『百科全書』の立場はあくまで経済主義的である。権力あるいは政治の問題は、いわば非本質的なものとして取扱われていると見られるのである。

しかし、『百科全書』の経済思想は、右のような制約をもちながら、いな、その故にこそ一八世紀の支配的な傾向の代表者となることができた。それはフランス革命に先立つ時代の先進的なブルジョワジーの知識の源泉となり、その社会的要求の結集点となることができた。なぜなら、現実的に新しい社会を担いうるまでに成長したブルジョワジーは、単に主観的に旧社会に反撥するだけではなくて、それ自身の生産的基礎を旧社会に対置することのできる唯一の階級であったが、『百科全書』はまさにこうしたブルジョワジーの力と要求とを「生産力説」というかたちで表現しているからである。したがってフランス革命で、革命的なブルジョワジーが掲げた要求は、多かれ少なかれ『百科全書』のなかにその糸口を見出すことができる。『百科全書』の「哲学」は、そうした意義を担うものとして再評価されなければならない。

あとがき――本稿の作成に当っては、とくに商業論、租税論の一部についての資料の検討、論点の提出などで京都大学経済学部(当時)の菱山泉氏、教養部(当時)の溝川喜一氏の協力を得たことを明らかにしておきたい。改訂稿を書店に渡したのち、私は名古屋大学(当時)の中川久定氏の好意により、Jean Œstreicher, La Pensée politique et Economique de Diderot, 1936 を読むことができ、また近刊の Jacques Proust, Diderot et L'Encyclopédie, 1962 を入手した。エストライシェルはディドロをあまりに急進的な理論家として扱いすぎていると思うし、《財団》をディドロの執筆としている点等の誤解もある。プルーストの大著は充分検討する余裕がなかったが、ディドロの位置づけは本稿の立場に近い。ただ本稿でディドロの執筆によるとしている項目のうち若干の誤解があることがわかったので、プルーストの考証により訂正しておきたい。《奢侈》《立法者》はサン＝ランベール、《代表者》はドルバックであり、《マニュファクチュール》は執筆者不明である。校正に当って本文に修正を加えることを考えたが、時間の関係もあって果しえなかった。『百科全書』の経済思想を確かめる上では、あるいはこのままでも許されうるとも考えた。本文中のディドロの思想とあるのは、同時にディドロ－サン＝ランベール－ドルバックの立場として読みとっていただけば幸いである。

第二部　フランス革命の構造

第六章　フランス革命のアウトライン

一　革命をどう見るか

フランス革命は、さし当り、一六世紀末いらい正確に二〇〇年間つづいたブルボン王朝を一挙に倒した革命である。それが「革命」である理由は、その政治変革が急激で徹底的であり、一握りの政権担当者だけでなく、多数の市民や民衆が介在し、また王政のあとに別の王政ができたのではなく、全く別の政権と別の政治の仕組みが作られたことにもとづいている。フランスは一〇年間にわたって、このような政治変動を経験し、その影響は社会のすみずみにまで及んだばかりでなく、近隣の諸国をも戦争にひき入れ、ヨーロッパの全土を揺り動かした。

この巨大で激烈な政治変動は、一体なぜ起こったのか。それは偶然のできごとなのか、必然のなりゆきなのか。何を意味しているのか。現代とどうかかわるのか。フランス革命いらい、フランス人だけでなく、世界中の政治家や理論家は、それらを問うてきた。それらの問いにたいする答も、またさまざまであった。そこで、まず、どのような答が過去にあったかを手短かに知ることから始めよう。

フランス革命に限らず、歴史的事件についての評価は、肯定的か否定的か、大きく二つに分かれる。この二つの立場は、革命中からすでに存在したが、革命後、一世紀ほど経った時点で、「陰謀説」と「状況説」と呼ばれる二つの立場が浮かび上がることとなった。まず、陰謀説は批評家のイポリット・テーヌによって強調されたもので、一八七一年のパリ・コミューンの反乱を目撃して衝撃をうけたテーヌは、フランス革命もまたコミューンと同様に、少数の陰謀家が間違った思想にみちびかれて、民衆を煽り立てた結果でしかないと考えた。フランス革命における間違った思想は、革命に先立って流布したルソーその他の哲学者《フィロゾーフ》たちによって着想されたものだが、それを受け取った連中が秘密結社を組織したり、社会の落ちこぼれや不満分子を駆り立てて騒ぎを大きくした。その結果がフランス革命に他ならないという主張を展開した。

こうした陰謀説は、啓蒙思想や革命期の急進派であったジャコバン派の役割について、一定の認識を示しているけれども、それよりも革命や反乱をひたすら恐怖する側の人間の感情がむき出しになっている点で、客観性に乏しいと言わざるをえない。「精神錯乱者の陰謀」といっても、それがなぜ多数の民衆を何年間も動かして、一定の政治的・社会的な効果を収めさせたかを説明しなければ意味がない。したがって、この説はあまりに単純に過ぎると言うべきである。ただし、この主張が歴史における個人の役割や、思想の影響力を重く見ている点は、簡単にしりぞけてよいとは思われない。その点では改めて検討する値打ちがある。

これにたいして、状況説はパリ・コミューン以後、第三共和政の時代となり、フランス革命勃発一〇〇年が記念された時点で、共和政やデモクラシーを擁護する側に立って、オラールなどの歴史家が説いたものである。いうまでもなく革命は、革命を推進する人間と、それに反対する人間との間の主体的な対決の場であるけれども、しかしその対決には世界観や理念の対立のほかに、集団や階層の利害、社会状況への対応の相違が含まれている。したがって、問題を個人の主観やイデオロギーに還元しないで、社会状況のあり方やその変化との関連でとらえる必要がある。ジャコバン派の急進主義は啓蒙思想と結びつくだけでなく、当時の革命状況との関連で理解しなければならない。オラールによれば、ジャコバン独裁という異常事態は、革命をめぐる内外の危機的状況によってよぎなくされたものに過ぎず、共和政とも民主主義とも無関係な「逸脱」であった(前川貞次郎『フランス革命史研究』創文社、一九五六年、参照)。

状況説は革命をめぐる客観的条件の探求に道を開いた点で、歴史の学問的研究に貢献するものであったが、他方では革命にかかわった人々の行為やイデオロギーの役割を軽視し、すべてを状況のせいにして個人の責任や、選択の可能性を不問にする傾向を生み出した。とくに、オラールの友人であるジャン・ジョレスや、オラールの論敵であるマティエなどの研究が社会的・経済的な条件や状況を重視するようになると、民衆の生活状態や物価の動向を調べることがフランス革命を理解するための中心課題のような受け取りかたが流行した。

歴史研究にマルクス主義の方法が広く適用されるようになるのは、二〇世紀に入ってからのことであるが、しかしそれに先立ってマルクスはエンゲルスとともに、フランス革命について数多く言及している。マルクス、エンゲルスによれば、フランス革命は階級としてのブルジョワジーが政治的解放をかち取った「古典的」または「典型的」な「ブルジョワ革命」であった。「古典的」または「典型的」という意味は、経済的階級として結集されたブルジョワジーが徹底的な階級闘争を展開して、権力を完全に手中に収めたというほどの内容を指すものであった（カール・マルクス『ルイ・ボナパルトのブリュメール十八日』、『フランスの内乱』岩波文庫、参照）。

個人ではなく階級を取り出し、理念ではなく経済的利害関係を強調するマルクス主義の方法は、前に述べた状況説を一層拡大して歴史に適用したものである。こうしたブルジョワ革命説の背後には、さらに広大な歴史的状況である「封建制から資本主義への移行」という人類史の普遍的なプロセスが前提として想定され、状況説を補強した。フランス革命はこの普遍的な歴史過程の一環を模範的に演出して見せたものと評価されたのである（高橋幸八郎『市民革命の構造』御茶の水書房、一九五〇年、参照）。

フランス革命を資本主義の担い手としてのブルジョワ階級に帰着させる考え方は、この革命を歴史の広い展望のなかで考え直す上で魅力的なものであったが、しかし同時にこの見方は一国史を普遍史に還元し、それにともなう多くの難点を避けることができなかった。簡単な例を挙げると、フランスにおけるブルジョワ階級は、経済的意味でのブルジョワ、すなわち資本家ないしは商人、金融家ではなく、むしろ社会的意味でのブルジョワ、すなわち都市民である地主や、法律家、役人などを指しており、彼らの存在は必ずしも資本主義の順調な成果を示すものではなかった。都市民を構成した法律家や役人、それに商人や商店主たちが革命に参加し、それを推進したのは、資本主義が成長したからではなくて、むしろ資本主義的要素が未成熟であって、中小市民の独自の活動の場が広く開かれていたことを示すものといってよい。最近の研究が明らかにしていることは、経済成長が急速で、繁栄をつづけた地域から選出された革命期の議員は、政治的には右派であり、これにたいして左派であるジャコバン派は、むしろ国境近くの地域や経済的に停滞ぎみの地域において優勢であったという(Lynn Hunt, Politics, Culture and Class in the French Revolution, 1984, p. 132)。経済発展と果敢な政治闘争とは直結しないのである。

「封建制から資本主義への移行」という歴史の巨視的なとらえ方は、いまもなお有効性を失ってはいないが、その移行の結節点、あるいは画期をフランス革命に求めることには無理がある。経済の領域における移行のプロセスは、革命のような政治変革のプロセスと同一のものではなく、両者は併行するものでもないからである。もちろん、政治変革は経済問題と無関係のものでないどころか、深い関連をもっている。フランス革命がルイ十六世治下の財政難に起源をもつことは、誰もが知るところである。しかし、いったん革命が始まると、政治的事件や政治行動は、それ自身の論理にみちびかれて展開し、そのことがまた経済との新たな関連を作り出す。そうだとすれば、経済をも含めた政治変革の独自のプロセスを、マルクス主義とは別個に、どうとらえるかという課題が生まれる。それに答えようとしたのが「近代化論」とでも名付けてよい考え方である。

マルクスの同時代人であったトクヴィルは、マルクスとは別個に、国家と自由、政治制度の問題に関心をよせ、フランス革命について論じた。『アンシァン・レジームとフランス革命』(一八五六年)は、彼の最晩年の著作であるが、この著作の特色は「アンシァン・レジーム」(旧制度)と「フランス革命」という普通には対立概念として扱われる二つの事象が、実は緊密につながっていること、旧制度のもとで王権がおし進めてきた中央集権化は、革命のなかで一段と促進され、一層徹底したものになったこと、その結果、トクヴィルが重視した市民の政治的自由は犠牲に供され、古きよき伝統は失われ、画一化が一層進んだことなどを明らかにした点にある。

若い時期にアメリカ合衆国に渡って見聞をかさねたトクヴィルは、アメリカで強調されるデモクラシー、生活や思想の上での平等化、画一化のなかに、彼の祖国であるフランスの過去ではなく、未来を認めた。彼はフランスの社会もまた、いずれはアメリカ流のデモクラシーの洗礼を受けるであろうことを失望感をこめて予言した。なぜなら、知的エリートであるトクヴィルは貴族の政治参加や、地方自治が保証する政治的自由の側に立っていたからである。

こうして、トクヴィルはフランス革命のなかに前時代との政治的断絶を認めるのではなくて、むしろ不平等への憎悪、平等への熱狂といった精神状態の突発的な転換、すなわち文化的断絶を認める。文化的断絶を作り出すための思考の転換は、すでにアンシァン・レジームの下で生まれていた。それは社会生活の上でも、政治制度の上でも、平等を求めるデモクラシーの思想であり、フランス革命はその爆発に他ならなかった。しかし、すでに見たように、この平等主義は自由な政治制度ではなく、アンシァン・レジームの中央集権制に代えて、一層、専制的な中央集権制を帰結した。こうした革命のもつ矛盾、危険性を生み出すものとしてのフランスの国民性を冷静に客観的に描き出すところに、彼の著作の眼目があった。

もっとも、トクヴィルの『アンシァン・レジームとフランス革命』は未完に終わり、トクヴィルはフランス革命のなかで起こるさまざまの問題について直接に言及することは、ほとんどできなかった。したがって、トクヴィルが示した見取図を前提にしながら、しかもトクヴィルとは別個に革命の内部に立ち入って、革命中どのようなイデオロギーと精神状態が支配的であったか、それがどのような結果をひき起こしたかなどを分析する必要があった。現代の歴史家フランソワ・フュレによれば、その仕事は今世紀初頭の歴史家オーギュスタン・コシャンによって着手された。

トクヴィルがアンシァン・レジームと革命との連続性を強調したのにたいし、コシャンは革命による切断、いいかえると革命の革命性を問題にし、それを解くカギをジャコバン主義のなかに見出した。

ジャコバン主義、あるいはジャコバン派が推進した運動は、たしかに、フランス革命をデモクラシーの徹底、「直接デモクラシー」に向かって押しすすめたものであった。革命の推移、その力学を理解する上で、ジャコバン主義のもった社会的、政治的役割を無視することはできない。トクヴィルは、それを「平等への情熱」と規定したし、またテーヌは精神の錯乱といった心理的要因による説明をあたえた。コシャンはこれらとは違って、ジャコバン主義は一定の組織モデルに裏づけられたイデオロギーの体系であるとし、ジャコバン主義の分析を通じてのみフランス革命の特異性が解明できるとした。

コシャンによれば、ジャコバン主義はアンシァン・レジームの末年に生まれた「思想協会《ソシエテ・ド・パンセ》」、すなわちフリーメイソンや、文学サークル、クラブや集会などでの人間の結合の仕方をモデルにするものである。これらの集まりは、アンシァン・レジーム特有の職業団体や信仰団体などの「団体」とは違って、社会や経済から切り離された諸個人が平等の資格で集まり、コンセンサスを唯一の支えとして機能する新しい社会集団である。この原子論的な諸個人が作る抽象的な平等社会を拡大して、一国全体の政治組織に投影する試みは、すでにジャン＝ジャック・ルソーの政治論のなかで行なわれており、集団のコンセンサスが「一般意志」として表現されていることは周知のとおりである。コシャンは、ジャコバン主義をささえたイメージあるいはフィクションもまた、これと同様であって、平等な資格をもつ個人の集合（「人民」）は共通の意志（「一般意志」）によって結ばれ、不平等の体現者である暴君や貴族の陰謀や迫害に立ち向かう。デモクラシーとは、この一般意志が陰謀や迫害にうち勝って権力を獲得し、権力と同一化することである。こうした観念にみちびかれて、ジャコバン主義は一七八九年に始まり、一七九三年の秋に完了するプロセスをリードしたのであり、その帰結がコンセンサスのテロリズムに代えて、権力のテロリズム、つまり「テルール」になったとコシャンは説く(A. Cochin, L'esprit du jacobinisme, 1979, p. 165. F. Furet, Penser la Révolution française, 1978, p. 246)。

　このように、トクヴィルやコシャンにとっては、フランス革命は中央集権制の継承、強化であるか、あるいは「直接」デモクラシーという名前でのテロリズム、ないしは独裁であったかの、いずれかであった。これらのフランス革命観は、革命による近代化を正当化するものでなく、かなり悲観的な見方だと言わねばならない。しかしいわゆる「近代国家」が劇烈な政治闘争とは無関係に生まれることがありえない以上、それは革命の残酷さや、幻想と自己矛盾、無益な犠牲などを避けることはできなかった。それは近代という時代に移るための生みの苦しみにたとえられるものであろう。つまり、けっして望ましいとはいえないが、しかし避けることができないもの、それが近代化のプロセスにおける革命だという見方になるわけである。「死と再生のドラマ」と呼んでもよい。

　こうして、フランス革命は巨視的な歴史の流れのなかで見れば、資本主義の社会が徐々に生まれてくるというマルクス主義が分析した歴史構造の一環としてのプロセスであり、さらにより一層、具体的には政治・権力構造の上での集権化が避けがたく進行する歴史的画期、「近代国家の成立」を表現するものである。そのさい、さまざまの人間集団が、独得のイデオロギーと情熱にみちびかれて、政治・権力構造に果敢に挑戦し、一定の成果と帰結を歴史のなかに刻みこんだのである。こうしてフランス革命は人間的共感にうらづけられたさまざまの個人や集団が展開した知的、道徳的、またとくに暴力的なドラマであり、そうしたものとして歴史のなかに定着しているのである。

　以上のような問題状況をひとまず念頭におきながら、フランス革命をめぐる歴史過程に立ち入ることとしよう。

二　八九年体制

フランス革命のはじまりは、全国三部会が召集され、またバスティーユの牢獄が占拠された一七八九年であり、革命を記憶し、記念する日付は、前者の五月五日ではなく、後者の七月一四日である。この日は現在でも国民祝祭の日とされている。

一七八九年は、もちろん、その前史をもっている。どこまで、さかのぼるべきか、意見は一致していないが、二〇〇年来の絶対君主が政治上のリーダーシップを維持することができなくなり、とくに王権の支柱である貴族層が公然とした反抗をはじめた一七八七年を出発点に選ぶのが適当である。マティエはこれを「貴族の反乱」と呼んだが、事実、争乱状態はこの時点ですでに始まったのである。

ブルボン王朝の政治体制は国王を頂点とする統治組織――軍隊・裁判・徴税など――と、それに多かれ少なかれ組みこまれた聖職者と貴族の特権身分層があり、さらにそれに職業上、職能上のさまざまの利権集団――特許会社、ギルド、地方自治体など――が網の目のようにまとわりつき、また社会の最下端には都市の小商人や職人の組合や農村共同体に編入された農民層などがいて、人口の九〇パーセント以上を占めていた。フランスの総人口は約二三〇〇万人、聖職者は約一〇万、貴族は旧来の帯剣貴族のほかに、官職を買収して貴族となった法服貴族がいて、総数は約四〇万と言われる。つまり、人口の二パーセントほどが特権身分であったにすぎず、だからシエースは「第三身分はすべてである」と言うことができたのである。

前に述べた「貴族の反乱」は、極度の財政難に直面した王権が、免税特権をもつ両身分にも課税することを策したことから起こった。貴族はパルルマン(高等法院)と呼ばれる法令登録機関や、州三部会という地方議会を拠点として、これに抵抗したが、他方また王権の側も、独自に名士会を召集し、財政改革のみならず司法改革をも提案して一種の「上から」の革命を企てた。これが貴族やパルルマンの反抗気運を一層高め、革命のリハーサルを演じさせるまでに事態を深刻にした。

フランス革命は基本的な性格についていえば、絶対君主政のシステムのなかから貴族、というよりも貴族制度を抜き出して、その代わりに議会と議会制度を定着させれば、それで終わるはずのものであった。もちろん、その背景には一八世紀いらいの社会と経済のあり方の変化があり、商業の発達、都市化の進行、中央集権制の強化、ブルジョワジーの成長などが避けがたい傾向として存在した。こういう傾向に促がされて、私有財産制や経済活動の自由を確立し、同時に政治の目的や、権力の限界を明らかにする必要があったことは当然である。注目されるのは、貴族層のなかにも、旧来の身分的、封建的特権に固執する貴族と、ブルジョワ的傾向に対応して、自分自身が農場の経営主になったり、有利に農地を貸しつけたりして、身分的、経済的特権に必ずしも執着しない貴族層との区別が生まれたことである。この分裂のなかで、後者は数が少なかったとはいえ、貴族のなかでリーダーシップをとる大貴族に多く、彼らはフィジオクラートと呼ばれた重農主義の経済学者の影響を受けた。したがって、貴族の反抗にはじまる「貴族革命」は、やがて貴族層の分裂によって、貴族制度そのものが否定されるという自己否定の道を歩むこととなるのである。革命のドラマはこうして始まる。

貴族に代わって革命の主役となるのが、非特権身分としての「第三身分」である。第三身分はまた「ブルジョワ」とも呼ばれるが、すでに述べたように、実際には金持や実業家というよりは、地主・法律家・役人・文筆家・学者などのエリート層がリードする都市や近郊の多様な中間層を指すことが多い。つまり、都市民という意味合いである。これらの都市民がとくに革命的であったというわけではないが、一方では一八世紀の半ばになって影響力をますことになった「啓蒙思想」の役割(上記の「思想協会」の出現、チュルゴーなどフィジオクラートの財政長官就任など)を無視することができず、他方では政府の財政難や食糧政策の失敗が都市民の不安や不満をかき立てたことも事実である。第三身分は思想と経済事情の二つの要因を通じて、つよく刺激されていたのである。

王権が貴族の反抗に直面して、全国三部会の召集に合意したとき、第三身分にとって新たな政治的展望が生まれた。選挙が行なわれ議会が開かれるとなれば、数と言論の力によって自らの利害を確立することができると、彼らは信じた。一七八九年は、彼らの年来の希望が満たされるはずの年であったし、事実、この年の大部分はそのように推移した。

しかし、七月一四日はそうではなかった。パリの市民は、エリートたる代表たちの議会活動を通じて意志を示すのではなく、武器を求めてバスティーユ牢獄を襲うという直接行動によって確固たる決意を示した。このさい、市庁舎に陣どった市民の代表たちと連帯しながら、現場での実践部隊となったのは、商店主や小親方、職人などの「サン＝キュロット」(長ズボンをはいた下層市民)であった。彼らは市民を代表する者ではなくて、市民によって代表される者であった。しかし、バスティーユに限らず、彼らは革命運動の強力な推進者であり、また戦争や内乱にさいしては、義勇兵として、また急進的な革命派として挺身した。「人民」という言葉は、多くの場合、具体的には彼らを指していた。こうして、議会での演説や駆け引きに熱中するエリートと、街頭の行動派であるサン＝キュロット、言いかえると一方のブルジョワジーと他方の人民という区別が生まれ、この区別が革命の推移を左右するほどの力をもつことになる。

一七八九年の体制は、サン＝キュロットや農民の独自行動、実力行使を背景にしながら、ブルジョワ＝エリート層が絶対王政に代わる自らの政治支配のシステムを作り上げた結果である。この体制は約二年を要して、「一七九一年の憲法」として確定されることになる。その過程で、王権は絶対性を失い、封建時代いらいの貴族特権は廃止され、教会財産は国有化された。その見返りとしてブルジョワと人民が獲得したものが、「人間と市民の権利の宣言」とそれにもとづく諸法律であった。これらの法律革命は重要な前進であったが、しかしそれによって直ちに事態が変わるものではなかった。とくに食糧難や物価高が解決されることはなかった。逆にインフレーションの原因になるアッシニャが発行され、農村でも食糧暴動がつづいた。

王権は表面上はともかく、心底では八九年体制を認めなかった。国王は機会を見て海外逃亡をはかったり、外国の王室と連絡して戦争を挑発することを企てた。他方、議会リーダーたちの一体感も次第に失われ、とくに立憲議会終了後は、マラーやロベスピエールなどが、ジャコバン・クラブや新聞を通じてくり展げた反ブルジョワ的な人民主義の主張が有力となった。ジャコバン・クラブは元来、ジャコバン修道院を本拠とした革命派の結集体であったが、九〇年には王政のもとでの立憲政を主張するミラボー、ラファイエットなどが脱会し、九一年にはバルナーヴ、デュポール、ラメット兄弟などの「三頭派」が脱退し、残るのはブリッソー、ヴェルニオなどのジロンド派と、ロベスピエール、ペチョンなどの「民主派」または「モンターニュ派」となった。これらの党派は今日の政党ではなく、意見の近い者の集合体でしかなかったが、立憲議会では王権の及ぶ範囲などをめぐって激しく対立し、さらに戦争をめぐる論戦でも立場を異にした。

立法議会の時代になると、かつての「立憲派」と「三頭派」を継承するフイヤン派と、それよりも急進的であったジロンド派(ジロンド県出身者が多かった)が政権を争い、やがて両者とも行きづまった時点で、ジャコバン派の主流のモンターニュ派――議場の高いところを占めたので山岳派と言われる――が、ジロンド派と激しく対立することとなる。このジロンド－モンターニュの対立こそ、フランス革命の政治闘争のクライマックスを示すものであるが、その意味を明らかにすることが、今日もなお私たちに残されている課題である。

八九―九一年の革命ののちも、政治闘争が鎮静化しないで一層はげしくなった原因は、簡単にいえば戦争にある。戦争はもちろん政治闘争の一環であるけれども、しかしそれは政治闘争に新たな条件をもちこみ、その質を変化させた。たとえば、ブルジョワと人民、王政とデモクラシーといった対立のほかに、外敵通謀者と愛国者、国際主義とナショナリズムといった新たな対立がもち込まれ、これによって政治の熱気は一挙に高まることになる。

もしも、オーストリア、プロイセンとの戦争が革命とはかかわりのない戦争であったとすれば、王の軍隊どうしの戦争は短かい戦闘で終わり、領土の変更が多少あった程度であろう。しかし、革命のなかの戦争はそういかなかった。戦争の進行には革命が賭けられていたからである。戦争は革命の脅威からのがれようとする王室の努力に始まったが、八九年の立憲王政の路線を守ろうとしたフイヤン派は、戦争への突入に反対した。しかし王室の意図を真に受けて戦争に突入することで王室を革命にしたがわせようとしたジロンド派の作戦が効を奏して開戦となる。しかし、この不用意な開戦はたちまち前線における敗戦となり、危機は内面化した。この混迷に終止符をうち、政局からフイヤン派を追放するための実力行使を企てたのがロベスピエール以下のジャコバン派の人々であった。

一七九二年八月一〇日、ロベスピエールなどの呼びかけに応じて王宮を攻撃し、王の一家を逮捕したサン＝キュロットや兵士の一群は正規の市民代表であるパリのコミューンとは別個に「蜂起のコミューン」を結成し、反革命派や貴族にたいする強硬な報復を主張して議会をつき上げた。容疑者の処罰、教会活動の制限、食糧の徴発などである。議会は部分的にこれらの要求を容れると同時に、農村のサン＝キュロットである小農民にたいする譲歩を行なった。すなわち、小地片での国有地および共有地の売渡し、封建的負担のうち八九年いらい買取りの対象とされていたものの無償廃止——ただし領主の立証ある場合は別——などである。その延長線上にあるのが共和政(第一共和政)と国民公会《コンヴァンシヨン》の成立である。

ジャコバン＝モンターニュ派が自分たちの政治行動を規律する基準とした「人民」、いわばあるべき「人民」像の実体は、パリやその他の都市の小商店主や小親方、あるいは農村の小農民たちであった。日雇い人夫や労働者、あるいは農村の土地なき貧農も、もちろん広い意味での「人民」の一部には違いないが、ジャコバン的視野からすれば、彼らは小所有者の前身あるいは転形物にすぎず、彼らのプロレタリア的、「無産者」的独自性を認めたわけではない。ジャコバン＝モンターニュ派自体はブルジョワの一員であり、ブルジョワ・デモクラットと考えてよいが、彼らは右のような小市民や独立小農民が構成する「人民」との一体化を前提とし、また一体化を求めて行動した。したがって、半プロレタリアやプロレタリア層の固有の利害は彼らの視野のそとにあり、プロレタリア層がアンラジェやエベール派として独自の利害を対置するとき、断罪の斧をおろさざるをえなかった。「人民」の概念には、この対立を解くカギが含まれてはいなかった。およそ「異端排斥」はこうした論理の作用として実行に移される。

開戦による興奮と熱狂がつづき、「九月虐殺」や前線のヴァルミーでの歴史的な勝利を背景にして、国民公会が成立した。コンヴェンションという英語を使ったこの組織は、憲法制定と臨時政府の二つの任務を負っていた。約七〇〇の構成員は、その大部分が法律家で、地方議会や立憲・立法議会の議員経験者が多かった。党派の上ではジロンド派が約二〇〇にたいし、モンターニュ派が一〇〇程度で、その他は平原《プレーヌ》派または沼沢《マレ》派と呼ばれる中間派であった。中間派は無定見な議員の集まりのように見えたが、実は彼らこそ政局の安定を模索し、八九年体制の連続性を保証する上での不可欠の存在であった。

しかし、当面の政局はジロンド派とジャコバン派(モンターニュ派)との対決の場であった。ことは八月一〇日の革命によって、対敵通謀が発覚した国王ルイ十六世をどう処分するかをめぐって争われた。即時死刑を主張するロベスピエール、サン＝ジュストなどの強硬論にたいしてジロンド派は国民公会の独断を排して人民の声を聞くべきだと主張し、また処刑の執行猶予を提案したが、いずれも容れられず敗北した。死刑廃止論者のコンドルセは、この場合も死刑に反対したが、ジャコバン派の怒りを買うにとどまった。彼の憲法案は啓蒙思想家のなかの最大の合理主義者が示した努力の現われとして評価される。

国王の処刑は、反対派がおそれていたようにヨーロッパの諸国を硬化させた。オーストリア、プロイセンにイギリス、オランダが加わって、フランス革命を包囲する対仏同盟が結成された。政権の維持をはかったジロンド派は、対外的には強硬策をとり、革命の輸出を主張したが成果をうることができなかった。国内では、ヴァンデの反乱が示すように、革命の影響をおそれた純農村地帯での武装反乱が拡がった。内外情勢のこうした行きづまりのなかで軍隊の再編成と三〇万人募兵が進められ、またモンターニュ派やサン＝キュロットの圧力によって革命裁判所が設置された。

情勢は切迫し、ジロンド派の立場は急速に危くなった。

三　九三年体制

議会による市民的自由の確立を中心課題とした一七八九年の体制は、ほぼ三つの階梯をたどって、一七九三年の体制に移行する。その第一は戦争の発生と、その帰結としての一七九二年八月一〇日の革命であり、第二の階梯もしくは契機は、九三年一月の国王処刑と諸外国の反応であり、第三の、そして最後の階梯はこの年の五月末から六月にかけてパリのサン＝キュロットが国民公会にたいして行なったクーデタである。このクーデタによってこれまで曲りなりにも議会として機能してきた国民公会は、もはや自由な討議の場ではなくなった。公会が選出した公安委員会が政府に代わる行政機関として作用し、国民公会は下位の審議機関に引き下げられた。議会はなくなったわけではない。しかしそれは機能を停止させられたのである。

理性的な提案や討議が封殺されると、切迫した状況から逃れるための当面の対策や、熱情にかられた結果の強硬策や空想的な施策が横行する。九三年体制はルソー的な人民主義を基調とする「九三年憲法」を制定し、自由よりも平等に力点をおいた社会権重視の福祉国家を目指したものと評価されているが、しかし「九三年憲法」の実施は棚上げとなり、革命裁判所の権限が拡大され、経済統制が強化され、最後に「最高存在の祭典」という精神主義が唱えられたことが示すように、結局それらは切迫した内外の危機に直面したジャコバン＝モンターニュ派があいついで持ち出した非常手段でしかなかった。総動員法や最高価格法、貧しい農民への土地分配を定めたヴァントーズ法などがその例である。これらによって民衆にとっての理想政治が実現したのではなく、実はそれは「テルール」(恐怖政治)の時代が始まったのであった。

モンターニュ派がパリのサン゠キュロットたちを動員したクーデタの直接の目的は、ジロンド派の議員、とくに約三〇人の幹部を公会から追放することであった。これは内外の危機に名を借りた独裁の企てであったが、追放されたジロンド派はパリを逃がれて、西部や南部の各地でパリの支配にたいする反乱を呼びかけた。この反乱は約二ヵ月つづいて終息した。革命派のなかの闘いのほかに、反革命の立場からの反乱もまた、同じ時期に急速に拡がった。「カトリック的、王党的大軍隊」を中核とするヴァンデの農民軍団は、ゲリラ戦を混じえつつ、ソミュールその他の都市を占領し、革命政府に深刻な脅威をあたえた。

軍事政策の上でも混乱がつづいた。ベルギーを占領した将軍デュムーリエが部下を棄てて逃亡したことが示すように、軍隊の指揮官から貴族の影響を排除することは容易でなかった。陸軍大臣となったブーショットは、中佐でしかなかったので将軍たちに信用されず、その上、次官には過激派のヴァンサンを採用したために、役所はサン゠キュロットたちに占領され、軍務は一向進まなかった。前線の状況はどこも不利で、北部ではオーストリア軍と、イギリス、オランダ軍の包囲網が拡がり、南部ではサルディニア、イギリス、スペインの圧力がつよまった。

国内では食糧難とインフレーションを理由とする民衆の不満が高まった。パンの価格は当局の努力で固定されていたが、肉や石鹸その他の日用品の値上りはひどかった。コルドリエ・クラブやアンラジェと呼ばれた過激派の組織が活動をつよめ、買占めの禁止や、低価格での商品の差し押えなどを主張し、「金持と貧乏人との戦争」をあおった。ジャック・ルー、エベールなど、サン゠キュロットを代表し、暗殺されたマラーの後継者たろうとする彼らの主張は、買占人の即時処刑、反革命容疑者の逮捕、総動員法の要求といった具合に、強硬になるばかりであった。

サン゠キュロット、とくにその戦闘的なメンバーの考え方は、アルベール・ソブールが詳細に検討しているように、ルソーの人民主権論や直接民主主義論の影響を受けて、それらを即時に、かつ全面的に実現しようとした点に特徴がある。彼らは人民の権利を絶対化して、それを生存権、労働権とし、法律上の平等を生活上の平等におきかえ、人民を代表するものの独立性を認めず、また大財産や大農場、商業や手工業の大経営の存在も認めなかった(A. Soboul, Les sans-culottes parisiens en l'an II, 1958)。要するに、小所有者であり勤労者である点で平等である彼らは、自己の立脚点を自由よりも平等におき、平等社会実現のための全員一致を要求し、敵対者および内通者の処罰、財産権の制限、厳重な経済統制などを主張して、モンターニュ派を下から突き上げた。

ロベスピエールは戦術的必要からプチ・ブル急進主義に同調したが、しかし所有権を無条件に制限することは認めず、また直接選挙による政府の選出といった方式は回避した。この点で、ブルジョワ派としての立場を守ろうと努めた(「一七九三年の人権宣言」)。だが、情勢はきわめて深刻で、右のような微妙な相違点は大した意味をもたなかった。モンターニュ派は一方では亡命者財産の小地片での売渡し、共有地の分割、領主権の一掃などで農民の不満の解消をはかった。他方また、買占人への死罪を定めた法令、ジロンド派やマリー゠アントワネットの処刑、総動員令といった具合に、強硬策をつみ重ねたが、その帰結が九三年憲法の実施延期と恐怖政治の成立、具体的には公安委員会の独裁であった。

恐怖政治のもとで革命裁判所の動きが活潑となり、九三年の終りの三カ月で一七七人が処刑され、それは被告とされた者の四五パーセントに相当した。同時にまたこの時期に伝統からの離脱も試みられ、度量衡を統一し、グレゴリオ暦を共和暦に改め、一週を一〇日とし、月の名前を新しくするなどの改革が実行に移された。公の行事の宗教性を薄くし、僧侶に結婚の自由を認めるなどの世俗化政策は徐々に浸透したが、いわゆる非キリスト教化の運動は、この傾向を極端化したもので、ノートル゠ダムの教会を理性の殿堂とし、若いオペラ女優を自由の象徴とする祭典を行なうまでになった。パリにおけるこの運動の推進者はエベール派であったが、ロベスピエール自身は唯物論をしりぞけ、非キリスト教化を「不道徳な人間」や「外国の手先」による革命政府と人民とのあいだの離間策であると見た。「最高存在の祭典」が求められた理由はここにある。

いずれにしても、独裁権を握った公安委員会の任務は左右からの圧力に対抗しつつ、場合によっては反対派をギロチンに送りながら、戦局の好転のために全力をあげることであった。リン・ハントによれば、この時期まで共和政を象徴した女性像は、画家ダヴィッドによってヒドラを打つ英雄ヘラクレスの像におきかえられた。政治の革命と同時に文化の革命が目指されたことは、たしかである(Lynn Hunt, op. cit., p. 96)。

戦局について言えば、軍隊を革命的に再編成する仕事ははかばかしく進まず、戦術を包囲戦と砲撃戦から急進撃と機動戦に移すことも容易でなかった。しかし、北部戦線では秋になって戦局はやや好転し、またアルザスや東部戦線では、サン＝ジュスト、ルバが特別の派遣員として送られ、怠慢な士官や将軍を即時銃殺に処し、民衆に負担を求めて軍隊を建て直した。こうした対策に裏づけられて、オッシュやピシュグリュによる勝利がかちとられた。国内戦でも、反革命派の拠点であったリヨンは解放され、トゥーロンを占領したイギリス軍は撤退し、長く革命側を苦しめたヴァンデの反乱も、九三年の末になって、本隊が敗北し、あとは散発的なゲリラになってしまった。

一七九四年は、戦局がやや好転した状況のなかで九三年体制を維持することが、いかに多くの困難と混乱を生み出すことになるかを白日のもとにさらした時期であった。九三年体制が志向した鉄のような規律と強制は、外敵に四方から侵略されている非常事態の故に、たえしのばれた。他方、社会の内部では不満が蓄積されていた。八九年体制を推進してきた自由なブルジョワ層は、窮屈な統制の解除を求めており、反対にまたサン＝キュロット層は物価とともに賃銀まで抑えられたことや、食糧不足とインフレーションがやまず、経済統制は無意味となっていることを非難した。こうしてモンターニュ派の独裁は、目的と結果が相反する袋小路に追い込まれた。

モンターニュ派のなかにあって、ブルジョワ的な寛容政策はダントンによって代表され、サン＝キュロット的な強硬政策はエベールによって代表された。ロベスピエールは、この深刻な分派闘争を終わらせようとして、「政治道徳の諸原理について」演説し、「徳と恐怖」のいずれもが革命政府にとって不可欠であることを力説した。だが、もはや、それはロベスピエールの個人的信念の表明としてしか受け取られなかった。

ロベスピエールが追いこまれた選択は、まず左派のエベール派をギロチンに送り、返す刃でダントン派も切ることであった。この無謀な選択がロベスピエール派自身の没落につながったことは言うまでもない。サン＝ジュストが述べたように、「革命は凍りついてしまった」のである。ロベスピエールは最後の望みを信仰心の回復のなかに求めた。無神論と道徳的頽廃を告発する「最高存在の祭典」が催され、ロベスピエールは自らそれを指揮した。危機はのり越えられたかのように見えた。

軍事面では、サン＝ジュストの提案による「アマルガム法」、すなわち正規兵と義勇兵とを混合して革命軍をつくり上げる方策がようやく効果をあげた。この年の春になってベルギー戦線でビシュグリュ、ジュルダンなどの指揮が効を奏し、夏までにベルギー全土を制圧し、オランダをも征服した。しかし、それと符節をあわせるようにして、ロベスピエール派は倒された。皮肉なめぐり合わせである。

内紛に苦しんだロベスピエールは、約一カ月、公安委員会への出席も取り止めて沈黙をまもった。七月の終りになって、彼は国民公会で演説し、政敵たちを非難した。しかし、政敵たちの名前を具体的に示さなかったことが、狙われていることを察知したテロリストたちの警戒心をつよめた。テルミドール九日(七月二七日)の前夜、議長のコロー＝デルボワを始めとする反対派と平原派との間に翌日の筋書きが決められた。

ロベスピエールを裁いたのは、彼が国王を裁いたのと同じく、国民公会の議場においてであった。独裁を追求したとはいえ、彼はやはり国民公会の優越性を認めていた。しかし、その議場で発言を求めたサン＝ジュストの演説は妨げられ、ロベスピエールは登壇することも許されなかった。ロベスピエール、サン＝ジュスト、クートンの非難決議が可決され、ロベスピエールの弟とルバが一味に加わることを願い出て承認された。一転して囚徒となった五人は、グレーヴ広場に連行され、一時は自由の身になったが、やがて市庁舎に連行され、バラスの率いた軍隊による暴行をうけた。象徴的なことは、これまでロベスピエール派を突き上げてきたコミューンやパリの地区（セクション）の連中が少しも有効な反撃を組織しなかったことである。ブルジョワ層はもちろん、サン＝キュロット層も、モンターニュ派擁護の行動を起こす気力をもはや失っていた。翌日、ロベスピエールほか二一名の仲間は、裁判を受けることもなく処刑された。「テルミドールの反動」である。

政治の熱気というものは、不可能と思われることを苦もなくなしとげるものだが、反対にひとたび熱気がおとろえ、冷たい現実が見えてくると、可能なことすらできないほどの抵抗に出会うこととなる。処刑場に連行されるモンターニュ派を見送ったある労働者は、「最高価格制」とつぶやいた。労働者もまた、モンターニュ派によって賃銀が公定されたことを不満としたのである。

四　九五年体制

テルミドール九日のロベスピエール派の没落は、非常事態のもとでの非常体制が解除されたことを意味するものであり、さし当り九三年五月三一日―六月二日のクーデタ以前の状態に復帰することが求められた。共和主義の原則は変わらず、国民公会も存続したが、ただ公安委員会や革命裁判所は改組され、ジャコバン派は追放された。

政局の主導権はロベスピエールを倒したテロリストと、「平原派」を構成したブルジョワ穏和派が合体した「テルミドール派」が握った。テルミドール派の課題は、まず、サン＝キュロットやモンターニュ派が推進した独裁の恐怖を再現しないことであったが、同時にまた反動の行きすぎによって、国王の処刑に反感をもつ王党派の進出を許してもならなかった。ジャコバン派と王党派という左右からの攻撃を受けながら、革命の成果を確保し、また育ててゆくためには、どういう政治の仕組みが必要であり、またどういう勢力に依存しなければならないか。テルミドール派のバラスやボワシー・ダングラスが苦心したのは、その点であった。

テルミドールで経済統制が緩和されたことと引きかえに、革命中に発行されたアッシニャ紙幣の価値は急速に下落し、物価騰貴を一層はげしくした。政府は翌日使う紙幣を前の晩に印刷する有様であり、一〇〇フランの紙幣は一フランの値打ちもなくなっていた。一七九五年の四月一日には、パリの食糧の在庫が底をつき、地区の民衆が「パンと九三年の憲法」を求めて蜂起し、国民公会に押しかけた(ジェルミナールの蜂起)。このとき、秩序を回復したのは、前線の英雄ピシュグリュの指揮する軍隊であった。五月二〇日にも、同じようにサン゠タントワーヌやサン゠マルソー地区の民衆が蜂起して国会公会に突入した(プレリアルの蜂起)。こんどは国民衛兵が議場に入って叛徒を追い出した。いずれの場合もサン゠キュロットは有能なリーダーをもたず、政府から具体的な対策をひき出すことができなかった。反乱の結果は、国民公会にひそんでいたモンターニュ派の議員が名のり出て逮捕され、また右翼が左翼を襲う「白色テロ」が全土に横行したにとどまった。

「共和国三年の憲法」すなわち一七九五年の憲法と人権宣言は、これまでの経験にもとづいて、権力や権限の集中を排除し、選ばれたエリートによる議会政治を確立し、市民の自由な経済活動を保障するために、ボワシー・ダングラスやシエースによって考え出されたものであった。彼らによれば、フランスはもはや国王やロベスピエールのような一人の人間によって統治されるべきではなくて、五人の総裁がそれぞれの担当事項を別個に取り扱い、彼らは二院制の議会(「元老院」と「五百人会」)によって選任され、また定期的に交替させられるべきものであった。シエースは主権という概念の弊害を明瞭に指摘した最初の人間であった。独立した崇高な存在としての国家や主権を市民社会のなかに解消すべしとした彼の視点は注目に値すると言わねばならない(F. Furet et D. Richet, La Révolution française, 2e éd., 1973, p. 312)。

一七九五年の人権宣言は、八九年や九三年の宣言とは違って、美しい言葉を並べたり、平等の理想を説いたりはしなかった。「平等は、すべての人にとって法が同一であることのなかにある」。また「所有権とは自分の財産、自分の所得、自分の労働と勤勉の成果を受け取り、処分する権利である」。率直で平明な態度表明である。国民公会は人権宣言を含む九五年憲法を制定したのち、新憲法によって新たに選出される議席七五〇のうちの「三分の二」は、旧来の国民公会議員で占めるべきだとする「三分の二法令」をも可決し、いずれも国民投票によって承認された。

「三分の二法令」は、右派の王党派やブルジョワ上層部の反感を買った。彼らに同調する正規軍を含む約二万人の叛徒がチュイルリー宮殿の近くで、国民公会の軍隊と衝突した。このとき、公会側の指揮をとったバラスは、イタリア遠征から帰国中のナポレオン・ボナパルトに戦闘を委ねた。ボナパルトは砲撃戦によって、王党派の抵抗を難なく排除した(「ヴァンデミエールの反乱」)。

九五年の憲法によって成立した総裁政府はリュクサンブール宮を本拠とした。八九年の「球戯場の誓い」を描き、九四年の「最高存在の祭典」を演出してきた画家ダヴィッドは、こんどは総裁や議員たちのために、重々しい外套と騎手がかぶるような飾りのついた縁なし帽といった古代ローマ風の征服をデザインした。それは旧来の特権身分に代わる新たな特権身分を思わせるものであった。議員たちはすべて穏和な中間派であり、でき上った体制を維持することだけを任務とした。

政治の側からの圧力が弱まるにつれて、民間では利殖や享楽にふける人々の数がふえ、女性の服装は一挙に派手になった。他方、物資の不足とインフレーションは一層深刻となり、政府はアッシニャ紙幣に代わる新たな通貨として「土地手形」を発行したが、それもまたわずか二カ月で、価値の九〇パーセントを失う狂乱ぶりであった。

奢侈と貧困の差がひどくなる状況を背景にして、一七九五年の末からクーデタを狙う陰謀組織がひそかに動き出した。グラッキュス・バブーフはジャコバン派やロベスピエールの敗北から学んで、私有財産を廃止する共産主義革命こそ、貧困の問題を解決する唯一の方策であると考えた。また、公然たる民衆行動が抑圧されている状況での革命は、少数者の秘密組織による権力奪取と独裁の実現に期待する以外にはない。「バブーフの陰謀」は、こうした蜂起の実行部隊として軍隊を抱きこむ工作として具体的に着手され、パリに駐在する憲兵隊を味方につけようとした。しかし、この計画は政府に察知され、動揺した軍事工作員の密告によって失敗に終わった。一七九六年五月、二五〇人をこえる一味は逮捕され、リーダーのバブーフとダルテは獄中で自殺を図ったが、刑場に移されて処刑された。失敗に終わったとはいえ、これは共産主義革命の先駆であった。

総裁政府にとっての軍事目標は、自然条件が作っている国境、とくにライン河の左岸までフランスに取り込むことであり、そのためにはオーストリアが勢力を維持している北イタリアを奪い取り、オーストリアの背後を脅やかして、譲歩を迫る必要があった。ボナパルトがイタリア遠征軍の司令官に任じられたのは、その故であった。ボナパルトは圧倒的な戦力を投じる速攻作戦で、ニースやサヴォワをたちまち手に入れた。北イタリアを征服したボナパルトは、騎首をめぐらしてアルプスを越え、ウィーンを目指し、オーストリア軍の動揺を誘って、一七九七年一〇月にはカンポ＝フォルミオ条約を認めさせた。ライン以西だけではなく、北イタリア(チザルピーナ共和国)とベルギーがフランスの手に入った。総裁政府の意図に反して進められたボナパルトの独自作戦の成功である。

バブーフの陰謀、前線での勝利といっても、それらは部分的で一時的な変動でしかなく、社会の深部では、革命によって国有財産を買い取ったブルジョワ層や農民の「所有」は確固たるものとなり、通貨不安はつづいたものの、私的な経済活動はしだいに盛んになった。安定化の風潮のなかで、教会でのミサや礼拝が復活し、かなりの数の亡命貴族や宣誓拒否の僧侶たちが賄賂をつかって、祖国復帰を果たした。フランスには聖者の名前を地名にした場所が多いが、恐怖政治のもとで、それらは廃止され、別の名前に変えられたが、ここにきてまた元に戻った。「よい空気の山」が、サン＝ジェルマン＝アン＝レに戻り、「山の橋」がサン＝クルーに戻ったのは、その例である。共和暦の一〇日ごとの休日も、キリスト教の休日にしだいに変えられた。安定から保守へと向う動きである。

一七九七年春の選挙では王党派が進出して、政情不安の種子を蒔いた。カンポ＝フォルミオ条約の締結を前にして、王党派をどう取り扱うかが深刻な問題となった。フリュクチドールのクーデタ(一七九七年九月四日)は、総裁のバラスが、ボナパルトの支持のもとに、王党派とその一味であるバルテルミー、カルノーなどの総裁を逮捕し、追放したものである。王党派の復活は、かつて国王処刑に賛成した共和派にとって死活の問題であった。なお、この頃ギロチンに代わって、南米ギアナへの流刑が新たな刑罰の方法として採用された。

一七九八年春の選挙では、こんどは「新ジャコバン派」と称する左派が進出した。政府は選挙運動の審査をするという口実で、政府反対派の一〇〇人ほどの当選を無効として、どうにか安定を維持した。政府の新たな課題は、財政を再建し、産業の振興をはかることであった。公債と国庫証券の発行によって負債を整理し、租税制度の体系化をはかり、第一回の博覧会の開催を企て、いずれも一応の成功を収めた。

戦局の上で、フランスはヨーロッパ大陸についていう限り優勢を保つことができた。しかし、海上や海外領土については、フランスは全くイギリスの敵ではなかった。西インド諸島でも、地中海でも、イギリスの海軍力は圧倒的に優勢であった。パリにいたボナパルトは一七九七年秋、イギリス本土上陸を企てて失敗したが、翌年の二月、突然エジプト遠征を計画して地中海を渡った。遠征は成功したが、エジプトでの転戦中、フランスの艦隊はわずか一日の戦闘で、ネルソン提督のひきいるイギリス艦隊によって撃破された。この勝利を背景にイギリスは再度、フランスにたいする包囲作戦をつよめ(第二次対仏同盟)、ナポリ、トルコ、ロシアを味方につけ、オーストリアにも支援の手を伸ばした。フランスは一七九九年の夏になって、イタリア全土を失ってしまった。

一七九九年の春の選挙では、これまで野党であった右派が、同じく野党のジャコバン派の議員を推すという作戦に出て成功した。戦況が不利になったことが、総裁政府にたいする反感を高め、とくに野心家の将軍たちの不満を利用して、「新ジャコバン派」が勢力を伸ばした。八九年の革命のリーダーであったシエースが総裁になり、バラスとともに革命の幕引き役を命じられることとなる(プレリアル三〇日のクーデタ)。この政変は従来、無視されつづけた議会が政府にたいして行なった報復であると同時に、軍事指導者たちに向かって政治への介入の道を開いたものであった。軍人の時代がこようとしていた。

九九年の秋、エジプトに閉じこめられていたボナパルトは、ひそかにフランスに帰り、バラス、シエース、タレイランなどが画策したクーデタの計画に加わった。ブリュメール一八日、すなわち一七九九年一一月九日、まず元老院で緊急事態に備える動議が出され、ジャコバン派によるクーデタを避けるために、翌日の議場はパリ郊外のサン＝クルーに移し、ボナパルトに護衛させることが決定された。翌日、ボナパルトは約六〇〇〇人の兵士を連れてサン＝クルーの議場に現われ、発言したが効果はなかった。五百人会の議長であった弟のリュシアンが急場を救った。リュシアンは議場の外にいた兵士に呼びかけて、彼らを議場に入れ、議員たちを追い払った。夜になって、一〇〇人ほどの議員が呼び集められ、総裁政府の廃止、シエース、ボナパルト、ロジェ・デュコの三人の執政への全権委任、憲法改正などが決議された。フランス革命の最後のクーデタがこうして演出され、九五年いらい続いた体制が消滅すると同時に、革命過程の一〇年間もここに終わったのである。

五　革命が遺したもの

フランス革命は一つの国民、あるいは国民たろうと目指している都市民や農民のまとまりが、共通の経済的つながりや、政治的結集を図っていくプロセスのなかで、政治権力の内奥をすっかりさらけ出し、すべての人々を政治過程に動員しながら、新しい、ありうべき権力構造と人間のあり方を模索した軌跡である。それは前人未踏の探索であり、苦悩と冒険と悲劇にみちたものであった。それだけにまた、人類にとって貴重な経験の集積がここにあり、事実、フランス革命の先例に学ぶことによって、どれほど多くの国民が励ましを受けたか、他方また権力者の側にとっても、どれほど多くの対策をそこから学びとったか、その影響は測り知れないものがある。例をあげると、明治維新ののち、「自由民権運動」の大波に直面した政府首脳の最大の関心は、かの「ジャコビン」の先例をいかにして回避するかにあった。また、わが国でフランス革命を論じた先駆者の一人、中江兆民は皮肉をこめてフランスを「自由平等の瘋癲《ふうてん》病院」と呼びつつ、しかもその存在理由を、「みずから狂顛して他国の狂顛を治する者」と評価した（『中江兆民全集』第一〇巻、岩波書店、一一三ページ）。

フランス人が「みずから狂顛して」何を明らかにし、何を遺したか。政治や経済にとどまらず、思想や文化の上でも、遺産は豊富であり、受け取るべき教訓も多い。しかし、ここでは主として政治上、社会上のイデオロギーに限定して問題点をいくつか挙げておくことにとどめよう。フランス革命がデモクラシーについての古典的事例を提供していることに異論はないであろう。しかし、そのデモクラシーをどのような形のものとして捉えるかという点になると意見はわかれる。革命前にルソーが広めたデモクラシーは、人民の直接統治という内容であったが、ではその「人民」とは誰を指すかという点になると、それは八九年五月にヴェルサイユに集まった第三身分の議員であるか、その議員を指名した選挙人集会であるか、それともバスティーユを襲ったパリの民衆であるか、あるいは市庁舎で指令を出したコミューンのメンバーであるか、ことはにわかに決せられない。議員は「人民」そのものではないとしても、人民の意志の正当な代表者である以上、議員を介さなければ人民の正式の意志表示はありえなかった。そうだとすれば、人民とは一つの遠い抽象でしかないことになる。実際、バスティーユを襲った民衆とコミューンのリーダーが意見を異にする状況が生まれるとすれば、どちらが真の人民かという問題が起こらざるをえない。

したがって、フランス革命はそのすべての経過を通して、デモクラシーとは何か、人民とは誰を指すかを問いつづけ、それへの多様な解答を示してきたといえる。まず、デモクラシーの根源に民衆の自発的な行動があるという立場はそれ自体正当であるけれども、しかし文字どおりに受け取ると、この立場はバスティーユに限らず、ヴェルサイユ行進、九月虐殺、九三年六月のクーデタ、農民反乱、食糧暴動などのすべてがデモクラシーの発露だということになる。しかし、人民主義を掲げて奮闘したロベスピエールやモンターニュ派といえども、ある種の民衆行動を暴君や外国の手先の陰謀によるものと非難し断罪せざるをえなかったし、その故にまた「独裁者」という非難を浴びた。「人民は正しいけれども常に啓蒙されているわけではない」というルソーの指摘を思い出さざるをえない。

デモクラシーの基底に民衆の意志や行動があることを認めるとしても、デモクラシーを制度的に構築し、機能させるものとして議会や法律があることは明白である。したがって、デモクラシーは議会の運営や法律の制定・実施にかかわる政治のシステムとして受け取られる。この意味でデモクラシーは議会政治、議会主義と同一視されることとなり、その体現者は議員だということとなる。

ところで、議会政治や議会主義はフランス革命のなかで、恐るべき試練にたびたび見舞われた。議会外の民衆の圧力によって、対立する党派の論戦の結果として、また政府の指令によって、議員たちは追放され、逮捕され、処刑された。そういう場所に果たしてデモクラシーはありえたのかという疑いが起こるけれども、他方また革命期のフランスは議会での討議を重要視し、たえず選挙や国民投票を行なって、国民の意志のありかを尋ねた。その点でデモクラシーの要件をみたした。革命の退潮期と見られる総裁政府のもとでも毎年、国会議員の改選が行なわれた。総裁政府もまた、デモクラシーの上に立つ政権であった。

議会政治の不徹底さ、エリートや金持の支配などを批判して、直接デモクラシーを要求したのは、エベール派やサン＝キュロットであったが、彼らの立場が結果として独裁やテロリズムの容認に移行したことのなかには、重要な問題が含まれる。ブルジョワと区別される意味での小市民や小農民は、その生活様式や思考方法の上で、平等主義的であると同時に自己の単純さのなかに立て籠り、生活の変化に抵抗した。彼らは常に全員一致を求め、反対派を容認せず、外部の人間の陰謀を信じ、報復と粛清を当然のこととした。「人民の友」マラーのいった「自由の専制」とは、こういう志向の表明である。

直接デモクラシーの立場からする政治的要求は、議会政治の現実に向けられた批判としては有意義なものである。これらの批判を浴びることなしには、議会政治の進歩はないからである。しかし、直接デモクラシーや人民主義を主張する誰かが権力を獲得するとき、その誰かは外部の批判者を容認することができなくなる。みずからを人民の代表と規定した権力者にとっては、政敵はすべて反人民的な存在になってしまう。ロベスピエールは「最高存在」を祭ることで、自己と人民と最高存在との同一化を図って、この難関を切り抜けようとしたのであろう。しかし所詮それは完全を自称する権力が陥った落し穴と言うべきである。フランス革命を先駆として、この種の実例は多い。

ジャコバン派の急進主義が政治問題への全面的な没入となり、さらに愛国主義や国家主義というナショナリズムに転化する上で決定的な役割を果たしたものは戦争であった。フュレはフランス革命の進行にスリップ事故をひき起こしたものとして戦争を位置づけた。革命のさなかにある党派にとって、疑惑の的である王室が外国の王室と通謀して戦争を仕組んだという筋書きは、おあつらえ向きのものであった。九二年八月一〇日の革命は、戦争が呼び起こした興奮をぬきにしては説明できない。ここには戦争の暴力が革命の暴力をひき出すという筋道が示されている。

王室や外国の陰謀から祖国を防衛するための防衛的ナショナリズムとして始められた戦争は、ベルギーや北イタリアで侵略的ナショナリズムに転化するためにさほど時間を要しなかった。他方また民衆の自発性と創意に依拠して作られた軍隊が、汚職や略奪の軍隊に転化することも容易であった。兵士はともかく、軍の指揮官は貴族出の軍人が多かったし、フランスは財政難に苦しんでいたからである。こうして「革命を守るための戦争」から「戦争を進めるための革命」に移行し、戦争に勝つことが至上命令となると、革命による解放は形骸化し、権力による重圧だけが残ることとなる。恐怖政治はその当然の結果であり、戦局の好転とともにテルミドールの政変が現われたのも、この故である。モンターニュ派のなかのもっとも優秀な軍政家サン＝ジュストの悲劇は、もう一度大掛りにナポレオン・ボナパルトによって再現されることとなる。

戦争は国民的統一や独立を求めて、内外の障害を克服しつつある権力にとっては、「国民的産業」と呼ばれるほど、刺激と利益と栄光の源泉である。革命によって自信をつよめ、使命観をもった国民が、ためらうことなく戦争の熱狂のなかに突入し、時として自己を忘れて極端に走ったとしても、それは近代史のもつ必然性にフランス国民もまた抵抗できなかったことを証明するだけのことである。近代国家は戦争とともに成長する宿命をもっており、プルードンやトルストイの時代にならなければ、こうした事態への根本的な反省は生まれなかったのである。

デモクラシーの名による独裁や、戦争への動員、経済統制など、予想をこえた諸事件をともなったとはいえ、フランス革命は政治的・経済的・社会的意味での人間解放を徹底的に追求した革命であった。植民地や奴隷制からの解放、女性の解放、共産主義もまた、そこには含まれていた。そのあらましについてはすでに述べたが、なかでも重視さるべきものは、革命を通じて市民や民衆が示した独立不羈の精神、平等な人間関係、隔意なき討論、ヒロイズム、人間愛などであろう。デモクラシーを政治や制度の問題に限定するのではなく、人間の生き方、文化の問題として捉え直すとき、フランス革命を生み、たたかった人々の記憶はけっして忘れ去られることはない。とくに革命中の民衆が示した陽気さ、楽天性、あふれる創意、偏見のなさ、友愛といった「生活文化」のあり方は、文章のなかに読み取ることができないだけに、一層貴重なものである。革命を指してエネルギーの浪費とする見方もあるだろうが、しかし、少なくとも、そこに人間の解放を求めて歴史を十全に生きようとした人々の足跡を感銘深く眺めることができなければならない。

他方また、フランス革命が遺した欠点、あるいは失敗を指摘するとすれば、それは九三年の憲法を棚上げにしたことでも、またバブーフの共産主義運動を弾圧したことでもなく、「国家」という名の怪物または猛獣、ホッブズのいったリヴァイアサンを解き放ち、それに猛威をふるわせたことであろう。九一年の憲法が用意した新たな檻は、さまざまの理由や動機によって無効に帰し、主権と人民は唯一無二のもので、いかなる機構も、組織もその間に介在すべきでないというルソー風の理念が人々を捉え、そのことが皮肉にも主権の絶対性、不可謬性、権力や政治への陶酔、政治万能主義を生み出した。戦争がそれに拍車をかけて、ナショナリズムや愛国主義の巨大な潮流の源泉となったことについては、すでに述べた。

革命はもともと権力の所在を変更することだから、権力への過度の期待や、権力への陶酔があるのは当然である。しかし、革命の熱狂は長つづきするものでない。革命には必ず終わりがある以上、革命によって生まれる権力もまた政権交替のルールや、日常的な運営のメカニズムを欠くことはできない。そういう手段を欠いたままで、革命から革命へ、クーデタからクーデタへと劇的な転換を重ねたのが、革命の一〇年間であった。そのなかで国家は常に肥大化し、官僚制がすべての人間をつつみ込み、戦争や外圧あるいは経済不況などの危機的状況が生まれるたびに、国民の自由や権利を奪いとる結果となった。おそらくそれは不可避であった。

君主主権であろうと、人民主権であろうと、一つの国の主権が比較を超越して神聖で絶対的なものと見なされている時代には、国家への傾倒、権力崇拝の思想が人々を捉えるのは、むしろ常態であった。しかし、それは少なくとも革命前の「啓蒙思想」からの逸脱であった。フランス革命は、人間の自由と権力の制限を要求した啓蒙思想の継承者であったにもかかわらず、その後の十数年間のナポレオン時代、「ボナパルティスム」という名の権力崇拝と国家主義への道を開いた。それを「欠点」あるいは「失敗」と呼ぶのが正しいかどうかは別として、そこにこそ近代史にとっての最大の難問が横たわるであろう。フランス革命はその問題を私たちに投げかけており、フランス革命以後、諸国民の革命がいくつもつづいたにもかかわらず、回答はまだ明示されていないと言わねばならない。

第七章　ジロンド派とモンターニュ派の対立

フランス革命は一七八九年に始まった革命であるから、一九八七年のいまは、そのときからほぼ二〇〇年を経過したことになる。フランスでは二〇〇年を記念して、さまざまの行事があり、その一つに世界的な規模でフランス革命の研究者の連絡組織をつくり、各国や各地域ごとの研究活動を活発にして、その成果を国際的なシンポジウムに結集しようとしている。その呼びかけに答えて書かれたのがこの一文である。

一　「殆ンド専制ノ君主」

フランス革命について書かれた書物は、革命のさなかから始まって、現在にいたるまで夥しい数にのぼる。フランス革命は流血の革命と呼ばれるが、革命で流された血よりもはるかに多量のインクが、革命について書くために流されたといわれる。

わが国で最初にフランス革命をくわしく紹介した書物は、江戸時代の蘭学者、箕作阮甫《みつくりげんぽ》の孫にあたる箕作麟祥《りんしょう》が一八七一年(明治四年)に発刊した『万国新史』(上・下)である。(1)すべての国の最新の歴史と題しながら、この書物はフランス革命の勃発からナポレオンの皇帝就任までを扱った簡潔な漢文調の名文である。英仏の概説書を参考にして書かれたこの書物の立場は、ロビスピエールなどのモンターニュ派すなわち「山岳党」の行状を激しく非難する立場であり、かれらを「激烈暴戻《ぼうれい》ノ徒」として攻撃した。

ところで、箕作麟祥が東京に開いた「仏学塾」に学んだ若者の一人に中江兆民がいた。フランス留学から帰国した兆民は、国会開設や自由民権の運動にかかわる一方、一八八六年(明治一九年)に『革命前法朗西《フランス》二世紀事』を出版した。この書物もフランスの概説書を参照して書かれたものであるが、書名にある二世紀事とは革命前のルイ十五世とルイ十六世の二代の治世を扱うという意味である。したがって厳密にはフランス革命を扱ったものでないが、フランス革命の原因、啓蒙思想の存在、王権の政策、世論の動向などを述べるとともに、ミラボー、ロベスピエール、ダントンなどの人物伝も挿入され、興味ぶかい革命前史となっている。

ルソーの訳者であり、民権運動にかかわった兆民の革命論は、革命の激烈さや行きすぎをとがめるのではなく、反対に革命の必然性を明らかにすることを眼目とした。したがって、彼の意図は革命の惨劇を語ることよりも、革命をもたらした政治的、思想的背景を重視することにあったのに違いない。彼はロベスピエールのテロリズムを論じて「殆ンド専制ノ君主ト異ナルコト無キニ至ル」としながらも、その人物については「高ク自ラ標榜シ衆人ヲ凌駕シテ之ヲ控御スルノ概有リ」と述べ、悪罵を放つことをしていない。(2)

この兆民の書物が出た翌年、フランスではオラール(一八四九―一九二八年)がパリ大学の革命史講座の担任者になった。(3) その時期のフランスではテーヌの『現代フランスの起源』に代表されるようなフランス革命批判が行き渡っていたが、成立したばかりの第三共和政は、一つはフランス革命以来の共和主義の伝統を守るために、いま一つはフランス革命一〇〇年記念を間近に控えて、革命復興にのり出したのである。

オラールの革命史は『フランス革命政治史』(一九〇一年)と題されるように、革命の政治的側面に注目するものであった。彼は革命当時の公式文書をくわしく調べ上げて、民主主義と人民主権の原理がいかにして確立され、またいかにして歪曲されたかを明らかにした。そのさいの彼の政治的立場は、フランス革命が最も急進的となった時期、いいかえると一七九三年のなかばから一七九五年一〇月までの恐怖政治、すなわちモンターニュ派支配の時期を逸脱あるいは変則の時期としてとらえるものであった。いわば、オラールは自分の生きた「第三共和政」下の議会制民主主義を判断の基準としてフランス革命を論じたのである。

ところで、「日本人による最初の本格的な革命史」(柴田三千雄)を仕上げたのは、さきの箕作麟祥の従弟で東大教授となった箕作元八であった。彼の書いた『フランス大革命史』は一九一九年という「大正デモクラシー」の空気のなかで、その物語り風の叙述とあいまって、多くの人びとに愛読された。その箕作元八が一九〇〇年、二度目の留学でパリに行き、親しく教えを受けたのが、前述のオラールであった。オラールは一九世紀の共和主義の源流をフランス革命のなかに求めて、それを全体として正当化したが、東洋の君主国から留学した箕作元八は、フランス革命を全体として肯定するものの、それは止むをえなかった「大手術」であって、他国が真似るべきものではないという立場をとった。フランス革命はもっと温和な革命運動であればさらによかったというのが、彼の受取り方であった。[4]

すでに述べたように、オラールの革命史は政治的な革命史であった。しかし、一九世紀も末年になってくると、単に政治の変遷を論ずるだけでは飽きたらず、革命の背後には社会経済的な条件、すなわち土地制度や食糧問題、物価変動などが作用しているのではないかという問題関心がつよまった。こうした見方にもとづく研究は、オラールの友人であって社会主義者のジャン・ジョレス(一八五九—一九一四年)によってすでに着手されていたが、オラールの後継者で、のちに彼の論敵となるアルベール・マチエ(一八七四—一九三二年)によってさらに精力的におし進められた。

オラールとマチエの対立や論戦とはいかなるものであったのか。オラールはフランス革命を民主政と共和政の確立として理解するが、その見方からすれば革命中の「恐怖政治」すなわちジロンド派が追放されてモンターニュ派のひきいる「公安委員会」の独裁が始まり、ついでテルミドールでそれが打倒されるまでの時期は、立法と行政とが分離しない変則的な時期だということになる。いうまでもなく、この時期は国王の幽閉や処刑、戦争の危機的状況などが起った革命の絶頂期であり、この時期を含む点にこそフランス革命の特徴が最もよく見られるものとされているものである。オラールは、すでに述べたように、ロベスピエール一派の「革命政治」をまったく偶発的な緊急措置であり、非常事態に直面して生じた逸脱でしかないと見た。こういう見方にたいして強硬な批判を提出したのがマチエであった。マチエはジャン・ジョレスの影響もあり、また第一次世界大戦およびロシア革命という激動の時代を生きた人間としての体験から、恐怖政治や革命的独裁を単に一時的で変則的な事態として片づけるのではなく、それを必然的で不可避的な階級闘争の現われとして理解すべきことを説いた。

それはどのような階級闘争であろうか。マチエは一七八九年以後、革命を推進するブルジョワジーがさまざまに分裂し、相互に対立と抗争をくりかえすことを認める。革命中の党派であるフイヤン派、ジロンド派、モンターニュ派がつぎつぎに権力を握るが、それらはいずれもブルジョワジーの代表であるとはいえ、モンターニュ派が最も民衆に近い真実の解放者であった。これに対してジロンド派はブルジョワ的自由に固執するだけで社会性をもたず、だからこそ物価統制や買占め禁止などの社会政策をもったモンターニュ派によってのり越えられたのである。オラールが革命のリーダーとしてダントンを理想化したのに対して、マチエはロベスピエールこそ民衆への愛に導かれて反革命派と徹底的にたたかったリーダーであったとする。彼はロベスピエールと、ロシア革命のリーダーであるレーニンとの類似性を説くまでに至っており、両者に深い敬意を払った。

(1) 箕作麟祥『万国新史』上下、明治四年。
(2) 『中江兆民全集』岩波書店、第八巻。
(3) 前川貞次郎『フランス革命史研究』創文社、一九五六年、二二一ページ。本稿はこの研究に多くを負う。
(4) 井出文子・柴田三千雄編『箕作元八滞欧「箙梅日記」』東京大学出版会、一九八四年、解説参照。

二　複合革命論

ジャン・ジョレスの社会経済史的な研究関心をひき継いだマチエは、一九〇七年に「ロベスピエール研究協会」を創設した。それは、ダントンあるいはジロンド派ではなく、ロベスピエールやモンターニュ派、さらにその前身であるジャコバンを顕彰することを通じて、フランス革命を見直すべきだという考え方にもとづくものであった。

マチエによれば、フランス革命は単一の革命ではなく、そのなかには数個の革命が含まれている。すなわち、第一の革命としての「貴族革命」(一七八七―八九年)、第二の革命としてのブルジョワ革命(一七八九―九二年)、第三の革命であるジロンド派の革命(一七九二―九三年)、第四の革命であるモンターニュ派の革命(一七九三―九四年)があいついで起り、テルミドール反動(一七九四年七月)以後ナポレオンの独裁にいたるまでの反動期がそのあとにつづく。マチエによるこうした時期区分は、それぞれの内容をどう理解するかは別として、革命の客観的な筋道を明らかにしたものとして評価される。「今日のフランス革命史研究の出発点は、マチエにあるといってよい」(前川貞次郎)とされる所以である(1)。

ジャン・ジョレス、マチエの問題意識と研究動向をひきついで、フランス革命における農業・農民問題に関心を集中し、「農民革命」としてのフランス革命という観点を示したのがジョルジュ・ルフェーヴル(一八七四―一九五九年)である。ルフェーヴルはジョレスやマチエほど社会主義的あるいはマルクス主義的であったとは見られないが、ジャコバン的なラディカリズムの継承者であり、ブルジョワジーでもプロレタリアでもない自立的な農民層のあり方について深い関心をよせた。彼の学位論文は『フランス革命下のノール県の農民』であり、一八世紀末の北フランスの農村における土地所有や経営形態に関する詳細な実証研究によって、革命の基盤というか奥深い土壌を解明した。

ルフェーヴルによれば、フランス革命は単に時期区分の対象であるばかりでなく、一七八九年という一年間だけを取ってみても、そこには担い手や要求内容や行動様式を異にするさまざまの階層の革命が含まれている。したがって、マチエが説くよりも、もっと深刻な意味でフランス革命は「複合革命」であり、「貴族の革命」「ブルジョワの革命」「民衆の革命」「農民の革命」という性質を異にする自立的な四つの革命が全体としてのフランス革命を形成するという構図になる(2)。

彼が重要視した「農民革命」についていえば、フランスの農民は革命前においてすでに農奴身分でなく、大部分が自由な土地所有者として農地の過半から四分の三程度を所有していたが、一戸辺りの面積では過小農が大多数を占めていた。フランス革命はこれらの農民の上に蔽いかぶさっていた教会十分の一税や領主特権、封建貢租などを取り去り、また国有財産の売却によって農民の所有地に若干の追加を与えたが、他方、農民は貴族や都市民からの報復や襲撃をおそれて恐慌状態におちいり(「大恐怖」と呼ばれる)、またブルジョワジーによる国有財産の買占めや、農村共同体の解体という経済攻勢に直面したために、結局、革命前と大差のない小農民と零細農民が伝統的生産方法を維持したままで革命から抜け出ることとなる。

「農民革命」を以上のように位置づけたルフェーヴルは、全体としてのフランス革命をどう見たであろうか。彼の『八九年』(邦訳は『一七八九年―フランス革命序論』)は、フランス革命一五〇年記念にさいし、第二次世界大戦を目の前にして書かれた記念すべき著作であるが、そこで彼がフランス革命の核心として強調しているものは、一七八九年の「人間と市民の権利宣言」である。もちろん、この宣言はブルジョワ議会の産物であったけれども、しかしロベスピエールなどのジャコバンや行動する民衆の力がこの宣言を確実なものとし、実効あるものとしたと主張する。

ルフェーヴルのフランス革命観は、「複合革命」の主張にもかかわらず、結局はブルジョワ主導のブルジョワ革命であったということに帰着する。ところが、この「ブルジョワ革命」という概念をどう理解するかという点については問題がある。ブルジョワあるいはブルジョワジーという言葉は発生史的にはブルグである都市に住む人間を指しており、商人や法律家などの集合体が次第に特権や自治権を獲得していったその結果、農民や農村からはみ出した浮浪者などとは別個の存在としてブルジョワという呼び名が定着した。フランス革命の時点でいえば、この階層は「第三身分」の中核をなし、王族や貴族、聖職者などの特権身分ではない平民層を指していた。したがって、農民であろうと、職人であろうと第三身分には違いなかったが、その第三身分のなかで自由職業や経済活動に従事して、多少とも資産を備え、議員になったり、一般民衆を指導したりする階層、いいかえると平民の土地所有者である地主をも含む上層市民の階層がブルジョワジーと呼ばれることになる。

しかし、このブルジョワという言葉が革命と結びつけられて「ブルジョワ革命」という概念に仕立て上げられると、それは本来的にはマルクス主義の用語となる。マルクス主義の立場では、世界史はブルジョワ革命とプロレタリア革命との二つを経験することで進歩するものであり、前者は封建社会を資本主義社会に向って転換させ、後者は資本主義社会を社会主義社会に向って転換させるものと規定される(3)。ブルジョワ革命は一六四〇年のイギリス革命や一七八九年のフランス革命などによって代表される。マルクス、エンゲルスは周知のように一八四〇年代から精力的な理論的、実践的活動を始めたが、その当時かれらが最も関心を寄せたのはドイツの三月革命(一八四八年)の成りゆきであった。イギリス、フランスに比べてのドイツの後進性を指摘するかれらは、ドイツのブルジョワ革命がどこまで徹底してたたかわれるかについて深刻に憂慮した。そういう見方から、かれらは一七世紀のイギリス革命、一八世紀末のフランス革命を「典型的」または「古典的」ブルジョワ革命として位置づけ、とくに一七八九年のフランス革命の徹底性を高く評価した。エンゲルスは言った。「フランスは階級闘争が最も徹底的にたたかわれた国である(4)。」

マルクスはもっと具体的にフランス革命を評価する。「一七八九年のブルジョワジーは、かれらの同盟者である農民たちを一瞬たりとも見捨てなかった。かれらは自分たちの基礎が農村における封建制の破壊であり、土地を所有する自由な農民階級をつくりだすことである、ということを知っていた。(5)」これらの文章を読むと、ルフェーヴルが注目した農民革命こそ「典型的ブルジョワ革命」としてのフランス革命の核心であるという印象を禁じえなくなる。もっとも、ルフェーヴル自身は革命が土地所有農民を「つくりだした」とは見ていないことを忘れてはならない。

(1) 前川貞次郎、前掲書、二八四ページ。
(2) G・ルフェーヴル『一七八九年―フランス革命序論』高橋・柴田・遅塚訳、岩波書店、一九七五年。
(3) マルクス、エンゲルス『共産党宣言』岩波文庫その他。
(4) マルクス『ルイ・ボナパルトのブリュメール一八日』所収のエンゲルス序文、一八八五年。
(5) マルクス『封建的諸負担廃止法案』一八四八年。

三　マルクス主義の影響

こうした問題をどう考えるべきか。これがルフェーヴル以後の研究者に托された課題であった。第二次世界大戦以後のフランス革命史研究では、マルクス主義の影響力は一段と強まった。ルフェーヴルの後継者でパリ大学の革命史講座を担当したアルベール・ソブール(一九一四―八二年)と、その相弟子で東京大学教授となった高橋幸八郎(一九一二―八二年)の二人は、いずれもルフェーヴルの業績をひきつぎながら、マルクス主義の文脈のなかにフランス革命を位置づけることを試みた。

ソブールと高橋のフランス革命観をあらかじめ要約しておくと、ソブールは階級闘争に力点をおく立場から、革命におけるブルジョワジーの妥協性や不徹底性を指摘し、パリの民衆や農民の能動性あるいは革命性を強調する。(1) こういう観点から晩年のソブールは、平等主義者のバブーフこそ、最もよくプロレタリア革命への接近を示した人物であったという評価をあたえて称揚した。これにたいして高橋の関心はもっと経済史的であり、『封建制から資本主義への移行の諸問題』(一九八二年)が彼のフランス語による著書のタイトルであるように、封建制から資本主義への移行のなかにフランス革命を位置づけることを自己の課題とした。マルクスとの関連でいえば、『資本論』や『資本制生産に先行する諸形態』などの論理に密着して革命を理解しようとしたのである。そのさい、高橋の問題意識のなかには、フランス革命と対比されるものとしての日本の近代化、すなわち明治維新の後進性や不徹底性への思いがあり、あたかもマルクスやエンゲルスがドイツ革命を論じたときと同じような気持がこめられていたことは想像にかたくない。

『共和国二年のサン＝キュロット』と題する学位論文をもつソブールは、ルフェーヴルとは違ってパリのサン＝キュロットと呼ばれた民衆的な革命家たちに関心をよせ、かれらの生活状態や行動、思想について詳細な分析を試みた。(2) 階級闘争説の継承者であるソブールは、フランス革命が貴族あるいはアリストクラートにたいするブルジョワジーの闘争であることを認め、フランス革命の一体性および一貫性を主張する点でルフェーヴルの「複合革命」説と違っていたけれども、にもかかわらずサン＝キュロットの下からの強力な突き上げがなければ、優勢なアリストクラートにたいして妥協的で臆病なブルジョワジーが革命に勝利することはなかったと説く点で、ルフェーヴルの「農民」のかわりに「民衆」をもってきたという印象を受ける。

ソブールのフランス革命観は、つぎの文章のなかに読みとることができる。

「フランス革命は、さまざまなブルジョワ革命のなかで最も光彩をはなつものであり、先行する諸革命をはるかにしのぐドラマティックな階級闘争の性格を備えていたが、フランス革命がそのような特質をもったことの原因は、いかなる譲歩をも拒否して封建的諸特権にしがみついていたアリストクラート層の執念と、それにたいしてあくまでも戦った人民大衆の反抗の激烈さにある。(3)」

この文章が示すように、ソブールの強調点は、貴族層と人民大衆との間の階級闘争であり、妥協的なブルジョワジーは人民大衆と同盟することで、やっと封建制の破壊にたどりついたという構図がえがかれる。ソブールがのちになって、人民大衆のなかから生まれた最も大胆な理論家で実践家であるバブーフに傾倒する道すじも、すでにここで読みとることができるだろう。前にも述べたように、ソブールは革命のブルジョワ革命としての性質を認めるけれども、ブルジョワジーの力や主体性についてはマルクスがあたえたほどの高い評価をあたえていないと見てよい。

この点について対照的な見方を示したのが高橋である。ソブールはサン＝キュロットあるいは人民大衆のエネルギーを重視し、それに同調した政治勢力としてジャコバンを理解し、その経済的基盤を中小ブルジョワジーと考えているが、高橋はその中小ブルジョワジーこそ本来的な資本主義の担い手であり、それらの中小生産者層が市民革命で封建制あるいは封建的土地所有を全面的に廃棄することなしには、「近代資本主義」も、したがって「近代民主主義」も生まれないという見解を示した(4)。

この高橋の見解は、イギリス経済史の上で、地主であるジェントリーではなく、ヨーマンリと呼ばれる独立自営農民あるいは「中産的生産者層」の成長のなかに資本主義の本来の地盤を見た大塚久雄の業績と歩調をひとしくするものであり、それは第二次世界大戦後の日本の社会科学者たちの間で大いに賞賛された見解であった。しかし、モンターニュ派あるいはジャコバンが革命闘争において急進的であり、それによってアンシァン・レジーム、あるいは絶対王政の諸規制、領主特権や封建的負担を廃止する上で貢献したことは認められるとしても、ジャコバン＝モンターニュ派こそ資本主義を推進する産業資本家あるいはその前身であると説くことには無理があると言わざるをえない。

個人的なエピソードを記すとすれば、戦後一〇年ほど経った時期に、高橋のあっせんによってソブールが来日して、シンポジウムや講演会が開かれた。高橋とソブールは京都を訪れ、ソブールは立命館大学でフランス革命研究について講演した。マチエやルフェーヴルについて話したあと、彼は高橋の見解にふれ、論争好きのフランス人らしい率直さでつぎのような批判を述べた。つまり、ジャコバン＝モンターニュ派は資本主義の推進者だと高橋はいうが、かれらのうちに資本家が一人でもいただろうか。証拠があれば示してもらいたい。こういう趣旨であった。その夜の会合で高橋は大いに不機嫌であったことを私は覚えている。

すでに述べたように、ソブールはむしろフランス革命の反資本主義的な性格を強調したのに対して、高橋はそれこそが本来の資本主義の性格にほかならず、ドイツや日本の資本主義は封建的性格をまとった「本来的」でも「典型的」でもない資本主義だという受取り方を示した。しかし、すでにマルクスが疑問の余地なく示したように、資本主義は搾取関係、具体的には賃労働関係を内包するものであり、そういう抑圧的・強制的関係を理論的には内包しない自営農民や単なる商品生産者を産業資本家の前身としてのみ取扱うわけにはいかない。資本家になるか、プロレタリアになるか、あるいはいずれにもならないか、それは一義的に決定しうることではなかった。

こういう批判にたいして、もちろん高橋の側からの反論はありうる。すなわち、封建制の革命的な廃棄なくして、どうして資本主義の本格的な展開がありうるのか。フランス革命を推進したブルジョワ層は、ブルジョワ的利害以外の目標、例えば封建制の一掃などをなぜ目指したのか、などが予想される。

多くの論点が関連してくることは避けられないが、高橋説の前提にある確固たる視点は、「封建制から資本主義への移行」がフランス革命によって決定的な解決をあたえられたということ、さらにその解決はジロンド派とモンターニュ派の闘争によってもたらされたということにある。封建制はその結果として一掃され、資本主義が本格的に展開することとなる。こうして高橋はフランス革命を一七九二年－九三年を画期として二分し、前半では「領主的な利害関係において土地改革・農民解放を行ってゆこうとする体系」すなわち「封建地代の合法性を承認せしめ、その形態の近代化、貨幣転換を行うことによって封建的諸権利を近代社会への構成的契機としてもちこもうとする仕方」が優越し、後半になって初めて「直接生産者＝農民の方式、すなわち農民革命は、封建地代の無償廃棄の運動組織であり、封建的なものを近代社会成立の過程から排除してゆく体系」が展開すると説いた。これが一九五〇年ごろの高橋の論

理であった。(5)

問題はジロンド派の支配した政権が封建地代を合法化し、モンターニュ派の政権が封建地代の無償廃棄をしたものとすることが果して正当であるかどうかである。簡単な史実を挙げよう。ルフェーヴルは革命前の土地所有状況をかなり詳細に調査しているが、その結果を要約すれば全国平均で貴族・教会領が三一・七％、市民の所有地二一・六％、農民所有地三七・六％ということになる。ここから推論されることは、固有の領主的土地所有は教会領(八・三％)を含めても三割強であり、「領主なき土地はない」という原則にもかかわらず、自営農民たちは事実上の土地所有者になっていた。ただ、かれらは領主的権利や貢租の負担を負っており、それを排除する必要があった。さらに、残りの土地は農民の窮迫に乗じて、市民たる商人や金貸しが買取り、それを借地に出しているわけである。したがって、地域差はあるとしても、全土の約七割がすでに事実上ではあるが所有権を移転するという過程が革命前に進行しているのである。もちろん、個々の農民が零細であるという問題があり、教会領や亡命貴族領の国有化とその売渡しという政策がとられたけれども、それは封建制とは別個の所有地売り渡しにかかわる事柄である。したがって、主として経済関係としての領主的封建的負担をどのように処理するかが、フランス革命の性格を決する問題であったとは見られない。ただし、貴族身分やそれにまつわる特権をどう扱うかは、身分制度あるいは憲法体制の問題であり、それが革命の帰趨にかかわったことはいうまでもない。

封建制廃止の問題は、たしかにフランス革命の中心課題の一つではあったが、その処理と解消のプロセスは一七八九年八月四日の決議があって以後、着実に前進したのであって、ジロンド派が封建制を残し、モンターニュ派がそれを廃止したという具合に受取るべきものではない。高橋は彼の遺著となった『近代化の比較史的研究』(一九八三年)において、ジャン・ジョレスを引用しながら、フランス革命では「狭く寡頭制的なブルジョワ革命」の体系と、「広く民主的なブルジョワ革命」の体系が対抗したが、後者が勝利して近代資本主義への展望が開かれたとしている。(6)この場合には、ジロンド派の支配はともかく「ブルジョワ革命」の体系だと認められ、封建制の継承者とされる不名誉からはまぬかれているようである。ただし、革命による農民解放が資本主義のための必須要件だとする彼の議論には変化が見られない。

(1) ソブール「現代世界史におけるフランス革命」(『一七八九年―フランス革命序論』、前掲書、所収)。なお、ソブール説について、Furet, Fr., Penser la Révolution française, Paris, 1978 のきびしい批判がある。
(2) Soboul, A., Les sans-culottes parisiens en l'an II, Paris, 1958. 部分訳に井上幸治監訳『フランス革命と民衆』平凡社、一九八三年がある。
(3) ソブール「現代世界史におけるフランス革命」、前掲論文、三八四ページ。
(4) 高橋幸八郎『近代化の比較史的研究』岩波書店、一九八三年。
(5) 高橋幸八郎『市民革命の構造』御茶の水書房、一九五〇年。
(6) 高橋、前掲(4)、一三〇ページ。

四　権力闘争と国家

高橋とは別個にわれわれもまた、フランス革命の研究に着手した。京都大学の人文科学研究所では桑原武夫を代表とする共同研究のグループを組織し、ジャン＝ジャック・ルソーやフランス百科全書を研究したのち、フランス革命を研究対象として取り上げた。われわれの関心は主として思想や人物論にあったが、しかし高橋が注目した経済史やマルクス主義にかかわる論点も逸するわけにはゆかなかった。

われわれの研究成果は、桑原武夫編『フランス革命の研究』と題する七〇〇ページの大著として一九五九年に出版された。(1) フランス革命にたいするわれわれの見方は、全体としていえば、この革命を何よりも政治的・思想的達成として受取ることであり、封建制と資本主義がこの革命を画期として交替するとか、まして交替を可能とする対決がジロンド派とモンターニュ派の対立であったとは見ていない。

われわれはフランス革命がブルジョワ革命であることを認める。しかし、その意味は絶対君主や特権身分が支配的である国家構造が、第三身分あるいは広い意味での「市民」としてのブルジョワを主体とする国家構造に切りかわったということであり、それに尽きる。およそ革命の基本的な任務は、国家構造あるいはもっと具体的には政治権力をめぐる階層関係に急激な質的変化をあたえることであるが、そうした基準からすると、フランス革命が近代史における代表的な革命であることはもちろんであり、その点に疑問の余地はない。

しかし、フランス革命はマルクスが述べるような意味での階級闘争であるかどうかという点になると、多くの留保条件が必要だと私は考える。(2) まず、封建制と封建勢力の問題であるが、生産様式としての封建制は革命の数世紀前から解体を始めており、農奴解放、領主直営地の消滅、地代形態の変遷、さらにその上に前述したようなブルジョワ地主的、自営農民的土地所有の形成などを考慮すれば、封建的関係が地域的変差をもちながら変質と解体の歩みを続けていたことは明らかである。ただ残る問題は、特権身分が国家構造の一環として存在し、かれらの権利や慣行が権力によって保証され、そのため地主や農民の土地所有が法的、権力的な保証を受取っていない点にあった。だからこそ、市民や農民は権力闘争を通じて、それを獲得し、確保する必要があったのである。したがって、フランス革命で存在したものは、王権、貴族、教会などにたいする議会、農民と市民の集団、食糧難などを理由とする民衆暴動などの権力闘争であり、封建的権利の問題も当然に含まれるけれども、闘争のレベルはもっと高度であって国家構造そのものの再編成が志向されていたのである。

高橋が関心をよせたいま一つの論点である資本主義の問題はどうか。これについては高橋自らが認めているように、フランス革命の時点で具体的に存在する生産様式は自営農民あるいは小ブルジョワ的な商品生産であって、本来の資本家的生産様式ではない。ただ、彼は農民や小生産者の成立が本来の資本主義の基礎だという点を強調するのだが、前述したように、この主張は説得的でない。したがって、農民や小ブルジョワの闘争をブルジョワジーの闘争として読み替えるわけにはゆかない。生産様式としての資本主義を代表し組織する階級は、まだ萌芽的にしか形成されておらず、したがってそうした階級による闘争が勝利したとは認められない。

では、ジロンド派とモンターニュ派の対立についてのわれわれの見解はどうか。前記の『フランス革命の研究』では、両者の違いはブルジョワ的であるか、「プチ・ブルジョワ」的であるかの違いであり、それは階級対立ではなく、理念と政策を異にする党派の違いであるとしている。前者は私有財産と経済的自由を主張の中心におき、後者は小生産者大衆の要求に、より一層忠実であって、自由よりも平等に力点をおき、私有財産の制限や経済統制など権力の介入を是認する立場をとるとした。しかし、この対立は原理的な対立、妥協不可能な対立であろうか。われわれの書物では、原理的対立と見る論文(序論・フランス革命の構造)と、そう見ない論文(前川貞次郎「ジロンド派とモンターニュ派の対立」)の二つの視点が交錯している。いずれも、マチエの階級闘争論には批判的であるが、前者の論文のようにブルジョワ勢力とは別個の小ブルジョワ勢力をとり出して両者の政治的対立を説明しようとすれば、それは結局、階級的対立ということにならざるをえない。

この微妙な点については、いささかの自己批判が必要だと「序論」の執筆者の一人として、私は考える。結論だけを書けば、両派の理念や思想上の相違を重視しないで、当面する政策の上での違いだけを認めたオラールやジャン・ジョレスの見方が基本的には正しいのではないかと私は思う。オラールが認めた政策上の相違点は、モンターニュ派がパリの優越性を認めたのにたいして、ジロンド派はそれを認めなかったということに尽きるが、実はそこに同じデモクラシーの国家を構想する場合の違いが反映されているのであって、この指摘はきわめて重要である。長期的に見れば近代国家で定着したデモクラシーはジロンド派の目指したものと同じであり、これに比べると、モンターニュ派の立場は危機的な状況への対応としてのみ是認されるものではなかったかと思われる。これにたいして、ジャン・ジョレスは両者の対立を党派心の対立と見ており、一方はブルジョワジーの利益に奉仕し、他方は民衆の支持に頼って政策論をたたかわせたが、その対立の根底にあるものは野心と権力欲の争いでしかないという突き放した見方をしており、両者ともにブルジョワ的指導者である点に変わりがないとする。(3)

そこで、最後に、以上の見方を前提として私の考えを手短かに述べておきたい。土地改革や食糧不足などの経済問題を含むとはいえ、ブルジョワ革命は基本的には政治的・イデオロギー的変革であり、ある種の定式化された目標である「自由」「平等」「友愛」、あるいは「人権」や「デモクラシー」などを共通の合言葉として、それらの目標に合う国家形成を行うことを課題としている。フランス革命はそうした変革の代表的なものであった。

権力闘争を基本とするとはいえ、フランス革命に先立って旧権力たる絶対王政の解体過程がすでに深刻に開始されていたことと、何びとも来るべき国家構造がどのようなものとして定着するかについて確信をもたなかったという状況がある。とはいえ形成されるべき国家が政治的自由や人権の尊重を中核とすることを願う集団または階層と、そうではなく新たな国家は社会的平等を維持するために全力をつくすべきだと希望する集団または階層が発生し、両者が次第に対立する度合を深める。前者は有力ではあるが少数者の声であり、後者は無力とはいえ多数者の声を代表した。

フランス革命の特色は、前者を表現するジロンド派が終始優勢を占めることなく、後者を代表するモンターニュ派によって追いこされ、敗れたことである。この革命が民衆的・民主主義的革命といわれる所以である。しかし、モンターニュ派の勝利の背景には、対外戦争の危機、民衆の武装と蜂起という軍事問題が深刻に存在していたことを忘れてはならない。革命を推進する民衆が同時に軍事力の主体となったことが「モンターニュ派独裁」を可能にし、それによって国家構造への「下から」の参加が実現した。ジロンド派が望んでいたような権力からの自立ではなく、いわば権力への没入による国家形成、あるいは市民が同時に愛国者であるという構造が目指されたのである。それがのちにジャコバン主義と呼ばれることになった思想潮流である。こうして、フランス革命は同時にナショナリズムの偉大な昂揚期であったことを忘れてはならない[4]。

しかし、「モンターニュ派独裁」は事柄の性質上、永続性をもたなかった。戦局の好転と物資の出廻りが「美徳の共和国」を解体させる力として作用し始めることが避けられなかったからである。ブルジョワ的自由主義が復活し、フランス革命後期の動揺常なき国家形態、一種の試行錯誤の時代にひきつがれることとなった。

国家構造の転換は、もちろん真空のなかで行われるものではない。それは社会経済状況の具体性のさなかで進行し、また定着する。そこで経済史の上でフランス革命をどう位置づけるかという問題は避けることができない。ここでもまた結論を書くにとどまるが、一般論として一六世紀以後のフランス経済ではブローデルのいう意味での「市場経済」が成立していると見るべきであり[5]、封建経済を特徴づける自給的な現物経済は、荘園や村落共同体あるいは都市の手工業の内部などに局限されるものの、それらもまた貨幣流通や貸借関係によって浸透されつつあり、それこそが統一的な権力を生み出し、育て上げる基盤であった。周知のように一八世紀になると事態は一層進展し、市場経済を前提として特権商人、独占機構、売官制、徴税請負などの利権のヒエラルキーが国家にまといつくこととなる。この政治的・経済的メカニズムの解体は、まず重農主義者や自由貿易論者によって着手され、ジロンド派がそれを継承したのである。

しかし、ジロンド派の自由主義は政治の分野におけるのと同様、長期的にはともかくとして、既得権や目先の利害が渦まく状況のなかでは有効なものではなかった。諸利権や不当利得の源泉には思い切った切開手術を加える必要があった。それをなしとげたのがモンターニュ派の強力であった。この「フランス革命の巨大な箒」(マルクス)によって、私有財産への拘束が解かれ、自由な経済競争が展開される場が設定されたのである。ただし、ブルジョワ国家という大邸宅では掃除をする人間がそのまま邸宅の主人公として居すわるわけにはゆかなかった。(6) それがモンターニュ派の悲劇であった。

では、モンターニュ派独裁は資本主義を促進したといえるだろうか。かれらの理想や政策目標がそうでなかったことは明らかである。モンターニュ派が目指したのは市場経済の論理が貫徹することにブレーキをかけることであり、かれらはそうすれば平等社会が維持できると考えた。市場経済の展開のなかから資本主義が広く形成されてくるのは、革命後少なくとも二、三〇年のちのことであり、その点でモンターニュ派はよくも悪しくも、資本主義の展開に前向きにかかわりをもつものではなかったと考えられる。

こう考えると、フランス革命は近世の初頭以来、継続的に追求されてきた政治的変化、それによる国家構造の整備が最後の仕上げ過程に入り、そこで現われた巨大な政治的激動であり、それを経過することによって初めて近代国家が確定した歴史的事件であったと考えられる。それはまさに、近代と呼ばれるにふさわしい政治的・思想的画期を開いたものであり、自由と平等を二大原理とする近代国家のあり方を確定した。自由とともに平等もまたブルジョワ国家の特性となったのである。経済史的に見れば、この革命の土台の上でいわゆる資本の原始的蓄積と技術革新が進行して、やがて資本主義の生産様式が本格化するのである。この意味で、国家構造の転換こそがフランス革命の中心課題であったと見なければならない。

したがって、私の考えによれば、フランス革命の終結とともに、政治が優位を占める時代は終わって、基本的にはイギリスが先例を示している経済の時代、つまり産業革命の時代に移行するのである。フランス革命は絶対王政とともに始まった一つの時代の終幕を告げるものであったが、その衝撃はあまりに大きく、安定した時代に直ちに引き継がれることなく、ナポレオン戦争という革命戦争に続く侵略戦争の時代を通過しなければならなかった。新しい時代がそのあとになってやっと訪れ、産業と貿易の利害が優越する散文的な時代が開始されることは周知のとおりである。

（1）桑原武夫編『フランス革命の研究』岩波書店、一九五九年。
（2）河野健二『フランス革命とその思想』岩波書店、一九六四年、一一三ページ。
（3）前川、前掲書および桑原編、前掲書中の前川論文、四九六ページ。
（4）桑原編、前掲書中の桑原論文、二六ページ。
（5）Braudel, F., Civilisation matérielle, économie et capitalisme, Paris, 1979. 邦訳、F・ブローデル『物質文明・経済・資本主義』(一、二)村上光彦訳、みすず書房、一九八五年。
（6）河野健二『フランス革命小史』岩波書店、一九五九年、一六七ページ。

あとがき――この文章は当時、人文科学研究所の助手であった天野史郎氏の協力によってフランス語に移され、「日本から見た日仏歴史学」として『フランス革命史年報』に掲載された。〈Un regard sur l'historiographie franco-japonaise vue du Japon〉, Annales Historiques de la Révolution française, N° 267, janvier-mars 1987.

第八章　フランス革命の土地改革

はしがき

フランス革命における土地問題は、基本的に二つの側面からなっている。フランス革命は封建的土地所有を撤廃したということが、自明のこととしていわれ、一般に流布しているけれども、しかし封建的土地所有の撤廃ということが具体的になにを意味するか、どういうことが行なわれたら、封建的土地所有の撤廃といいうるか、また同じことだがいわゆる封建的土地所有の内容としてなにを含めるか、または含めてはならないか。この点についてとくにわが国では明治維新の変革との関係において多くのことがいわれながらも、実ははっきりしていないのである。封建的土地所有の撤廃は、ある論者にとっては、一切の地主的土地所有の廃止であったり、ある論者にとっては貴族的特権の廃止であったり、さらにまた農村共同体慣行の廃止であったりする。[1] フランス革命の土地問題を扱うに当って、この点はぜひともはっきりさせなければならない。私は、冒頭にいったように、土地問題のふくむ二つの側面をまず指摘しておくことが必要だと考える。その二つの側面とは、一つは土地所有にまつわる封建的権利の問題であり、いま一つは国有財産の成立および売却の問題である。この二つが封建的土地所有撤廃の主要な契機であり、内容である。

この二つの側面の内容分析は、いずれ順を追って述べるであろうが、起こりうべき誤解をなくするために、なお若干の注釈をしておこう。封建的諸権利は、土地所有にまつわるものであるといったが、より正確には貴族的もしくは領主的土地所有にまつわる地代徴収権をもふくむ諸権利のことである。したがって、封建的諸権利の撤廃がなにを意味するかといえば、それは貴族(あるいは領主、この場合もちろん教会領主をふくむ)の地代徴収権(本来の封建地代およびその転化形態)をはじめ、独占権・徴税権・裁判権の一切が廃止されることである。しかし、それでは貴族はこれによって一切の土地それ自体を失ったのであるかというと、必ずしもそうではない。貴族の領地に農地以外の山林・原野があれば、その所有権は残るし、また農地であってもそれが直接経営にゆだねられているか、または純然たる借地契約によって借地農の経営に委任されておれば、所有権はやはり貴族の手にのこる。また、諸権利の廃止といっても、後に述べるように有償方式から無償方式へと移動したのであって、その間に有利な売渡しを行なって貨幣を取得する余地も残されていたのである。

　第二の問題である国有財産についてはどうか。国有財産として没収された土地は、のちに詳しく述べるように、まず王および教会の所有地であり、つぎには亡命貴族の土地であって、貴族あるいは領主の所有地が全面的に没収されたのではない。さらに、ひとたび没収されたこれらの土地は、すぐさま貨幣所有者(耕作農民にではない)に売り渡されたのであり、それも法定価格ではなく競争入札で売られたのである。したがって、僧侶や亡命貴族も手を廻して自分の土地をふたたびとり戻すことが可能であった。もちろん、都市の商人や土地会社が買うことは可能であったばかりでなく、むしろ歓迎された。この点は、以下の分析が明らかにするであろう。したがって、ここに一人の貧しい借地農《フェルミエ》か、折半小作農《メテイエ》があって、教会領にぞくする土地を耕作しているとする。ところが、革命によってこの土地が教会の手を離れて国有地に移った。この貧農はどうなるか。彼はこんどは国家の小作人として、小作料を国家に納める。この土地が売りに出されて、都市の商人が一括して買い取ったとする。特別の事情がないかぎり、彼はやはり小作人である。のちに、革命政府は農民が買いやすいように、小地片ごとに売るとか、年賦償還とかを認めたけれども、しかしこの貧農がかなり多額の現金をなげ出して、入札に勝たないかぎり、彼はいぜんとして小作人である。こうして貧農、半プロレタリアの数は、革命の前後を通じて、ほとんど変らないという研究結果が示されている。[2] この場合には、小作関係は変りようがない。わが国では、フランス革命で従来の小作関係が一掃されたなどと説く論者があるが、それはまったく根拠がないというのほかはない。[3]

　では、なぜフランス革命の土地政策は、このようなものであったのだろうか。この点については多くのことを述べなければならないが、ごく割り切っていうと、それはブルジョワ革命という歴史段階の結果だといわねばならない。この歴史段階はブルジョワ的関係を社会のなかに広く、深く浸透させることを課題としている。土地問題についていうと、土地を一つの商品として解放して、その土地でなにを作ろうと、何人の労働者をやとおうと、またその土地をいくらで売買しようと、すべてそれは土地という商品所有者の権利であるとすることである。そのために、封建的諸権利という拘束をなくし、私有権のあいまいであった王領や教会領、革命に敵対する者の所有地等をとり上げて、これを純然たる私有地とし、さらに農民の共有権をも私有権に転化させようとしたが、これは農民の抵抗にあって挫折した。つまり、ブルジョワ革命は、これまで資本が十分にはいりえなかった土地に、自由に資本が適用できるような条件を整備したのである。ただ、この私有権を確認する場合に二つの行き方——わが国でのはやりの言葉でいうと「二つの道」——がある。[4] つまり、これも割り切っていうと、従来の土地所有者に有利に行なうか、そうではなくて勤労する農民大衆——といっても大部分は自営農民である——がわに有利に行なうかということである。フランス革命における土地問題が、この二つの行き方をめぐってどれほど尖鋭に争われたかは、のちに見るとおりである。ただし、ここで争われているのは、土地の法的所有権がどの階級に帰属するかということであって、あくまでそれは政治闘争の領域でのことがらである。もちろん、それぞれの階級は自己の理想とする(あるいは自己に可能な)経済状態を政治闘争のかなたに望見しているけれども、しかし客観的にどのような経済関係が結果として現われてくるかは、階級の理想図によってはきまらない。政治は経済の客観的諸条件を一挙に変えることはできない。だから、二つの行き方のうち「上からのコース」が勝てば地主的資本主義が結果し、「下から」の場合は農民的資本主義が結果するなどと一義的にきめるわけにはゆかない。ただ、いいうることは「下から」の場合に、農民的所有権の法的確認がより広汎に、より確実に行なわれるというだけであって、その農民所有地がどのような経済関係のなかにおかれ、さらにどのような経済関係を発展させるかは、主として客観的な生産力的条件によってきまることである。この点についても、類推を飛躍させることは危険である。たとい、闘争が農民的所有権に有利に解決したとしても(フランスの場合はそうであった)、農民的土地所有の確立は経済的には「分割地所有」という過渡的な地代範疇(およびそれを担う経営形態)を結果するだけであって、まだそれは資本主義的経営ではなく、資本主義的な経済関係を萌芽的に内包しているにすぎない。ただ、解放後、そうした農民層が一般的なブルジョワ的関係のなかで、一層急速に変貌するようになるということはできるだろう。しかし、それをもって農民的資本主義の勝利というのは、なお論理の飛躍である。なぜなら、「下から」の道が勝利したところで、地主的所有が一掃されるなどということは、少なくともブルジョワ革命に関するかぎりありえないからである。前にも述べたように、都市や農村の商人が地主になる道は、いくらでも開けていたからである。二つの行き方といっても、それは何よりも政治闘争の覇権がどの階級に帰属するかという問題であって、経済過程に問題を移すならば、それはしょせん相対的なものでしかありえないのである。

ところで、ブルジョワ革命は、右のいずれかの方式での土地問題の処理――これを「土地革命」と呼ぼう――を基本とすると私たちは考える。(5) その理由は、この時期(=段階)では、経済過程における資本の主要な障害物が封建的諸拘束(その政治的表現が絶対王政の諸政策)であり、それを突破することが、形成されつつある資本の死活の要求となるからである。この資本の要求は、しかしながら後の時代(一九世紀)のように、土地と資本の対立というかたちをとってはまだ現われない。社会の経済関係は圧倒的に農業的であり、資本はなおマニュファクチュア段階にとどまっている。したがって、資本の最初の活動は、むしろ封建的土地所有者それ自身が資本家となって土地を革命する(これが囲い込み運動であり、大農経営の導入である)か、あるいは耕作農民がこれに抵抗して、自己の所有地を拡大するために農民的小資本をこれに対置するかということが中心問題となる。もちろん、こうした対立が現実化しうるためには、その背後に農業生産力の上昇という条件があり、農民層の分解という事態が進行していることが前提されている。しかし、背景や道具立てから劇の進行を説明するわけにはゆかない。舞台に登場する階級は、封建的土地所有者と、その近代的進化を推進する地主・ブルジョワ層と、この両者に対立する農民層、それに後になって完全に主役となるが当面、地主・ブルジョワ層を批判しながらも基本的にはこれと同調するマニュファクチュア的および商業的ブルジョワジーというこの四つである。これらのうち、ブルジョワ革命で決定的に争われるのは、封建的土地所有をどのようなかたちで解消するか、つまり地主・ブルジョワ的にか、農民的(あるいは平民的)にかということである。この意味で「土地革命」はブルジョワ革命という政治闘争の核心的部分を構成するといえる。しかし、この闘争の進行とともに、本来のマニュファクチュア的・商人的ブルジョワジーが次第に発言権をつよめてくることもまた忘れられてはならない。ブルジョワ革命は農民戦争とはちがうからである。しかし、さし当りマニュファクチュア、あるいは産業資本の問題は、本稿の課題ではない。

これだけのことを前提として、つぎに「土地革命」がフランス革命においてどのように進行し、なにを結果したかを分析することとしたい。

(1)　これまでの研究成果を代表するものとして、高橋幸八郎『市民革命の構造』が挙げられる。氏は「封建的土地所有」廃棄の条件として、本稿におけると同様、封建的諸権利と国有財産売却の二つの条件を挙げながらも(四五ページ以下)、その結果、農民は自由で独立の土地所有者となったという点のみを繰りかえし、地主的土地所有の存続については全く問題とされない。したがって、本書から印象として私たちが受けとるものは、封建的土地所有廃棄＝一切の地主的土地所有の廃棄という図式である。なお、氏は「封建的土地所有という範疇によって、単なる土地所有の一形態をではなく、封建的支配‐所有形態の基礎としての封建的生産関係およびそのような生産関係のもとにある生産者農民の存在形態を理解しているのであり、あるいはむしろそういった封建的社会諸関係の集約的な表現として封建的土地所有という範疇を使用している」といわれる(二九ページ)。この点は、それ自体として異議はないが、それならば氏のいわれる「封建的社会諸関係」は一体どれだけの具体的内容をもつものかが明らかにされないかぎり、問題は依然として不確定である。「封建的社会諸関係」のなかには、おそらく「農村共同体的関係」も含まれると思うが、「封建的土地所有の廃棄」はそれを廃止したとは氏も見ていない(五三ページ)。だとすれば「封建的土地所有の廃棄」が一体どれだけのことを意味するか、あるいは意味しないかという問題は依然として残るといわざるをえない。なお諸井忠一『農民革命の諸問題』は、主としてジョレスによりながら土地問題の経過を分析した先駆的な仕事である。

(2) 「結局のところ、多くの国有地が革命政府の期間中に売り渡され、土地所有者の数、さらに小土地所有者の数は見まごうことなく増加した。共和国は主としてこれらの売却によって戦争をまかなうことができた。しかし全体として、農民プロレタリアの大衆は決して減少しなかった(Godechot, Les institutions de la France sous la Révolution et l'Empire, p. 345)。革命が全体として貧農を取残して進行した事情については、G. Lefebvre, Questions agraires au temps de la Terreur, 1を見よ。

(3) 本稿は、借地関係の分析を当面の対象としないので、詳論できないが、フランス全土の三分の二もしくは四分の三を占めたいわゆるメテヤージュ関係(これはわが国の寄生地主関係に類似する)は、革命の全期間を通じて変更されることなく存続した(ただし、封建的諸権利が本来の地代部分から除去されたことは当然である)。この点はルフェーヴル前掲書(九一ページ以下)が示す。ただし、事実関係として小作農の支払拒否が部分的に成功したことについては後述する。メテヤージュは実に一九一三年においてもなお存在した。なお、フランス革命と地主制の関係を追求した唯一の文献として服部春彦「フランス革命における地主制の問題」『史林』一九六〇年五号、がある。

(4) 「二つの道」についての典拠は、レーニン『一九〇五年—一九〇七年のロシア革命における社会民主党の農業綱領』(全集第十三巻)である。この点については多くを述べなければならないが、レーニンは二〇世紀初頭のロシアについて述べているので一八世紀末のフランスにこれを適用できない(原則的な意味で)という説には私は反対である。ただ、適用に当って慎重を要することは勿論である。本稿での私の見解は、これまで私の『市民革命論』(一九五六年)に寄せられた批判への回答でもある。

(5)「土地革命」については拙稿「ブルジョワ革命の二、三の問題」『法律時報』一九五七年四月、参照。

一　革命前の土地所有と農民

フランス革命における土地問題を取扱うためには、少なくともフランス革命直前の時期における土地の存在状況・客観的諸条件について述べなければならないが、この点については、必要な最低限にとどめることとしたい。

当時のフランスの全人口は約二千三百万、その四分の三以上が農民または農村人口である。この人口の圧倒的多数を占める農民・農村民は、どのような生活・生産関係のもとにおかれていたであろうか。まず指摘されることは、フランス農村のいちじるしい地域的変差という事実である。すでに、マルク・ブロックが明らかにしたように、北部フランスと南部フランスとは異質的な農業文明をもつ地域であり、この二つの農業地域の併存・結合がフランス農業を特徴づけるものとされる。(1) 北部と南部の差だけではなく、例えばパリ郊外の農村とブルターニュの農村、フランドルの平原地方と中部のブルゴーニュの農村とでは、農民の存在形態は明らかに著しく異なっている。したがって、こうした地域的変差を無視して単純な一般論をすることは不可能である。しかし、同時にまた、著しい地域的変差のもとにありながらも、これらの農民層がフランス革命のなかで一体として行動し、一定の社会的解放をかちとることができたこともまた事実である。この矛盾、この背理をどう説明するか。ここにフランス革命の土地問題を取扱うさいの最大の難関がある。

革命前の階層別土地分布

	貴族	教会	市民	農民
北部	21.2%	19.2%	22.7%	30.2%
パリ地区	27.9	9.3	10.5	31.6
東部	25	16	15	28
西部	21.5	1.6	22.1	55.1
ブルゴーニュ	35	11	20	33
リムーザン	15.5	2.5	26.5	55
トゥールーザン	25.5	4.7	25.8	39.3
ピレネー地域	15.8	2.1	38.3	29.1
全国平均	23.4	8.3	22.6	37.6

まず、革命前の土地所有の状態について見よう。ルフェーヴルは一九二八年に書いた論文『アンシァン・レジーム末における土地配分と土地利用』のなかで、従来の研究結果を総括している(2)。ただし、ルフェーヴルの挙げている数字もあまりに詳細にすぎるので、各地域ごとの平均値(百分比)を求めて、上の表を作成した(3)。

この表は、革命前においてフランスの国土がそれぞれの社会層によっていかなる割合で所有されていたかを示すものであるが、念のため若干のコメントをつけておこう。この表は各地方の全区域をもれなく調査してえられたものではなく、たとえば、北部地方は三県の七地区、東部地方はミューズ県の一地区、リムーザン(南部)では二県二地区からえられた結果でしかない。したがって、この数字がそのまま各々の地方を代表するとはかぎらないが、概していえば教会領は北部・東部に多く、西部・南部に移るほど低くなり、全体として一〇パーセントをでない。貴族領は平均して約二〇パーセント、両者合して特権身分の土地は約三割と見てよい。その他の土地は市民(ブルジョワ)と農民の所有地であるが、所有地といってもこの場合は、まだ完全な意味での私有地ではなく、領主の上級所有権によってさまざまの制限をうけている。この意味で、まだそれは事実上の所有権たるにとどまるが、しかし革命前にすでに六割以上の土地が私的地主および農民の手に渡っていたことに注目しなければならない。私的地主と農民とのあいだでは、農民の比率がかなり上廻っており、とくに中部・南部で優勢を示しているが、全国を通じていえば全土の約三、四割に達すると見てよいであろう。

これでわかるように、フランスの農民は革命前にすでに国土のかなりの部分を事実上、所有していたのである。この農民的土地所有の拡充は、百年もそれ以上にもわたる粒々辛苦の結果、没落貴族の手から徐々に農民が土地を買い入れてきた歴史を物語るものに他ならない。[4] しかし、この農民の所有地をさらに内容的に検討すると、農民一人当りの所有面積が驚くほど零細であることに気づかざるをえない。例えば、ルフェーヴルの挙げている事例によると、リムーザン(中部フランス)では、五、三一四人の土地所有者のうち、一アルパン(三四アール)以下の所有者が二三パーセント、一アルパンから五アルパン(一・七ヘクタール)の所有者が三五パーセント、したがって土地所有者の過半数(五八パーセント)が二ヘクタール以下しかもたないことになる。ラネ(北部フランス)では、この比率が四九パーセントと二六パーセント(合計七五パーセント)。ロワレ(北部フランス)の十五の共同体では、一、九六八人のうち、一アルパン以下が二二パーセント、一〇アルパン以下をとると八一パーセントに達する。[5] このうち、ラネ地方についてルッチスキーが調査した結果をまとめると次表のようになる。[6]

所有耕地面積別にみたラネ地方の農民数

アルパン	所有者数	同 比 率
200 以上	2人	0.03%
100～200	15	0.2
50～100	58	1.07
40～50	35	0.7
30～40	85	1.6
20～30	158	3.1
15～20	133	2.5
10～15	248	4.7
5～10	543	10.1
2～5	826	15.4
1～2	598	11.1
1 以下	855	15.9
住居のみ	1,803	33.6
計	5,359	100.0

農家が自立的な経営を維持するために必要とする土地面積は、リムーザンでは一四アルパンから二八アルパン、フランドル(北部フランス)では五ヘクタール(約一五アルパン)とされるから、[7] 右の表によると住民の約一割(九・二パーセント)が自立的な土地所有者(ラブルール)だということになる。その他の九〇パーセントは土地所有に関するかぎり、貧農的な条件しかもたないわけである。もっとも、この事例が示している北フランスの農村では、農民の階層分化がとくに著しく、そのことが後述するように北部フランスを中心とする尖鋭な農民闘争を結果するのであるが、しかし零細土地所有農民の夥多という現象は、いわゆる近代的発展が進んだ北部フランスだけに見られる現象ではない。

農村の階層別人口比率

	ラネ	ブルゴーニュ	トゥールーザン
ラブルール(ブドウ園・農園・耕地)	25.7%	36.7%	27.5%
ジュルナリエ マヌーヴリエ	29.3	34.5	20.2
メテイエ	—	0.8	8.4
召使・牧者	8.8	—	24.0
手工業者	27.9	18.1	12.7
産業家	5.4	7.4	5.5
商人	1.9	1.6	1.2
大フェルミエ	0.5	1.0	0.5

アンリ・セーは、遅れた農村地域たるブルターニュ地方を調査した結果を次のように報告している。「農民的土地所有者の約半数(四六パーセント)についていうと、各人の所有面積は一または二ヘクタールになり、また財産としては小さな住居と庭と一片の耕地と、隣接する一片の荒地しかもたない農家がかなりある。[8]」住居と小地片しかもたない農家も、範疇としては農民的土地所有者たることに変りはなく、したがって「大多数の農民は土地所有者だ」(アンリ・セー)ということにもなるわけだが、しかしこういう農民が自己の所有地だけで生活を維持することができないこともまた明らかである。農民は生活のために、他の土地所有者との間になんらかの関係を結ぶか、または農業その他の職業に従事する機会を求めなければならない。こうして、借地および雇傭労働の複雑な関係が、私たちの目の前に現われてくる。

零細な、したがって土地に飢えている農民にとっては、前に述べた貴族領、教会領および私的地主の土地が重要な意味をもつ。これらの土地は通常、小地片に分割されており、それぞれがさまざまの条件で農民に貸しつけられる。これがいわゆる地主的土地所有、つまり借地関係である。領主は私的地主および農民の土地所有に対しても上級所有権を握っているばかりでなく、土地を所有しない農民に対しても一定の身分的権利を行使することができた。これに反して、半封建的・過渡的借地関係は、封建的土地所有関係に従属しながら、それとは別個に発生する私的な経済的な借地関係であって、近代的借地関係の先駆をなすものである。[9]半封建的借地関係には中西部に見られるおくれた小作制としての折半小作制(メテヤージュ)と、北部に多い農民的自立の一層すすんだ定期小作制(フェルマージュ)の二種類が区別される。

土地所有農民《ラブルール》および借地農民は、両者あいまって革命前の農業生産の基幹部分を構成した。しかし、フランス農民は右の二つの階層につきるものではない。土地所有農民と借地農民を中軸として、その上下に質を異にする農民層が結集している。そして、この両極の対抗こそが、封建制打倒への道を具体的に押し進めるのである(10)。さて、土地所有農民の上層に結集される農民とは、一言にすれば富農層である。富農層は、みずから土地所有者であることも多いが、それと同時に封建領主あるいは私的地主の土地を一括して借入れたり、農民の小地片をかき集めて、雇傭労働を用いて大経営を行なう大借地農《グロ・フェルミエ》である。もちろん、現実の富農層のなかには、大借地農とはならないで、商業や運送に従ったり、マニュファクチュアの経営主となったりして「農村ブルジョワ」の仲間入りするものがあり、また領主の地代徴収権を請負う半封建的富農層(地代請負人《フェルミエ・ゼネロー》)も存在するが、土地の所有および利用の側面からいって、真に封建農村を変革する異質的な存在は、大借地農である。ところで、こうした大借地農の発生は、農民層の両極分解の結果であり、一般農民層の下層に貧窮な日傭農民層が堆積されてくることとあい応ずるものである。すでに北フランスの農村について見たように、過小農・半プロレタリア層のおびただしい存在が、労働予備軍として役立ちつつ初期的な資本関係のなかに引き入れられてゆくのである。これらの農民層はジュルナリエ、またはマヌーヴリエと呼ばれる。

以上のさまざまの農民層がフランス農村を構成するわけであるが、その具体的な人口比率をルッチスキーの調査結果によって見ておこう。とり上げられた農村は、北フランスのラネ、東部のブルゴーニュ、南部のトゥールーザンの三つである(11)。

これらの農民階層が、フランス全土について、どのような割合で存在していたかに関しては信頼すべき統計がないけれども、フランス革命中に次のような推定が行なわれている(12)。

	ラボワジエの推定	イスナールの推定
	(単位千人)	
ラブルール、フェルミエ、マヌーヴリエ	六、〇〇〇	
大フェルミエ		二一〇

ジェルナリエ	四、〇〇〇	小フェルミエ	四二〇
ブドウ園労働者	八〇〇	商　人	五〇
商人・手工業者	一、八〇〇	ジュルナリエ、マヌーヴリエ	一一、二八〇
小土地所有者	四五〇	土地所有者	六、二三〇

ここで、あらかじめフランス革命における農民層の運命について触れておくならば、結局のところ革命によって政治的にも経済的にも解放された農民は、右の表のうち、ラボワジエのいうラブルールと小土地所有者、イスナールのいう大フェルミエと土地所有者のいずれも六百万人程度の農民層であった。つまり、ラボワジエの計算では総農民数千五百万人のうち四〇パーセント、イスナールの計算では千八百万人の三分の一が現実的な意味で解放されたものとみられる。同時に、このことは農民層のうちの圧倒的部分を占めるジュルナリエやマヌーヴリエにたいし、フランス革命は直接にはかれらの希望をみたさなかったことを意味する。[13] その数は約一千万にのぼるであろう。こうしたことが、一体なぜ起こったのであろうか。これらの点を明らかにするためには、フランス革命とのつながりを問題としなければならない。

（1） M. Bloch, Les caractères originaux de l'histoire rurale française, p. 34. 河野・飯沼他訳『フランス農村史の基本性格』五八ページ。

（2） G. Lefebvre, Répartition de la propriété et de l'exploitation foncières à la fin de l'Ancien Régime.

（3） G. Lefebvre, Etudes sur la Révolution française, p. 216.

（4） S. Herbert, The Fall of Feudalism in France, p. 60.

（5） G. Lefebvre, Etudes, p. 207.

（6） Loutchisky, La petite propriété en France avant la Révolution et la vente des biens nationaux, p. 66.

（7） G. Lefebvre, Etudes, p. 211.

（８）　Henri Sée, Les classes rurales en France au Moyen-Age, p. 66.

（９）　この点は、最近の研究者がほぼ一致して認めるところである。なお、いわゆる農民的所有地が現実にはその約半ばが貸付地となっていた事情については、遅塚忠躬「十八世紀フランスの農民の土地所有」『東大社研記念論文集』一九六三年、参照。

（10）　拙著『市民革命論』六〇ページ。遅塚忠躬「絶対王制の経済的基礎の動揺」『西洋経済史講座』岩波書店、一九六〇年、参照。

（11）　Loutchisky, La petite propriété, p. 53.

（12）　G. Bourgin, L'agriculture, la classe paysanne et la Révolution française, p. 161.

（13）　G. Lefebvre, Questions agraires au temps de la Terreur, p. 132.

二　封建的諸権利の問題

まず、「封建的諸権利」の問題から検討しよう。すでに述べたように、フランス革命のなかで具体的に争われ、決定された問題は、法制的な意味での私有財産＝私的土地所有権を何人に帰属させるかという問題であって、私的・経済的な意味での借地関係(折半小作制をふくむ半封建的・過渡的地代収取関係)を撤廃ないし禁止することではなく、また特定の経営形態を変更させることでもなく、まして農業の技術水準を一挙に上昇させるといったことでもなかった。このことは記憶されねばならない。フランス革命における土地問題の基本線は、「封建的諸権利」の廃止と、「国有財産」の売却とであり、この変革を通じて、農村および農民経営、さらに借地関係の改善が期待され、促進されたにすぎない。ところで、「封建的諸権利」といっても一義的にきめられる固定した内容のものではなく、その定義自体が激しい政治闘争を通じて争われたものであった。具体的に見よう。

一七八九年八月四日の夜、全国を蔽う農民反乱の脅威のもとに開かれた国民議会は、六時間におよぶ熱狂的な討論ののち、封建制度廃止の決議を採択して散会した。この決議は一週間かかって法制化されたが(公布は九月二十一日、王の認可は十一月三日)、その第一条には、つぎのように書かれている。[1]

「国民議会は封建制度を完全に破壊し、かつ次のことを命ずる。封建的であれ、サンス契約的〔農奴以外の農民の地租負担〕であれ、あらゆる権利・義務のうち、物的または人的マンモルト〔非自由農奴身分〕、および人身的隷従に由来する権利・義務、さらにそれらのかわりをなす権利・義務は無償で廃止される。その他のすべての権利・義務はすべて買い戻しうるものと宣言され、買い戻し価格および方法は国民議会によって定められるであろう。」

つまり、八月四日夜の決定は、封建的諸権利を身分的権利と、そうでない権利とに分割し、前者を放棄し、後者を売渡すことを規定した。第一条につづいて、この法令は領主の鳩小屋設置(colombiers)、狩猟、開放禁制区設定(garennes ouvertes)に関する権利、領主裁判権、十分の一税(ただし、これに代わるべきものが創設されるという条件づきで)等を無償で廃止することを定めている。これが八月四日の「壮大な自己犠牲」の結果であったが、実はこの程度の譲歩でさえも国王は三カ月にわたって認可を頑強に拒みつづけたのである。[2]

右の国民議会の決定は、十月に発足した「封建的権利委員会」の手によって具体的な適用がはかられた。委員会の主導権を握ったのはメルラン・ド・ドゥエその他の封建法学者《フューディスト》であるが、かれらは土地および人間に付着する雑多な封建的諸権利を二分して、暴力または収奪にもとづく「奪いとられた権利」(droits usurpés)と、契約にもとづく「合法的権利」(droits légitimes)とを区別し、前者を禁止し、後者を保持するという態度をとった。そして、かれらの主張によれば、禁止される権利は法令にもあるように、人身的隷属にもとづく身分的権利(droits personnels)であり、それ以外の権利は、たとい領主制的な形態をとるものであっても、合法的な物的権利(droits réels)として取扱われ、したがって一定の金額(二十カ年または三十五カ年分の地代相当額)を代償として提供しないかぎり撤廃されない。つまり、かれらの意図は、すでに事実上、名目的なものとなっていた栄誉権や、領主独占を手放すかわりに、金額の大きい貨幣収入や現物収入はこの機会に法上の権利として確保しておこうという点にあった。委員会の定めた区別によると、身分的権利は、人身的・土地的マンモルト、賦役、領主独占その他の独占、領主裁判権が主なものであり、物的権利としては、貨幣または現物による年貢(redevance annuelle)、所有権移転税(droit de mutation)、永地代、物的賦役、その他、土地に関するものと見なしうるすべての権利が含まれる。さらに、この区別には例外があって、賦役にしても、独占権にしても、それが土地所有に起源をもつ権利であることを領主側が立証しうる場合には、身分的権利に含まれないものとされ、しかも領主が権利証書の原本をなくした場合(当時、ひん発した焼き打ちを想起せよ!)には、四十年間、引きつづいて権利をもっていたことを二人の証人が立証しさえすればよいこととされた。なお、それ以上に重大なことは、立憲議会は一旦、買い戻しうるものと定めた物的権利について、物的権利のうち所有権の移転を伴なう貸与契約のみが買い戻しの対象となりうる契約であり、占有権のみを貸与する契約については買い戻しえないとして、買い戻しの範囲を限定し、領主所有地の維持ないしは拡大をはかったのである。(3)

立憲議会による右のような封建的権利の区別が、農民層に対してどのような意味をもつかについては後述することとして、ここでは封建的諸権利のこうした理解のしかたそのものについての問題点を述べておこう。封建的諸権利が、地方によって著しく異なった内容をもっていたことはいうまでもないが、しかし「領主のない土地はない」という原則がフランスの大部分の地方に適用されていたことでも明らかなように、封建的諸権利はさまざまの変異を示しながらも、フランス全土の土地と農民を拘束していた。これらの権利は、通常、次の四つに分類される。(4)

㈠身分的諸権利。これは中世的な農奴制の遺物であり、人身的隷属にもとづく権利である。例えば、領主がマンモルト農民の財産を取得する権利がこれであり、東部および中部フランスに多く、一説では約三十万の農民がこれに服したといわれる。[5] その他、フォルマリヤージュと呼ばれる結婚許可権、部落への新来者からビヤンヴニュを徴収する権利などがある。

㈡耕作者の保有する土地に賦課される現物または貨幣の貢租。この種の貢租には経常的なものと、臨時的なものとがあるが、まず前者についていうと、中世初期に支配的であった賦役が転化したものとしてのサンス、サンシーヴがあり、それが収穫物の一定量に固定されるとき、シャンパール、テラージュ、ティエルスなどと呼ばれる。サンスは現物・貨幣の両者の形態があるが、シャンパールその他は現物である。シャンパールの率は地方によって異なり、収穫の十三分の一から三分の一にも及ぶ。テラージュの課される土地は売却はもちろん、抵当に入れることもできず、三年と一カ月のあいだ耕作しなければ領主の所有になってしまったり、また作物転換ができない等の制限があった。シャンパールの徴収は、収穫時に現地の畑で行なわれ、賦課が定められ、課税分を領主のところまで運搬してからでなければ残りの部分に手をつけることを許されなかった。賦役もまた全く消滅したとはいえず、各地で見られるが、年間十五日ほどの労働が普通であった。

臨時的貢租にはさまざまのものがある。まず農民が買入れ、または相続によって、土地保有をはじめる場合、彼はその土地に付されている一切の貢納義務を承認する証言《アヴー》をしなければならない。つまり、保有地を細かく述べたてるとともに、すべての義務規定の正確なリストと、保有地を取得するにいたった資格の説明とが必要である。これには多額の出費を要するが、場合によっては更新を命ぜられることもある。なお、領主は二十年または三十年毎に地代帳の改訂(検地)を行なうのが普通である。このとき、農民の無知に乗じて古い権利が拡大され、新しい権利が追加され、しかもそれが農民の負担において行なわれたことは、洋の東西を問わず同一である。革命期のあるカイエ(陳情書)によれば、領主の地代を一〇〇リーヴル増すために、最低七、〇〇〇リーヴルに及ぶ検地料を農奴が負担した事例が語られている。[6] 農民が土地を売買するときの売買税がロ・エ・ヴァントである。負担率は、売価の十三分の一から二分の一まで地方によって差異があり、売主・買主のいずれが負担するかも地方によって異なる。これは領主にとってかなり多額の収入となったが、のちには農民間で行なわれる土地の交換にまで拡大された。ロ・エ・ヴァントに付加される負担が、ルトレである。これは領主が農地の取戻しを行ないうる権利であり、売買後三十年間は有効だとされた。農地が売買ではなく、相続されるときには、ラシャその他の名前をもつ負担があった。

(三)領主独占。これまで述べてきた負担よりも一層大きく、また多数の農民を苦しめたものが領主独占である。水車・パン焼き場・搾油場・醸造場などの独占は、革命初期まで続いたが、この頃には領主の直営ではなくなって、領主権を高価で私人に請負わせ、その請負人がさらに法外な利益をむさぼる慣行になっていた。水車小屋を設置していない領主は、設置しないからという理由で徴税を行なった例もある。農家がつかう手押しの石臼に対する禁令や、徴税にたいする不満は、革命期のさまざまの陳情書に見られるところである。水車小屋からあがる収入は、毎年数百リーヴルに達し、それも次第に上昇の傾向にあったことが報告されている。独占のいま一つの例は、狩猟・漁獲および鳩小屋設置権である。これについての農民の不満が一般的であったことは、当時の著作家の作品にも反映している。農民は収穫を目の前にしながら、鳥やけものの被害に手を拱いていなければならなかった。独占の第三は、商業や運送に関する領主の徴税権である。道路や橋を通過する商品にたいする通行税、指定市場や定期市で売られる商品や、売店や、備付けの計量器にかけられる市場税その他の賦課がある。革命直前、チュルゴーがこれらの賦課を廃止しようと試みて失敗したことは、有名な出来事である(7)。

(四)さいごに領主裁判権がある。領主裁判所は国王の裁判所によって次第に権限を奪われていたが、しかし封建的貢租にかかわる問題については領主はなお裁判権を行使することができた。領主裁判官の非行と貪欲が、よるべのない寡婦や孤児を不幸につき落した例は少なくないといわれる(8)。

封建的諸権利を右のようなものとして理解すると(9)、前に述べた立憲議会の決定は、四つの封建的権利のうち(二)をのぞく三つまでを撤廃したものであることがわかる。このかぎり、立憲議会は封建制廃止のために重大な決定を行なったことがわかる。八九年の議会が廃止したこれらの権利は、それ自体としては甚だしい苦痛を市民や農民に与えるものであり、また一八世紀の文明水準からいっても「中世的野蛮」の象徴として受取られていたものであった。これらの権利は、確かに民衆の人間としての誇りをきずつけ、また民衆の活動に重大な障害を与えるものであった。しかし、これらの権利のうち、一七、八世紀の経済的発展の波に押されて事実上、有名無実になっていたものも少なくなく、とくに封建制の解体がいち早く進んだ地方においてはそうであった。たとえば、領主裁判権がそうであるし、市場税や通行税にしても、市場や道路・橋などの所有権はしだいに市や県や国家などの公共体に移りつつあった。マンモルト農民にしても、農民総数から見ると、まったくいうに足りない程でしかない。しかし、それにもかかわらず立憲議会は、これらの権利を無償撤廃することを表面上うたっておきながら、前に述べた除外例(領主の立証方法の簡易化)を設けて、実質的にはこれらの権利を有償買取りの枠のなかにくり入れる道を開いたのであった。一例をあげると、八九年の法律は、マンモルトを全廃することを定めており、したがって人身的マンモルトのみならず、土地に付着する土地的マンモルトも禁止されたが、その後、封建委員会は「純粋に人身的な隷属のみをあらわす権利や義務」のみを禁止するという解釈をうち立てることによって、土地的マンモルトを除外する措置を講じている(10)。

八九年の翌年、すなわち一七九〇年になると、明らかに「逆コース」の波が動きはじめる。メルラン・ド・ドゥエは二月八日の報告でこういった。「土地制度を破壊することによって、諸君は采邑地《フィエフ》の正当な所有者からかれらの所有地を奪うものと諒解したのではなかった。そうではなくて、諸君はこれらの財産の性質を変更したのだ。つまり、今後は封建法から解放されて、これらの財産は土地所有の法律のもとにおかれることになる。一言でいうと、それらはフィエフたることをやめて、真の所有地(alleux)となるのだ……もはやフィエフは存在しない。だから上記の封建的財産に課せられていたすべての有用な権利は、もはや純粋に土地に関する権利および純粋に土地に関する債権としてのみ考えらるべきである。」こうした基調の優越下に決定された一七九〇年三月十五日の法令は、土地に付着する諸権利は「全面的に単純な地代および土地負担と同一視される」旨を宣告した。つまり、この宣告は、忌むべき「封建的諸権利」を革命議会の新しい法律の権威によって確認するという結果をもたらしたのである。もっとも、この法令は無賠償で禁止される身分的権利の範囲を拡大してはいるが。(11)

それだけではない。たとい右の身分的諸権利が廃止されたとしても、封建領主にたいする農民の経常的・臨時的諸負担は撤廃されず、八九年の法令が示すように、買い取りによるほかに廃棄の道は残されていなかった。つまり、本来の封建地代の基幹部分(オラールによれば農民負担の四分の三)は、それが全面的に買い取り可能となったという一点を除いて、依然として存続することが認められたのである。封建的負担のこの基幹部分が除去されないかぎり、領主は土地所有者としてのこり、事実上の土地所有者たる農民は土地の利用権者たることはできても、土地の私的所有権を手に入れることはできない。農民が自己の保有地の法的な所有者になるためには、二十年か二十五年分の地代を支払わなければならないし、そのことは領主に莫大な利益をもたらして、かれらを財政難から救済し、ブルジョワ的富の所有者として再生させるであろう。領主たちに貸付けその他の方法で寄生していた金融業者・商人などの特権ブルジョワジーもまたこの種の「封建制の廃止」を利用して利益をあげることができるであろう。

もし、フランス革命が八九―九〇年のこの段階だけでおわっていたとしたら、どうだろう。疑いもなく、貴族的土地所有は私的土地所有として再生し、大多数の農民は借地農(小作農民)の地位におしさげられ、ちょうど一七世紀のイギリス革命の結末に似たものになったであろう。貴族と私的地主との合体がすすみ、富農層と中農の一部をのぞいて、広汎な農民層が零落の一途をたどり、貧農・農村プロレタリアのぎせいにおいて、農業の資本主義化が上から強行的におし進められることになったであろう。(12)まさしく、これは地主による、地主のための「土地革命」の体系であった。このことは、なにも現在から顧みて、私たちがそう評価するのではない。当時の農民じしんが直観的にこのことをつかんでいた。八九年の「大恐怖」につづいて、九〇年から九一年にかけて頻発した農民闘争（貢租・十分の一税の支払拒否、議会への請願運動）が、これを示すであろう。たとえば、一七九〇年五月、オート＝マルシュの「貧しいラブルールと耕作者たち」はいう。「たしかに、尊敬すべき議会の諸法令によって、請願者たちは買い戻しを行なうことを許された。しかし、それにもかかわらず、請願者たちは、買い戻しをなしえないで農奴制のなかに、みずからの意志に反して、とどまらざるをえないことは明らかである。その理由は、尊敬すべき議会が采邑地《フィエフ》の領主に支払ういわゆる貢租の買い戻し値段を極端に高い率にきめたからである。」この請願文は、議会が現物貢租のみならず臨時的貢租をも引下げること、買い戻しの連帯性を廃棄して、個人ごとの買い戻しを許すことなどを要請している。(13)立憲議会が定めた買い戻し方式によると、過去十年間の小麦価格の平均値を基準にして、現物地代の場合は二十五年分、貨幣地代は二十年分として計算されるから、多くの場合、買い戻し価格は実際の地価の二倍にもなり、一般農民にとって解放はまったく空虚な幻想と化したのである。イゼールのある共同体からの請願文はいう。「人民のあいだには全般的な不安が拡がっている。人民は苦痛にたえかねて叫ぶ。結局われわれは今まで以上に封建制のなかに引き込まれ、いら立っている地主の圧迫や、徴税人の傲慢や、饑饉のときには手がつけられなくなる地代請負人の強欲にさらされるのだ。われわれの目の前に絶えずつきつけられている一定の値段で買い戻しをするために、財産の大部分を投げ出さないかぎり、われわれは頭上にのしかかる束縛のもとでながく苦しむことであろう。(14)」大部分の小農民にとって、八九年の改革はなんらの改革ではなく、反対にそれは土地の喪失と債務奴隷化を結果するものであった。まことに、ロ＝エ＝ガロンヌの農民集会が述べているように、諸君は、「諸君の法令によって封建制度を絶滅したと宣言したが、しかし諸君はまさにその反対のことを行なったのだ(15)」というのが、いつわらぬ農民感情であった。そして、この点にこそ八九年の改革の本質が具体的に現われているのである。私たちは、こうした改革プランがすでにフランス革命の以前に、フィジオクラートによって提案されていたことを知っている。(16)八月四日の法令は、周知のように、ノワイユやエーギョンなどの自由主義貴族が提案し、シエース、バルナーヴ、デュポールなどが強力にこれを支持して成立したものであるが、その支持者のなかにフィジオクラートのデュポン・ド・ヌムールやミラボーを見いだすことができるのも決して偶然ではない。すべてこうした事情は、八九―九〇年の革命段階がどのような社会的性質をもつかを明らかに物語るものにほかならない。

（1）Sagnac et Caron, Les Comités des droits féodaux et de législation et l'abolition du régime seigneurial, p. 1.
（2）Sagnac, La législation civile de la Révolution française, p. 92.
（3）Ibid., pp. 96-108.
（4）Ibid., p. 63.
（5）Herbert, The Fall of Feudalism, p. 6.
（6）Ibid., p. 22.
（7）Turgot, Œuvres par Schelle, t. 5, p. 148.
（8）Herbert, op. cit., p. 33.
（9）広い意味での封建的諸権利には、教会十分の一税が含まれるが、ここでは省略した。十分の一税は法文上は八月四日以降廃止されるが、暫定的に継続が認められ、一七九一年一月一日まで存続した。
（10）Sagnac, La législation, p. 99.
（11）A. Aulard, La Révolution française et le Régime féodal, pp. 107, 109, 110.
（12）八月四日の決議は、「上から」の封建制の妥協的解消ではありえても、封建制の再編・強化といったものではない。
（13）Sagnac et Caron, Les Comités des droits féodaux, p. 250.
（14）Ibid., p. 265.
（15）Ibid., p. 267.

(16) 本書第一章、第二章参照。

三　反封建闘争とその結果

ところで、フランス革命の特徴あるいは独自性は、八九―九〇年に示された革命のイギリス的あるいはプロシャ的段階を突破して、革命がさらに一層の前進をとげた点にある。その究極の原因はどこにあったか。いうまでもなく、それは農民闘争であった。しかし、八月四日の法令は、貴族層によっても簡単には受け入れられなかったことを注意しておかねばならない。法令の認可をめぐって、ルイ十六世が頑強に反対したことに示されているように、支配階級は貴族のうちの自由主義分子や立憲議会左派が用意した譲歩と妥協の道を決して自発的には選びとろうとしなかった。八月四日の法令は、客観的には、貴族を私的地主に再生させる「上から」のブルジョワ化にほかならなかったが、しかし、この程度の「改革」すらも拒否するという支配階級の態度こそが、かれらの終極的な没落、封建制の絶滅を結果したのである。まことに歴史は直線的には進まない。守旧的な支配階級は、みずからの頭を壁にぶっつけないかぎり、壁の厚さと硬さを測ることができない。しかも、そのとき事態はすでにおそいのだ。こうして、フランス革命は前進をつづける。

八月四日の法令にたいする貴族の反抗は、さまざまの形で行なわれた。たとえば、貴族の先取り特権の行使(プロヴァンス)、教会に特別席をつくらせる権利の継続(オート＝ガロンヌ)、賦役の要求(ブルターニュ)、狩猟権の行使(セーヌ＝エ＝マルヌ)など数えきれないが、とくに「改革」実施を見越しての領主の搾取強化はいちじるしい。一七九一年三月、シャラントの各地区の代表者の訴えによると、「領主たちが握っている権力の濫用は絶頂に達している。人民は苦しんでいるが、それというのも、本来人民の保護者であり擁護者であるべき人々が賦課している重税の重荷でうちひしがれているからなのだ。」「租税徴収と、領主の搾取によって涸渇させられて、われわれの農村は恐るべき窮乏に陥っているので、領主的負担の二、三年分の延滞金が要求されたとしたら、農民たちは財産の一部を手放すことなしには、その支払いがほとんど不可能になってしまうであろう。(1)」

しかし、領主の反撃にまさに対抗して農民闘争もまた、九〇年の夏にはフランス全土を蔽うものとなった。農民闘争の現われかたも、またさまざまであった。たとえば、領主の囲い込み地の奪還(ソム)、領主直領地での実力による放牧(オート＝マルヌ)、貢租の返還要求(ニエーヴル)、貢租の支払い拒否(ロワレ、ラングドック、その他)など多くの事例があるが、いずれの場合にも農民が集団的にたち上っている。(2)一例をあげると、ゼールの一領主からの陳情書には、次のような具体例が示されている。一七九〇年の万聖節《トゥサン》の祭りの日――その日は地代の支払い日に当るが――石工だといわれるある男が教会の石段の下で人びとに呼びかけた。「地区の人間は誰もどんな種類の地代をも領主に払ってはいけない。反対する者の家には火をつける」と。この呼びかけがあったために、僅かに三人が地代を払ったに過ぎなかった。つぎに、住民たちは、祭りの日に払う地代をやめただけでなく、サンシーヴやロ・エ・ヴァントなどの延滞金をも拒否するために、別の領地の住民とも談合して共同行動をとることを申し合わせ、そののち、領主層にたいするさまざまの不服従運動を展開するにいたった。こうして、この領主の陳情によると、「過去十年間」なんらの紛争もなかったこの地で、激しい闘争が始められたのである。(3)西南部フランスでは、とくに激しい反抗がひろがった。農民たちは広場にメイポール(反乱を象徴する柱)をたて、絞首台をおいて裏切り者に備えた。武装した農民と軍隊の衝突が起こり、領主の館が襲撃され、文書が焼きすてられた。農民は、こうした反領主闘争のなかで、領主に権利証の原本を示すことをつよく要求している。このことは、前に述べた領主反動と関係がある。ある報告によると、「なぜ農民が精力的に、かつ一致して原本を要求したかというと、その理由は認知書のなかにあまりに高率の地代と過大な追加額とが含まれていたことにある。近くの村で聞いたところによると、農民は領主に収穫の三分の一、つまり九ブッシェル中の三ブッシェルを支払い、追加額は権利原本に述べられた額の二分の一、または三分の二を越える。その結果、原本にしたがって、従来十二クォーターを支払っていた農民は、いまや十八クォーターから二十クォーターを払わねばならない。[4]」オラールが挙げている資料によると、農民は貴族だけではなく、封建的諸権利を行使している私的地主をも攻撃した。一七九一年四月のローゼルト地区の行政官の報告によると、商人や富裕なラブルールの不動産が略奪や放火の危険にひんしていることが訴えられている。[5]

こうして、九〇年から九一年にかけて、農民蜂起と貢租不払いの運動が、ほとんどフランス全土にわたって展開されたものと見られるが、これに対して立憲議会は九〇年六月十八日の法令にあるように、「文書、演説、脅迫、暴行その他の方法によって、十分の一税およびシャンパールの徴収を妨げる者はなにびとたるを問わず公安の擾乱者として起訴される」ことを布告し、農民紛争は「人権宣言」にいう「所有権の神聖と不可侵」をおかすものであるから、「最高度の厳罰」をもって臨むことを明らかにした(八月三日の法令)。これが立憲議会の基本方針であった。一七九一年六月十五日、メルランの報告にもとづいて採択された布告には、次のように記されている。「国民議会は、一七八九年八月四日の会期に宣告された封建制度の廃止によって、フランス国民の至高の意志が命じた最も重要な使命の一つを果した。しかし、フランス国民も、またその代表者も、それによって所有権の神聖で不可侵の権利を侵害する考えをもつものではない。」「こうした無秩序はいまや止めるべきときである。かれらが混乱させ、歩みをとめさせている憲法が双葉のうちに枯れるのを見たくないなら、いまや市民たち――かれらの勤勉が畑を肥沃にし、国家をやしなう――は、義務にたちかえり、所有権にたいしてそれにふさわしい尊敬を払うべきときである。[6]」立憲議会は、残された封建地代を近代的所有関係にもとづく借地料と同一視し、その支払いを強制する方針をとったのである。

こういう状態であったから、立憲議会が解散されて立法議会が成立しても(一七九一年十月)、農民闘争は決して衰えなかった。たとえば、この年、低部ロワールから議会に送られた農民の要求書は、封建的権利の買い戻しについての農民たちの「強硬な警告と全般的な絶望」をひれきしている。「結局、不幸な臣下は、父祖の僅かの遺産の一部を売り渡して、他の部分を奴隷制や圧制から免れさせねばならないのであろうか。しかし、彼の相続財産のこの部分はだれに売られるのだろうか。それはいわゆる領主にであり、旧来の圧制者にだ。かれらだけが、封建的権利の償還によって、フランスのすべての貨幣の所有者になり、すべての富を集めるのだ。(7)」九一年の農民闘争は、この文書でも推察できるように、すじの通った不満の述べかたをしており、要求内容も整理されているが、他方、闘争方法はますます大胆になり、多くの地方で領主の館や事務所の焼打ちが盛んに起こっている。なお、農民闘争で注目すべきことは、その主導権は「一般に近隣で最も実力のある人びと」によって握られており、決して貧農が主導したとはいえない点である。(8)これは多くの記録が示すが、一七九〇年二月に書かれた匿名の一資料を引用しよう。これによると、農民闘争のもたらす「これらの恐怖は、地代や義務の無償廃止に関心をもつ人びとによって煽動されたものであることは確かである。農民たちは僅かの保有地しかもたない。かれらがかりに地主から地代や封建的義務を支払う義務を負わされているとしても、それは賃貸価格がひき下げられることでしかない。というのは、もしかれらがこの種の義務を負っていないとしたら、穀物や貨幣での地代《ルドゥヴァンス》は、貸主のために一層大きくなるであろう。だから、単なる農民《ラブルール》や小作農の利益は非常に小さいと考えることができる。富裕な土地所有者は、この点にきわめて大きな利害関係をもつ。なぜなら、かれらはなんらの危険をおかすことなしに、農民の蜂起によってなしとげられる無償廃止から利益をうるだろうからである。すでにここにきわめて決定的な動機がある。それはかれらをして紛争をそそのかせはしないにしても、少なくともかれらが小作農や奉公人や農民をひきとめるのを妨げる動機にはなる。(9)」ここで暗示されているように、農民闘争の行動部隊はもちろん一般農民、貧農であるけれども、しかし反封建闘争から直接の利益をひき出す階層は富農または地主であり、したがってかれらが闘争の主導勢力となったことは不思議ではない。ただし、北部フランスのように貧農主導の闘争が優越した地域もあり、また封建的権利の廃止以外の要求、たとえば土地要求、共同地をめぐる闘争などの場合には必ずしも富農主導とはいえない。こうした点を十分考慮したうえで、なお農民闘争が右の性格をもっていることを確認しておくことは重要である。

九一年から九二年にかけて展開された広汎な農民闘争は、反革命勢力によって内外から脅やかされていた立法議会をついに譲歩させることに成功した。立法議会は新たに封建委員会を発足させ、メルランにかわってウドーが代表者となった。ウドーはいう。「もしも濫用の習慣が濫用を正当化することができ、圧制が圧制を合法化することができるならば、人類は永遠の隷従を運命づけられるだろうし、また革命は犯罪となるであろう。(10)」暴力や圧制に由来する権利は、たといそれが何百年つづいているにしても、また表面上、契約の形式をとっているにせよ、正当なものとは認められない。したがって、無条件に廃止されなければならない。これが立法議会の到達した新しい立場であった。ところで、すでに述べたように、八九年以来の農民解放の中心問題は、封建的諸権利のうちの物的諸権利をどうするかという点にあった。委員会は、九二年の四月以後この問題にとり組んだが、結局つぎのような結論を出した。つまり、物的諸権利のうちの臨時的権利は無償で撤廃する。これに対抗するためには、権利者側すなわち領主のほうから権利原本を提示しなければならない、というのである(九二年六月十八日の法令)。土地売買、土地の相続や保有にまつわっていた拘束は、これによってとり除かれた。しかし、物的諸権利のうちのさらに重要な部分、すなわち本来的な地代部分をなす経常的諸権利は、まだとり除かれなかった。問題はこの点に集約された。そして、まさにこのとき八月十日の革命を迎えたのである。

八月十日の革命は、封建的諸権利の問題についても決定的な一撃を加えたものであった。八月二十日および二十五日に出された法令は、「国民議会は、封建制度は廃止されたが、それにもかかわらず、その諸結果が存続していることにかんがみ、また所有権を蔽いかくし、食いつくす隷従制の残存物をフランスの国土から一掃することほど緊急なものはないことにかんがみ」て、次のように指令している。「封建的であれ、サンス契約的であれ、一切の領主的諸権利は、その性質および名称のいかんを問わず、またかつての法律あるいは現行の法令で除外されていたものをも含めて……無賠償で廃止される。ただし、それらの権利が資産の始原的な譲渡を理由とすることが立証されるときはこの限りでないが、この理由もまたそれを結果した土地付与、賃貸借、サンス貸借の最初の行為のなかに明瞭に記されていなければ認められない。[11]」ここに見られるように、立法議会は、もはや封建的諸権利を二つに区別して、一方を廃止し、他方を買取らせるという封建法学者的な考え方を放棄してしまった。身分的権利も、土地的権利も含めた一切の封建的権利の無賠償撤廃がここに宣言されたのである。但し書きのなかでの立証責任の問題にしても、八九年の法令が債務者たる農民の立証責任を要求したのに対して、九二年にはそれが債権者の責任に移されていることも重要な変化である。そしてたとい領主側が文書をもって立証しようとしても、その多くは激しい農民闘争のなかですでに焼きすてられていたことを考えなければならない。こうして、八月十日の革命は、「封建制廃止」を一挙に、かつ徹底的になしとげた。さきに八九年八月四日の決議は、「財産の虐殺」を意味するものとして「財産の聖バルテルミーの日」[12]といわれたが、九二年八月十日の革命こそは、まさに「財産の聖バルテルミーの日」であった。また、農民は一六六九年以来、領主の共有地分割権(トリヤージュ)にもとづいて没収された共有地をも、無償で取り返すことができた(八月二十八日の法令)。農民の反封建闘争は、基本的な意味でここに達成されたと見ることができるであろう。

八月十日以後、農民闘争は急速に消滅していった。しかし、完全になくなったのではない。この年の十二月に書かれた記録によると、グールドン地方では依然として農民闘争が続いており、前領主の森林を実力で伐採し、館を占拠し、穀物倉庫を襲ったばかりでなく、農民たちは「この仕事がすめば、この地区の他の金持の家や財産に手をつける」と脅迫したといわれる。[13]ここには農民闘争がこれまでの反領主闘争から、反地主闘争に転化する傾向が認められる。同じく十二月にガラ地方の裁判官が国民公会に送った手紙では、「封建制は破壊された。しかし国民はまだこの恐るべき弊害がのこしたあらゆる痕跡をなくすることはできていない」ことを述べ、農民がながい間に受けた屈辱をつぐなうために非合法な行動や暴力をふるっている実情を報告している。[14] しかし、こうした農民暴動が各地で一般的であったと考えてはならない。たとえば、イオンヌ地域では、一七九一年中に三万三千リーヴルの権利売り渡しが行なわれており、九二年の当初から八月二十五日までに四万四千リーヴル、問題の八月二十五日以後も翌年一月一日までに、九千六百、九三年七月十七日の全面的廃止にいたるまでにさらに一万リーヴルという封建的権利の売り渡しが行なわれているのである。[15] ところで、立法議会に代った国民公会は、周知のようにジロンド派とモンターニュ派の死闘の舞台であったが、一七九三年六月二日、政権をにぎったモンターニュ派は、戦争とヴァンデの反乱に示される内外の危機を克服するためには、農民大衆の支持が不可欠であることを認め、さらに大胆な譲歩を行なった。一七九三年六月十日の法令は、農民の共有地について、「一般にすべての共有地は、……本質上、共有地が存在する地域の……全住民のものであり、全住民に所属する」ことを宣言し、共同体はすでに取り上げられた共有地の返還を求めることができることとなった。領主側がこの返還要求に対抗できるためには、過去四十年間、継続して共有地を占有していたこと、さらに彼が封建的権力によってではなく、合法的に買い取ったものであることの立証をしなければならないこととされた。[16] さらに、七月十七日に出された法令は、封建的諸権利を根こそぎ一掃するものであった。すなわち、第一条において「前領主のすべての貢租、封建的・サンス契約的な確定的、臨時的諸権利は、前年八月二十五日の法令によって維持されたものをも含めて、無償で禁止される」と述べ、ついで第二条では「前条に規定したもののうち、純粋に土地に関するもので、封建的でない地代《ラント》、または課役は除外される」と規定した。[17] この法令は、封建制の名残りをもつ地代をことごとく廃止することを目的としており、そのために封建地代に関係する文書をすべて役場に提出させて焼きすてることを命じ、違反者には五年の懲役を科すことを規定している。

モンターニュ支配下のこの法令によって、地代徴収権をも含めての領主的権利が完全に廃止されたことはいうまでもない。多くの地方で、荘園台帳、契約書、登録台帳その他が集まった農民たちの歓呼の声のなかで焔に投じられたことが報告されている[18]。しかし、国民公会が規定した三カ月後に全国一斉に文書を焼くという指令は結局、実施されなかった。実施は一度、延期されたのち、見送られてしまった。なぜなら、一枚の権利証のなかには法令にいう「純粋に土地に関する」契約が含まれていることが多いことを国民公会は見落していたからである。この点、つまり封建的地代と「純粋の地代」との混在ということは重要な問題をはらむものであった。国民公会は、一七九四年五月十八日、「純粋の地代《ラント》」とは、最初から封建制を混入せしめず、またそのしるしをとどめないで創設された契約にもとづく地代であることを明らかにし、改めて「いかに僅かの封建制のしるしでもとどめている」地代は、無償で禁止されるという解釈規定を与えた[19]。この規定を文字どおりに受取れば、地代の徴収権者が領主である場合、その地代のなかに「封建制の僅かのしるし」が残っていることは明らかであるから、その地代徴収権は全面的に禁止される。しかし、徴収権者が私的地主である場合にも、地主とくに大地主は、虚栄心から、あるいは慣習上、小作契約のなかに低率のサンスや、ロ・エ・ヴァントを規定したといわれる[20]。この場合にも、前の解釈規定が適用されて、地主の地代徴収権は、その部分について否定されることとなる。国民公会の立法委員会では、七月十七日の法令が領主の正当な請求権の廃止を結果することをおそれて、修正の動議が出されたが、未成立におわったことが報告されている。こうして、本来の領主だけではなく、領主きどりの私的地主の地代徴収権もまた撤廃され、「革命のなかでの最も不公正な財産没収[21]」と呼ばれる変革が断行されることとなった。

しかし、七月十七日の法令および翌九四年五月十八日の解釈規定が、私的地主の土地所有をそれ自体として廃止したと見ることはできない。「封建地代」であろうと、「純粋に土地に関する地代」であろうと、これらの土地の下級所有権(事実上の所有権)の保持者がその所有権の譲渡人に対して支払う「地代」(rentes)と、土地の単なる使用収益権の保持者が土地の所有権者に対して支払う「借地料」(fermages)とは、われわれの想像以上に明確に区別されていたことを知らなければならない[22]。したがって、地主・小作関係が存続することは、革命にもかかわらず当然のこととして受取られていたと見るべきである。もちろん、モンターニュ独裁の強力のもとで、領主的な傾向をもつブルジョワ地主の土地所有が部分的に、また一時的に、収奪の対象になったであろうことは、前に挙げた資料によっても推定される。オラールの説明によると、国有地に編入された土地の借地農が、九三年の夏の法令の結果、地代支払いを全面的に停止してしまった事例や、ある種の領主が地方によって「純粋に土地に関する地代」の支払いを受けなくなった事例があることが指摘されている。共和国五年テルミドール四日（一七九七年七月二十二日）に提出された法律案は、この点の行きすぎを是正するというよりは、むしろ約二千万リーヴルと評価された地代の国庫への流入を確保することを目的として、「資産またはその他の土地財産の譲渡または割譲の対価をなす貨幣、穀物、農産物または収益の一部分での年地代その他の年賦課のうち、その支払いが一七九三年七月十七日および十月二日の法律の結果、またはそのあやまった解釈によって停止されていたものは、復活される」と規定した。[23] しかし、この提案は採択されず、結局、支払いを拒否した農民に不利な決定はうち出されず、地主・小作人間の関係は「契約自由」の原則にしたがって当事者間の合意にゆだねるという政策がこの場合も維持されたのである。

（1） Sagnac et Caron, op. cit., p. 412.
（2） Sagnac, op. cit., p. 126.
（3） Sagnac et Caron, op. cit., p. 392.
（4） Aulard, op. cit., p. 127. Herbert, op. cit., p. 167.
（5） Aulard, ibid., p. 135.
（6） Moniteur, t. 8, p. 670.
（7） Sagnac et Caron, op. cit., p. 289.
（8） Herbert, op. cit., p. 188.

(9) Sagnac et Caron, op. cit., p. 162. 農民闘争が「土地均分」の要求を掲げた貧農主導の運動に転化するのは、ほぼ一七九二年以後のことであると見られる。A. Mathiez, La vie chère et le mouvement social sous la Terreur, p. 90.

(10) Sagnac, op. cit., p. 138.

(11) Sagnac et Caron, op. cit., pp. 773-774.

(12) Aulard, op. cit., p. 98.

(13) Aulard, ibid., p. 139. Herbert, op. cit., p. 194.

(14) Sagnac et Caron, op. cit., p. 777.

(15) Aulard, op. cit., p. 185.

(16) Sagnac, op. cit., p. 151.

(17) Sagnac et Caron, op. cit., p. 775. ここでいう「純粋に土地に関するもので、封建的でない地代」は、経済学でいう「地代」ではなくて、上級所有権者がその所有権を完全に譲渡した場合、その土地の上に設定する定期金請求権である。したがって、それは封建制から除外されたのである。この「地代」を「小作料」と同一視した旧稿での私見は訂正しておきたい。なお野田良之『フランス法概論』上、四九七、五二一ページ、柴田三千雄『フランス絶対王政論』御茶の水書房、一九六〇年、一八八ページ、服部春彦「フランス革命における地主制の問題」前掲一三一ページ参照。

(18) Herbert, op. cit., p. 196.

(19) Sagnac, op. cit., p. 150.

(20) Ibid., p. 147.

(21) Ibid., p. 148.

(22) 服部春彦、前掲論文、一三一ページ。

(23) Aulard, op. cit., p. 259.

四　教会財産の没収と売却

(1) 立法過程

いずれにしても、一七九三年七月十七日の法令は、封建的諸権利に関するかぎり、全面的に徹底的にそれを禁止した。この規定は、テルミドール以後も生きつづけ、ディレクトワールおよび統領政治《コンシュラ》のもとでも根本的な修正は加えられず、フランス革命の基本法規としての位置を占めつづけた。封建的諸権利の「下から」の革命的な一掃がここに完成したというべきであろう。

フランス革命は、右のような方式と経過を伴なうことによって、封建的諸権利の撤廃をなしとげた。この変革によって、すでに自立的な地歩をえている農民層は、自由で独立の土地所有者として解放された。そして、この解放は、広汎な農民闘争によってはじめてかちとられたものであったことはすでに述べた。しかし、農民闘争の成果は、すべての農民に及ぼされたものとはいえ、すべての農民に同じ利益を与えたものではなかった。農民闘争の真の指導者＝組織者が在村の私的地主や富農層であったことに示されているように、封建的諸権利の撤廃から主要な利益をかちとったものは、かなりの程度の土地を保有する階層であった。農民の圧倒的部分を占める小農民はすでに述べたように、著しい土地不足のなかで苦しんでいた。封建的権利の廃止はかれらに多少の利益をあたえはしたものの、しかしそれがかれらの基本的要求をみたしたとはいえない。ごく僅かの保有地しかもたない農民にとっては、諸権利の撤廃ではなくして、土地の現実的な分割こそが基本的な要求であったからである。したがって、広汎な農民闘争のなかで、かれらは封建制の廃止と同時に農地の獲得＝土地要求をたえず提出しつづけたのであった。そこで次に国有財産の問題をとり上げよう。

すでに、封建的諸権利の問題について見られたように、フランス革命は一七八九年から九一年までの段階と、一七九二年八月十日以後の段階とでは、明らかに同じ問題について異なった対策をうちだしている。土地の国有化および分割という「土地問題」についても、基本的には同じ傾向が認められるのであって、一七九〇年にはじまるいわゆる「第一次起源の国有財産」、つまり王領および教会領の没収および売却と、一七九二年以降の「第二次起源の国有財産」、つまり亡命貴族領の没収および売却とでは、政策の推進主体および目標のうえで、飛躍的ともいえる変化を認めることができる。フランス革命の前進と深化がやはり貫かれているのである。したがって、まず「土地問題」処理の第一段階から見ることとしよう。

第一段階における王領とくに教会領の没収＝国有化は、もちろん革命的な方策であり、革命によってはじめて実行に移されたプランであるが、しかし王領や教会領が、はたして王および僧族の私有財産とみなさるべきであるかどうかについては、革命前からすでに論議のまととなっていた。王領や教会領は、個人の私有財産ではなくて、公共の必要をみたし、社会救済を行なうために、王や教会に寄託された財産であり、そのかぎりで存続が認められていた。この点は、王領や教会領にたいする批判者が指摘しただけではなくて、王や教会じしんが必要に応じて王領地を処分して国費にあてたり、病院・学校・救貧施設などを設置したりしたことのなかに示されていた。したがって、これらの財産を没収することは、ふつう考えられるような、私有財産の没収という意味をそれほどもつものではなかったのである。(1) しかし、それにしても、公的・社会的必要をみたすための王領や教会領をなぜ革命議会が没収し、国有化する必要があったかというと、それは後に述べる財政上の必要ということが大きいが、同時にその背後にはこれらの財産が一八世紀の現実のなかでは、かつての公共性をまったくうしなって、王や僧族の私的な所有物に転化し、圧制と搾取と腐敗の源泉となっていたことに由来する。すでに、チュルゴーは、『百科全書』に寄せた「財団」論のなかで、種々の教会施設がまったく反社会的な、非生産的な「記念物」でしかないことを指摘し、それを全面的に没収し、私的財産に転化させることを主張しているが、立憲議会ではデュポンやミラボーがチュルゴーのこの主張を援用して、教会財産の没収を提案した。(2) このことに示されているように、王領・教会領の没収は、現実政治の上では財産関係の変革という革命的な意義をになって現われたのである。

ここで教会財産の態様についてふれておこう。すでに見たように、教会財産は全土の一割弱を占め、約三二〇万ヘクタールに達するが、ルカルパンチエの説明によると、その所有者数は約九万人、土地所有者総数四五〇万人の二パーセントに相当する。その平均所有面積は、三五・七〇ヘクタールで、その他の所有者の平均は一〇・三〇ヘクタールであるから、僧族は一般人の三倍以上の土地をもっていたことがわかる。僧族は、一般に修道僧と在俗僧の二種類に分けられるが、人口の割合では前者が二割弱、後者が八割以上となっており、民間で布教その他に活動する下級僧侶の数が圧倒的に多い。かれらは、牧師館や礼拝堂に住み、一般民衆とほとんど変らない生活状態にあった。ところで、土地所有の上から見ると、修道僧が教会財産の約六六パーセントを占めたのにたいして、在俗僧は残りの三四パーセントであり、したがって、一人当りの所有面積は、前者が五八・三〇ヘクタールであったのにたいして、後者はわずかに八・三〇ヘクタールという大きな違いがあった。これから見ても在俗僧の生活基礎がいかに貧弱なものであったかがわかる。もちろん、僧たちには十分の一税の教会税が入ることにはなっていたが、しかしこの頃には十分の一税は巨大な十分の一税徴集人《デシマトゥール》の請負に帰しており、在俗僧たちは年間約四〇〇リーヴル程度の収入しかえていなかったといわれる。(3) およそ、こうした事情が多数の下級僧侶たちを革命の側におもむかしめた物質的条件であった。かれらにとっては、教会財産の没収は実質的な損害を意味しない。教会財産を提供するかわりに、国家が年一、二〇〇リーヴル程度の俸給を支払ってくれるならば、進んで国有化に賛成してもよいという態度を示したのである。しかし、修道僧、とくにベネディクト僧院のような大土地所有者たちの利害は、これとは反対であった。かれらは、国有化にたいする強硬な反対者として登場するであろう。教会財産の問題は、僧侶とブルジョワジーとの係争点であったばかりでなく、同時にそれは僧族内部における革命と反革命との対立をも表現するものであった。

一七八九年八月四日の議会で、封建制廃止が決議されたとき、十分の一税廃止も原則的に決定を見たが、その決議のあとを受けて、最初に教会財産没収の叫びをあげたのは、のちのジロンド派のビュゾであった。論戦は十月に入ってにわかに活溌となり、トレラール、トゥーレ、タレイラン、バルナーヴ、デュポン・ド・ヌムールなどが国有化にたいする賛成討論を行ない、これにたいしてカミュ、モーリなどの立憲議会右派が強硬に反対した。議論は法律論、歴史論、実際論などの各方面から展開されたが、なかでもモーリが教会財産の没収は「土地均分法《ロワ・アグレール》のためのすべての農民蜂起」を正当化する不幸な先例をひらくことになるといって反対したことは、この政策の社会的性格を物語るものであろう。[4] しかし、国有化の賛成派たちは、必ずしも社会革命的な観点から国有化を主張したのではなかった。かれらの主張を根本的に支えていたものは、立憲議会の当面する財政困難をいかにして打開するかという観点であって、そのための最も手近な、最も確実な財源として教会財産が狙われたのである。当時、教会財産は、フランスの国土の約五分の一を占め、年々一億数千万リーヴルの地代収入を挙げつつあるものと明らかに過大に評価されていたからである。こうして財政的必要をみたし、革命政府の基礎をかためることができる以上、それと衝突しない範囲で、教会財産を能うかぎり多くの農民層に売りわたすという博愛的な提案がラ・ロシュフコー＝リヤンクールその他の議員から主張され、多数の賛成者をえたこともまた無視できない。

一七八九年十一月三日、議会は「すべての教会財産は国民の管理に属する」旨のミラボーの動議を五六八票対三四六票で可決した。国有化された財産は、「礼拝の経費、宗務員の維持、および貧乏人の救助」にあてられることが定められた。[5] しかし、この決定にたいする教会側の反対運動は激しく、十二月になって議会が教会財産の売却分を四億リーヴルと定めても、なお一向おとろえず、とくに農村の貧民層にはたらきかけて、議会の決定をくつがえそうと試みた。教会財産の没収は、教会の救貧事業を成りたたなくして、そのかわりに投機業者や金持やユダヤ人の懐をこやすだけだ、というのが煽動のスローガンであった。(6) しかし、反対運動は結局、失敗におわった。議会は、教会領のみならず、王領地も、学校・病院・救貧院などをもすべて国有化する道を進んでいった。つぎの問題は、こうして国有化された巨大な財産(三十億リーヴルといわれた)をどのように分配し、貨幣化するかという点に集中された。

教会財産の売却方式は、一七九〇年五月十四日の法令によって定められたが、この法令は前文において、次のように述べている。「国民議会は、国有財産の売却に関する一七八九年十二月十九日および一七九〇年三月十七日の法令の施行について、諸都市および全市民が示している熱望にこたえ、また、この政策が目ざしている二つの目標、つまり財政のよき秩序、およびとくに農村住民のあいだで土地所有者数をうまく増加させること——これは財産を分割し、また財産の獲得者に支払いのために十分な猶予をあたえ、さらに販売や再販売のためのすべての取引から、その敏活さをそこなう厄介な、経費のかかる障害をとり除くことによって、これらの財産を獲得しやすいように便宜をあたえることにかかっているが——この二つの目標を同時に達成するために、次のことを指令した……。(7)」(傍点は引用者)ここに明らかにされているように、教会財産の売却は、財政的必要と、土地所有者数の増加との二つの目標をもって施行され、しかもこの二つを同時に実現することを企図して行なわれた。しかし、困難な問題は、この二つの目標を調和させ、統一することが、簡単にはできないという点にあった。財政的必要をみたすためには、教会財産をできるだけ高価に売りわたすことが必要であり、しかも短時日のうちに代価を回収しなければならない。したがって、競売による売価のつり上げと、大規模な一括売却とがこの目標にもっともかなうこととなる。このことは、土地所有者数の増加という観点からみると、きわめて工合がわるい。土地所有者をふやすためには、中小の市民や農民が買うことができるように、小地片ごとに分割して、やすい公定価格で売りわたす方法を講じなければならないからである。

この点について、五月十四日の法令は、どのような解決をあたえたであろうか。まず、法令は教会財産を四種類にわけて、それぞれの評価基準を定め(例えば農用地は賃貸価格の二十二倍、現物地代賦課地は二十倍、貨幣地代賦課地は十五倍など）、これらを所在地の市町村の管理のもとにおく。市町村は直ちにこれを公告し、競売の日時を指定する。競売は郡の首都で行なわれ（一般農民にとっては、きわめて不便である）、一カ月後に最高入札者が確定する。なお、教会財産に付着する封建的諸権利はすべて撤廃され、その補償は国家がひきうける。競売で財産を手に入れた者は、つぎの条件で代価を支払う。落札後十五日以内に、第一次支払いとして、森林・家屋・工場については三〇パーセント、池・市街地は二〇パーセント、農地は一二パーセントを支払い、残額は十二等分して、年々五パーセントの利子とともに十二年間で支払うこととされた。(8) この支払い条件は、中小市民にとってかなり有利なもので、ラ・ロシュフコーも賞讃しているが、(9) しかしこの法令のなかでのいま一つの重要な問題点は、教会財産が現に一括して大借地農に貸しつけられている場合、その借地農の権利を排除して、土地を競売に付すことができるかどうか、という点であった。議会に提出された原案は、もしも特定の財産が大借地のままで一括して買取られるときは、借地関係は存続するが、ある借地が分割して買取られるときは、その買取人はもとの借地人に賠償することによって、借地権を排除することができると定めていた。これは、中小の買取人が土地所有者になる道を開くための妥協的措置にほかならなかった。しかし、議会の討論では、北部フランスやアルザスの大教会領や、大借地制の発展した地方での反対運動がルーベルによって紹介され、その影響のもとに結局「一七八九年十一月二日以前に、合法的に締結され、確実で公正な日付をもつ借地あるいは賃貸契約」は、教会財産の買取人がたとい賠償に応ずるとしても、依然として継続するという規定に改められた。(10) こうなると、この法令が一括売却とならんで、分割売却を認め、小土地所有者への道を開いたことは、ほとんど実効をもたないこととなる。なぜなら、借地権の設定された土地を買取った農民は、借地期間がおわるまで、その土地を自分の経営単位にくり入れることができないからである。(11)

五月十四日の法令は、立憲議会から立法議会にかけての国有財産売却の基本立法としての地位を占めるものであるが、その内容は右に見たように地主や大ブルジョワジーに有利なものであった。もちろん、その後の立法にくらべて中小市民や農民の要求にいくらか譲歩を試みているが、しかしラ・ロシュフコーが主張したような、貧民にほとんど無償で土地をあたえる政策は実現さるべくもなかった。議会は急迫する財政事情に促がされたことも手つだって、最もブルジョワ的なコースを歩みつづけるのである。すなわち、六月末、及び七月の始めには、四億リーヴルの制限をはずして、すべての国有財産を売渡すことを定め、さらに外国人にも呼びかけて、売渡し価格をひき上げることを策した。議会にとって、土地所有者を増加させることは、もはや第一義的な問題ではなくなり、財政的必要をみたすことが主要な関心のまととなってきた。ポワントヴィル＝セルノンが議会で述べた言葉を引くと、「あらゆる政策の最大の欠陥は、ひとが常にこの〔財政の〕解釈を〔政策の〕帰結として、単なる結果として考えてきたことに由来するのだ。ところが、それこそは原則として、とくにまた手段としてとらえるべきものなのだ。」また、ポルヴレルは、ジャコバン・クラブでの演説で語った。「二十億の負債をおっている国民、そして自分の財産を売る以外に負債を支払うなんらの手段をもたない国民は、販売価格を支払わせるために買取人に十五年もの期間をあたえることはできないのだ。」(12)

議会の新しい後退がはじまった。一七九〇年十一月三日から十七日までに定められた法令は、五月十四日の売却方式に重大な変更を加えた。すなわち、売り渡される国有販産の単位は、耕地の一地片ではなくて、同一の定期借地、または折半小作地の一団、あるいは同一人の耕作する対象のすべてが一単位として評価される。したがって、これまで見られたような部分的、あるいは一地片ごとの買受人は排除される。買受人の支払条件も改悪され、農地については、従来の十二カ年払いが、四年半となり、落札の直後に支払う一二パーセントが二〇パーセントにひき上げられた。農地以外の場合は、二年十カ月が支払期間と定められた。(13)議会は、あまりにも明白なこの後退をカヴァーするために、地方自治体にむかって小土地分割を勧告したり、また経過規定として五月十四日の方式による支払方法は、一七九一年五月十五日まで存続を認める等の処置をとっているが、それにしても僅か六カ月の猶予期間のうちに、小農民が土地を新たに買入れることはもとより不可能なことであった。こうして、ラ・ロシュフコーやボンセルフの主張した「小農擁護論」は敗退し、「国庫主義」およびフィジオクラート的な「大農主義」が勝利をおさめるにいたった。こうした転換の背後には、この年の九月から十月にかけて、革命政府の財政難がますます急迫し、ついに議会は、これまで国有財産を担保にして発行してきたアッシニャ債券を、強制通用力をもつ無利子の通貨に改め、十二億リーヴルにかぎって発行することを定めたという事情が伏在している。政府にとっては最も有利に、しかも迅速に、国有財産を売り渡すことが必要であったわけである。

翌一七九一年七月三日に出された布告では、弁済能力なき人間に国有財産の売り渡しを行なってはならないことが述べられ、また売却地が僅かであるときは数地片を合して、一単位として評価することさえ認めている。[14]同じ年の九月二十八日、立憲議会は解散を前にして、八九年以来の土地・農業関係の諸法規を整備する必要に迫られ、ラメルヴィユの提案による「農村法」を可決した。これによると、フランスのすべての土地は、「そこに住む人間と同じく自由であり、土地所有者はその欲するままに「土地の耕作や経営を変更でき」「土地のすべての産物を国内および国外で処分することができる。」また、土地所有者が土地を貸付けるときの期間や条件は「純然たる契約上のことがら」であって、自由にきめることができるし、「囲い込みを行ない、また囲い込みをやめる」ことも「本質的に所有権に由来する」権利である。したがって「教区間の放牧や共同牧場」の権利といえども、囲い込みの権利をさまたげることはできない。反対に、共同放牧その他の権利は、法律または慣習による権利資格または占有に基礎をもっていないときは、法的効力を認められないこととされた。[15]

こうして立憲議会は、国有財産売却による土地所有をもふくめて、統一的な土地政策——所有・経営体系をうちたてた。その基本線は、私有財産権の確立、すなわち封建的、ならびに共同体的拘束から自由な土地所有権の確認と契約の自由とであった。土地所有権を制限して、財産の平等化をはかり、賃貸関係を規制して小農民経営の安定をはかろうとする国家干渉主義は、立憲議会の論戦を通じて体系的に排除された。産業の面でル・シャプリエ法が、労働者の団結を禁止したのに対応して、「農村法」は農業上の個人主義を確立し、経済的自由主義の路線を合法的なものと宣言したのである。これは、革命以前から、かのフィジオクラートが精力的に追求した路線のまったき実現であったことは明らかである。「財産の自由と安全」こそは、フィジオクラート的経済政策の最大の目標であった。立憲議会は、三年間かかって「財産所有者の秩序」を制度化したのである。

(2) 売却結果

しかし、右に見てきたのは、国有財産売却の政治的・法制的側面であって、国有財産の売却がこの時期に実際上どのように進行したかは別個に検討することを必要とする。この点になると、議会の予測ないしもくろみは、必ずしも現実の事態の進行とは合致していないからである。しかし、この問題には多くの困難がともなう。ルフェーヴルも述べているように(16)、国有財産の買い取りが実際にどのように進められたかは、フランス全土についてまだ明らかにされていないばかりでなく、これまでの研究結果の上でもかなり意見の対立が見られる現状である。とくに、「第一次起源」の国有財産、すなわち教会財産がどのように分配されたかについて、マルセル・マリヨンとルッチスキーとのあいだに見解が対立している。ルフェーヴル、あるいはゴドショなどの最近の研究総括をみると、大体のところ、マリヨンの見解が通説として採用されているようだが(17)、しかし私の見るところではルッチスキーの分析がより包括的な、よりすぐれた結果をあたえている点も認められる。もちろん、断定的な結論はなお保留しなければならない研究段階であることを認めた上でのことであるが、もう少し具体的にこの問題を調べることとしよう。

教会財産の売り渡しは、一七九〇年の末からはじまったが、売り渡しは議会の予想に反してきわめて順調に行なわれ、価格も議会の定めた評価額をはるかに上廻った。例えば、ノール県では、一七九三年までに、教会財産の三分の二が売り渡されているし、ストラスブール郡では一七九一年だけで教会領の三分の一が処分されている。価格で見ると、ノール県では一七九一年十月までで、評価額約二千三百万リーヴルの土地が四千万で売られ、オルレアン郡では九一年四月までに三百万の土地が五百万で売られるという工合である。各地域を平均すると大体、一倍半ほどの値段で売り渡されていることがわかる。これらの点については、多くの異論はない。教会財産の売り渡しは、のちになって現われるアッシニャ・インフレーションを別にすれば、それ自体としては予想外の成功を収めたということができる。しかし、問題は売り渡された教会財産が一体、だれの手に入ったかという点にある。それは、ブルジョワジーであったか、あるいは農民であったか、それとも旧勢力に利益をあたえたかという問題である。例えば、ルフェーヴルはつぎのようにいう。「もしも、売却のやり方を考慮に入れ、とくにそれを全体として考察するならば、国家による売り渡しは全体として特にブルジョワジーに利益をあたえたことをすべての研究が確認している。ことに、最も富める者に引渡すために売り渡しが競売に付された時期においては、それ以外のありようがなかった。(18)」ここで、ルフェーヴルは、国有財産の売却が全体としてブルジョワジーに利益をあたえたこと、とくにブルジョワジーに有利な売却方式がとられた八九年から九三年にいたる教会財産の売却は、まったくブルジョワジー本位のものであったことを指摘している(九三年の夏以後、農民の比重がかなり顕著に増加することは、ルフェーヴルのみならず、すべての研究者の一致して認めるところである)。このルフェーヴルの指摘は、もちろん空虚なものではない。彼自身ノール県についての研究成果をもっているし、とくにシェール県およびジロンド県についてのマルセル・マリヨンの業績『革命中の国有財産の売却』(一九〇八年)から大きな影響をうけている。そこで、つぎにマリヨンの仕事を検討してみなければならない。

さきに述べたように、マリヨンはジロンド県とシェール県を分析の対象としているが、まずジロンド県において教会財産が、一七九〇年から九三年までのあいだに、どのように売られたと見ているであろうか。ここで対象となったジロンド県は、貿易と取引の中心地ボルドーをふくむ富裕な商業的農業の地域である。マリヨンは、この地域の教会財産がどのように売り渡されたかについて、つぎのようにいう。「研究によってえられる諸結果は、最も明白であり、また常に最も整合的である。すなわち、売却のこの最初の時期では、数においても、買い入れ額の大きさでも、人民に対してブルジョワジーがきわめて顕著な優越性をもっている。(19)」例えば、ブール郡では、教会財産の売却件数一六五、ブルジョワジーはそのうちの九五を占め、金額で一三〇万であるのに対し、勤労階層はわずかに十九件、五万五千リーヴルにすぎない。買受人の内訳を示すと、右表のようになる。

ブール郡における教会財産買受人の内訳

貿易商	7人
商人	13
僧侶	13
地主	12
公証人	6
医者	4
法律家	1
船長	2
役人・裁判官	4
貴族	1
仕立屋	1
パン屋	1
肉屋	2
婦人	6
桶屋	1
蹄鉄工	1
製粉屋	1
指物屋	1
金物屋	1
木挽屋	1
耕作人	1
ブドウ栽培者	1
水夫	1
不明	53
計	135

ここに見られるように、この地方ではブルジョワ層や、旧勢力が圧倒的多数を占めていて、本来の農民層は十二件を数える程度でしかない。ジロンド県の他の郡でも同様であって、とくにボルドー郡となると、一層この傾向はいちじるしい。この地方にあった大寺院領は、ボルドー商人や名士たちによって大規模に買い取られている。こうした実証にささえられて、マリヨンはミシュレの有名な言葉、「ジャコバン派が〔国有財産の〕買受人となり、買受人がジャコバン派になった(20)」というのは、「まったくの伝説」でしかないとしてしりぞける。(21) 教会財産の売り渡しは、もちろん革命的政策であったけれども、しかし革命派だけが国有財産の買受人であったと考えることは、まったくの誤りである。教会財産の買い取りは、一旦きまった以上、すべての階層の人びとにとって、きわめて有利な経済取引でしかなかったのである。

では、シェール県の場合はどうか。シェール県はブルージュを中心都市とする中部平原地方に属するが、ここでの教会財産売却は、ジロンド県よりもはるかに大量的に行なわれ、しかも小面積ごとの売却が多いことが特徴である。このことは、農民の占める割合がかなり高いことを示すものであるが、しかし全体として見ると、やはりブルジョワジーの優位性は動かない。上の表は、このことを示している。(22) しかし、サンセール郡の買受人九一八人(件数にして、一、六三七件)の内訳を調べた結果は次表のとおりである。(23)

ジロンド県の場合とはちがって、ここでは明瞭に農民諸階層が姿を現わしている。そして、人数においては、農民の数がブルジョワを圧倒していることがわかる。こうした分析をもととして、マリヨンはつぎのように結論する。

「シェールにおける第一次起源の財産は、きわめて細分されており、多数の買受人の手に移された。それらの売却は、とくにブルジョワジーに利益をあたえた。また、それはかなりの程度に人民にも利益をあたえた。このことは、ジロンドについて私が認めたことであり、シェールについても確かめられるところであるが、ただ違うところはシェールでは小さな買い取りが著しく多いことであり、人民層の割合が

ブルジョワ・農民別にみた教会財産の買取り額(シェール県)

単位＝リーヴル

郡	ブルジョワの獲得分	農民の獲得分
サンセール	1,566,874	898,212
オービニー	740,726	147,691
サンソワン	1,332,452	275,778
ヴィエルゾン	(推定)2,400,000	411,272

サンセール郡における教会財産買受人の内訳

貴族	4人
僧侶	17
大地主，ブルジョワ，官吏	71
法律家，裁判官	9
公証人	10
医者	5
商人	15
婦人，娘	15
フェルミエ	4
製粉業者	14
ラブルール	129
ブドウ耕作者	119
日傭	62
雑職業	57
職業不定，大多数は農民	387

より大きいことである。」[24]マリヨンによれば、彼がジロンドおよびシェールで認めた「ブルジョワジーの優越」というこの傾向は、ルカルパンチエによる低部セーヌの調査、マンゼスによるセーヌ＝エ＝オワーズの調査、アングラードによる中部高原地方の調査、ルモニエの低部シャラントの調査、シャルレティのリヨネの調査、ルゲイのサルトの調査などによっても確かめられるという。ただ、ルッチスキーによるラネ地方の調査結果だけが例外であるが、これはラネが革命前から小農民＝小土地所有者が例外的に多い地方であることを反映するものであろうと述べている。[25]ついでに書いておけば、ルッチスキーはラネにおける一七九一年および九二年の売却高を調査した結果、農民の買い取りが五三・五パーセント、ブルジョワジーまたは非農業人口の買い取りが四四・二パーセントに相当することを明らかにしている。[26]果して、マリヨンのいうように、ルッチスキーは例外的な事例だけを調べて結論を下しているのであろうか。彼は、マリヨンの批判に答える意味をもかねて、一九一三年に『国有財産売却についての考察』と題する研究を発表した。そこで、これについて検討しよう。

ルッチスキーは、まず、国有財産が現実にどのように分配されたかという問題への解答を、革命議会の出したさまざまの法令や、議員たちの演説のなかに見いだすことはできないという正当な方法的立場から出発する。この問題の科学的な検討は、各地に散在し、隠匿されていた売却関係書類が明るみに出され、公然と研究されるようになって、はじめて可能となったもので、せいぜい今世紀になって以後のことである。したがって、それまでの革命史の記述はすべて信用できない。近年になって、史料の刊行も進み、その検討も始まったけれども、しかし「不幸にも、これらの集録の大部分は、大都市の近隣で、その影響をうけている地域に関するものである。だから、そこからひき出される結論は、別の条件のもとにある地域には、あてはまらないし、また解釈のあやまりをおかすことなしに、その結論を国の全体に拡大することもできないであろう。[27]」ここに、間接的なかたちで、マリヨンへの批判が述べられていることに注目しよう。他方、ルッチスキーは、自分の分析を強化するために、マリヨンのように一、二県の事例だけではなく、十一の県にわたって史料を探求した結果を提出している。県名だけを挙げておくと、コート＝ドール、オート＝ガロンヌ、ニエーヴル、エーヌ、パ＝ド＝カレー、ロ、オルヌ、アリエ、コルレーズ、オート＝ヴィエンヌ、アンドル＝エ＝ロワールであり、郡の数は三十二に達する。

ルッチスキーは、右のように方法と対象を限定したのち、調査の結果からいくつかの重要な結論をひき出している。当面の主題についての彼の見解を要約すると、彼はマリヨンが一般傾向としてひきだした結論の妥当性を認めない。「買い取りにおける二つの階級のあいだの関係が、郡と郡のあいだ、さらに教区と教区のあいだで、変動しているために、農民が土地の大部分を獲得したと断言することも、またブルジョワが優位を占めたと主張することもできない。われわれが現在までにえている材料は、一般法則をある意味でも、また別の意味においても、定式化するだけに十分ではない。問題はなおやむをえず残されているのだ。」[28]ルッチスキーは、マリヨンの仕事について、彼の行なった計算は、売却の金額という不確かな材料だけに依存していることと、ブルジョワジーの支払った金額のなかに、農地以外の都市の不動産の代価をも含めていること、この二つの欠陥がある点を指摘している。

ルッチスキーによると、マリヨンが依拠している事例についても、別の計算がなりたつのであって、例えばサルト県のフレネ・シュール・サルト郡では、教会財産の売却分のうち、農民の獲得面積は五五・四パーセント、ブルジョワはわずかに四〇・三パーセントであって、これはラン郡の場合と異ならない。[29]マリヨンのいう「例外論」は、この場合にも適用しなければならなくなる。どうして、こういうことが起こるかを一般的にいうと、それは都市または都市の影響下にある農村と、純然たる農村の場合とでは、国有財産の売却のされ方がちがうという点に、マリヨンが注目していないからである。ルッチスキーは、この区別を重視する。さらに、重要なことは、革命前から存在する農民（小土地所有者）の激しい土地要求と、その自発的な運動を考慮に入れることである。革命前にすでに広汎な土地所有農民が存在したことはいうまでもないが、たとい小作農民の場合にしたところで、かれらは細分された小地片と自己の経営とをつよく結びつけている事実上の土地の主人公であった。こうした農民たちは、議会の法令がたとい地団ごとの一括売却を命じたところで、やすやすとそれに屈服したとは必ずしも考えられない。ブルジョワジーの影響力がつよい地域であるか、それとも農民の力がつよい地域であるかが、この点でも重要な要素であるが、同時に農民が歴史的に蓄積してきた力や条件を無視することはできない。ルッチスキーは、この点にも多くの重要性を認めるのである。[30]

国有財産の売却がはじまるやいなや、都市および都市の近辺では、ブルジョワジーによる土地の買い入れがはじまった。大都市はもちろん、県の首都のおかれている郡では、ブルジョワジーの優位が一般的に認められる。しかし、これらの地域でも農民による小地片の買い取りは決して無視することができない。農民——あらゆる階層の農民が、法令の不利をおかして、教会領を分割させて買い取っている多くの事例がある。九一年以後、農民の個人的買い取りが困難になると、農民はいたるところで「組合」(association)をつくり、一括買い取りを行なってのち、それを各人に分割するという方法をとった。一七九一年から九三年までのあいだに、ソワッソン郡の二十二の教区では、最低八人から最高一〇〇人までの構成員をもつ組合が八十五もつくられており、ラン郡でもこの期間の売却件数一、二六九のうち、六八〇件までが組合による買い取りであった。[31]この点からいうと、都市的な影響をうけることの少ない純農村地方へ行けば行くほど、農民の獲得分は増加するのが当然だということになり、そうした事例もかなり多い。例えば、オート＝ガロンヌ県のサン・ゴータン郡では、約三千アルパンの教会財産のうちブルジョワの買い取り面積は一一・四パーセントを占めているのにすぎないのにたいして、農民は八九・六パーセントという高率を示している。しかし、その反対の例もある。コート＝ドール県のサン＝ジャン・ド・ローヌ郡では、ブルジョワが六二・七パーセント、農民が三七・三パーセントである。[32]こうしたちがいは、同じ県内の郡のあいだにおいても、また同じ郡の教区のあいだにおいても認められる。しかし、一般的傾向としては、都市のブルジョワは農村地帯へ行くほど、買い取りに参加する割合が低くなることが認められる。ただし、パリその他の大都市のブルジョワだけは、この例外であって、その居住地を遠くはなれた地方でも買い取りに参加しているが、この場合も地域による変差がいちじるしい[33]。

ルッチスキーは、右のような分析を土台として、マリョンとは反対の結論に到達する。すなわち、教会財産の買い取りについても、マリョンの指摘するような「ブルジョワジーの優越」は傾向的には存在せず、地域によって差異はあるけれども、一般に信じられているよりも、はるかに農民の比重が大きい。立憲議会の諸法令にもかかわらず、教会財産の大部分が現に農民の分散的耕作のもとにおかれていたという歴史的事情と、農民の主体的な土地獲得運動とが作用して、こういう結果をもたらしたと説くのである。私たちは、このマリョンとルッチスキーの見解の相違について、いずれが正しいかを実証的に検討する便宜をもちろんもっていない。それと同時に、ルッチスキーもルフェーヴルも指摘しているように、フランス歴史学そのものが、まだこの問題について全面的な検討をゆるすだけの史料の発掘および整理をなしとげていないことも認めなければならない。しかし、少なくとも以上、両説を対比したことのなかから、この問題についてのある種の想定を立てることは許されるであろう。それは、つぎのような諸点である。

すでにみたように、立憲議会のうち出した九〇―九一年の売却方式は、明らかに地主・ブルジョワジーに有利なものであり、そうした方式での教会財産の買い取りは、とくに地主やブルジョワジーの影響力のつよい都市近辺の農村地帯で大がかりに進められたであろう。マリョンの挙げたジロンド県、あるいはルフェーヴルの指摘したフランドルなどは、その著しい現われであろう。しかし、一般農民層はもちろん教会財産の売却を手をこまねいて見ていたわけではなく、たとい都市的な農村においても、自己の土地所有を拡充するために、積極的に行動したであろうことは、ルッチスキーとともに認めなければならない。マリョンの挙げたシェール県、ルフェーヴルの挙げたノール県などは、その例であろう。また、純然たる農村地帯でも、封建的支配の強さの程度によって、さまざまではあるが、少なくとも農民的経営の上昇がみられるところでは、農民が主体的に教会財産を自己に有利に買い取ったとみることができるであろう。ルッチスキーの挙げる多くの事例は、このことを立証するものと思われる。

いずれにしても、私たちはなお最終的な結論をうる段階に達していないが、さいごにマリヨン゠ルッチスキーの論争にたいする第三者の見方を知るという意味で、ルカルパンチエの分析を見ておこう。ルカルパンチエの研究はフランス各地の十六県のうちの十六郡について調べた結果であるが、それによると、教会財産を買い取った人数はブルジョワが四八・九八パーセント、農民が五一・〇二パーセントで、農民がわずかに多いが、ほぼ半々である。ところが、獲得した教会財産の大きさという点から見ると、ブルジョワは売り渡された面積の六二・二パーセント、総価格の五九・五パーセント、農民は面積において三七・八パーセント、金額において四〇・五パーセントを占めたにすぎない。大ざっぱにいうと、ブルジョワと農民は六対四の割合で教会財産をわけ合ったということになる。(34) 一人当りの平均面積はブルジョワの場合は一二・五五ヘクタール、農民は五・二〇ヘクタールとなり、明らかにブルジョワに有利な売却が行なわれたという結果がでている。ルカルパンチエは、この結果から推定して大体、修道院などの大所領はブルジョワの手に帰し、在俗僧の小領地は農民の手に帰したものと判断しているが、それにしても教会財産の売り渡しは旧来の九万人の聖職者を三十六万人のブルジョワおよび農民でおきかえただけであって、フランスの土地所有関係さらには農業生産の構造を一挙に転換させるほどのものであったと見ることはできない。教会財産の売却に関するかぎり、ルッチスキーの批判があるにもかかわらず、やはりルカルパンチエのいうように、「教会財産売却の主要な利益は、ブルジョワジーのためのものであったし、とくに少数のブルジョワジーのためのものであった」ことを認める必要があろう。(35) そして、この故にこそ、フランス革命の土地問題はこの段階でとどまることができず、さらに根本的な変革をめざしての闘争がねばりづよく展開されたものと見なければならない。そこで、このへんで一応、この問題をうちきって、ふたたび革命議会に目を移すこととしたい。

(1) Sagnac, op. cit., p. 161.「こうして、アンシァン・レジームでは、教会財産は僧侶にも国王にも属さなかった。礼拝および救済の一般的サーヴィスこそが、その真の所有者であった。」

(2)『フランス百科全書の研究』一八七ページ、本書第五章参照。
(3) G. Lecarpentier, La vente des biens ecclésiastiques, p. 36.
(4) Sagnac, op. cit., p. 165.
(5) Moniteur, t. 2, p. 125.
(6) Sagnac, op. cit., p. 168.
(7) M. Marion, La vente des biens nationaux pendant la Révolution, p. 15. J. Loutchisky, Quelques remarques sur la vente des biens nationaux, p. 31.
(8) Moniteur, t. 4, pp. 333 et suiv.
(9) Sagnac, op. cit., p. 171.
(10) Moniteur, t. 4, p. 342.
(11) Marion, op. cit., p. 19.
(12) Sagnac, op. cit., p. 174.
(13) Ibid., p. 175.
(14) Moniteur, t. 9, p. 49. Lefebvre, Questions agraires au temps de la Terreur, p. 13.
(15) Moniteur, t. 9, p. 784.
(16) G. Lefebvre, Etudes sur la Révolution française, p. 223.
(17) J. Godechot, Les institutions, pp. 344 et suiv.
(18) G. Lefebvre, op. cit., p. 232.
(19) M. Marion, op. cit., p. 41.
(20) Michelet, La Révolution française, t. 3, p. 229.
(21) Marion, op. cit., p. 67.

(22) Ibid., p. 77.
(23) Ibid., p. 78.
(24) Ibid., p. 86.
(25) Ibid., p. 87.
(26) Loutchisky, La petite propriété en France avant la Révolution et la vente des biens nationaux, p. 83.
(27) Loutchisky, Quelques remarques, p. 15.
(28) Loutchisky, La petite propriété, p. 93.
(29) Ibid., p. 80.
(30) Ibid., p. 58.
(31) Ibid., p. 66.
(32) Ibid., p. 89.
(33) Ibid., p. 116.
(34) Lecarpentier, op. cit., p. 178.
(35) Ibid., p. 106.

五　亡命者財産の没収と売却

(1) 立法過程

右に見たように、教会財産の没収ならびに売却は、それ自体が階級闘争の産物であり、ブルジョワジーと農民の力関係を表現するものであった。法制的には、九〇年、九一年の売り渡しは、地主やブルジョワジーに有利であって、小農民・貧農には不利なものであった。しかし、八九年以降、封建的諸権利から急速に解放されつつあった農民層が、自己の経営を拡大し、土地所有者としての安定をはかるためのこの絶好の機会を見逃すはずはなかった。すでに述べたように、かれらは自発的に団結して、少なくとも村内にある教会財産が、村内および村外の地主やブルジョワに横奪されることを妨げようと試みた。(1) しかし、革命議会の法令、および地方行政当局の措置は、これらの農民の前に立ちはだかる巨大な障害物であった。個人ごとの競売による売り渡しではなく、法定価格による集団買い取りを認めよとか、耕地の一括売り渡しをやめて、分割売却にせよとか、あるいは国有地の売り渡しをやめて、低地代で農民に貸与せよとか、さまざまの陳情書が議会によせられたばかりでなく、村内の国有財産を農民が勝手に共同体の所有に移したり、それを分割したり、貸付けたりする実力行動もまた発展した。ロレーヌやフランドルなどの北部フランスでは、こうした事例が多い。(2)

立憲議会から立法議会の時期にかけて、革命議会にたいする小ブルジョワ・一般農民の不満は一層、高まるばかりであった。一般人民のあいだでは、人民の窮乏を救うために、財産を平等化し、小農民の併存する道徳的社会を理想とするかのジャン゠ジャック・ルソーの理論がますます影響力をつよめていった。(3) これと平行して、革命議会は戦争と反革命の危機をのりきるために、一般民衆の支持と協力をますます必要とする情勢のなかに追いこまれた。一七九二年二月、ジロンド派は戦争体制を強化することを目的として、亡命貴族と反革命僧侶にたいする強硬策にのり出し、二月九日には亡命者《エミグレ》財産を国家管理のもとにおき、三月二十九日には、そのための差押え規則を公布した。「土地改革」は一層前進した。

一七九二年八月十四日、議会は愛国主義と王政打倒の興奮のなかで、フランソワ・ド・ヌシャトーの出した国有地細分割の提案を可決した。この決定は、小農民・小市民が国有財産の買い取りに参加できる道を開いた点において、また教会財産とならんで亡命者財産をも同様の方法で売り渡すことをきめた点において、劃期的なものであった。フランソワの提案は、つぎのとおりである。「亡命者財産の売り渡しについては、農村の住民を革命の側にひきつける一つの方法がある。私は、これらの財産が、こんご、貧乏人が買うことができるように、二、三、四アルパンの小地片ごとに、地代支払いの方法で売られることを要求する。[4]」この同じ日に、やはり農村貧民の要求をみたすために、議会は森林を除く共同体財産の分割を決定した。この決定は、共同体農民の反対にあって実施されず、共有地分割は各共同体の任意とすることに変更されたが(一七九三年六月十日の法令)、いずれにしても、八月十日以後の議会が、土地分割について、新しい方向をうちだし、農村の広汎な階層の要求にこたえようとしたことは明らかである。これは「小土地所有者を増加させるために」なされた国有財産分割政策の勝利であったといってよい。

土地政策のこの転換は、教会財産の買い取りをめぐって早くも九〇年の末いらいブルジョワジーと農民の対立がつづいていたことから見て、明らかに農民の側に有利なものであった。しかし、九月二日に出された法令では、地片ごとの売り渡しは認められているものの、地片を二アルパンあるいは四アルパン程度に区分するということは規定されておらず、また売り渡しのさいの競売制、および償還条件も改められていないし、また現金での買い取り人を優遇するものであった。[5]したがって、この政策は、現に土地所有者である中小農民の土地獲得には便宜をあたえたけれども、零細農民あるいは土地をもたない貧農・半プロレタリア層には必ずしも有利なものではなかった。金持たちには、一括買い取りも可能であり、また現金払いで優先的に土地を買い取ることもできた。これは国民公会といえども、財政的見地を無視することができなかったことを示すものである。

八月十四日の決定は、新しい方向をうちだしたにもかかわらず、その実施には反対が多かった。カンボンを中心とする財政委員会は、手数ばかりかかって国庫収入の増加をもたらさない売り渡し方法の修正を試み、十一月になってついに実施延期が決定された。[6]このため、パリ周辺の農村では情勢が重大化した。ヴェルサイユのある地区は強硬な陳情を行なったし、セーヌ゠エ゠マルヌのある村では、村民が勝手に国有財産を分割し、「この計画を放棄するよりは、むしろ死を選ぶ」ことを誓ったといわれる。パリ・コミューンのデュフールとモモロは、ノルマンディーやボースの農村に出かけて、農民が国有財産を分割することを煽動し、「あやまって土地財産と呼ばれているもの」は近く廃止されるだろうと演説した。農民のあいだには、「財産共有」の観念がひろがった。(7) ヴェルサイユでは、翌年になって、旧王領地が実際に分割されはじめ、国民公会の委員会もついにこれを認めて、一年間の貸付を許すにいたった。(8) しかし、ジロンド派の支配した国民公会は、土地分割の原則は認めながらも、競売制と年賦償還という方法をあくまで固執した。九三年一月九日、内相ロランはつぎのように書いている。「共和政府にとって重要なことは、財産所得者の数をふやすことであり、所有権ほどひとを祖国に結びつけ、法律の尊重に結びつけるものはない。財産の驚くべき不平等をなくすることほど、われわれの政治的信条たる平等の体系にとって有利なものはない。経済的に見れば、分割売却は、手入れの行きとどいた耕作、したがって一層の増産という利益を生み出す。かつての所有者のなぐさみにあてられていたこれらの公園、これらの散歩道、これらのあき地は、新しい持主によって耕地にかえられ、フランスはその収穫が倍加するのを見るであろう。(9)」彼は、分割地を六アルパン以下とするように提案しているが、しかし売り渡し方法を変えることについては、なにも述べていない。バレールも、三月十八日の演説で同じ趣旨を述べ、亡命貴族の城館を国有化し、これを破壊して耕地に変えることを主張している。

ジロンド派が分割売却を主張したことのうらには、このほうが一括売却の場合よりも、高く売れるという計算がひそんでいた。このことは、ロランの報告のなかにもうかがえる。「〔分割売却という〕この賢明な方法は、野心的で飽くことなき金持たちとは財産の上でくらべものにならない多くの市民たちを引きつけるであろう。競売人の数と、めいめいが財産を手に入れたいとねがう欲求とが、あらゆる共謀を不可能にし、売りにだされる物件の値段を確実に高くするであろう。とくに競売人が年賦で、しかも随時、返還することができるという条件があたえられるときに、しかりである。(10)」こういうもくろみがある以上、前に述べた農民の「組合」による集団買い取りは、個人主義原則に反するばかりでなく、国有財産の売上高をひくめるものとして排斥される。一七九三年四月二十四日、シャルル・ドラクロワの報告にもとづいて、農民が団結して国有財産を獲得することは禁止された。すなわち「共同体の住民の全部または多数が、売りにだされている財産を買い取り、その後において上記の住民のあいだで分配または分割するために、組合をつくること」を禁止したのである。さらに、この規定は、前にさかのぼって、過去の集団買い取りを無効とし、処罰することをも命じていた。明らかに、この法令は、下からの農民運動を抑圧するものであった。しかし、かつてル・シャプリエ法がそうであったように、この法令もまた、モンターニュ派の側からのなんらの反論もないままに通過してしまった。(11) 経済原則についていうかぎり、モンターニュ派もまた個人主義と自由主義の賛成者であり、ただ一時的、例外的にその修正を求めたにすぎない。したがって、農民の集団行動を原則的に正しいとする立場には立ちえなかったのである。(12)

この法令によって、農民による集団買い取りは完全になくなったわけではないけれども、しかし制裁規定が農民運動の歩みをおしとどめたことは確かである。農民運動のつよいノール県でも、この法令ののちは、集団買い取りは見られないと報告されている。じぶんの資金と才能を利用して個人的に国有地を買うことのできる中産農民は別として、一般の小農民層はこの段階においても、なお排除されたのである。こうした状況のなかからぬけ出て、新しい飛躍がもたらされたのは、六月二日以後のモンターニュ政権のもとにおいてであった。一七九三年六月三日の法令、および最終的には七月二十五日の法律がこれである。六月三日の法令は、前年九月二日の法令と同様、国有財産を売却にさきだって分割を行なうことと、競売制の実施とを規定しているが、特徴的なことは、まず第一に、現金での売り渡しを禁止し、年賦償還によって小農民が土地を買い入れることを保証したこと、第二に、貧民に土地を買わせるために、国有財産の一部を国家に保留しておき、これを競売制によらずに分配することを定めたことである。すなわち、一アルパンの土地ももたない農家の家長は、地価の五パーセントの地代を収めることによって、一アルパンを受取るか、十回払いでその土地を取得することが認められた。(13) これは、貧農の要求にたいする譲歩であり、とくに当時、激化していたセーヌ＝エ＝オワーズ県の農民運動をしずめんとしたものであった。七月二十五日の法律は、亡命者財産の処分について総括的な規定をあたえたもので、農地の分割売却と競売制の原則を維持し、返済条件は十回の分割払い(落札の月に第一回、その後は、毎年一回、五パーセントの利子をつけて支払う)、土地の買受人はその土地に付着する借地契約を解除できることなどを定めた。貧民に一アルパンの土地をあたえる規定は、セーヌ＝エ＝オワーズ県でのみ実施されたにすぎず、全般的な実施がはかられないうちに撤回され、九月十三日になって、新しい制度が設けられた。それは、土地をもたず、税金も払わない家長で、共有地のない共同体に住んでいる者には、五〇〇リーヴルの証券があたえられ、それによって亡命者財産を買い入れることが認められる。返済条件は、二十年間に、無利子で二十回の平等分割払いとされた。(14)

右にみたように、モンターニュ政権の土地政策は、原則的な点ではジロンド派と異なるところはなかった。土地分割と競売制は、やはり基本方針として維持されている。ただ、ジロンド派が現金買い取りの方法を認めてブルジョワジーとの妥協をはかったこと、農民運動への弾圧方針を明らかにしたこと(「土地均分法《ロワ・アグレール》」の主張者には死刑をもって臨むことを定めた九三年三月十八、二十九日の法令、および前述した四月二十四日の団結禁止令)の二点について、モンターニュ派は修正を試みた。モンターニュ派の土地政策が、ジロンド派よりも、より下層の階級に依存したことが主張されるとすれば、おそらくこの点であろう。しかし、すでに見たように、モンターニュ派の貧農政策は、競売原則にしたがって個々の小農民に土地をあたえるという基本方針を決しておかすものではなかった。かれらは、方針にたいする例外を設定したけれども、方針そのものを設定したのではなかった。この点で、モンターニュ派と、ジャック・ルー、モモロ、プリュドムなどの「土地共有」派とは厳密に区別しなければならない。(15) たとえば、サン＝ジュストにしても、九二年十一月二十九日の演説では「亡命者財産は売られなければならないし、年賦金は契約書とりかえて、〔国家の〕負債を償還するのに役立つようにすべきだ」というまったく経済原則に忠実な考え方を述べている。(16)一般にモンターニュ派の貧農政策は、いわば過激派の圧力に押されてやむをえず採用されたものという性格が濃厚であって、これがかれらの本来的な理想の実現であったとはいいがたい。五〇〇リーヴルの証券をあたえる政策にしても、元来この決定は競売制を排除するものではなく、ある地片の競売を行なって、その価格が五〇〇リーヴルまたはそれ以下であった場合、その落札者がこの証券を呈示することによって買い取りが認められるにすぎない。小地片を熱望して集まる買い取り人たちのなかで、五〇〇リーヴルの証券所有者が幸運にも土地を手に入れることがどうして可能となるだろうか。モンターニュ派は、かれらの政策を現実に有効なものとするための措置を翌年にいたるまで採用しなかった。そのかぎり、ルフェーヴルやマリョンの指摘するように、この政策は「サン＝キュロットの意をむかえるためのジェスチュア」でしかなかったという批判が加えられることも、またやむをえない。(17)

しかし、モンターニュ派は、かれらの政策にたいして加えられる過激派の批判に答えようとして一層の努力を払った。すなわち、一七九三年十一月二十一日、および十二月二十四日の法令では、分割売却を教会財産にも拡大して適用すること、償還条件も十回の分割払いとすることを明らかにした。ところで、現実的な意味でのモンターニュ派の土地政策は、この時点でもはやおわりであった。もちろん、過激派はそれ以上を要求したけれども、しかしモンターニュといえども、当時の客観的条件を無視して前進することは不可能であった。というのは、革命政権にとってアッシニャの価値を維持することは、戦争および革命を遂行するために不可欠の条件であり、アッシニャの基礎はいうまでもなく国有財産にあったから、国有財産を安く売ることは、それだけアッシニャの下落を促進することになるからであった。まして、もしモンターニュ派が無償で国有財産を貧民に分配したとしたらどうなったであろうか。土地ないしは私有財産にたいする信用は著しく傷つけられ、売られるはずの国有財産も売れなくなり、国庫収入は激減して、革命政府は急速に瓦解したことであろう。さらに、より根本的なことは、ブルジョワ的生産関係が、まさに本格的に成立しようとしていた時期において、貧民をすべて土地所有者に転化させようと望むこと自体が空虚な幻想であった。この点はジロンド派、あるいは立憲派であったド・ポルヴレルや、ドラクロワやロゾーなどがくり返して述べている。「貧民をなくするための最上の方策は、土地財産をただで分配することではなくて、働けない貧民には救済を、働くことのできる貧民には労働を保証してやることなのだ。」[18](ド・ポルヴレル)「われわれは次のように考えた。これほど多数の人口のもとでは、貧民は耕作のなかにではなく、工業や商業や手工業のなかに糧《かて》を見いだすべきである、と。」(ドラクロワ)「土地の分配によって、貧民および貧乏そのものをなくそうとするのは、空想である。貧乏からひき出された人間は、怠惰や酒ぐせによって、すぐさま貧乏につれ戻されるであろう。そうでなくとも、耕しうる土地はそれほど十分にはないし、また一アルパン獲得したところで独立した生活はできはしない。だとすれば、なんの役に立つか。また、たといすべての農民を、自分の耕地の作物だけで生活する耕作者に変えることができたとしても、フランス共和国はそれを祝福することはできない。大借地農は必要不可欠な労働力をどこに見いだすのか。製造家はどうか。商人はどうか。プロレタリアを禁止することは不可能であるばかりでなく、かれらを維持することこそが不可欠なのだ。」[19](ロゾー、ただし要約)

　モンターニュを制約した客観的諸条件、かれらにたいする鋭い理論的批判にもかかわらず、モンターニュ派とくにロベスピエール派はこれらの条件や批判をのり越えようとして、最後の努力を試みた。一七九四年二月二十六日(共和国二年ヴァントーズ八日)に始まるサン＝ジュストのヴァントーズ法令の提案がこれである。この法令は、新たに「反革命容疑者《シュスペ》」の財産を国有化して、これを貧民に無償で分配するという大胆な内容のものであった。[20]サン＝ジュストは、これによって貧民たちの支持をつなぎとめ、ブルジョワジーの反抗をおし切ろうとしたが、しかし彼の努力も空しく、法令の実施は公安委員会の内部で解釈が争われているうちに、運命の日テルミドール九日を迎えることとなった。この法令について、サン＝ジュストはいった。「もしひとが不幸な人びとを新しい秩序に反対してたち上らせることができるなら、私は自由がうち立てられたとは認めない。もしひとが各人が土地をもつようにしないなら、不幸な人間がいなくなったとは私は認めない。……国有財産を貧乏人に分配することによって、貧困を絶滅しなければならない。」ここにはルソー以来の小ブルジョワ的なデモクラシーの理想が脈うっていることが知られるであろう。(21)しかし、一握りの過激派は別として、農具も資金もなく、おまけに食糧難にあえいでいた大多数の貧農にとっては、かれらが最も必要としたことは一袋の小麦を得ることであって、土地がもらえるという口約束ではなかった。たといただで土地をもらったところで、どうやって耕作し、収穫までのあいだどうして食いつなぐことができたであろうか。ここにモンターニュ派を待ちうけていたおとし穴があった。結局、かれらが求めた最後のよりどころもまたなんらの反響を示さなかったのである。

(2) 売却結果

ここで、ふたたび基礎過程にかえろう。前にも述べたように、教会財産の没収=国有化は、それ自体としては「私有財産」の没収という意味をもつものではなかったが、しかし八月十日以後の亡命貴族財産の没収=国有化はこれとはちがう。亡命貴族の土地財産は、教会領の場合のように公共性をもつ社会施設ではなく、その没収は直ちに貴族の生活基盤の没収を意味するものであった。教会財産の場合は、その管理が僧侶という一種の給料生活者にゆだねられ、僧侶の生活費と財産収入が一応分離していたために、教会財産の没収がすべての僧侶の生活をおびやかすことはなかった。(22)したがって、亡命者財産の没収こそ真実の意味での革命的な措置であった。貴族と農民との闘争は、この問題の帰結をめぐって活潑に展開されたのである。

亡命貴族財産の没収と売却が問題となったこの頃、大きな影響力をもったものは、さきにもふれたように貧農的な「土地共有」を主張するアンラージェ、エベール派の動きであった。「私有財産」にたいする攻撃が公然と行なわれ、生活に必要な程度をこえて余剰物をもつ人間は、反革命派であり、ギロチンに送られるべきことが強調された。たとえば、プリュドムは『パリの革命』紙で訴えた。「金持の貧乏人にたいする優越という有害な原則をこわすために、財産の接近をはかることが必要だ。……余剰物をもつあらゆる人間は、革命期においては、革命政府のかくれた敵であるか、あるいは公然の敵であると見なされなければならない。」また「われわれの生きている状況のもとでは、財産の混合こそが正当である。万物は万人に属する。私的財産は、自由を維持するために用いらるべきだ。[23]」重要なことは、こうした呼びかけが、一方では農民たちに影響をあたえるとともに、政権を担当した政治家たちの共鳴をかちとり、政策として具体化されたことである。一七九三年十一月のジャコバン・クラブでは、ブリッセがこういった。「革命軍の行動の指針は、借地農民《フェルミエ》の財産でなければならない。村に到着したら、こうたずねるのだ。「借地農はかねをもっているか。」そうだと答えたら、彼をギロチンにかけてよい。まちがいなく、その男は買い占め人なのだ。」エベールのいう「金持のサン＝キュロット化[24]」政策が、各地で実行されはじめた。アラスでも、ナントでも、処刑された貴族の財産はかれらの指導のもとに貧民に分配され、フーシェやムーランは、個人の富は「預りもの」にすぎず、国家はその余剰物をとり上げて、貧民にあたえることができるのだということを布告した。[25]

しかし、モンターニュ派のもとで実行に移された亡命者財産の売却は、果してかれらが目ざしていた目的を達したであろうか。法令の上で、売却方式がどのように変化したかについては、すでに述べた。そこで、事実の上でこの点を確かめなければならない。亡命者財産の没収および売却が、全体としてどの程度にのぼるかは容易に確かめられないが、例えばアンリ・セーによると、一七九五年五月(共和国三年プレリアール)までの売却件数四十五万二千、金額にして十二億九千七百万リーヴルという巨額である。[26] マリョンの説明では、一八〇二年(共和国十一年)までの国有財産売却総件数百五万二千のうち、教会財産が六十万件、亡命者財産が四十五万二千件とされる。[27] 件数でも金額でも、教会財産に比して、さほど劣るものでないことがわかる。このかぎりでは、セーのいうように、貴族財産は「ひどく傷つけられた」のであるが、この点については再論する。

では、亡命者財産は、現実にどのように分配されたであろうか。まず、マリヨンの分析の結果に聞こう。彼は、ジロンド県とシェール県の状況をつぎのように総括する。「ジロンドと同様、シェールでも、亡命者財産はしばしば細分され、分割されて、最も貧しい買い取り人、または最も勇気のない買い取り人の手にとどくように処置された。しかし、ジロンドの場合以上に、土地はもとのままであったことが多い。……農民は、買い取り額については、ブルジョワ階級からひき離されていたとしても、買い取り人の数ではブルジョワよりまさっていた。もっとも、これらの農民たちは、大部分かなり富裕であるか、暮しの楽な連中で、すでに土地所有者である人びとであった。農民階級の下層からは、いくらか買い手が出たが、決して多数ではなかった。土地をもたないすべての人間を人為的に土地所有者にしようとして考えられた方法についていえば、それは人民の無関心と同じく、事物の力の前に敗れたのである。(28)」すなわち、土地分割は行なわれたけれども、必ずしも分割されたとおりには買い取られず、一括買い取りの事例がかなり多いこと、買い取り人は、金額ではブルジョワが多いけれども、人数では農民が多いこと、買い取りを行なった農民は、もとからの土地所有者が多く、貧農は少ないこと、したがってモンターニュ派の一アルパン案とか、五〇〇リーヴル案は失敗であったこと、などである。なお、マリヨンは、教会財産にくらべて、亡命者財産の買い取り価格は一般に低いこと、これは買い取り人が私有財産攻撃の風潮をおそれて、競売にあまり熱意を示さなかったことによるとしている。こうした結論がひきだされるにいたった過程を知るために、シェール県の一例をひいておこう。サンセール郡では、亡命者財産の売却件数二四〇のうち、農民の買い取りが一八一に対し、ブルジョワは四八、土地が一括して売られた件数は三七に対し、地片ごとの売り渡しが二〇三である。ここにはブーティリエという侯爵領地があったが、そのわずか十八ヘクタールのブドウ園が十七に分割され、十四人のブドウ園農民が買い取っている。買い取り価格は、名目価格で一七、二八〇フラン、アッシニャの価値下落を考慮すると実質価格九、六四〇フラン、ヘクタール当り四八〇フランである。[29] もちろん、これはただ一つの、しかもかなり特異な例にすぎないが、ここにもマリョンの結論のいくつかが含まれていることは明らかであろう。

つぎに、ルッチスキーの分析をとり上げよう。すでに述べたように、彼は教会財産の売却についても、農村地方では農民の買い取りが、ブルジョワにまさることを主張したのであるが、亡命者財産については、一層、農民的な小土地買い取りが多いという見方を示している。いくつか例をあげよう。コート＝ドール県のサン＝ジャン・ド・ローヌでは、教会財産の場合、ブルジョワの買い取り面積は八、九八八ジュルノー（一ヘクタール＝四ジュルノー）、農民は五、三六三ジュルノーで、比率にして六二・七パーセントと三七・三パーセントの割合であったが、亡命者財産ではブルジョワが二、七一二ジュルノー、農民三、七六一ジュルノーで、両者の割合は前者が四一・八パーセント、後者が五八・二パーセントとなって、まったく逆転している（第一次、第二次を合算するとブルジョワ五六・二パーセント、農民四三・八パーセントとなる）。ニエーヴル県のコーヌ郡でも、第一次（教会）財産では、ブルジョワ五七・五パーセント、農民四二・五パーセントとなって、ブルジョワが多いが、第二次財産では、ブルジョワはわずかに一五パーセントにすぎないのに反して、農民は残りの八五パーセントを占めるという高い率を示している。[30]（もっとも実面積の合計をとると、これほどの開きはない。第一次、第二次を合わせて、ブルジョワは一、一七五アルパン、農民は一、二三四アルパンである。）

しかし、前にも見たように、ルッチスキーは地域的な変差をつよく認める立場をとるから、右の事例から必ずしも、亡命者財産が常に農民の手により多く帰属したという一般的な結論をひきだしているわけではない。次表は、ルッチスキーが、サルト県の七郡、コート＝ドール県の五郡、オート＝ガロンヌ県の五郡について、第一次、第二次起源の財産が「都市人口」と「農村人口」[31]のあいだでどのような割合で買い取られたかを示したものを、県ごとに集計してさらに簡単にしたものである。この統計は、地域別人口であって、職業別でないために、「農村民」は必ずしも農民で

都市民・農村民別にみた教会財産・亡命者財産の買い受け比率

県	教会財産		亡命者財産		合計	
	都市民	農村民	都市民	農村民	都市民	農村民
サルト	30.6%	62.2%	39.9%	60.2%	35.2%	61.2%
コート＝ドール	32.0	67.9	16.5	82.2	24.2	75.0
オート＝ガロンヌ	23.5	76.5	31.4	68.5	27.4	72.5

はないけれども、しかし大体の傾向はつかむことができる。亡命者財産の買い取りは、教会財産と同じ程度、あるいはそれ以上に農村民のほうに有利に行なわれたことがわかる。ここでいう「都市民」には、大都市だけではなく、地方都市および郡の首都の市民まで含まれている。したがって、「農村民」といわれる場合、その中心は農民であり、これに手工業者、職人などが加わって構成されたものと見てよい。こういう「農村民」が亡命者財産の六割以上、八割にも及んでいることに注目すべきであろう。なお、この表によると、第一次および第二次を合算して、全体として眺めてもなお、これらの諸県では「農村民」が「都市民」に圧倒的に優位しているが、これは一般的な傾向と考えてよいか、どうか。この点は、フランス革命の土地政策全体に関係するきわめて重要な問題である。私たちは、さいごにこの点を検討しよう。

（1） Loutchisky, Quelques remarques, p. 66.
（2） Lefebvre, Questions agraires, p. 15.
（3） Marion, op. cit., p. 114.
（4） Moniteur, t. 13, p. 419.
（5） Ibid., p. 623.
（6） Lefebvre, op. cit., p. 23.
（7） Marion, op. cit., p. 121.
（8） Lefebvre, op. cit., p. 25.
（9） Marion, op. cit., p. 124.

(10) Lefebvre, op. cit., p. 125.
(11) Ibid., p. 18.
(12) Ibid., p. 129.
(13) Lefebvre, op. cit., p. 28.
(14) Marion, op. cit., p. 128.
(15) Mathiez, La vie chère, pp. 121 et suiv.
(16) Lefebvre, op. cit., p. 27.
(17) Ibid., p. 31. Marion, op. cit., p. 129.
(18) Lefebvre, ibid., p. 42.
(19) Ibid., p. 41. Moniteur, t. 21, p. 750.
(20) Moniteur, t. 19, p. 565.
(21) Lefebvre, op. cit., p. 45. Marion, op. cit., p. 133.
(22) Sagnac, La législation, p. 158.「アンシァン・レジームでは、僧侶は自己を教会財産の所有者であると主張することをしなかった。」
(23) Marion, op. cit., p. 137.
(24) Mathiez, La vie chère, p. 211.
(25) Marion, op. cit., p. 136.
(26) Sée, Histoire économique de la France, t. 2, p. 10.
(27) Marion, op. cit., p. 218.
(28) Ibid., p. 228.
(29) Ibid., p. 224. ただし、ヘクタール当り四八〇フランという数字は、五三五フランの間違いである。

(30) Loutchisky ; op. cit., pp. 89, 90.
(31) Ibid., p. 110.

結び

国有財産の創設および売却が、フランスの農村にどのような変革をもたらしたか。この問題について、現在の革命史学はなお検討を進めつつある途上にあるといってよいであろう。史料の収集にしても、方法論の整備にしても、なお残された課題は少なくない。だから、ここでも私たちは断定的な結論をうることを期待できない。しかし、この重要で根本的な問題を空白のままに残すことはできないし、事実、多くの研究者は仮説という形でこの問題に答えている。私たちもこの点を考慮しながら、一応の結論を求めることとしたい。

まず、ルッチスキーの見解をただねよう。彼は、革命前の農村において、二つの重要な傾向がみられることに注目する。その一つは、革命前に土地所有農民の増加が見られるということと、いま一つはそれと同時に農民の階層分化が進行して、そのなかから富農層(「農村のブルジョワ」)が輩出するということである。(1) この点を詳しく分析することは、ここでの課題でないので、一応これを承認しておこう。ところで、この二つの傾向は、革命によってどのような影響をうけたであろうか。ルッチスキーは、フランス革命によって、この傾向の発現あるいは展開を阻止していた基礎的条件がとり除かれたものと見る。具体的には、土地売買の自由が確立されたことによって、農民の土地買い入れ、および農民の分解が一層、ひろく且つ急速に進められることである。国有財産の売却は、それを促進する強力な媒剤であった。しかし、売却立法は農民の買い取りを妨害して、国有財産を主としてブルジョワジーに帰属させようとしたが、農民はこれと激しく闘うことによって、「重要な都市的中心地を含まない諸郡では、農民はしばしば、売りにだされた土地の半分、ときには五分の三、非常にしばしば五分の二を手に入れることに成功した。[2]」こうして、農民的土地所有は一挙に増大したが、このことはすべての農民階層が一様に土地を獲得したことを意味するものではない。土地を多く獲得することができたのは「農村の小ブルジョワと、最も大きな経済力をもつ農民[3]」の二つの階級であった。後者は、ラブルールおよび農業のほかに商業その他の兼業をもつ農民である。この二つの階級を除外したその他の一般農民、とくに貧農はほとんど土地を得ることがなかった。したがって、農民間の土地所有の不平等は、革命前と同じかたちで残らざるをえなかった。国有財産の売却は、農民的土地所有の増大と、農民の階層分化という二つの傾向を確認し、一層、前進させるという役割を果した——これがルッチスキーのあたえる総括である。

このルッチスキーの結論は、一般的な意味では、現在、多くの研究者によって承認されているといってよいであろう。国有財産の売却によって農民的土地所有の増大ないしは拡充がみられること(このことは土地所有農民が一挙に増加したことを必ずしも意味しない。革命前にすでに土地を事実上もっていた農民が新たにかなりの面積をつけ加えたことに力点がかかる)、それと同時に農民の階層分解は、ルッチスキーのいうように強化されたかどうかは別として、少なくとも革命前とくらべて基本的な変化はみられないということは、ルフェーヴルにしても、アンリ・セーにしても、マリヨンにしても、マルク・ブロックにしても、いずれも承認しているといってよい。ただ、強調点のちがいはあるし、また個別的な問題についての意見の相違がかなり顕著であることは、すでに教会財産の問題でその一部を示しておいた。一般的にいうと、ルッチスキーおよびセーは二つの傾向を認めながら、農民的土地所有の確立に重点をおくが、マリヨン、ルフェーヴルは階層分化に重点をおいているといってよいであろう。

ルッチスキーは、彼の分析を大体一七九五年まででうち切っているが、これに対してマリヨンは一九世紀の二十五年頃まで視野をひろげて問題を追跡している。一七九五年以後の三十年間には、モンターニュ派にかわるブルジョワ政権の復活、ナポレオン政権、王政復古と時代はめまぐるしくかわっていった。国有財産の問題でも、この間に、ブルジョワジーに有利な売却方式が復活し(一七九五年五月三十一日の法律)、一八〇〇年頃からは亡命貴族が祖国に復帰して「失地回復」を開始し、一八二五年には「革命による没収の犠牲者」に十億フランをあたえて賠償する法律が制定された。(4) 土地政策は、まさに逆転したのである。こうした過程を精密に分析した結論として、マリヨンは土地問題の帰結をどう見ているであろうか。

　マリヨンは、革命の土地政策全体について、それがいずれも革命議会の立法目的を達成しなかったことを批判的に考察する。すなわち、教会財産の没収と売却は、立憲議会の財政上の必要をみたすためのものであったが、アッシニャの下落に示されているように、財政の不安定はかえって大きくなった。またモンターニュ政権は、貧困を一掃するために、亡命者財産の没収と売却をはかったが、もちろん貧困はなくなりはしなかった。では、革命期の土地政策は、一体なにを結果したのであろうか。それは「小土地所有」を強化し、増加させたというただ一点であった。「小土地所有」は、内容的に拡充されたけれども、所有者の数は変らないし、またプロレタリアの数は革命の前と後とでは変らないという説があるが(例えば、ルッチスキー、ルフェーヴル)、マリヨンは「小土地所有」者数の増加、すなわちプロレタリアの「小土地所有」者への転化を認める。彼は、革命前の土地所有者は四百万人、一八二五年にはそれが六百五十万人に増加したという推定を「真実をあらわすもの」としている。(5) 一八〇〇年(共和国九年)、統領政府のときの統計によると、各県別の土地所有者数は、次表のごとく増加している。(6) なお、これに伴なって、土地の細分化は一層すすみ、大農経営の発展した北フランスのドゥエやカンブレでも、定期借地《フェルム》の面積は、革命当初では二〇〇―二五〇ヘクタールは珍しくなかったが、一九世紀の初頭には普通八〇―一〇〇ヘクタールに縮小した。こうして、革命後のフランスは、小経営と小土地所有とが構成する「デモクラシー」――それは「保守的」デモクラシーである――の支配のもとにおかれることとなる。(7)

　右のような結末は、立憲議会においてかのラ・ロシュフコー＝リヤンクール、国民公会においてフランソワ・ド・

ヌシャトーが熱心に求めたところのものであった。ラ・ロシュフコーは、一八一四年、革命後のフランス農村について、農民の生産力が約四分の一上昇し、開墾が熱心に進められ、革命前までは放棄されていた土地が開かれ、耕作され、肥沃になったことを祝福しているが、しかし他面、彼はつぎのような事情も指摘する。「だれもが土地所有者になりたがった。そして(日傭いたちの)大部分は、独立と幸福を求めて、借地農のもとでの労働からえられる確実な利益をかえりみないものだから、えられたものは貧窮だけでしかなかった。(8)」小農主義者ラ・ロシュフコーですらも、「小土地所有」者意識が、資本・賃労働関係の発展を阻止していることを認めざるをえなかったのである。マリヨンはいう。「人口は著しく増加した。しかし、それにもかかわらず、労働者に仕事がたりないというよりは、むしろ農業上の必要にたいして労働者が不足したのだ。(9)」

革命前後における土地所有者数の変遷

県	1789年	共和国9年
ドゥー	39,493人	41,513人
ムルト	56,501	69,743
モゼル	35,858	49,331
ユール	99,637	100,200
アンドル	20,329	20,786

もっとも、このことは小土地所有が圧倒的に大きくなって、大土地所有や、中規模の土地所有をまったく無力なものにしてしまったことを意味するのではない。この点、ルッチスキーやセーの見解は、「小土地所有」をあまりに一般化している欠陥がある。わが国でも、フランス革命の結果、「分割地農民」ばかりが創出されたかのように論ずる向きが多いので、この点は明確にしておく必要がある。マルク・ブロックは、革命がどのような土地所有形態を結果したかを論じて、次のようにいう。「一七八九年にはじまる大危機は、さきの数世紀のうちに再建された大土地所有を破壊しなかった。貴族またはブルジョワの土地集積者のうち、決して亡命しなかった人々は――こうした人々は、貴族のなかにさえ時として想像されるよりはるかに多かったが――その土地財産を保持しつづけた。亡命者のなかの幾人かは、自分の土地財産を親類筋や仲介人に買い戻させることによって、同じくそれを維持することに成功したし、あるいはまた統領政府や第一帝政によって、土地を返還された

こともあった。……国有財産の売却さえも、大土地所有にそれほど手痛い打撃をあたえなかった。……大借地農は大土地所有者になった。ブルジョワは、前の世代が行なった忍耐づよく効果的な土地集積事業を続行した。富裕な自営農はその世襲財産を増大させて、農業資本家の地位に決定的に上昇した。(10)」こうした、大土地所有が、さまざまの借地関係を伴なうものであったこともまた確認しておかなければならない。

右のように、大土地所有が基本的に継続し維持されている条件の上に、さらに革命が零細な土地所有者を自立的な土地所有者に転化させたのである。新しく形成された「分割地農民」は、すでに述べたように、大多数が革命前からの「土地所有農民」であり、ただかれらは「土地不足農民」であったにすぎない。国有財産の没収および売却が、かれらの自立化を助けたことは、すでに見たとおりである。だから、革命が「分割地農民」を創りだしたというような表現は正確ではないのである。しかし、それにもかかわらず、六百万をこえる小農民がこの革命を通じて自己を政治的にも経済的にも解放したこととの意義は、うたがうべくもない。こうして、大土地所有と小土地所有は二つ相並んで自己を拡充してきたのであって、ふたたびブロックの説明を引用すれば、「要するに、事物を全体として眺めるならば、……資本主義的形態での大土地所有と、農民的小土地所有の併存、それはアンシァン・レジームの進化によって確立されたものであるが、この併存は〔革命によって〕一新されたフランスにおいても存続したのである。(11)」

右に見たように、近代地主的大土地所有と農民的小土地所有(「分割地農民」)を主軸とするフランス農業の推転は、一千万人に達すると思われる貧農層を革命のそとに取り残したままで進められた。この点は、ルフェーヴルが「農業危機」の問題として、明らかにし強調したところである。貧農対策は、モンターニュ政権のもとでわずかにとり上げられたが、しかし実効を収めたとはいえない。かれらがおちいっていた小作関係も、基本的な意味で改善されることはなかった。(12) 一九世紀になって、産業革命が進行するとともに、貧農の離村がはじまることでルフェーヴルのいう「農業危機」は一応の安定をうることとなるであろう。

フランス革命が結果したものは、およそ以上のようなものであった。革命が実施した土地政策は、テルミドール以後も生きつづけ、革命中に土地をえた者がふたたび奪いかえされるという意味での反革命が勝利することは決してなかった。ブリュメール十八日ののち、ナポレオン独裁下につくられた憲法においても、「フランス国民は、国有財産の売却が合法的に遂行されたのちにおいて、その財産の起源がなんであるかを問わず、正当な買い取り人の所有は奪われえないことを宣言する」と書きこまれている[13](一七九九年十二月十三日、共和国八年フリメール二十二日の憲法)。「土地革命」は、やはり生きつづけたのである。

(1) Loutchisky, op. cit., p. 145.
(2) Ibid., p. 147.
(3) Ibid., p. 149.
(4) Marion, op. cit., pp. 305-313, 366.
(5) Ibid., p. 416.
(6) Ibid., p. 417.
(7) Ibid., p. 419.
(8) Ibid., p. 420.
(9) Ibid., p. 421.
(10) Marc Bloch, Les caractères originaux de l'histoire rurale française, p. 246. 訳、三二七ページ。
(11) Ibid., p. 248. 訳、三二八ページ。
(12) Lefebvre, Etudes sur la Révolution française, p. 242.
(13) Sagnac, La législation civile, p. 342.

第九章　フランス革命と経済思想

一　経済思想の系統

経済学あるいは経済思想の発展史のうえで、フランス革命がどのような位置を占めるかという問題は、きわめて興味のある問題であるにもかかわらず、これまで明確な回答が出されているとはいいがたい。経済学史の上でいうと、すでに革命前にケネーの重農主義経済学が出現したのを最後として、経済学の歴史はフランスを去り、イギリスの同時代人アダム・スミスの『諸国民の富』に眼を転じてしまう。そしてスミスにはじまる古典経済学のフランスにおける祖述者ジャン゠バティスト・セイに説き及ぶときには、すでにフランス革命は最後の幕を引きおわっており、革命が経済学になにを寄与したかという問題は、こうして空しくとおり過ぎられてしまう。もちろん、これは理由のないことではない。革命は、なによりもまず、政治的実践であって、そこでは無数の演説や、集会や、大衆行動はあったけれども、しかし『経済表』や、『諸国民の富』に匹敵するような経済書が生みだされたわけではない。経済学史が、これまでのように名作から名作へと、いわば名所めぐりをすることに満足しているかぎり、こうしたことは避けがたい。しかし、私たちは、経済学をなんとかして前向きに発展させたいという希望をもっている。そういう関心をもつかぎり、ある経済理論の完成した姿を眺める(あるいはまねる)だけではなくて、いかにしてそれが作られたか、現実あるいは実践とのどのようなかかわり合いがそこに存在するか、もっと明確にいうと人びとの生活に経済学が一体なにを与え、また与えなかったかを改めて検討しなければならない。いうまでもなく、経済学はブルジョワ社会のなんらかの理論的表現として、その歴史をはじめた。そして、フランス革命は、ブルジョワ革命のうちの最も代表的な事例であることも周知のとおりである。私たちは、この二つの事象の相互関係について、なんらかの見とおしをもつ必要がある。そのためには、体系から体系へととび移るのではなくて、体系相互間の関係、体系と現実とのかかわり方を追求するという視点に立つことが要求されると考える。

経済学は、フランス革命にさきだつ約三分の一世紀まえ、かのドクター・ケネーの諸論文、とくに『経済表』(一七五八年)によって、重農主義の理論というかたちで形成されたことは、もはや周知の事実である。ケネーの理論は、経済分析をはじめて流通部面から生産部面に移しかえ、生産部面のなかに剰余価値——「純生産物」の源泉を見いだしたものであるが、同時にそれは一八世紀半ばにおけるフランスの現実をまことによく反映し、かつ整理したところの「地主的改革」の理論であった。つまり、土地生産力説と、地主的自由主義と、農業近代化論とが彼の理論の核心をなしていた。この点は、すでに私たちの明らかにしえたところである(1)。こうした性格をもつ彼の理論は、単なる個人の一着想としてはとどまらないで、かなり多くの追随者を生みだし、いわゆるフィジオクラート学派を形成させることになり、それが一つの社会運動にまで発展したこともまた、すでに論じられているところである(2)。フィジオクラート運動は、フランス革命にさきだつ地主の近代化運動であった。すなわちそれは、農業生産力の発展を基軸として、封建的土地所有制の排除と地主国家の形成とを志向した明白な改革運動であったし、またそれにふさわしい成果をもかちとった運動であった。

このケネーと対蹠的な立場と問題意識の上に立って、尖鋭な理論を展開したのがルソーであった。ルソーは、ケネーとはまったく逆に農民的改革の理論を展開した。直接耕作者の立場からする地主的土地所有の批判、資本主義的発展にたいする「小生産者的反動」、これが彼の文明批判の奥底にあるモチーフであった(3)。ルソーは、経済論のうえでは、自立的な農業経営にたいする賞讃と、それを拘束し、堕落させる一切の経済的諸要素・諸関係、つまり大土地所有・商業・貨幣さらに租税にたいする鋭い批判を展開したにとどまったが、しかし政治論のうえでは周知のように『社会契約論』によって代表される革命的民主主義の理論を結実させた。この経済論と政治論との関連については、のちに改めて問題とするけれども、いずれにしてもルソーのこの主張もまた一八世紀半ばのフランスの現実にふかく根ざしたものであった。それは、封建的土地所有の拘束と、急速な資本主義発展とによって、二重の危機にさらされていた厖大な農民大衆の叫びを表現したものであり、その故に彼の理論もまた「ルソー主義」として多大の影響力をもつことができたのである。一八世紀の「社会主義者」といわれるランゲ、モレリ、マブリーなどは、「ルソー主義」の一環もしくは延長であり、さらにそれは大革命中のロベスピエール、マラー、サン＝ジュストによって文字どおりの意味において、またエベール、バブーフなどによってその拡張された意味において受けつがれるであろう。

一七五〇年代におけるケネーとルソーの対立、これは来るべきフランス社会の破局‐転換を前にしての色合いのはっきりした対立であったが、しかしこの時期の経済思想を以上の二つに局限してしまうことはできない。これまた、すでに私たちが明らかにしたように、この両者の中間にディドロによって代表される「百科全書派」の啓蒙哲学が存在したからである。「百科全書派」の経済論は、『百科全書』に関するかぎり、文字どおり中間的・綜合的な性格をもっており、ケネーおよびルソーの両者を包含するものとして作られているが、しかしチュルゴーの市場論や教会財産論、ディドロの「マニュファクチュア」論があらわしているものは、ケネーともルソーとも異なる独自の問題領域である。それは、農業のみではなく、農業と工業とを含めた「生産力論」であり、土地所有と動産所有との両者を合せた「私有財産論」である。(4) これは、発展する産業資本主義に視点をおく明確なブルジョワ理論であり、チュルゴーの『富の形成と分配についての考察』(一七六七年)、ディドロの『ガリアニの弁護』(一七七〇年頃)、コンディヤックの『商業・政治論』(一七七六年)がその代表的なものである。この理論系統は、のちになるにつれて一層、明白なものとなり、アダム・スミスの理論との結合を契機として、レデラー、トラシー、J＝B・セイという路線をたどることとなる(5)。

以上、あげた三つの経済理論は、フランス革命期の経済思想や階級の実践を指導するための「原型」であり、設計図であった。これらの三つの立場は、決してあれやこれやの経済問題についての主観的または特殊的な対立を示すものではなくて、地主・農民・ブルジョワジーという三つの経済主体・階級勢力の要求や理想と深いところで結びついており、その故にフランス革命理論の原型となることができたのである。したがってまた、この三つの立場は単に経済問題についてのみ存在したものでもない。経済と関係の深いところで政治論をとってみると、政治論においても三者それぞれ独自性をもっており、ケネーの「合法専制主義」にたいして、ディドロの「制限君主政」、ルソーの「直接民主政」があげられる。そして興味あることは、経済理論として統一性・客観性のあるものほど、保守的な政治論と結びつき、逆に政治理論として透徹した内容をもつものほど、経済論は主観的になるという傾向が見られることである。これはおそらく資本主義発展のこの段階において、生産力の最高水準を客観的に担っていた階級が、ルソー的な小農民ではなく、地主あるいはブルジョワジーであったことの結果であると考えられる。しかし、それと同時に、このことは経済法則と政治法則とが簡単な同一視、あるいは類推を許さないような性質のちがいをもつものであること、経済の客観性と政治の主観性(あるいは理念性)といった点を十分に区別すべきであることを私たちに教えているであろう。客観的な人間関係にほかならない経済関係を分析することのできた理論は、政治問題については一種の「合法主義」になりやすいのに反して、政治の主体性・実践性をよくとらえうる理論は経済問題になると「主観主義」のとりこになってしまうのである。この点への配慮をもたないとき、たとえば「合法的専制主義」という保守的政治論の故に、ケネーの経済理論を割引きしようとし、また「革命的民主主義」の政治論の故に、ルソーの経済論をことさらに近代的なものとして受け取ろうとする傾向が生まれるが、これらはいずれもあやまりであろう。経済学は、ケネー、チュルゴー、コンディヤック、トラシーなどにおいて、やはり本来の近代性(古典経済学としての性格)を獲得するのであり、そのことはかれらの政治論がかなり保守的であることと少しも矛盾するものではありえない。むしろ、それこそがこの時期の経済学の本来的なあり方であることを理解する必要があろう。

ケネー、ディドロ、ルソーのこの三者は、かれらの経済・政治論の前提になっている自然法思想においても、また科学方法論においても、世界観においても、それぞれ独自の性格をもっている。たとえば、かれらはいずれも「自由」の主張者であったけれども、その内容においてはかなりのへだたりがある。ケネーにあっては、それは客観法則＝「自然的秩序」を「明証」によって発見し、それにしたがうことを意味し、ディドロは経験的知識を蓄積して、人間の諸能力を高めることのなかに「自由」を見たし、またルソーは人間の本来的な、原初的な「心情」を回復することを「自由」の主要な内容として理解している。「神」にたいする態度においては、ケネーとルソーは「神」への接近の仕方において相反するが、しかしいずれも「神」から離れないのに対して、ディドロは経験主義の立場から、反宗教的な態度をとる。ケネーとルソーが、対立しながらも同一性のきずなで結ばれているのに対して、ディドロは両面批判というかたちで、独自の立場をとっていることがわかる。この点の違いは、のちになって決定的なものとなって現われるであろう。

科学方法論の上での三者の相違を、どう現わしたらよいか、問題があると思われるが、ここでは一応、ケネーの場合を先験的あるいは形而上学的方法、ディドロを経験論的、ルソーを直観的あるいはロマン主義的方法としておいてさほどのあやまちはないであろう。ケネーを形而上学的とするのは、主として彼の神学的世界観にかかわる。彼は一切の事物を支配する客観的な「自然秩序」の存在を認め、それを明らかにする理性の「明証」を説くが、他方その「明証」は神の教えと矛盾するものではないとすることによって「自然秩序」を神秘化する。自然法則は完成された理性にたいしてのみいわば本質顕現するのである。この点で彼の立場は超経験的な本質把握派といってよいであろう。これにたいして、ディドロは徹底した経験主義者である。彼はフィジオクラート派の方法をつぎのように批判する。「なんだと！　まず頭のなかで一般的原理をつくらねばならないだと。しかし、私には学問や技芸では、君のとはまさに反対の方法があると思われる。ひとはまず特殊な場合からはじめる。特殊例それ自体によって、また他の事例と比較して、類似性と差別が認識され、多かれ少なかれ一般的な概念や、多かれ少なかれ広い理論がつくられる。上昇するための階段として役立つものは諸事実であり、実質的な諸現象であって、下降するための踏み板たる抽象的思弁ではないのだ。(6)」経験と観察、それにもとづく合理的な推論、これがディドロのはっきりした方法的態度である。では、ルソーはどうか。彼もまた「見るよりも前にすべてを感ずる」人間として、経験的な知識には背を向ける。グロチュイゼンが指摘しているように、「われわれは知識においては貧弱である。しかし感情においては偉大である(7)」というのがルソーの確信であった。彼はそのたぐいまれな感性をよりどころとして、直観的に事物の法則をつかみとり、それにするどい価値判断を投げかける。彼の作品はつよい情緒的な反応によってつらぬかれている。もちろん、その反応の仕方は、反人民的なものへの憎しみと、人民への愛情という方向のものであるが、しかし彼の社会分析の背後に、つよい愛憎の念が働いている点で、その主張がロマンチックな様相を帯びていることを否定することができない。

以上、簡単に見てきたように、これらの代表的思想家たちは、単に経済理論においてだけではなしに、政治論、科学方法論、世界観においても、それぞれ独自性をゆたかにもつ人たちであった。そして、その故にこそこれらの学説はそれぞれが妥協することなく、積極的に自己を主張し、対立し合ったのである。対立は、時がたつにつれて、尖鋭になり、政論的になり、階級闘争的となった。その状況を知っておくために、つぎに一七六〇年代、および七〇年代に展開された論争をとりあげよう。それは、フランス革命における問題状況のいわば前哨戦であり、直接の先駆をなすものである。

（1）　本書、第二章参照。

（2）Georges Weulersse, Le Mouvement physiocratique en France de 1756 à 1770, 1910. La physiocratie sous les ministères de Turgot et de Necker, 1950.

（3）桑原武夫編『ルソー研究』、本書第五章参照。なお、拙稿「フランス古典経済学の系譜」『経済論叢』第八十巻第六号参照。ルソーを古典経済学の系譜のなかで理解しようとする試みとして、羽鳥卓也「ルソー経済理論の構成」、内田義彦編『古典経済学研究』(上)所収がある。

（4）桑原武夫編『フランス百科全書の研究』、本書第五章参照。

（5）チュルゴー、コンディヤックについては、本稿では詳しい検討を省略した。前者については津田内匠訳『チュルゴー経済学著作集』岩波書店、の解説、後者については吉田静一「フランス革命における経済思想の原型」『京大・人文学報』第八号参照。

（6）Diderot, Apologie de l'Abbé Galiani (Pensée, N° 55, 1954, p. 22).

（7）Groethuysen, Philosophie de la Révolution française, pp. 172, 183.

二　革命前の理論闘争

ふたたび、ケネー＝フィジオクラートから始めよう。ケネーは一七五七年に発表された『穀物論』のなかで、すでに穀物取引の自由、とくに穀物輸出の自由について力説しているが、その後、数年して刊行された『農業王国の経済統治の一般準則』のなかでは、この点がさらに明確に定式化されている。すなわち、「自国農産物の外国貿易は、少しも妨げられてはならない。けだし、売れ行きのいかんは再生産の価値を左右するからである。[1]」(準則一六)「取引の完全な自由が維持されねばならない。けだし、最も安全にして、最も確実な、そして国家ならびに国民にとって最も有利な国内商業および外国貿易に関する政策は、まさに競争の完全な自由を保障するところになり立つからである。[2]」

（準則二五）ケネーは『経済表』によって、再生産構造についての一般的・理論的解明をあたえたばかりでなく、国の経済政策について、その基本方針をこのように宣言したのである。このケネーの政策論が彼の体系のなかでどのような位置を占めるかについては、ここでは論じないが(3)、ただこの穀物政策論が、当時の現実のなかでどういう役割をもったかについては、簡単にふれておく必要がある。

一般に穀物取引の問題は、絶対主義あるいはその政策的表現としての重商主義のもとでは、特異な取扱いをうけてきたことが注目されねばならない。ヘクシャーは、これを「調達政策」と呼んでいるが(4)、絶対主義の穀物政策の主眼点は、ときとして不足しがちである穀物をいかにして確保するか、とくに都市の住民の食糧難をどうすればふせぐことができるかということであった。ちょうど、それは私たちに戦時中の食糧政策を想起させる。こうした観点からすれば、穀物政策において穀物生産者や、穀物商人の利益は重視されないし、もちろん穀物を外国に輸出することなどはまったく問題になりえない。ただ一定量の穀物を獲得・調達して、これを住民に分配し、極端な食糧不足や、食糧騰貴を回避することだけが企図されるにすぎない。したがって、穀物についての管理および統制は、きわめて厳重なものであった。一五七七年の布告によると、穀物は定められた市場で、穀物の所有者またはその代理人によって、いかなる仲介をもなしに売られなければならない。また、その値段は、定められた一定の金額を越えることができない。さらに、穀物の所有者は、自己消費にあてる部分を除いて、二年以上、穀物を貯蔵することができない等々と定められ、違反者にはガリー船漕ぎの苦役が待っていた(5)。穀物商人やパン屋は、個人の消費者が買った後でなければ、穀物を買うことを許されず、その分量も定められていた。ただ、かれらはパリから一定距離以上はなれたところでは、穀物を買い入れることが認められ、パリ以外の地方都市でも多かれ少なかれ、こうした規制が設けられていた。地域内および地域間での穀物の流通については、周知のように多数の通過税、国内関税、入市税等が徴収され、しかもそれらの制度は地方によって、また時期によってさまざまに変化した。穀物の国内流通を自由にしようとする法令は、一八世紀のはじめ以来、何回も発布されてはいるが、その実効はほとんど認められず、したがって穀物価格は、一八世紀の六〇年代においても、非常なアンバランスが地方間に存在した。(6) さいごに、貿易についていうと、穀物の輸入は一時的な例外はあるにしても一般に自由であったのに対し、輸出については例外の場合は別としてきびしく取締まれるのが普通であり、たとえば一七一〇年の法令は輸出者について死罪を規定している。

もっとも、一八世紀になるとパリの人口は六〇万人にも達し、食糧を確保する上での困難も大きくなったので、大穀物商人の助力を求める必要が起こり、また穀物取引を自由にすることなしには、穀物生産の増大をはかりえないことが次第に認識されてくる。一七一九年の参事院令、一七五四年の勅令は、いずれも穀物の自由取引を認めたものであったが、しかしそれはなお国家の統制権や地方権力の徴税権その他の既得権を排除するにはいたらなかった。ケネーの自由論が公然と主張されたのは、まさにこうした時点においてであった。ケネーの主張は、さきにも見たように、輸出の自由をもふくむ穀物取引の絶対的自由の主張であった。これは重商主義政策の根本的な、原理的な否認にほかならない。つまり、消費者的穀物政策をくつがえして、穀物生産者、穀物所有者、穀物商人の完全な自由をうち立て、そのことによって穀物生産の増大と国富の増加をはかろうとしたのである。

ケネーの主張は、ボードー、メルシエ、デュポン、モルレなどいわゆるエコノミストによって受けつがれ、世論を大きく動かしたが、その最初の成果がベルタン、トルデーヌなどの政府当局者と、チュルゴー、デュポンの合作による一七六三年の宣言である。この宣言は、穀物その他の農産物の各州間の取引について、事前の許可あるいは認可をうることも、また通行税、通過税、橋梁税などを支払うことも必要でなく、一切自由とするというものであった。翌一七六四年の勅令も、ベルタンの作成したものであるが、貴族、特権者をふくむ一切の人間に、穀物取引を行なうことを認め、取引の相手方がたとい外国人であってもよく、また穀物倉庫を設置することも許可した。(7) 見られるように、これは、ケネーおよびフィジオクラート派の大きな勝利であり、穀物問題および自由商業の問題は、一躍して当時の最大のトピックの一つとなるにいたった。この事情について、ヴォルテールは皮肉をこめてつぎのようにいう。「一七五〇年頃、詩や小説や、空想的な歴史や、一層空想的な感想録や、神学論争に満腹したフランス国民は、ついに穀物について考えはじめた。農業について有益なことがらが書かれ、ただ耕作者だけは別として、すべての人がそれを読んだ。ひとは、オペラ・コミック座を出ながら、フランスは売るべき小麦をおびただしくもっていると想像した。とうとう、国民の叫びは、一七六四年に、政府から輸出の自由を獲得することとなった。(8)」

しかし、フィジオクラートにとって不幸なことに、丁度この時期に不作がつづいた。食糧暴動が起こり、パリをはじめ各都市の高等法院は法令に干渉し、法令の実施を制限し、あるいは禁止した。多くの州は、法令の公布さえも見送る始末であった。その結果は、政治にはね返って、ベルタンの失脚、自由取引反対派の僧侶テレエの擡頭となり、一七七〇年には六三年、六四年の法令を実質的に無効にするために商人の登録制、生産者や特権者の商業活動禁止、市場外での買い入れの禁止などの処置がとられた。知識層のなかでも、フィジオクラートにたいする反対の声がようやく高まった。その反対派の一人として、さきに述べたディドロが姿をあらわす。そのいきさつをつぎに見よう。

パリのドルバック男爵のサロンでは、金曜日の午後、学者や著述家たちが集まって、議論にふけることが慣わしとなっていた。このサロンでは、長いあいだフィジオクラートが一座の中心であり、モルレがその代表者であった。ディドロもサロンの一員であったが、一七六八年の末、それまでまったく沈黙していたナポリ大使の秘書ガリアニという人物が突然、穀物問題について語りはじめる。僧侶ガリアニはイタリアで金融問題を研究した人物、彼の説は穀物輸出にたいするはっきりした反対論であった。ディドロは、ソフィ・ヴォランにあてた手紙でこういっている。「愛する人よ、私はちかっていいますが、これまでだれもこの問題についてロを切った人はいなかったのです。私は彼に彼の考えを公表するように願い出ました……私は一生のうちこれほど一生懸命にひとの話をきいたことはまったくありません。(9)」ディドロは、ガリアニに傾倒し、彼に出版をすすめ、原稿の校正まで手伝って、ついに翌一七六九年の年末に発行地をロンドンとしてこの書物が出版された。『穀物商業に関する対話』[10]というのが表題である。この書物は発行と同時に非常な成功をおさめた。もう一度、ヴォルテールを引合いにだすと、「ナポリの人、僧侶ガリアニ氏は、穀物輸出について国民をたのしませた。彼は、わが国の最良の小説と同じほど面白く、またわが国の最良の科学書と同じほどためになる対話を、フランス語でさえ書くという秘訣を発見した〔これはディドロの協力を指すものであろう〕。たといこの作品がパンの値段をひき下げないとしても、それは国民に多くのよろこびをあたえた。」ヴォルテールのいうとおり、この作品は当時の経済文献のなかで、今日、読んでも非常に面白いものの一つである。『対話』は、侯爵と騎士とのちに役人が加わって、八回の対話をすることになっているが、はじめは自由商業派に賛成していた侯爵が次第に騎士の反対論にひき入れられてゆくという筋である。もちろん、ここで内容を詳しく紹介したり、分析を加えたりする余裕はない。ただ後論との関係上、この書物の主な論点だけをとりだしておこう。

まず、その第一は、原理的に正しい主張であっても、その原理を特定の時点、特定の国にただちに適用することはできないという説である。ガリアニは、原理的には「取引の自由」を承認し、あるいは賞讃さえする。しかし、現状のもとでフランスが穀物輸出にふみ切ることは、現実的な根拠がないという。つまり、ガリアニはフィジオクラートの原理論にたいして、政策論の立場を明示するわけである。いかなる現実的な条件が穀物輸出を可能にし、有利なものとするか、この点を彼は事実をあげて論ずる。こういう観点にたって、第二に彼は国内商業と外国貿易とを無差別に取り扱うことのあやまりを指摘する。商業政策を国家あるいは国境を捨象して考えてはならないので、商業の対外関係と対内関係を区別しなければならないとする。これは政策論としては当然のことであるが、しかし一七六四年の勅令がそうなっていないことは、すでに見たとおりである。ガリアニはいう。「他のすべての配慮がしたがわなければならない政治の職分、国家理由は、お国の著作家たちによって考慮されたことさえありません。[11]」国内穀物の余剰分があることがはっきりしない以上、輸出の無制限な絶対的自由は、フランスの国内的困難を大きくする。第三に、原理的な問題に関係するが、フィジオクラートが農業を富の唯一の基礎とすることはあやまりであり、そういう原理にしたがう「純農業国民」は最も不幸な国民である。「富の急速で平等な循環を期待することのできるのは、マニュファクチュアだけなのです。[12]」ガリアニは農業ではなくて、工業こそが国家に有益であることを原理的に明らかにする。工業の発展が農業の発展をみちびくのであって、その逆ではない。穀物輸出による穀物価格の騰貴は、労働者の賃金を高めて、工業の発展を阻止することとなる。販売＝商業の観点から見ても、農産物よりも工業品のほうがはるかに利益が大きい。したがって、マニュファクチュアを農業および農産物取引の犠牲にすることは間違いである。第四に、ここから生まれるガリアニの政策論は、農産物輸出を制限し(禁止ではない。彼は輸出関税を主張する)、また国内産業を奨励することである。国内産業の発展をはかる場合にも、外国の工業製品にたいする輸入禁止政策というものは、彼によれば前時代的なものであり、彼の考える政策なるものは状況に応じて、マキシマムとミニマムとのあいだで相対的に最も有利な調和点を求めることでしかない。第五に、国内商業について彼はフィジオクラート的な自由主義の側にはっきり立っていることである。これはかなり重要なポイントであり、彼を保守主義者として一括できないゆえんである。彼は一七六三年の宣言には賛成であるし、また原理的に、あるいは将来の見通しとしては、貿易の自由政策に加担するのである。ただ、エコノミストが宣伝するほどの利益が穀物輸出から生まれるとは彼は信じない。「経済のすべての問題は要するに人間のために善をなすことです。しかしいかなる善も、しばしばそれを弱め、ときにはそれと釣り合ういくらかの悪と結びついていないものはないのです。[13]」これが彼の本心であった。さいごに第六として、彼の自然哲学。これはおそらくディドロのものだろうが、彼はフィジオクラートの自然秩序への崇拝的態度を批判する。自然とか自由とかが調和をもたらし人間を幸福にするなどと考えるのは「形而上学者の頭のなかでの美しい真理」にすぎない。自然にむかって行動する人間を考えてみよ。自然は大きく、人間は小さくて弱い。人間とは一体なにか。それは虫けらであり、アトムであり、無にひとしい。しかし、われわれは押しつぶされることを欲しない。

だから「自然と手を握るなどは決してしてはならない。それはあまりにケタがちがう。私たちの地上での仕事は自然とたたかうことなのです。(14)」

前にも書いたように、ガリアニのこの書物は成功した。それは論敵の一人チュルゴーも認めている。彼はモルレにあててこう書き送った。「これほどの優雅さ、これほどの調子の軽快さ、これほどの正確さと表現の独創性をもって、しかも外国人によって書かれたこの種の書物は、おそらくユニークな現象でしょう。この作品は非常に面白いもので、不幸なことには、その推理が独得なものであることや、形式が刺戟的であることの魅力を消し去るようなやり方でこれに答えることはきわめて困難でしょう。(15)」チュルゴーはデュポンにあてても同じことを書いているが、彼はエコノミストがガリアニの挑戦をうけてたつことの不利を承知していた。これはチュルゴーの見識の高さを示すものであると同時に、ケネーともディドロとも違う彼の立場の微妙さを示すものであった。しかし、ドルバックのサロンでの論敵モルレは、チュルゴーのこの忠告をきき入れなかった。彼は、早速、『穀物商業に関する対話と題する著作への反論(16)』を書いて応戦した。この著作は、一七七〇年に出版されるばかりになっていたが、ちょうどその時期は前にも述べたように自由主義反対派のテレエが大臣になったときで、この書物は押収され、陽の目を見たのは一七七四年チュルゴーの大臣就任ののちであった。この書物は、ガリアニの論点の一々について詳しく反論を書いたもので、その理論的根拠はフィジオクラートの所有権の絶対性・不可侵性であり、そこから穀物商業の絶対的・全面的自由をひきだしているだけであり、かくべつ新味はない。しかし、最近、発見されたところによると、ディドロはこのモルレのガリアニ批判にたいして、『僧侶ガリアニの弁護(17)』と題する一文を書いていることがわかった。これは、ディドロが経済問題を全面的に分析した唯一の注目すべき遺稿である。しかし、ここでもさきを急ぐために、ディドロの出している主張点をいくつかあげることで満足しなければならない。

その第一は、所有権についての考え方である。フィジオクラートの無条件的な所有権擁護論にたいして、ディドロはいう。「所有権は個人と個人とのあいだでは神聖である。もし神聖なものでないなら、社会は解体しなければならない。個人と社会との関係では、それは反対である。なぜなら、もしなんらか神聖なものとしたら、社会において偉大な、有益なことはなにもなされないだろう。若干の個人の財産はたえず全般的見とおしを妨げて、その崩壊に直進する。なぜなら、若干の個人の所有権は、〔社会の〕富裕と力と安全のための真の手段をたえず妨げるからである。[18]」第二に、穀物の自由取引は、穀物の独占価格をつり上げ、饑饉をなくすることはできない。これは経験的にあたえられている事実である。第三に、フィジオクラートの農業論は、少数の「富裕な借地農」の繁栄のためのものであり、大多数の農民の「あまりに現実的な悲惨さ」をかえり見ないものである。ここで、ディドロは農業あるいは農村を階級的に見ようとしている。これはガリアニにはない視点であり、ディドロではくりかえして現われる。第四に、工業について彼は工業の生産性を主張する。「工業は、土地とまったく同じようにたしかに純生産物を生み出す。[19]」農業と工業の発展の仕方については、モルレもガリアニも正しくない。モルレは、農業が工業を発展させるといい、ガリアニはその逆を主張するが、ディドロはつぎのようにいう。「マニュファクチュアは、たしかに農業をはじめて生みだすものではないだろう。なぜなら、工業化する前にまず生きて、食わなければならないからだ。しかし、ひとたび工業がつくり出されると、マニュファクチュア〔これは農業のあやまりであろう〕を強化し、拡大させるものは工業である。[20]」工業を農業から出発したものとしてとらえ、しかも一たん成立した工業がこんどは逆に農業の発展を助けるという相互作用・相互連関を彼は主張する。この主張は今日から見て、上の三者のうち最も妥当なものであろう。また、この見解に立つ以上、当時の歴史段階についていえば、彼はガリアニと政策的主張をひとしくすることになる。つまり、産業的発展を重視する立場である。

ディドロの経済論の基調は、およそ右のようなものである。彼は、かなり高い調子でモルレに反対して、ガリアニを擁護している。当面の穀物商業の問題については、つぎの言葉のなかにそれを読みとることができよう。「僧侶ガリアニは彼の反対者〔モルレを指す〕と同様に、穀物商業の自由を望む。しかし彼はそれが保護されることを望む。なぜなら、彼は世界のどの国においてもひとり立ちできるものは何ひとつないし、また保護者になにももたらさないような保護は一切なくなることを知っているからだ。では彼のなしたことはなにか。彼はいう。私は租税の基礎をつくった、と。この租税は、流通をさまたげるあらゆる種類の障害をとり除いて、流通を容易にするためにつかわれるだろう。これらの障害が除かれたら、租税は廃止されるだろうか。そうではない。私は、それが廃止されることさえ望まない。なぜなら、それは役にたつと思うからだ。」ディドロは、ガリアニの主張する穀物輸出税を常設化して、それを「国王の収入の一部、国庫の財源、一般行政の資料、確実な保護、有益で空想的でない哲学」のためにつかうことを考える。(21) いずれにしても、フィジオクラートとは別の路線が設定されていることは明らかであろう。

穀物商業の問題についての論争は、もちろんこれでたち切られたわけではない。とくに、一七七四年にはチュルゴーの財政長官就任という注目すべき事件があり、有名な彼の布告(一七七四年九月十三日)によって、穀物輸出の自由を除いて(この点はフィジオクラートとガリアニの対立点であったことを想起されたい)、穀物商業に加えられていた一切の障害、市場規制、国家統制は撤廃された。しかし、翌年には不作から食糧暴動が起こり、民衆はヴェルサイユ宮殿に押しかけた(「小麦粉戦争《ゲール・ド・ファリーヌ》」とよばれる)。これと時を同じくして、ネッケル——のちに財政長官となり、革命初期に大きな役割を演ずることになる——の『立法および穀物商業について』(22)が出版された。これは理論的にすぐれたものではないが、ガリアニ＝ディドロの立論をひきつぎながら、フィジオクラートの農業主義および自由主義政策にたいする攻撃を行なったものであった。ネッケルは穀物不足に悩む民衆への同情といった感傷を適度にからませてはいるが、結局は、地主・産業家・労働者などの各階級を官僚の立場で調整しようとしたものでしかなかった。なお、ネッケルのほかにも、穀物商業について書かれたものは数多い。とくに、チュルゴーの政策論、およびその系統をひくと見られるコンディヤックの『商業・政治論』(一七七六年)、コンドルセ『穀物商業に関する手紙』(一七七五年)、

『小麦取引に関する省察』(一七七六年)、デュポン・ド・ヌムール『穀物商業の自由と禁止の効果についての観察』(一七七〇年)などについても述べる必要があるが、ディドロの経済論のイデオロギー的性格を明らかにすることについては、以上で一応その任務を果しえたものとしておきたい。つぎには、いま一つの系統、ルソーの経済論について見ることとしよう。

ルソーとフィジオクラートとのかかわりについては、ミラボー(父)への手紙のほかは目立ったものがない。この手紙のなかでルソーはフィジオクラートのいう「合法的専制主義」という概念は、合法的と専制的というまったく矛盾するものを結びつけたもので、理解できないといっている[23]。その上、ルソーにとって、フィジオクラートの商業論や貨幣論は、関心のそとにあったと思われる。「昔の政治家はたえず風習と道徳について語った。しかるに、われわれの政治家は商業と貨幣についてしか語らない[24]」というのが彼の不満であった。ところで、ルソーの系統に属する思想家のフィジオクラート批判は、一七六八年に出たマブリーの『哲学者・経済学者への疑問[25]』によって果された。その要点をつぎにみよう。

マブリーのこの書物は十篇の手紙からなっており、内容はフィジオクラートの一人メルシエ・ド・ラ・リヴィエールの『政治社会の自然的・本質的秩序』にたいする反論である。注目されることは、マブリーの批判が、フィジオクラートの政治論に向っていて、経済論についてはフィジオクラートの貢献を認めるという態度がとられていることである。これはルソー的な問題関心の特徴を示すものである。前に述べたように、ルソーは政治論に決定的な重要性をあたえ、経済の独自性を認めない。経済は政治のあり方のいかんによって、いわばどうにでもなるという考え方である。マブリーは、経済論についてはフィジオクラートにしたがうという点で、ルソーほど徹底していないが、しかしフィジオクラートの欠陥が主としてその政治論にあるとする点で、両者は共通している。こうして、マブリーはラ・リヴィエールの「合法的専制主義」「主権者の共有財産論」「絶対君主政論」を批判するばかりでなく、フィジオクラートの道徳哲学、すなわち、精神問題を物的・自然的秩序に還元すること、徳を啓蒙された利己心に還元すること、「明証」の必然性を主張することなどに反対し、またかれらの社会哲学、すなわち私的土地所有の絶対性、財産の不平等の容認にたいして抗議する。これは、いずれもルソーが基本的に明らかにしたことの具体的な適用である。

ここでは、財産論だけをとり上げよう。フィジオクラートのいうように、私有財産とくに私的土地所有の成立および発展が人間および社会にとってなぜ善でありうるのか、それは悪ではないか――これがマブリーの「疑問」である。「土地財産の設定が見られるやいなや、私は財産の不平等を見る。そして、これらの不均衡な財産から、さまざまの対立した利害や、富のあらゆる悪徳や、貧乏のあらゆる悪徳や、精神の堕落、公共の習俗の腐敗、およびあらゆる偏見やあらゆる情念が結果し、明証を永遠にとじこめてしまわないだろうか。ところで、われわれの哲学者は明証にたいして、最後の希望をよせているのだが。[26]」マブリーのこうした疑問は、彼が財産をもたない者、小作農民や労働者の生活や幸福に主要な関心をよせていることの結果である。「汗と苦痛のなかでどうにか暮らしてゆくために、自分の勤労だけしかもたない労働者にむかって、お前は可能な最良の状態のなかにいるのだと説きふせることができるなどと思いこむためには、詭弁をあやつる弁舌と手管とによほどの自信がなければならない。」「耕作者にむかって、土地の借地人でしかない者も、土地をもつ者と同じ値うちがあるなどと、どうして説得することができるであろうか。[27]」

こうして、マブリーは私有財産制度そのものにたいして挑戦する。彼のいう「真の自然秩序」は「財産の共有と身分の平等」のなかにのみ求められる。「財産の共有を樹立せよ、そうすればつぎには身分の平等をうちたて、さらに、この二重の基礎の上に人間の幸福を確保することほどたやすいものはない。[28]」フィジオクラートの財産論の背後にあるものは、明証論と合法的専制主義論であるのにたいし、マブリーの財産論は道徳論と共和政論を背後にもっている。この点について詳論する余裕はないが、ただ彼の政治論はルソーのような直接民主政論とはやや傾向を異にしており、政治体の内部に対抗勢力をおくこと、具体的には権力の分割、官職の相互牽制などを重要な政治原則として主張する。

こうした観点からフィジオクラートの政治論、とくに明証論と合法専制主義論、その具体化としてのシナ論にたいして徹底的な批判を展開したのである。

上に見たように、マブリーのフィジオクラート批判は、その基底に独得の財産論をもっている。マブリーあるいはここではふれなかったがランゲ、モレリなどの主張は、ルソーの場合よりも一層徹底しており、社会主義的傾向——あるいは原始共産制への志向——が明らかに認められる。しかし、彼が全体としてルソーの問題意識をうけつぎ、その上にたって論争を行なっていることもまた否定できない。ルソー、マブリーもまた、フランス革命のなかで、その正当な後継者をもつであろう。そこで、つぎにフランス革命のなかにはいることとしよう。

（1） Quesnay, Œuvres, p. 334. 島津亮二・菱山泉訳『ケネー全集』第三巻、九ページ。
（2） Ibid.,p. 336. 上掲訳書、一二ページ。
（3） ケネーの政策論を「借地農」のためのものとして、とらえようとする見解がある（横山正彦著『重農主義分析』岩波書店）。近代地主は借地農なくしては理論上、存在しえないが、しかしケネーの政策論を地主ではなく、借地農のものだとすることには無理がある。なお拙稿「重農主義研究の問題点」『経済論叢』一九五八年八月、参照。
（4） Eli F. Heckscher, Mercantilism, t. 2, p. 80.
（5） C. Vacher de Lapouge, Necker économiste, p. 108.
（6） Ibid., p. 105.
（7） Weulersse, Le mouvement physiocratique, t. 2, p. 202.
（8） Voltaire, Dictionnaire philosophique, article Blé.
（9） Diderot, Lettres à Sophie Volland, t. 2, p. 212. Yves Benot, 〈Un inédit de Diderot〉, Pensée, N° 55, p. 15.
（10） Galiani, Dialogues sur le commerce des blés, 1770 (Collections des principaux économistes. Mélanges d'économie politique), t. 2, 1848.

(11) Ibid., p. 23.
(12) Ibid., p. 79.
(13) Ibid., p. 149.
(14) Ibid., p. 152.
(15) Turgot, Œuvres, t. 3, p. 419.
(16) Abbé Morellet, Réfutation de l'ouvrage qui a pour titre Dialogues sur le commerce des blés, 1774.
(17) Diderot, Apologie de l'Abbé Galiani.
(18) Ibid., p. 19.
(19) Ibid., p. 26.
(20) Ibid., p. 29.
(21) Ibid., p. 28.
(22) Necker, Sur la législation et le commerce des grains, 1775.
(23) Vaughan, Political writings of J.-J. Rousseau, t. 2, p. 159.
(24) Rousseau, Discours sur les sciences et lès arts, t. 1, p. 12.
(25) Mably, Doutes aux Philosophes Economistes sur l'ordre naturel et essentiel des sociétés politiques, 1768. Œuvres de Mably, t. 11. この書物については、田中真晴・菱山泉・溝川喜一の三氏の訳稿があり、利便をえた。
(26) Ibid., p. 10.
(27) Ibid., pp. 38, 39.
(28) Ibid., p. 18.

三　重農主義と革命

私たちはもう一度、フィジオクラートから始めることとなる。フランス革命の直前につくられた有名な「三十人会」(Société des Trente)は、つぎの人々をふくんでいた。アドリヤン・デュポール、アベ・シエース、タレイラン、ラファイエット、ベリー、ミラボー(子)、ラ・ロシュフコー＝リヤンクール、コンドルセ、ガラ、レデラー、デュポン。これらのうち、デュポン、コンドルセ、リヤンクール、ミラボー、ラファイエットは、はっきりしたフィジオクラートであるか、多かれ少なかれその影響をうけた人びとであった。特権階級および旧制度をうち倒す熱情にもえ、アメリカ独立戦争の影響を多分にうけたこれらの人びとは、きたるべき革命議会——立憲議会——の中心となる連中であった。これらのうち、三部会選挙、陳情書の作成に精力的に活躍したのが、ケネー、チュルゴーの忠実な弟子であり協力者であったデュポン・ド・ヌムールである。

一七三九年、貧乏貴族の娘と、「王の時計師」とのあいだに生まれたピエール・サミュエル・デュポンは、革命期はもとより、ナポレオンの没落後まで生きのび、その間アメリカに渡って今日のアメリカ最大の軍需会社デュポン財閥の創始者となった人物である。(1) 二十三歳のとき一文を書いてケネーに認められ、フィジオクラートの仲間に入った(ついでながら、フィジオクラートという呼び名は、デュポンが「人類に最も有利な政府の自然的組織」という意味をギリシア語からつくったものである)。彼はケネーの理論を定式化し、普及することに努めるとともに、チュルゴーの大臣就任後は彼の最も信頼する協力者となった。アメリカ独立戦争のさいには、アメリカとフランスを結びつけることに努力し、アメリカのフィジオクラートたるフランクリンと提携して、アメリカ、フランス間の自由貿易協定をつくるために活動した。一七八六年の有名な英仏通商条約——これまたフィジオクラート的な自由貿易論の具体化であり、フランス革命の発端の一つをなすもの——の背後にもまたデュポンの活躍があった。

これだけでもわかるように、デュポンははっきりした地主的自由主義者であり、そうした人間として革命に参加した。三部会の選挙では、彼は広大な私有地のあるヌムール管区(彼のデュポン・ド・ヌムールという呼び名はここから来る)のシュヴァンヌ区から第三身分の代表として選ばれ、立憲議会にはいった。革命直前の彼の政治的意見は、やはり合法専制主義であり、代議政体に反対し、啓蒙された君主による私的自由の尊重を説くものであった。「法をつくる権威は、なにびとにも委任されえない。なぜなら、その権威は社会体の全部にさえも属さないからである。(2)」彼はイギリス流の立憲君主政に反対し、むしろルイ十六世をアメリカの大統領に匹敵するものたらしめることを希望した。彼のこの提案は、シエースによって支持され、三十人会での有力意見であったという。彼はヌムール管区の陳情書の作成において主導権をとり、チュルゴーやカロンヌの提案を陳情書のなかにもり込んだ。彼はそのなかで、「人間と市民の自然的・社会的権利」を三部会が宣言することを主張し、国王の拒否権を認め——行政権優位の原則——、自由と所有権の尊重と、租税制度の改革、商業の自由と農業の保護を説くという工合にまったく「忠実なフィジオクラート(3)」として語っている。

立憲議会は、結局のところデュポンや、ミラボーによって代表されたフィジオクラートおよびチュルゴーの経済理論を公認し、実施したものであるといえる。それだけに、立憲議会議員としてのデュポンの活躍はめざましいものがあった。彼は食糧委員会をはじめ十二の委員会に属し、それぞれで積極的な役割を果した(4)。彼の政治的立場は、旧制度の諸特権を廃止してルイ十六世の親政を実現し、ブルジョワ的秩序を安定させることにあった。したがって、ジャコバンや民衆の直接行動とは、はっきりと対立するものであった。ルイ十六世と全国民とが一体となって、「有徳な革命(5)」を遂行すること、これが彼および立憲派の多数の人びとの願いであった。バスチーユの攻撃直後の民衆行動のもり上りにさいして、彼がブルジョワ的秩序を守るための「国民衛兵」の一員となったこと、八月四日の「封建制廃止」の決議にたいしてすら、議会にたいして慎重な考慮を要求してかなり批判的であったことは、少しもふしぎではない。八月四日の決議は、その後かなり修正されねばならなかったことが示しているように、フィジオクラートの理論は本来、封建制のなしくずし的な解消の方法を用意していたのである。デュポンは「八月四日」のような熱狂、荘重な権利放棄の宣言などは無用のことと考えたのであろう。

しかし、これとは逆に新しい社会の構成原理——それはすでにケネーによってえがかれていた——を確認し、公布することについては、彼は積極的であった。革命前にすでに彼は三十カ条からなる人権宣言案をつくっていたが、議会の委員会ではシエース案、ラファイエット案その他が討議され、ミラボーがその結論を本会議にもち込んだ。こうして成立した「八九年の人権宣言」は、一見して明らかなように、一切の契約に先立つものとしての自然的社会の存在を確認した点において、また所有権の神聖不可侵を宣言した点において、フィジオクラートの多大の影響下につくられたものであった。(6)

立憲議会でのデュポンのいま一つの大きな貢献は、財政問題について教会領の没収を提案し、実現させたことである。国家財政は、革命当初すでに危機的な状況にあったが、革命とともに涸渇は一層ひどくなった。生産と流通は停頓し、税金は徴収されず、議会が国債の発行を決議しても、それはもはや信用力をもちえなかった。破局を前にして、財務長官ネッケルは、各市民の年収の四分の一を非常税として徴収する案を示し、ルイ十六世や王妃が率先して私財を投げ出すことを懇願した(九月二十四日)。(7)デュポンは、この提案に反対して、かつてチュルゴーが『百科全書』のなかで述べた教会財産没収論を提案した。その概略は、要するに教会財産は私有財産ではなく、社会的目的のために設定されたものであるから、それを国家の利益に役立てることは可能であるし、また必要でもある。国家は礼拝の費用を引受けるかわりに、僧侶の財産を没収すべきである。「僧侶の財産はあなた方、すなわち国民のものである。国民はあなた方にその権限をゆだねたのだ。(8)」デュポンは、チュルゴーが試みたように、現実の教会施設が信仰の上でも、慈善や教育の上でもいかに非能率な、無力なものであるかについて述べたのち、教会財産の没収は六十億リーヴルを国民のふところにもたらし、六年後の一七九一年の一月一日には、赤字という言葉はフランス財政の用語から抹殺されるだろうという楽観的な見とおしを述べている。そして、ネッケルの提案は、貧乏人や賃労働者にとってきわめて苛酷な、不条理なものであることを指摘している。周知のようにミラボーもまた同様の提案を行なったが、結局十一月二日、タレイランの動議にもとづいて、議会は「あらゆる教会財産は、適当な方法によって、礼拝の費用、役僧の維持および貧者の救済が行なわれることを条件として、国民の管理のもとにおかれる」ことを決議した(9)。これはデュポンの完全な勝利であった。

しかし、彼の楽観論にもかかわらず、財政状態は好転しなかった。革命議会は当面の財政的必要に迫られて、アッシニャ紙幣を無制限に発行しつづけたからである。インフレーションの危険な徴候が一年もたたないうちにあらわれた。物価は上昇し、硬貨は影をひそめ、生産と流通は擾乱された。ミラボーは、かつて革命前に「紙幣の発行は、窃盗であり、人民に課せられた税金である」と書いたにもかかわらず、こんどはインフレーショニストに転向した。デュポンは、フィジオクラートの原則を忠実にまもって、こうした貨幣操作政策に正面から反対した。「いかなる国においても、貨幣価値はその呼び名に依存するものではない……ひとはアッシニャによって借金を払うことができると考える。つまりそれは借金を別の借金で払うことだ……あなたは商品価格の理論を知っているはずである。各商品の価格は、それと交換にあたえることができ、またあたえたいと欲する他の商品の分量から成っている。また、共通の尺度とされている銀や金との関連においては、諸商品の一般価値は、それを買うために差しだされる貴金属の分量に比例する……ここで、諸君、私は諸君の真理と良心とにあえて訴える。諸君のうち一人でも、自分の頭でつぎのように答えたいと思う者がいるだろうか。つまり、新しい十億または数十億のアッシニャをつくることが一層名誉になることであると……(10)。」しかし、エコノミストのこの正論は、ミラボーの政略論によって押しきられた。周知のように、アッシニャ・インフレーションは富の急激な再配分を伴ないながら、革命の全期にわたって荒れ狂うこととなったのである。

そのほかデュポンは、アメリカとの間の自由貿易を主張し、租税制度の改革を行ない、またチュルゴーが試みて失敗した「職業の自由」を成立させた(一七九一年三月二日)。これらの政策はいずれもフィジオクラートおよびチュルゴーの政策を踏襲したものであることはいうまでもない。さらに、このことはデュポンの政治的主張を見るとき一層はっきりする。フィジオクラートの政治論が合法的専制主義であり、チュルゴーにおいてさえ、せいぜい諮問機関、あるいは行政機関の一部としての地主議会を構想したにとどまるが、デュポンの政治行動もやはりこの枠のなかにあった。彼は一貫してルイ十六世を支持したばかりでなく、王の拒否権に賛成し、王が議員外から大臣を任命することを認めた。しかし、彼はルイ十六世がかつてのように貴族や僧侶、さらには特権や独占権や国家主義を基礎として立つことには極力反対したのであり、そのため上に述べた経済政策のほか、僧侶基本法の制定、植民地自由化政策などを推進したのである。彼が王権の新しい基礎と考えたものは、土地所有者＝地主であった。「選挙人たるためには、財産をもつ必要があり、領地(manoir)をもつ必要がある。行政の仕事は、財産にかかわりをもち、貧乏人にたいする救済その他にかかわる。それには、財産の所有者以外の何びとも利害関係をもたないのだ。[11]」彼の主張は、被選挙資格は制限すべきでないが(もっとも能動市民であることは必要)、選挙人資格は地主にかぎるというのであった。一七九一年の憲法は、大体この主旨をとり入れ、選挙人資格は最低一五〇日分の労賃に相当する価値をもつ土地の所有者か、用益権者ないしは借地人という結論におちついた。国王と近代地主の構成する国家というデュポンの狙いは、大体において成功したといえるであろう。

デュポンのこういう政治的立場は、当然のこととして民衆勢力への恐怖、反撥とならざるをえない。かつて、彼自身が語ったように、「安全なくして自由はない[12]」ことを、革命の経過はまざまざと彼に示した。彼は民衆行動をおそれ、これを抑制することの必要を革命の当初から感じていた。かの「八月四日」の熱狂の日における彼の発言はつぎのようなものであった。「全般的な無秩序が国家を占領している……いかなる政治社会も、自由と、人身の安全と、財産の維持を保障する法律および裁判所なしには、一刻といえども存続することができない。(13)」こうしたデュポンの反人民的な態度をもっともはげしく攻撃したのは、「人民の友」マラーであった。マラーによると、デュポンこそ「裏切り者、こそ泥、奴隷、廷臣、脱走者」であり、「人民の敵」であり、ベリー、シエース、ラファイエットとともに「突き殺さる」べき人間であった(14)(事実、デュポンは民衆の一団に襲われ、セーヌ川へ投げこまれかかったことがある)。革命がはじまって一年たった一七九〇年の夏には、彼ははやくも革命に終止符をうつことを考えた。彼は七月十四日の連盟祭をもって革命終結の日とすることを企てたが失敗し、民衆の騒乱はかえって増大し、マラーの攻撃ははげしさを加えた。彼は、ラファイエットを中心とし、タレイラン、シエース、コンドルセ、レドレルをふくむ「一七八九年クラブ」を強化してジャコバンおよび民主主義的傾向に挑戦することをよぎなくされた。立憲議会が会期の終末に近づいた一七九一年の夏、彼は自分の政治活動をふり返ってこう書いている。「私の政治生活はおわろうとしている……国民議会では、私の熱意は名誉ある多数という名誉な賛成をかちえた。また私はそこで始めて中傷された。私は中傷に値しただろう。なぜなら、完全に独立であり、自由と同じく率直で大胆であった私は、憲法、人間および市民の権利の完全な樹立、財政の再建、正義、人道、われわれの作った法律の尊重、秩序および平和以外のものは求めなかったからである。(15)」フィジオクラートとチュルゴーの忠実な門下デュポンは、こうして立憲議会を大体において、彼の習った政治・経済理論にしたがわせることができたのである。

こうした事情は、イギリスのフィジオクラート(と呼んであやまりはないと思う)アーサー・ヤングによっても、的確につかまれている。革命直前のフランスを精密に視察しつつあった彼は、フランス革命の勃発をフランスの未来のために歓迎し、封建制とたたかい、圧制者を制圧しつつある民衆の行動をすら是認した。彼は立憲議会が穀物取引の自由を宣言するに当って、穀物輸出を「暫定的に」禁止したこと(一七八九年八月二十九日および九月十八日)、地租の定額制を実現しなかったこと(一七九〇年十一月二十三日の法律は、総額三億リーヴルの地租を各地に割当て、各人の賦課は純所得の五分の一をこえないようにするというものであった)、工業保護政策がとられていること(一七九一年三月の関税率)等について批判をしているけれども、しかし全体として立憲議会には好意的であった。彼が最も憂慮し、警戒したのは、革命フランスにおいて、民主主義的煽動や民衆蜂起や農民の土地分割要求という異質的諸要素が一層、発展することであった。[16] この彼の憂慮は事実となってあらわれ、一七九二年八月十日の革命以後、彼はフランス革命にたいする公然たる反対者に転化する。この過程は、フランスにおけるフィジオクラートの態度とまったく軌を一にする点で興味がふかい。

しかし、ここで一言しておきたいことは、これまでデュポンをフィジオクラートの一員として扱ってきたけれども、このことは革命中、ケネーの門下であるフィジオクラートが一団として行動し、その影響によって立憲議会が終始、動いてきたことを決して意味しないということである。この点は、後に述べるように同時代人のバルナーヴも指摘しているが、革命中フィジオクラートという独自の集団が存在したのでは決してない。ここでとり上げたデュポンにしても、フィジオクラートであると同時にチュルゴーの弟子であり、すでに見たように議会での彼の行動は主としてチュルゴーの政策の線にそって、ラファイエット、シエース、タレイラン、レドレルなどと協調しながら進められたものであった。ただ、彼の経済論・政治論が全体としてケネーおよびチュルゴーを継承したものであり、同時にそれが立憲議会の多数派の意見となりえたこと、この点を確認するにとどまるのである。

(1) Pierre Jolly, Du Pont de Nemours.
(2) Ibid., p. 69.
(3) Ibid., p. 75.

(4) Albert Mathiez, La vie chère et le mouvement social sous la Terreur, p. 29.
(5) Pierre Jolly, op. cit., p. 86.
(6) Ibid., p. 89.
(7) Moniteur, op. cit., t. 1, p. 506.
(8) Pierre Jolly, op. cit., p. 91.
(9) Moniteur, op. cit., t. 2, p. 125.
(10) Marcel Marion, Histoire financière de la France, t. 2, p. 42. Pierre Jolly, op. cit., p. 108.
(11) Moniteur, op. cit., t. 2, p. 82.
(12) Dupont de Nemours, 〈De l'origine et des progrès d'une science nouvelle〉, 1768, Collection des économistes, p. 15.
(13) Moniteur, op. cit., t. 1, p. 280.
(14) Pierre Jolly, op. cit., pp. 101, 106, 108.
(15) Ibid., p. 112.
(16) Arthur Young, Voyages en France, t. 3, pp. 1060, 1076, 1079. 飯沼二郎『農学成立史の研究』二七六ページ参照。なお革命期の地租額は、一七九一年の徴収予定について見ると、全歳入五・七億のうち二・八億(約五〇パーセント)である。それ以後も大体五、六割と見てよい。Marcel Marion, Histoire financière, t. 2, p. 253.

四　ブルジョワ理論と革命

すでに見たように、デュポンはフィジオクラートの線に沿う革命家であった。つぎに、私たちは、ガリアニ＝ディドロの線にそう革命家について見よう。この派の特徴は、社会の基本的な構成要素として、土地所有ではなく、私有財産一般をもちだし、農業とともに工業、すなわち経済活動一般の重要性を主張し、政治論では王権あるいは執行権力の絶対的優位ではなく、権力の分割、制限君主政、あるいは立憲主義を説く点にある。こうした人びとの多くは、いわゆる「イデオローグ」に属し、党派別でいうと三頭派、のちのフイヤン派、ジロンド派および平原派に属すると見てよい。経済理論の上では、チュルゴー＝アダム・スミスの影響をうけ、政治理論ではモンテスキュの影響がつよい。その代表者として、ここではレドレルをとりあげよう。

レドレルは、デュポンと同じく立憲議会の指導者の一人である。一七五四年、メッスの高等法院の次席検事の子として生まれ、二十五歳で高等法院の相談役となり、一七八九年には三部会に選ばれ立憲議会にはいった。[1] 彼は「三十人会」の一員となったが、フィジオクラートにたいしては、革命前からすでに批判的な態度をとっていた。彼はアルザスおよびロレーヌの製造業者たちの代弁者として、一七八七年に『ロレーヌ州会議の連絡委員会に提出した関税引下げの問題』と題する著作を発表したが、そのなかで彼はアダム・スミスの弟子であることを述べ、スミスの「富の科学に関するすぐれた著作の経済学にたいする関係は、『法の精神』の政治学にたいするのと同様である」といい、「これまで以上に今日では、産業は土地所有と同等のものであり、すべての権利をもつ」[2] と書いている。早くも、ここに彼の立場が明示されているが、後年、彼はフィジオクラートについてつぎのように明確な分析を行なっている。すなわち、エコノミストは土地だけしか知らないか、あるいは土地だけしか考えなかったので、「かれらは社会をもっぱら土地のためにのみ作った。かれらは社会を大農業企業のように、大農作業場のように組織した。かれらは、腕以外のなんらの資産なしに生まれた市民の階級を農業労働に割り当てた。こうして、かれらは所有者を二つの階級に分割した。その一つは第二位にとどまるべきものであり、いま一つは大所有者たちから成り、本質的に、自然の名において、貴族集団を構成し、政府のあらゆる役割と権力はこの集団にあたえられることになる。かれらは、こうして作られる社会の頭上に、あらゆる財産の共同所有者、したがって他の所有者とは比較にならないほど大きな所有者をおいた。

そして、かれらはこのすぐれた所有者を王、この上なく専制的な主とした。王のあらゆる意志と気まぐれは、ただ明証の支配という拘束にだけ従うべきであり、その明証とは義務の絶対的な明証ではなく——それは抽象的であろう——王が最高の支配者である耕作の利害についての目に見える明証なのである。[(3)]」

革命議会でレドレルは、どのように彼の立場をつらぬこうとしたか。さきに見たように、立憲議会は全体として、新しい社会の基礎は「土地所有者」でなければならないというフィジオクラート的な立場を支持した。レドレルはこの原則にたいして挑戦した。一七八九年十二月二十二日の法令は、国民議会の議員の被選挙権を一マルクの直接税を支払い、かつ土地所有者であることを要すると定めたが、この討議に当ってレドレルはつぎのように述べた。「私は一層大きな財産、神聖な財産について語りたい。それは手工業者であり、資本の所有者のことである……これらの手工業者は諸君が土地に密着しているという大所有者よりも一層、自分の国につながっている。しかるに、土地所有者はいつ自分の土地を見るだろうか。彼は土地の遠くにすみ、他人の手で耕作された土地の生産物を都市の歓楽のなかで消費する……かれらの祖国はいたるところにある。かれらは土地を売り、そこから資本をひきだし、いたるところで他の土地を手に入れることができる。手工業者は、その才能がある種の郡に適したものとなっており、勤労の資本を移すことはできない……彼は真に祖国をもつ……。諸君の法令は、手工業者、かくも有益で、かくも尊敬すべき種類の人間を押しのけているのだ……[(4)]。」

彼はこの演説のなかで、被選挙資格の制限が行なわれたら「ルソーが、もしまだ生きているとしても、彼は決してわれわれと席をともにすることができないであろう」といっている。(この提案は、一七九一年八月に承認され、被選挙資格の制限は撤廃された[(5)])。これによっても知られるように、彼の立憲議会での政治的立場は、三頭派あるいは民主派に近いものであった。しかし、それはあくまで、産業あるいは産業家の利益を守るためのものであった。彼はこうした立場から財政・経済問題に関与した。同じ頃、教会財産売却の問題について、彼はインフレーション政策が「地方の製造業の流通資金」をなす国庫証券の価値引き下げをみちびくことに反対している。「証券での一・五パーセントの損失は、労働者に正貨でしか支払うことのできない製造業者にとっては、利益の四分の一か五分の一の実質的な損失となる」からである。[6] 彼はまた租税改革に積極的に参加し、一七九一年の劃期的な税制改革のために協力した。租税についての彼の考えは、消費税、人頭税を廃止して、所得税を確立せよという点にあった。彼はフィジオクラートの単一地租論をしりぞけて、地主所得は五分の一、資本所得は二十分の一とするという委員会案に賛成し、また国債利子に課税する提案にたいしては反対している。「手工業者、芸術家、実験家は尊敬をうけるであろう。かれらの仕事場は当然のことだが、〔生産の〕手段であって、財産のしるしとは見なされないであろう。ただ、資本家《カピタリスト》だけが課税されなければならない。[7]」これが彼の立場であった。

レドレルの努力にもかかわらず、立憲議会は全体として産業および産業資本の立場を実現したとはいいがたい。とくに、政治面で尖鋭に争われた選挙権の問題は、すでに見たように地主的支配に有利な解決があたえられた。アリックスによって、適切にも「土地所有と動産との敵対」と名づけられたこの闘争は、立法議会の時期にもひきつがれ、総裁政府の時期になってやっと一応の終止符がうたれることとなるが、そこに移るまえに立憲議会期におけるいま一人の指導者バルナーヴについて述べておきたい。バルナーヴはとくに政治論のうえで、フィジオクラートのなかでもミラボーと対立し、モンテスキュ的な立場を擁護した人物である。

バルナーヴの経歴・行動については、すでに別の機会に述べたので省略するが、[8] 彼が「最初のフランス革命」といわれるグルノーブルの騒乱の指導者であり、モンテスキュの理論によって養われ、三頭派の首領として、立憲君主政の樹立に努力したことだけを指摘しておこう。ここで重要なことは、彼がどのような社会認識＝経済把握を土台としてもっていたかという点である。エコノミストについて彼はいう。「私は数人のエコノミスト、ラ・ロシュフコー公、デュポン、有名な医者であり、学派の首領であり、創設者であるケネーの二人の息子に出会った。かれらはファナティックであり、党派的であり、状況を顧慮することなく、無制限に適用されるいくつかの原理の讃美者である――これらの原理は、それ自体としては偉大であり、包括的なものである。」またいう。「われわれの革命では、エコノミストは党派的ではなかった。しかし、かれらの単純な考えのために、往々党派自体よりも一層、危険なものであった。(9)」彼は抽象的な理念から政治的行動をみちびきだすことをつよく嫌悪する。「形而上学的な理念を口にする人間は、主としてかれらが自分自身の理念をもたないからである。周りのすべての人を理論の煙りでつつむ人間は、かれらが現実世界の政治についての知識を根本的に欠いているからである。(10)」これは、フィジオクラートおよびジャコバンにたいする鋭い両面批判であり、また同時に、モンテスキュの方法論を彼がうけついでいることを示すものである。

バルナーヴは、モンターニュ派によって投獄されていた時期に『フランス革命序説』を書き残したが、そこでは彼がモンテスキュからうけついだリアリスティックな分析方法を歴史過程に適用しているのが見られる。まず彼は、フランス革命の本質を理解するためには、「視野を遠くへ投げ」「われわれの占めている位置を広い体系《システム》のなかで理解する」ことの必要を説く。彼によると、法律や政治制度、一言でいうと政治権力のあり方をきめるものは、ルソーのいうような「人間の意志」ではなくて、スミス的な「事物の自然」つまり人民の到達した社会段階、土地や富のあり方であるという。「人間の意志は法律をつくるものではない。それは政府の形態について、なにごとも、あるいは、ほとんどなにごともなしえない。権力を区別するものは、事物の自然であり、人民の到達した社会段階であり、人民の生活する土地であり、その富であり、その欲求であり、習慣であり、習俗なのである。(11)」これらの諸要素のうち権力の主要な基礎をなすものは、軍事力と財産と世論の力の三つである。この三つの基礎の移りかわりによって、さまざまの政治権力が生まれ、歴史的な変遷が行なわれる。

まず、最初の段階では人間は狩猟で生活し、財産はほとんど知られない。土地は共有であり、政治制度は端初的なものしか見られない。しかし、財産が発生し、それを維持する必要が軍事力と政治権力を生みだし、両者の相互作用によって財産も軍事力もしだいに大きくなる。農耕がはじまる段階(時期)になると、土地財産を基礎として「貴族権力」があらわれるが、しかし「土地の所有」にさき立って、ほとんど常に「人間の所有」(奴隷)が見られることは、社会史の「恥ずべき一コマ」である。人民が農耕だけを知って、まだ「マニュファクチュア産業と商業」をもたないときには、民主主義が適しているように一見、考えられるが、「ふかい推理と、とくに経験」の示すところでは、純粋の農業国民は常に「貴族権力」をもつものである(これはルソーおよびケネーへの批判であろう)。ところで、土地の所有のみが唯一の財産である社会では、大土地所有が小土地所有を併呑することが原則である。これは、商業および産業の発展につれて、貧民の労働によってしだいに金持の土地が失われてゆくことの、まさに反対である。「貴族政の支配は農耕民族が工芸に無知であり、またそれを無視するかぎり、したがって土地所有が唯一の富でありつづけるかぎり継続する。[12]」では、貴族政から、つぎの権力への移行はどうして行なわれるだろうか。「工芸および商業が人民のあいだに浸透して、勤労する階級のために新しい富の手段をつくり始めるやいなや、政治的諸法律の革命が準備される。富の新しい分配は、権力の新しい分配をつくりだす。土地の所有が貴族政をおし上げたのと同様に、産業的所有は人民の権力をおし上げる。[13]」産業の財産(「動産的富」)の発生こそが、「人民の権力」すなわち民主主義の基礎である。これほど透徹した認識を同時代の何びとがもちえたであろうか。

「ヨーロッパの諸政府では、貴族政の基礎は土地の所有であり、君主政の基礎は公権力であり、民主政の基礎は動産的富である。」貴族政、つまり農業段階から工業段階への移行という「大革命」は三つの局面をもつ。その一つは、まず都市自治体《コミューヌ》の独立によって、貴族政がその力と財産をしだいに失うことであり、第二に、ヨーロッパ全体が法王の世俗的権力から解放されることである。第三に、「動産的富」の発展による「デモクラシーの要素」と「国家統一の接合剤」とが作用して、国土の地理的状況をいかんに応じて、さまざまの政治形態――「共和政」・「絶対君主政」・「制限君主政」がつくりだされる。共和政は小国で人民の力がつよい時に生まれ、「絶対君主政」は大国で人民が貴族に対抗するために君主権力しかつくりえないときに生まれ、人民の力がさらにそれ以上に強大になって、「貴族に対抗する王権の付属物」たることをやめて爆発し、政府のなかに地位を占めるにいたるとき、ここに「制限君主政」が生まれる。「ヨーロッパのすべての政府に共通するこうした発展が、フランスにおいて民主主義革命を準備し、一八世紀の末にそれを爆発させたのである。[14]」バルナーヴは、以上のような推論の結果として、フランスは「自由な、制限された君主政」を理想とすべきであり、それこそは「地球上にかつて支配したもののうち、もっとも幸福な、もっとも美しい政府[15]」であるとする。同時に彼は、財産の平等の上に立つ「純粋民主政」は必ず君主政や、貴族政に転化するものであり、したがって「単一・不可分の共和国」という理想は、フランスでは実現不可能なものであると見ている。[16]

彼は、このような考え方にたって、フランス革命の実践に加わった。立憲議会の前半では、彼は守旧派とはげしく対立して、立法権の確立、超越的な王権の打倒のためにたたかった。しかし、国王のヴァレンヌ逃亡、シャン＝ド＝マルス以後は、こんどは激化する民衆運動＝共和政的傾向に立ちむかいながら、九一年の憲法を確定することに努力した。こうした彼の態度よりして「二つの顔の革命家」という評価が生まれることとなったが、しかし前半期と後半期とに見られるこの二つの態度は、「制限君主政」を確立しようとする彼自身の政治的立場からすれば決して矛盾ではない。むしろ、レドレル、バルナーヴなどのフイヤン派は、のちのジロンド派とならんで、フランス社会のブルジョワ的発展の推進者であったというべきである。地主・ブルジョワ勢力は、フランス革命においても、政治的にはなんらかの意味での君主政の擁護者として現われるということ、これはすでにフィジオクラートや百科全書派の政治論に明らかに認められたことの再現にほかならないが、この点を確認しておくことは重要であろう。

レドレル、バルナーヴについて上に指摘した「動産的富」＝資本の立場は、立憲議会が終ったからといっても、なくなるものではなかった。むしろ、それはさまざまの人びとによって一層つよく主張されたばかりでなく、かれらの手に国家権力がにぎられることにもなった。しかし、それと同時に前に見たフィジオクラートの系統も決して死にたえたわけでなく、モルレ、デュポン、ジェルマン・ガルニエなどによって精力的にうけつがれており、「土地所有と動産」の対立はやはり継続しているのである。しかし、それと同時に、この時期にはいま一つの社会思想の潮流、すなわちルソーに源を発して、ロベスピエール、マラーにひきつがれる革命的民主主義の思想および行動がますます強化される。立法議会から国民公会にかけての時期は、本稿での三つの経済思想が文字どおり最後の決着をきめるべく、尖鋭にあいたたかった時期であった。まず第一の対立、フィジオクラートとレドレルの対立について見よう。

さきに見たモルレは、一七九二年五月、『ジュルナル・ド・パリ』紙上に「ブリッソーの財産反対の理論について」[17]を載せ、ようやく激化の様相をみせつつあった当時の風潮にたいして一矢をむくいた。彼はブリッソーに代表されるジャコバンの運動が、財産権にたいする敵対にほかならないことを批判したのである。ジェルマン・ガルニエ――彼はアダム・スミス『諸国民の富』のフランス訳を一八〇二年に出版する――は、この頃ルイ十六世から入閣を求められたが、身の危険をさとった彼はそれを断わって国境外にのがれるが(帰国は一七九五年)、そのさい『財産と政治的権利の関係について』と題する匿名の小冊子を公刊した。[18] ガルニエの主張点はつぎのように要約できる――フランスの政情が安定しないのは、政治的権利が確立していないからである。それは政治的権利の基準を土地所有という自然のなかに求めないで、相続額という「社会状態にとって純粋に偶然的な」条件、恣意的で幻想的で矛盾した条件に求めたことの結果である。社会は実際、土地所有者と非土地所有者との結合体であり、前者が後者の生活をささえる。しかし、現実には資本の蓄積の結果として動産収入によって生計をたてる資本家が存在する。ガルニエは、ここで商人の「愛国心」という論点を導入する。「かれらの〔生計の〕諸手段はどこへでも移動させることができる。」資本家の利益は、社会の利益と両立しない(一方の利得は他方の損失である)。こうして、主権はもっぱら土地所有者に帰属する。なぜなら、主権は土地財産の一部分を共有することによってなりたつからである。このことは自由、平等と決して矛盾しない。土地財産はいつでも移転・交換が可能だからである。また、土地所有者は語の厳密な意味での「自己の財産で暮らすことのできる人間」である。彼は少なくとも三六五日分の収入を土地からひきだすことのできる唯一の市民である、と。[19]

ところで、レドレルはどうであったか。「八月十日」以後、革命がますます急進化する情勢のなかで、バルナーヴは郷里に引退し、ラファイエットはオーストリアに亡命したが、レドレルはあるリセの教授としてとどまり、信ずるところを述べてやまなかった。彼は一七九三年、テルールの下で『社会組織論講義』[20]を書き、そこで一方では「平等主義者」にたいして私有財産原則を擁護すると同時に、またフィジオクラートの政治原理にたいする攻撃を行なった。彼は財産の三つの種類、すなわち、土地所有、産業資本の所有、および商業資本の所有を区別し、その各々が同等の資格で社会に貢献していること、それらはすべて財産所有という資格において等しい権利をもつこと、根本的な意味では土地所有者は資本家その他の社会諸階級に従属しているものであることを明らかにしている。[21]

しかし、フィジオクラートとレドレルの論争は、なお決着を見なかった。政治の舞台ではこの両者のいずれとも質的に異なる新しい勢力が急速に擡頭して、論争をいわば社会の片隅に閉じこめてしまったからである。新しい勢力とは、いうまでもなくジャコバン、なかでもモンターニュ派であった。モンターニュ派の擡頭にうながされて、ブルジョワ勢力はジロンド派に結集した。そのなかでは、チュルゴー＝スミス的な系統の人びと、たとえばブリッソー、クラヴィエール、ヴェルニヨ、コンドルセ、ロランなどが中心であった。そして、これらのジロンド派とルソー、マブリーの系統をひくロベスピエール、マラー、サン＝ジュストとのあいだに激烈なたたかいが展開された。ブルジョワジーと小ブルジョワ的・農民的イデオロギーとの対立がこれである。この点に眼を転じよう。

（1）　Nouveau Dictionnaire d'Economie politique (par L. Say), t. 2, p. 754.

（2）　Edgard Allix, 〈La rivalité entre la propriété foncière et la fortune mobilière sous la Révolution〉, Revue d'Histoire économique et sociale, 1913, p. 308.

(3) Ibid., p. 300.
(4) Moniteur, t. 2, p. 327.
(5) Ibid., t. 9, p. 508.
(6) Ibid., t. 2, p. 424.
(7) Ibid., t. 2, p. 218.
(8) 本書、第11章参照。
(9) Œuvres de Barnave, 1843, t. 2, pp. 62, 63.
(10) Moniteur, t. 9, p. 376.
(11) Barnave, Œuvres, t. 2, p. 3.
(12) Ibid., p. 12.
(13) Ibid., pp. 13, 14.
(14) Ibid., p. 20.
(15) Ibid., p. 59.
(16) Ibid., pp. 46, 104.
(17) Morellet, 〈De la doctrine de Brissot contre la propriété〉, Journal de Paris, 1792.
(18) Germain Garnier, De la propriété dans ses rapports avec le droit politique, 1792.
(19) Allix, op. cit., pp. 312, 313.
(20) Roederer, Cours d'organisation sociale.
(21) Allix, op. cit., p. 321.

五　小ブルジョワ思想と革命

国民公会の時期におけるジロンド派とモンターニュ派の対立、モンターニュの勝利とその没落の過程において、どのような経済的利害がつらぬいているか、それが経済思想のどのような違いによってうらづけられているか。この問題を検討することは決して容易でない。ジロンド、モンターニュの対決については、革命史家のあいだに意見の相違があり、必要な資料の発掘も目下なお進行中という状況だからである。しかし、あらかじめ見とおしを述べておくとすれば、私たちはジロンド、モンターニュの対立を社会階層の思想対立として受け取る。ジロンド派はブルジョワジーに近く、モンターニュ派は小ブルジョワ・農民イデオローグである。この二つは、たとえば封建制と資本主義、あるいは資本主義と社会主義といった対立でないことはもちろんであり、そうしたとらえ方が今日もなお存在することについては、はっきり異議を唱えておきたいが、しかしそうかといってこの対立を政治的状況たとえば戦争のせいにしてしまって、社会観や依拠する社会階層のちがいを無視することにも私たちは承服できない(1)。戦争があり、非常事態が宣言されたことは事実である。しかし、その非常事態がジロンド派ではなく、モンターニュ派をなぜ政権の担当者として呼びだしたのか。モンターニュ派は、そのなかにダントン、バレール、カンボンなどのブルジョワ的イデオローグを含みながらも、なぜかれらが一時的であったにせよロベスピエール、サン＝ジュストなどの指導を受け入れて、自己をジロンド派から区別したのであるか。こうした問題をこそ解かなければならない。おそらくモンターニュの多数派は、ヴェルニョやロランではなく、ロベスピエール、サン＝ジュストのなかに政治の新しい方向、あるべき社会の姿を望見したのではないだろうか。戦争や非常事態はむしろかれらのこうした飛躍の契機ではなかっただろうか。この文字どおりいのちがけの飛躍をしたものこそ、ロベスピエール派およびモンターニュ勢力であったと私たちは考える。

ところで、ジロンド、モンターニュの対立について問題は多面的であり、複雑であるが、ここでは食糧・穀物取引の問題に限定して、イデオロギーのちがいを分析することとしたい。穀物取引の問題については、すでに述べたように、立憲議会はすでに一応の解決をあたえた。すなわち、一七八九年八月二十九日にはじまる法令は、穀物輸出の自由は除いて、国内における穀物販売および流通の絶対的自由を確立した。これは一七七四年のチュルゴーの布告の再現であり、また輸出禁止を規定することによって、ガリアニ、ディドロ、ネッケルの主張、つまり産業資本の利害をも考慮したものであった。加うるに、八九年の食糧危機がどうにか克服された後、九〇年の豊作が訪れ、九一年の末まで食糧問題はもはや収まったかに見えた。地主・ブルジョワ的自由主義は、食糧・穀物問題についても最後の勝利を占めたかのようであった。

しかし、一七九二年になると事態は一変した。前年の不作と戦争の重圧は、ふたたび食糧問題を国民の前に提起した。九二年の春いらい、食糧を求める民衆の要求は、たびたびの暴動となって現われた。そして、ジロンド派とモンターニュ派の闘争がこの問題とからんでくる。この年の五月、ジャコバン派の僧侶ピエール・ドリヴィエはつぎのような請願を議会に提出した。「財産について人はどう考えているのか。私は土地のことをいっているのだ。これまでほとんど考えられていないし、またいわれていることも非常に間違った考えの上に立っていることを認めなければならない。どうやらこの問題に立ち入ることを人はおそれているようだ。一切の検討を禁じでもするかのように、人は大いそぎで神秘的で神聖なヴェールをかけてしまう。しかし理性は、盲目的な尊敬やファナティックな服従を要求する政治のドグマを一切認めるべきではない。財産が発生することができ、また発生すべき真の原理にまでさかのぼらなくとも、いわゆる財産が法律のおかげによってのみ財産でありうることは、たしかである。ただ国民だけがその国土の真の所有者である……ジャン＝ジャック・ルソーはどこかでいった。『自分がかせいだものでないパンを食べる者はすべて泥棒である』と。[2]」この頃、ロベスピエールはクートンにあてた手紙のなかで、パリの動揺が最高潮に達しており、「革命は、もし軍事的・独裁的な専制主義に転落しないとすれば、一層、急速な歩みを示すであろう」と述べている。[3] そのロベスピエールは、「憲法の擁護者」第四号において、食糧暴動の弾圧者、富裕な皮革業者のシモノーにたいする反論を開始した。ロベスピエールは、シモノーに代表される「貪欲なブルジョワジー」を攻撃し、ブルジョワジーは貴族と僧侶にかわって革命をわがものとしようとしていると批判した。彼によれば、少数の金持は腐敗するが、大多数の国民は決して腐敗させられることはない。なぜなら、よどんだ水を毒することはできるが、「大海を毒する」ことはできないからである。しかし彼は「人民」のために財産の平等、すなわち「土地均分法《ロワ・アグレール》」を求めはしなかった。「土地均分法の観念は邪悪な人間によって愚かな人間どもに差しだされたバカげた妖怪」でしかないからである。「われわれは権利の平等を望む、なぜならそれなくしては、自由も社会的幸福もないからだ。財産については、社会がその成員にたいして、労働によって必需品と食糧を確保するという任務をひとたび果した以上……財産を熱望するものは、自由の友ではない。……多くの腐敗にみちびく富は、それをもたない人間にとってよりも、それをもつ人間にとって一層有害である。[4]」これは一言でいうと、人民は「財産共有」というかたちですら「富」を追求すべきではないという道徳論である。

ロベスピエールは、この頃、複雑微妙な情勢のなかに立たされていた。地主・ブルジョワジーの支配する社会に彼は満足することができない。しかし、民衆の食糧暴動のなかから出てくる要求は、明らかに革命以前の「統制」――王権の食糧調達政策への復帰であった。民衆は革命議会の自由主義政策こそが、食糧不足・物価騰貴の原因であると感じていた。[5] ところが、民衆の先頭には、さきに述べたドリヴィエや、ジャック・ルー、ルクレール、のちのエベールのような「財産共有派」が立っていた。ロベスピエールは、どの勢力にたよりどこへ革命をもってゆこうとするのか。彼は民衆の「統制」への要求に依存しながら、しかもジャック・ルー、エベールなどの「理論」をしりぞけて進む以外にはなかった。これが前に述べたような彼の主張となったのである。小ブルジョワ的な革命主義と道徳主義の結合、彼の主張はすべてこの特色によってつらぬかれている。

「八月十日」以後、戦局の急迫と民衆運動におされて、臨時政府は地主に強要して穀物を軍隊の代表者に売り渡させる道をひらき、またこれまで食糧暴動のかどで追及されていた人間を無罪とすることを定めた。穀物の自由販売と自由流通の原則は、崩されはじめた。ソワッソン地区では、九月末に、軍の食糧を確保するため借地農や地主の倉庫・物置を検索し、穀物を時価で徴発することが行なわれた。この風潮にしげきされて、つよい反対論を展開したのがジロンド派の首領の一人ロランである。ロランは、一七三四年に生まれ、革命前には各地のマニュファクチュア監督官を経験し、チュルゴーに師事して自由主義理論の賛同者となった。彼の妻は有名なマノン・ロランであり、革命中はジャコバン派に属したが、妻の援助によってジロンド派内閣の内務大臣になった。彼はソワッソンでのこの処置に抗議する声明を内相の名で公布したが、実効を挙げるには至らなかった。しかし、このことは、ジロンド派とモンターニュ派との対立を予知させるに十分な事件であった。ジロンド派の機関紙はロランを支持して活潑な宣伝にのり出した。ブリッソー、カラ、コンドルセ、アナカルシス・クローツなどが論陣をはった。クローツはいった。「バカげた不誠実な人間が、所有者たちの心に恐怖をまき散らすことを楽しんでいる。土地の収入で暮らすフランス人と、勤労の収入で暮らすフランス人とのあいだに不和の種を蒔こうとしているのだ。この擾乱計画はコブレンツの陰謀所から出ており、いわゆる愛国者たちは、土地財産は工業財産の現実の前に消えうせるべき幻想であるということを広めることによって、人気を博することを考えているのだ。(6)」このクローツの言葉は、間接的ではあるが、ジロンド派の立場をよく現わしている。つまり、貧民の要求にたいして土地と動産とを問わず財産所有者一般の利益をまもらなければならないということである。ロランは、この趣旨を議会で述べた。彼はあらゆる徴発に反対し、食糧暴動や食糧の民衆管理に反対した。「おそらく議会が食糧についてなしうる唯一の事柄は、議会はなにもなすべきでないということ、あらゆる障害をとり除くということを宣言することであろう。(7)」これが彼の結論であった。ロランの主張は、年末になって議会の多数を制し、臨時政府のとった統制政策は一時的に撤廃された。

一七九三年になっても事態は好転しなかった。ロラン自身が認めたように、一セティエの小麦が二七リーヴルで売られている地方もあれば、九八リーヴルの地方もあり、「取引の自由」の効果はあがっていない。国王の処刑によって対仏同盟のフランスに対する封鎖はきびしくなり、アッシニャの発行は累増し、労働者は一日働いて一リーヴル(一セティエは二四〇リーヴル)のパンしか買えない状態がつづいた。暴動が頻発し、ジャック・ルー、ヴァルレの指導するアンラージェ(過激派)は議会に強硬な要求をつきつけた。買い占め人を処刑し、最高価格制を即時実施せよ、というのがかれらの要求であった。しかし、モンターニュ派はアンラージェのような全面的な食糧統制が必要であるとも、また望ましいとも考えてはいなかった。小ブルジョワ的な立場にある政治家として、かれらは私有財産にたいする全面的な攻撃には反対であり、法的措置だけで当面の経済問題が解決できるとも思っていなかった。しかも、かれらはアンラージェの激烈な運動の背後には、単に貧民だけではなく、外国や反革命勢力の内乱挑発の動きが一枚加わっているとの疑いももっていた。この点は立証困難だが、現実問題としてはありそうなことである。

サン＝ジュストは、前年の十一月二十九日、国民公会での演説のなかで、当面の経済的困難について語った。彼の立場は、経済的自由主義にも反対し、アンラージェ的な経済統制にも反対するという両面批判であった。「ロランは諸君にエコノミストの忠告をくりかえした。しかしそれは不十分である。商業の自由が豊富の源泉であるということは、まことにその通りだ。しかし、この自由に課せられている障害は一体どこから来ているのか。もしも穀物の不足がフランスではある特殊な原因から来ており、しかもわれわれが、それ自体としては良いが、しかし弊害とつながりをもたない対策を適用しようとするならば、その対策は有害ではないにしても、少なくともないにひとしい。」彼は、モンテスキューやスミスをもちだしても、当面の対策は出てこないことを指摘する。アンラージェの要求にたいしては、つぎのように答える。「私は商業について乱暴な法律をつくることを好まない。ひとは食糧についての法律を要求している。しかし、それについての積極的な立法は決して賢明なことではないだろう。(8)」サン＝ジュストは経済的困難の根本原因をアッシニャの無制限な発行のなかに見ており、アッシニャの発行を抑え、あるいは回収して、正貨の流通を促進すること、ここに問題の解決を求めている。マラーも大体、同様の態度である。パリのセクションの議会への陳情にたいして、彼はいった(一七九三年二月十二日)。「いま議場に提出された食糧供給確保のための諸方策は、あまりに過激であり、奇妙であり、すべての良き秩序をくつがえすものである。それは明らかに穀物の自由流通を破壊し、共和国内の紛争を挑発することを目ざすものであるから、理性的な人間とか、自由な市民とか、正義と平和の友とかと自称する人びとの口からこれらの提案がなされたことに驚かざるをえない。(9)」ロベスピエールもまた原則的には「商業の自由」に賛成である(一七九二年十二月二日)。しかし、現実には「商業の自由」の名のもとに、独占者や金持が人民の生活を窮乏におとしいれていることはないか――これがロベスピエールの問題としたところである。「権利のうちの第一のものは、生存する権利である。だから、社会の最初の法は社会のすべての成員に生存の手段を確保する法であった。他のすべての法はそれに従属する。ひとが財産をもつのは、まず生きるためである。ひとを生存させるために必要なすべてのものは、社会全体にとっての共通の財産である。ただ余剰物だけが個人財産となり、商人の勤労にゆだねられるのである。」「奨励金は有益でありうるし、商業の自由は必要である。しかし、それはただ殺人的な貪欲がそれを濫用するにいたらないときまでのことである。この理論の作成者たちは、生活に最も必要な農産物を普通の商品としてしか考えなかった。かれらは、穀物の商業とインディゴの商業とのあいだになんらの差異をおかなかった。かれらは人民の生存よりは、穀物の取引についてより多く討議した。(10)」ここに間違いがあると、ロベスピエールは説いたのである。

サン＝ジュスト、マラー、ロベスピエールの穀物＝食糧問題についての見解は、以上見たように基本的にはブルジョワ的秩序を承認しながら、それを人民の立場から修正するというものであった。この立場は、客観的には封建的諸権利の革命的一掃、戦時非常体制の樹立というかぎりで実効をもったにすぎないが、かれらの主観的意図は、独立小生産者を構成分子として圧迫も、搾取もない「徳の共和国」――共和政ローマの復活――を実現することにあった。(11)その使命を帯びている以上、かれらはたといアンラージェの綱領には反対であっても、それが民衆＝人民の要求を現わしているかぎり無視することはできなかった。モンターニュ派こそは、人民に依拠し、人民の利益のために革命をおし進めることを自己の課題とした党派であったからである。ここから、ついにかれらがアンラージェや各セクションの要求に屈して、「穀物の最高価格制」の通過をはかり（一七九三年五月四日）、ついで七月には「買占禁止法」を成立させ、九月には「全面的最高価格制」を制定せざるをえなくなるし、またそうした統制政策を一方で強行しながらも、他方、ジャック・ルー、エベールを逮捕し、処刑しなければならなくなる必然性が生まれる。小ブルジョワジーは、ブルジョワ的秩序なくしては存在しえないけれども、しかしかれらは眼の前にあるブルジョワ的関係には反撥せざるをえない。そして、かれらが独自の政治勢力となるためには、必ずしも自己の意に染まない貧民大衆の支持をえなければならない。しかし、その同盟も一定の政治的情勢に支えられてはじめて成功することができるにとどまり、ながつづきはしない。モンターニュ派の歴史は、小ブルジョワ・イデオローグが歴史上はじめて経験した悲劇であった。そして、かれらの発想の根源をつちかったものこそ、ルソーにはじまるロマン主義的な政治・経済論であった。このことをもっと一般的なかたちで究明するために、つぎにサン＝ジュストの書きのこしたものについて見よう。

サン＝ジュストが草稿のままに書きのこしたものは『共和制度論』として知られているが、近年になってソブールは彼の草稿を完全なかたちに整理して発表した。それによると、わずか二十七歳で刑死の運命にあったこの革命家が、政治・法律・社会・教育・経済のあらゆる問題について、きわめてはっきりした設計図をもっていたことがわかる。この設計プランを書いた理由を見ると、彼がなにを志向していたかが推察される。「諸制度は公的自由の保証である。

それは政府と社会状態を道徳的にし、党派をつくりだす嫉妬心を抑え、真実と偽善、無実と犯罪とのあいだの困難な区別をつける。それは統治と正義を結びつける。制度なしには、共和国の力ははかない人間の才能にたよるか、一時的な手段にたよることとなる。[12]」サン＝ジュストは「自由な人民の政府」に道徳的基礎をあたえ、それを永久化するための諸制度を構想したのである。この発想自体、ルソーの仕事をつぐものであるといわねばならない。彼の志向は、強力に政治を道徳化することであり、人民の本来的な自由と質朴さとの無条件的な擁護である。したがって、彼の「制度」は、たとえば「友情を信じないことを公言する人間は処罰される」とか、「十歳から十六歳までの子供の教育は、軍事と農業である」「婦人をなぐったものは死刑とする」といった事項を含まざるをえない。[13]その一々にふれる余裕はないから、つぎには経済問題のとらえ方についてその性格を見ておこう。

「今日の公益の問題はつぎのように提起することができる。『すべての者が働き、たがいに尊敬し合わねばならない。』もし、すべての人が働けば、豊富がふたたびかえってきて、貨幣の必要は少なくなり、悪行はもはやなくなるであろう。もし、すべての人が相互に尊敬すれば、党派はもはやなくなり、個人の風習はおだやかになり、公共の風習は強力となるだろう。実際、もしわれわれが過去になしたと同様に、紙幣の発行をつづけるなら、結局、各人は労働をしなくてもよいほど富裕になり、耕作と製造業は衰えるであろう。[14]」サン＝ジュストは、前にも述べたように、アッシニャに反対であったが、それはアッシニャの膨脹が人民の勤労意欲をそぎ、無為と頽廃をつくりだすからであった。彼は「経済の悪弊」に抵抗するための「賢明な経済プランと簡単に実行できる貨幣制度[15]」の必要を説く。それは、どのようなものであろうか。

「すべてのフランス人に、かれらが法律以外のなにものにも依存することなく、また社会で相互に依存し合うこともなく、生活の第一次的必要物を獲得するための手段をあたえること。[16]」これがサン＝ジュストの基本方針である。土地をもつ者は、すべて耕作者でなければならないし、また一人で三〇〇アルパン以上、耕作することは許されない。

地代は現物で、地租は貨幣で支払う。耕作者は必ず家畜を飼い、五十歳以下で耕作から離れることはできない。何人も外国で土地を買い、銀行を建て、船を所有することはできない。フランスはその商業や植民地の権利を外国にゆずり渡すことができない。租税は成年に達した市民が毎年その収入の一割、勤労の成果の一割五分を支払う。人民の租税負担を軽減し、あるいは不時の必要に備えるために、公有地を設け、その収入をこれにあてる。農地の平等な分配は行なわないが、私有財産の最低限と最高限を定める。なぜなら、「社会生活の原則は所有権である」ことは認めるとしても、「あらゆる共和国の崩壊は、財産に関する原則の弱さに由来するし、社会契約は一人があまりに所有し、他の者があまりに少なく所有するとき、かならず解消される」からである。(17) これらの思想はすべてルソーのものである。貨幣・財政政策については、貨幣の偽造を禁止し、租税の徴収を簡単にし、国家の支出と流通貨幣量との均衡を保ち、貨幣の退蔵と外国への持ち出しを禁止し、年間のあらゆる利益の総額を周知させる。

サン＝ジュストのこのような経済思想は、まったくルソーと同じように、経済を政治の眼で眺め、独立した勤労市民を古代的な質朴さのままで維持しようとするものにほかならない。経済の自然法則ではなく、政治の理想によって経済を管理しなければならないし、また管理することができるというのがサン＝ジュストの基本的な考え方である。周知のように、彼はこの理想をモンターニュ独裁期に実現しようとして文字どおり苦闘した。彼の政治生活の最後を飾った提案「ヴァントーズ法」は、彼が最後の手段として貧農を一挙に土地所有者に転化させて、「平等の共和国」を実現しようとはかったものであった。(18) しかし、一七九四年の夏には、小ブルジョワ革命家たちはもはやそのあたえられた歴史的役割を果しおわっていた。サン＝ジュスト自身がモンターニュ支配の最後の時期にいったように、「革命は凍りついてしまった」のである。遺稿のなかで彼は書いている。「墓場の前であとずさりする人間にとってのみ、情勢の困難があるにすぎない。私は墓場を切望する。墓は、祖国と人間性にたいして企てられる悪行が許されることをもはや見ないですむようにしてくれる神の恩恵のようなものだ。(19)」こうして、モンターニュ派の小ブルジョワ的経済思想は、テルミドール反動とともにひとまず姿を消したのである。

（1） この点についての私たちの見解はオラール、マチエ、ルフェーヴル、ゲランのいずれとも異なる。

（2） Mathiez, La vie chère, p. 73. ドリヴィエについては遅塚忠躬『ロベスピエールとドリヴィエ』東京大学出版会、参照。

（3） Michon, Correspondance de Robespierre, p. 149.

（4） Robespierre, Le défenseur de la Constitution, pp. 173, 176.

（5） 食糧暴動を食糧の絶対的不足に帰することはできない。むしろ食糧の豊富な地方で重大な暴動が起っているからである。食糧騰貴の原因は、民衆の直観とは別に、アッシニャの濫発と為替相場の低落に求めるべきであろう。Mathiez, op. cit., p. 50.

（6） Mathiez, op. cit., p. 95.

（7） Ibid., p. 103.

（8） Moniteur, op. cit., t. 14, p. 610,

（9） Mathiez, op. cit., p. 141.

（10） Moniteur, op. cit., t. 14, p. 636.

（11） Soboul, 〈Les institutions républicaines de Saint-Just〉, Annales Historiques de la Révolution française, 1948, N° 3, p. 209. なお、ソブール教授の Les sans-culottes parisiens en l'an II, 1962 参照。

（12） Ibid., p. 214.

（13） Ibid., pp. 225, 228, 231.

（14） Ibid., p. 239.

（15） Ibid., p. 240.

（16） Ibid., p. 216.

（17） Ibid., p. 260.

(18)「ヴァントーズ法」については、Georges Lefebvre, Questions agraires au temps de la Terreur が最も明確な分析をあたえている。なお、柴田三千雄「ヴァントーズ法について」『都立大・人文学報』第八号参照。
(19) Soboul, op. cit., p. 259.

六　ブルジョワ経済学への道

テルミドールで復活したものは、ブルジョワジーであった。テルール時代の統制は廃止され自由経済が復活した。物価統制だけはまだ続いたが、それはもはや名目だけのものであって、ヤミ値が公然と現われた。しかし、前に述べたブルジョワジーの二つの分身のあいだの争い、「土地所有と動産の敵対」はなお残っていた。デュポンも、ガルニエも、レドレルも引退さきや牢獄から復帰して、ふたたび活動をはじめる。これらの人びとにとっては、むしろテルミドール以後の社会こそが、華やかな活動舞台であった。デュポンはアメリカとの通商使節として、ガルニエは上院議員として、レドレルはパリのエコール・サントラルの法学教授として、それぞれ名声をえたし、またかれらの経済理論は、もはや自明の公理として通用する時期を迎えた。

テルミドールの直後、国民公会はふたたび憲法問題の審議にとりかかった。モンターニュ派のつくった一七九三年の憲法を廃止して、新しい憲法(共和国三年、一七九五年の憲法)を確定することが論議され、そのさい国家の構成原理――土地所有か動産か――についてふたたび意見が対立した(普通選挙を支持したものは、きわめて少数であった)。フィジオクラート派としては、デュポン(『十一人委員会によって提案された憲法およびフランスの現況についての考察』一七九五年)、ボワジェルマン、ルゼなどがあり、レドレルは『公民権と市民権はだれにぞくするか』を書いて、これに反論した。(1) この論争の内容がいかなるものであったかについては、すでに述べたのと同じなので、くり返す必要はないが、ただレドレルが当面の政治問題の裏づけとして、経済理論の領域でつぎのような指摘を行なっている点は注目すべきであろう。すなわち、リセの『講義』において、彼は工業および商業こそが農業をささえるという命題――これはガリアニが主張し、ディドロが修正した命題である――を述べる。その理由は、商工業が販路を拡大するということと、商工業の資本の一部が農業に投下されることによって、農業生産が発展するということの二つである。「こうして、土地の生産物はまさしく製造家の資本に比例して増加するのであり、それはあたかも製造家の資本自体が耕作に投下されたのと同様である。だから、資本はその結果たる生産の増加について分け前をとる権利を獲得したのである。(2)」レドレルによると、これが地代だということになる。この「地代論」は、そのまま承認するわけにはゆかないけれども(というのは、地代と利潤が明らかに混同されている)、しかしレドレルが明確に土地所有に反対して、産業資本の理論をうち立てようと試みていることは明らかであろう。

一七九五年の憲法審議に当って、十一人委員会が提出した原案は、選挙権についてはなんらかの租税を支払う二十一歳以上の男子に解放するが、立法議会の議員となるためには、土地所有者でなければならないとした。だから、問題はこの被選挙資格にあった。討論のなかではこの点について反対論があいつぎ、結局委員会は提案をつぎのように修正した。つまり、選挙を二次に分けて、第一次集会とデパルトマン集会の各々で選挙人資格に差をつけるという案であった。第一次集会は、租税の負担者、第二次集会の選挙人は、百五十日から二百日分の労賃に相当する収入をあげうる財産、家屋、農地の所有者または用益権者とするということになった。この案はフリュクチドール五日(八月二十二日)に可決され、新しい国家構成原理がここに確定した。(3)この論争の結果は、土地所有者による権力の独占が、商・工業ブルジョワジーによって、うち破られたことを示している。たとい全面的ではないにしても、ブルジョワジーの進出がはかられたものと見てよいであろう。(4)

こうして、総裁政府《ディレクトワール》時代の経済政策は、主としてフランス産業の擁護を旗じるしとして組み立てられた。しかしフランス産業の劣勢は蔽うべくもなく、シエース、ルーヴェル、カルノーなどを政治的代表者として、こんどはイギリス産業との対抗、対外膨脹政策を展開することとなる。この新たな「重商主義」がナポレオンにひきつがれることは、もはや周知のところであろう。(5)

さいごに、以上述べてきた経済思想の歴史のしめくくりとして、テルミドール以後の注目すべき理論家デスチュット・ド・トラシーについて述べておこう。彼こそは、フランス革命の激動期を通じて、ケネーにかわる新しい経済学、すなわちフランス・ブルジョワ経済学の代表者としてJ＝B・セイとともにならび称さるべき仕事を残した人物であると考えられるからである。

トラシーは軍人貴族の家に生まれ、彼自身も軍人であったが、一七八九年の革命にさいして立憲議会に入り、ラ・ロシュフコー、ラファイエットなどとともに立憲議会の多数派にぞくした。軍人の経歴が買われて、その後、国民衛兵の指揮官となったが、「八月十日の革命」とともに引退した。引退後、猛烈に哲学研究にうちこみ、ビュフォン、ロック、コンディヤックから多くを学んだ。しかし、モンターニュ派支配のときに逮捕され、牢獄で死刑の日をまちながら、哲学体系の樹立に努めたといわれる。テルミドールで解放されてのちは、いわゆるイデオローグの代表的人物として教育問題について腕をふるった。(6)一八〇一年に『イデオロジー原論』の第一巻を出版し、つづいて第二巻『文法』、第三巻『論理』、第四・五巻『意志とその諸結果の綱要』を出した。経済学は、この第四冊目の第一部をなしており、ふつう『経済学綱要』(Traité d'économie politique)と呼ばれている。

トラシーの経済分析の特徴は、まず経済学的な諸概念を厳密に定義し、ついで諸概念のあいだの必然的なつながりを綿密に追求する点にある。最も一般的で単純な事実命題である「人間」および人間の「意志」から出発して、高次の命題をつぎつぎに組み立ててゆき、それによって「法則」を定立して、そこから複雑で具体的な経済問題を解明し、批判しようとする。そのさい彼は「観念分析」のそれぞれの段階で、事実による検証を織りこむことを忘れていない。

もちろん、これは当時の経済学が共通にとっている方法であるが、しかし彼は、具体から抽象へ、抽象から具体へという概念分析の操作を見事に展開している。そのあらすじだけを拾うと、まず彼は「欲望」をもつ自然的人間を前提とし、その自然的傾向の所産として「社会」をとらえ、「社会」はそのすべての成員のために不断に利益を増加させる「交換の無限の連続」からなっているとする。[(7)] この交換社会の基礎にあるものは、事物に「有用性」をあたえるものとしての「生産」である。社会は有用な労働を行なう「生産的階級」と「不生産的階級」との二大階級からなる。生産的階級は、農業者をふくむ産業家と商人であり、この点、フィジオクラートとは明確に対立する。生産的労働が「価値」の本源的な源泉であり――「自然的・必然的価値」と呼ばれる――、その上に「世論」があたえる「人為的・契約的価値」がつけ加わる(これは基本的に労働価値説である)。「産業」は、こうした価値を増殖するために、事物の「形態変化」をなしとげるものであるが、そのためには「前貸し」が必要であり、これが「資本」である。資本は「利潤」を生むが、それは「報酬」ではなく、生産物の「有用性」の結果あたえられるものである。農業経営も利潤を生むけれども、それは工業経営には及ばない。また、農業者の利潤と地主のえる「地代」とを混同してはならない。地代は利潤からの控除分であり、地主は金貸しと少しも異なるところのない「不生産階級」である。――この点は、フィジオクラートにたいする正確な批判である。トラシーはフランスにおけるいわばリカード段階を表現する理論家といってよいであろう。[(8)] さらに、商業についていうと、商業経営もまた有用で、生産的であるが、しかし一国民は他国民の犠牲においてのみ利益をうるという説(重商主義および保護貿易主義)もまたあやまりである。彼は、理論の展開のなかでときどきフィジオクラートに言及し、フィジオクラートの間違いはその前提自体にあることを指摘している。「ひとがいつわりの原理から出発するとき、困難は山のように生まれる。おそらく、ここにかつてのエコノミストの著作のなかに見られる漠然とした、混乱した、ほとんど神秘的ともいえる用語法の大きな原因の一つがあるのであろう。[(9)]」

さらに、トラシーの論理を追っておこう。「貨幣」について彼は貨幣(金属貨幣)をサインと見ることはあやまりであり、貨幣は他の商品と同じく一つの商品であり、その価値の源泉は労働にあるとする。これにたいして、紙幣はサインであり、紙幣をもつ政府は常に濫発にみちびかれやすいことを警告する。「あらゆる紙幣は、妄想にとりつかれた専制主義の気ちがいざたである」とするミラボーの言葉を彼は支持する(もっとも前に見たようにミラボー自身はこの言葉をうらぎったが)。これは、アッシニャ・インフレーションにたいする批判であり、同時に自立的な産業資本の要求をあらわすものであろう。つぎに、トラシーは「分配」論にうつる。彼は「生産」において増加した富が、「分配」においては平等な関係を結果しないことを認める。彼は人間の自然的な不平等を認め、その点でルソー的でなくフィジオクラート的であるが、しかし不平等を有用であるとか、善であるとかいって讃美することには、なんらの理由がないとしている。彼は「個人の能力の自由な発現」あるいは「財産の尊重とあらゆる暴力からの財産の保障」とを社会の基礎と見ているが、しかし社会は不平等を減少させることをこそ目ざすべきであるとしている[10]。彼によると、社会の階級を「土地所有者」と「非土地所有者」、あるいは「財産所有者」と「非所有者」に区分することは、いずれも間違いである。なぜなら、いわゆる「非所有者」であっても、自己の「人格」と「労働」と「労働賃金」を所有しているからである。したがって、社会のすべての人間は、なんらかの意味での所有者である。そして、これらの所有者は、賃金取得者であるか、賃金取得者を雇傭する人間であるかによって二つにわかれる。つまり、「資本家」と「賃労働者」である。この二つの階級は異なった利害をもつから、この区別こそ「現実的」な区別である。富の分配の歴史は、資本家の手に次第に富が集められ、貧困者が「不可避的」に増加することを示している[11]。

ついで、トラシーは「人口」論に入り、人類は繁殖の自然的傾向をもつことを述べて、セイおよびマルサスの人口論に賛成する。注目されるのは、つぎに彼が階級論を展開していることである。さらに彼は「資本家」と「賃労働者」を区別したが、その資本家を彼はさらに二つに分ける。その一つは「労働にもとづかない所得によって生きる」「不生産階級」であり、利子・地代・家賃取得者である。かれらは利潤をつくりださないで、利潤の控除部分によって養われる。第二の人びとは「なんらかの産業の企業者」であり、「利潤」を受けとる。ここから、彼の独得の「消費」論が出てくる。つまり、社会の一切の消費は生産的資本家(capitalistes actifs)があたえるという理論である。すなわち、賃労働者の消費源泉は資本家のあたえる賃金であり、不生産的資本家の消費源泉である利子や地代も、生産的資本家のあたえるものである。したがって「産業企業者たちは真に政治体の心臓であり、かれらの資本はその血液である」[12]という産業資本中心の経済連関図ができあがるのである。マルクスは、このトラシーの理論に着目して、つぎのように批判した。もし社会のすべての消費を資本家がまかなうとしたら、資本家は諸階級にあらかじめあたえただけの消費源泉しか販売によって、とり戻すことができないはずである。そうだとすれば、資本家の利潤は一体どこからでてくるのか説明できないではないか。トラシーは明らかに不条理におちいっている[13]、と。いうまでもなく、トラシーは剰余労働および不変資本・可変資本の区別をつかんでいない。したがって、彼は利潤の源泉を正しく説明することができなかった。彼は、企業者の利潤を生産費をこえての販売という工合にしか説いていないのである。

さいごに、彼は財政について述べる。財政についての彼の一貫した立場は「廉価な政府」への要求である。彼は政府を「最大の消費者」と規定し、租税についても政府支出についても、一貫して消極的で批判的な態度をとる。そのさいの立論の基準は、生産的資本家の自由な活動こそが、一切の経済活動の基礎であるという立場である。これは徹底したブルジョワ自由主義であるということができる。トラシーの背後に私たちは、革命の激動を通じて成長してきたブルジョワジーの自信にみちた精力的な顔つきを容易に思い浮かべることができるであろう。

そしてまさにこの時期に、資本(=所有)の支配にたいする大胆な挑戦者グラキュス・バブーフを見出すことは決して偶然ではない[14]。近代社会における二つの大きな敵対思想は、ここにその初期的な姿をまとって現われるのである。

(1) Allix, op. cit., p. 322.

（2） Ibid., p. 324.

（3） Moniteur, op. cit., t. 25, pp. 565 et suiv.

（4） Allix, op. cit., p. 331.

（5） Georges Dejoint, La politique économique du Directoire, pp. 13 et suiv. もっともこの著者はディレクトワールの政策と革命前の重商主義を同一視しすぎるきらいがある。

（6） Nouveau Dictionnaire d'Économie politique, t. 2, p. 1039.

（7） Destutt de Tracy, Elémens d'Idéologie, t. 4 et 5, p. 131.

（8） Edgard Allix, Destutt de Tracy, Economiste, (Revue d'Economie politique), t. 26, p. 439. セイはマカロックがリカードを「労働価値説」の創始者としていることに反対し、トラシーが一八一四年以前に書いた『モンテスキュ註解』のなかに「労働価値説」があると述べている(J.-B. Say, Œuvres diverses, p. 275)。もっとも、トラシーの価値論はアリックスの認めるように、全体としていうとアダム・スミスとセイの価値論の混合形態以上のものではない。

（9） Ibid., p. 152.

（10） Tracy, op. cit., pp. 290, 321.

（11） Ibid., p. 273.

（12） Ibid., p. 338.

（13） 『剰余価値学説史』向坂逸郎訳、第一巻、三六一ページ。

（14） 豊田尭『バブーフとその時代』創文社、柴田三千雄『バブーフの陰謀』岩波書店、参照。

結び

以上、私たちは経済学とフランス革命との関連について追求してきた。問題はなお残されているし、とり上げた問題もかならずしも十分に検討されたとはいい難いが、しかしほとんど未開拓といえるこの分野に一応の探索を試みたとはいえるであろう。最初に述べた問題に立ちかえる意味で、いくらか結論めいたことを記しておこう。

経済思想の上でも、やはりフランス革命の出発点は一七五〇年代であった。マチエがいったように、「革命は思想の領域では、この世紀の半ばいらい存在していた。(1)」しかし、経済思想が、古典派経済学と呼ばれうるものに成長するためには、さまざまの経済思想が現実の諸階級によって担われ、対立と闘争を通じて実践のなかでためされ、淘汰されなければならなかった。つまり、革命が必要であった。革命のなかで、私たちがあらかじめ見とおしをつけておいた種々のイデオロギーは、それぞれの階級の代表者によって、おどろくほど明確につかまれ、かつ実践に移された。理論は無力だなどといわれるが、革命の実践行動は、まさに理論なくしては存在しえなかった。それと同時に、革命はそれぞれの理論の正体、あるいは本質を立ちどころに明らかにした。理論は諸階級の反応の仕方に応じて、また事態の変化につれて、不必要な部分を切りすて、あるいは足りない点を補充し、あるいは全体として適用不能におちいったこともあった。それにしても、この過程はきびしく、けわしいものであった。革命が激しい上下運動をくり返えしたのに応じて、理論家たちも生死の間をくぐりぬけてきたし、生命を失った者も多い。ブルジョワ経済学が、ブルジョワ経済学として自己を完成するために、これほど激烈な経験をなめたところは、フランス以外にはおそらくないであろう。トラシーは、「不生産階級」とはなにかを説明するに当って、つぎのような註をつけている。「非難をまじえずに眺めなければならない唯一の不生産階級は、研究に従事する人びと、とくに人間の研究にしたがう人びとである。

ところで、かれらこそ迫害される唯一の人びとである。それには理由がある。かれらは、他の人びとがいかに役に立たないかを知らせるし、またかれらは一番強力な人間でもないからである。(2)」理論家トラシーは、革命の辛酸のなかで、このことを痛感したのであろう。

それにしても、以上検討してきて感じられることは、フランス革命はまことに「古典的革命」と呼ばれるのにふさわしく、それぞれの階級が単に独自の要求をもつというだけではなしに、それを体系的に深めることによって、透徹した、原理的主張にまで昇華させ、それにもとづいて徹底的な理論的・実践的闘争を展開していることである。「フランスは歴史上の階級闘争が、いつもほかのどの国にもまして、結末までたたかいぬかれた国である」とエンゲルスは述べているが、(3)このことの背後には理論家たちによる徹底的な現実分析と思索の結晶とがきわめて豊富に横たわっていたのである。

そして、数十年にわたるこの理論闘争と政治闘争の試練のなかで現実的な有効性を最後的に立証したものは、重農主義でもルソー主義でもなく「古典経済学」と呼ばれる系統の理論であり政策であった。この事実のもつ重みを私たちは正当に受けとることが必要である。この理論の前提であった経験主義的・客観的方法のつよさ、生命力といったものを軽視することはできないであろう。しかしそれと同時に「古典経済学的思惟」は、対立なしに、ひとりでに形成されたものではなかった。それは、重農主義やルソー主義との対決を通じて、自分自身の立場をはっきりつかみ、その立場を定式化したのである。したがって、重農主義やルソー主義がなぜ、どのようにして形成され、どういう役割を果したかを究明することは、これまたきわめて重大な問題領域たることを失わない。レーニンがフランス革命におけるジャコバンの理論と実践とに非常な親近感を抱いていたことは、ルソー主義が現代世界のなかに生きていたことの一つの証拠であろう。私たちの追求すべき問題はなお多く残されているといわねばならない。

ところで、経済学はなおその後の歴史をもっている。トラシーと同時代人であるJ＝B・セイがブルジョワ経済学の統轄者、解説者として役割を果したことはよく知られているが、他方またルソーの系統はバブーフを経てシスモンディの経済学にうけつがれ、古典経済学はここにその歴史をおわることとなる。経済学のつぎの歴史は七月革命、二月革命のなかに新しい昂揚の機会を見いだすこととなるであろう。

（1） Albert Mathiez, 〈French Revolution〉, Encyclopaedia of the Social Sciences, t. 6.

（2） Destutt de Tracy, op. cit., p. 366.

（3） マルクス『ルイ・ボナパルトのブリュメール十八日』序文参照。

第三部　人間と革命

第一〇章　ルソーとフランス革命

一　マラーとルソーの論戦

フランス革命におけるモンターニュ派の尖鋭な闘士、「人民の友」ジャン＝ポール・マラーは、すでにバスチーユの年の前年にパリ市民に向って街頭でルソーの『社会契約論』の趣旨を説きつづけたといわれるが、そのマラーは一七九三年七月、一少女シャルロット・コルデーのふるった白刃によって暗殺されたことは周知のところである。ロベスピエールのひきいる革命政府は、ヴォルテール、ルソーとともに、マラーの遺骸をも偉人の聖堂たるパンテオンに移し、手厚く葬ることとした。

この処置に触発されて一つのパンフレットが出された。題して『パンテオンにおけるマラーとジャン＝ジャック・ルソーとの大論戦』という。デュブライユという作者名はあるが、おそらくペンネームだろうし、発行所も「消滅街サン＝キュロット印刷所」とあるだけで、発行された日付も不明である。このフィクションの要旨をまず紹介しておくと[1]——

ヴァンデミエール二〇日以後、——マラーのパンテオン移葬が実際に行われたのは、ロベスピエール没落後の一七九四年九月二一日であり、一七九五年二月にはテルミドール後の「反動」によって、マラーの遺骸はふたたびパンテオンから取除かれているから、このヴァンデミエール二〇日は一七九四年一〇月一一日のことであると思われる——

パンテオンの近くに住む人びとは、毎晩のようにパンテオンのなかから、ものすごく大きな音が聞えてくるのに悩まされた。さまざまの噂が生まれた。ある者は、革命当局から追及されている王党派や貴族の一団が無人のパンテオンを根じろにして陰謀をめぐらしているのだといい、またある者はその反対に、それはジャコバンの一味だろうと噂した。噂をめぐって住民の意見が二つに割れ、対立がはげしくなるばかりなので、勇気のある小市民、サン゠キュロットたちが一〇人あまり集まって、奇怪な物音をたてる正体が何であるかを突きとめるために、深夜のパンテオンにのりこむこととなった。

サン゠キュロットたちがのりこんでみると、ものすごい音はパンテオンの内部にある塔のなかから出ていることがわかった。すき間からのぞきこむと、塔のなかは真昼のように明るく、そこには三人しか人影はなかったが、その出す声はパンテオンの壁にこだまし、増幅されて、千人もの声のように聞えていたのであった。その三人の人物は、マラーとヴォルテールとルソーであった。

争論は、ルソーがパンテオンから出て行こうとし、それをヴォルテールがとめにかかることから起った。ルソーは人里はなれたところへ引籠りたいといい、ヴォルテールは「君はいつも物事を悲劇的に考える」といって、ルソーにパンテオン入りという名誉をあたえたフランス人の好意を裏切ってはならないことを説く。そこへ、マラーが口を出して、ルソーが出かけたいのなら行かせてやるがよいという。「彼(ルソー)は、人びととともに生きることを望まなかった。死者たる彼は、人びとの間にとどまるべきではない。」これを聞いて、ルソーが腹を立てる。「人びとの間ではなくて、虎の間といってもらいたい。どうして、三〇万人もの首を君ははねたのか?」彼はマラーが推進した革命のテロリズムを非難しはじめる。

マラーは答える。「公共の自由と、君自身が準備した革命の成功を確保するためには、それだけでも足りないくらいだ。」

ルソーは反論する。「一国民の福祉は、血によってうち固められるだろうか？　私が革命について語ったとき、もしそれがただ一人の人間の生命でも必要とするなら、それを行うべきではないといわなかっただろうか？」

マラー「だが、それなら革命は起らなかっただろう。あらゆる革命において、必ずや失われる人間があるものなのだ。」

マラーは、もし人びとが公正で、進んで犠牲を受入れたなら殺害は起らなかったが、何物も失うまいとし、革命を妨害し、陰謀をはかる連中がいたから、暴力は不可避であったことを説得しようとする。これに対して、ルソーは彼の「哲学」の真意を説き、陰謀や策動という「ロマン」は専制主義を維持するためのものであり、「自由の名において、フランスに新たな鉄鎖を加える」ことでしかないことを力説する。彼は哲学がはじめた仕事は、長い時間をかけて住民の幸福が達成されるように努めることであり、犠牲を顧みないで拙速に逸ってやることではないという。追放や迫害は自由と両立しない。

「追放は、それが罪ありと名指しする人びとの心を狂わすばかりでなく、血縁によって、友情によって、利害や意見によって、追放につながるすべての人びとの心をも狂わす。それは暴力的手段の結果であり、一人の消滅は数人の消滅をひき起し、さらに犠牲者の驚くべき増大を必然化する。」

マラー「何だと、僧侶たちに迫害されたジャン＝ジャックは、われわれが僧侶たちをそっとしておくことを望むというのか？」

「犠牲者の血は、新たな改宗者を生む」だけだということは、哲学者がとっくに知っていることだと、ルソーは反論する。頼るべきものは「理性」と「法」であり、それを無視して、「人民を革命から革命へとひきずってきた」マラーは、「彼自身の怒りのいけにえになった」ではないか、という。

マラー「君は貴族だ、後世に向ってお前を告発してやる。」

両者の悪罵が続く。

ルソーは耐えきれなくなって、戸外に出ようとするが、ヴォルテールにとめられて、自分の墓にもどる。マラーとは二度と口をききたくないとつぶやきながら……

争論は終わり、静けさが返ってきた。論戦を見物していたサン＝キュロットたちは、胸をなでおろして家路についた。この日を境に、パンテオンからはもはや騒音は聞えなくなったという。

（1）"Grande dispute au Panthéon entre Marat et Jean-Jacques Rousseau," Mélanges de Marat dit l'Ami du peuple 1789-1793, Tokyo, 1967, p. 253.

二　社会と歴史

このパンフレットは、さし当り急進的革命家マラーにたいする啓蒙思想家ルソーの批判として読むことができる。民衆蜂起と革命独裁のアジテーターであったマラーは、ルソーが「準備した革命」をルソーの意に反しておしすすめ、多数の犠牲者をつくり出すと同時に、彼自身がテロリズムの犠牲者となるほかはなかった。そのことの指摘であり批判である。しかし同時にこのパンフレットから、われわれはルソーの思想そのものへの批判をも読みとることができる。暴力や流血を非難したにもかかわらず、ルソーの思想が現実のなかで生かされ実践されるためには、革命における暴力をさけることができず、それをあくまでさけるためには革命を断念する以外にないとすれば、ルソーはデモクラシーの社会を空想したにすぎないこととなる。あるいはまた、ルソーは革命を「準備した」にもかかわらず、その帰結をおそれ、そこから目をそむけて思弁哲学の暗やみのなかに身をかくしたともいえる。一体、マラーがルソーの思想を誤解したのか、それともルソーの側に問題があるのか。ルソーを革命思想の人格化と考え、マラーを革命的実践の人格化と考えれば、この問題は革命の思想と実践の間にある距離、関連、離反を問うことである。それはまた、思想とその実現、理論と歴史のかかわりを問うことにもなるだろう。

どのような理論であろうと、理論は常に絶対的な真理の顕現たろうとする性格を帯びるものであるが、ある種の理論が排他的な唯一の真理として自己を主張するとき、必ず独断主義や権威主義や教条主義におちこまざるをえない。その理由は、包括的で、複合的で、流動的な歴史的現実にたち向うところの「理論」は、常にその現実の一側面や一時点の論理的再構成——概念化とカテゴリー——にすぎないにもかかわらず、現実の全体や歴史の全過程を認識することができるし、また認識しえたと僭称するからである。「理論」は、汲みつくすことのできないものを汲みつくしえたと主張することによって、歴史的現実の多様性や流動性を無視し、一面性の誇張におちいる。「理論」は総体としての現実に挑戦し、暴力を行使する。しかし、その暴力によって傷つくものは、「理論」であって歴史ではない。「理論」は現実によって復讐され、その破綻を明らかにし、相対化され、歴史によってのり越えられる。この「歴史」を全面的にとらえることのできる「理論」こそが、おそらく真に「理論」たるに値するものであろうけれども、われわれはまだそれを手に入れたということはできない。そうだとすれば、社会科学の現状のもとでは、さまざまの「理論」の相対的な有効性を認めて、それらの「平和共存」をはかりうる地点にわれわれ自身をおくこと以外にはないであろう。

ルソーの「理論」は、歴史の全体像あるいはその動態を解明しうるものであったかどうかをつぎに問題としよう。社会科学の諸理論は、多かれ少なかれ歴史とかかわらざるをえないが、幸いルソーは周知のように『人間不平等起源論』で、社会における不平等の起源を論ずるという視角からの歴史分析をわれわれに残している。しかし、この点もまた周知のように、『不平等論』は歴史記述でもなければ、歴史事実の究明でもない。「まずはじめにすべての事実をしりぞけよう。なぜなら事実は問題に少しも関係がないからである」とルソーはいう。『不平等論』がとり扱った問題は、ルソー自身の言明したとおり、「歴史的な真理ではなくて、単に仮説的で条件的な推理」であった。この著作は、ルソーの他の著作と同じように、その最終目標は、現にあるものとしての人間や社会が、いかにあるべきかを問うものである。ただ、現にあるものとしての人間と社会を解明するための基準を過去に求め、一定の仮定された始原的な状態から出発して、現にある人間と社会の姿を推論によって再構成する点で、この著作は歴史の理論あるいは歴史哲学をわれわれに提供する。いわば、そこでは現代社会の歴史的根拠が問われているのである。しかし、ここでいう「歴史」は実在としての歴史、人間および社会が現にあった姿において示される歴史ではない。それは、自然法思想家としてのルソーがえがく「理念」としての歴史である。ルソーは『不平等論』での自分の仕事についていう。

「人間の現在の性質のなかに、最初からあったものと人為によるものとを区別し、さらに、もはや存在せず、おそらくは少しも存在したことのない、多分将来も決して存在しないような一つの状態、しかしながらそれについて正しい観念をもつことが、われわれの現在の状態をよりよく判断するために必要であるような状態を十分知ることは、取るに足らぬ仕事ではありえない。」

この文章が示しているように、ルソーの関心は常に「われわれの現在の状態」に向けられており、それを「よりよく判断する」ために理念的に構想されたものが、彼のいう「自然状態」であり、その「自然状態」は実際に存在するかどうかにはかかわりがないのである。したがって「自然状態」は、現にあるものとしての「社会状態」とはまったく異質のもの、対極にあるもの、理想的なものとして設定され、そこから「社会状態」への推移が説明される。この推移のプロセスが、歴史にかかわることとなるが、その内容を一言にすれば、有名な「土地に囲いをする」話が示すように、人間にとって外的なもの――この場合は土地――への人間の依存、したがって人間性の疎外が深化する過程の分析である。この過程は、マルクスのように対象たる社会をつらぬく物質的必然性の所産としてではなく、またヘーゲルのように人間を超越する絶対精神の自己展開のプロセスとしてでもなく、一定の状況下におかれた人間の作為と工夫の結果として、あくまで人為的あるいは人間主義的にとらえられる。ルソーにとっての歴史は、人間が人間的でなくなるプロセスであり、それ以外のものではなかった。

人間が人間的でなくなるプロセスを推理したルソーは、そのプロセスの終結点に、ふたたび人間が人間的となりうる段階、時点を想定しなければならなかった。人間と社会のあり方として、始原的で本来的なあり方こそ望ましいものとするルソーは、「社会状態」における悪の極限＝「専制主義」こそ、「自然状態」＝善への転換点であるという目的論的な歴史観をわれわれに提示する。

「ここ(専制主義)が不平等の最後の到達点であり、循環を閉じて、われわれが出発した点に触れる究極の点である。ここではすべての個人はふたたび平等となる。というのは彼らは無であって、家来にはもはや主人の意志のほかになんらの法律もなく、主人には自分の情念のほかになんの規則もないので、善の観念と正義の原理がふたたび消えうせてしまうからである。」

人間の歴史を一つの循環として、出発点が同時に帰着点にあるものとして見る立場は、ヘーゲルにもマルクスにも共通であり、理想主義的な一種の救済思想にほかならない。周知のように救済史観は、人間の主体的実践による歴史目的の実現を呼びかける上で強い力をもつものである。とくに「社会状態」への移行を一定の状況下での人間の意志と作為にもとづけるルソーの立場からすれば、「社会」における「自然」の回復もまた人間の意志――『社会契約論』における「一般意志」――の産物であり、したがってすべてが人為によって解決される以上、実践への呼びかけは一層切実で、さし迫ったものとならざるをえない。歴史や社会の客観的条件や可能性について検討するという問題は入りこむ余地をもたず、すべては正義と美徳という道徳の次元に還元されてしまうのである。

ルソーの歴史観が、彼の生きた時代において形成されつつあった啓蒙主義の歴史観、すなわち主知主義的で、進歩主義的で、ヨーロッパ中心の歴史観にたいする鋭い批判でありえたこと、この点は改めて述べるまでもない。ルソーがヨーロッパ以外の諸種族の生活様式について、その独自性や合理性を認めたことは、レヴィ＝ストロースのような人類学者の評価を今日において喚び起しているけれども、しかし少なくとも歴史分析の立場からいうと、ルソーの歴史観は現代のわれわれにとって多くの難点をもつものといわざるをえない。

そのいくつかを指摘すると、まず第一にルソーにおいては歴史が客観的な人間の営みの連鎖としてとらえられず、「平等—不平等—平等」あるいは「自由—圧制—自由」といた抽象的な概念の交替として見られていることである。第二に、抽象的な個々の人間の存在を最初から予想し、その人間が社会をつくるという想定に立っているけれども、事実は逆に社会が個々の人間をつくるのであって、根源的存在としての社会の実存、社会のなかでの人間の被拘束性をルソーが認識していないことは疑うことができない。ルソーの思想の抽象性と非歴史性を指摘しなければならない。第三に、それにもかかわらず、ルソーが生産方法や財産所有、言語や法律の展開について驚くべき透徹した認識を示していることは評価されなければならないが、しかしルソーにとってこれらの文明の諸産物は、もっぱら悪や悲惨さを増大させるものでしかなく、もっぱら否定的にしか見られていない。ルソーの歴史観は、したがって進歩主義史観の直接的なうら返しでしかなく、矛盾をつつみながら矛盾に媒介されて発展するという歴史の動態が見逃されてしまう。ルソーがもしも『社会契約論』を書かなかったとすれば、彼の歴史認識＝社会観は復古主義にとどまったであろう。最後に、かりに歴史の目的がありうるとしても、その目的は一定の歴史的時点における社会に内在する諸傾向、諸潮流の競合のなかから選びとられるものであって、予定された目的が超越的に外からあたえられるものではない。ルソーの歴史観は、人間性の実現という最終目的が常に予定され、それが一挙に達成される瞬間を歴史の終点に予想する構造になっている。それは結局、運動としての歴史を否定することにほかならない。

三　「完全な国家」

『不平等論』で過去に理想世界を設定したルソーは、『社会契約論』で現世におけるユートピアを構想する。社会秩序のなかで、どうすれば「正義」と「効用」を結びつけることができるか、これがルソーの解こうとした問題であった。

『社会契約論』では、ルソーは明確に事実にもとづく思考をしりぞけて、原理にもとづく思考の道をたどる。たとえば、暴力的な支配や奴隷制度は事実において存在する。もしも、事実に即して権力の成立を推論するとすれば、「最強者の権利」や専制主義や「征服権」などの根拠を全面的にとり去って、まったく異なる地点に新たな権利をうち立てることはできない(1)。事実を拒否するものとしての原理の確立こそ、ルソーの課題であった。周知のように、すべての事実関係に先立つものとしての全員一致の合意――社会契約――を前提するところに、ルソーの政治理論の眼目があった。

「人民は、自分を王にあたえることができる、とグロチウスはいう。だから、グロチウスによれば、人民は自分を王にあたえる前に、まず人民であるわけだ。この贈与行為そのものが、市民としての行為なのだ。それは公衆の議決を前提としている。だから、人民が王をえらぶ行為をしらべる前に、人民が人民となる行為をしらべるがよかろう。なぜなら、この行為は必然的に他の行為よりも先にあるものであって、これこそが社会の真の基礎なのだからである。」

「人民が人民となる行為」、すなわち社会契約の内容は、ルソー自身の言葉によって、こう要約される。「われわれの各々、身体とすべての力を共同のものとして一般意志の最高の指導のもとにおく。そしてわれわれは各構成員を全

体の不可分の一部として、ひとまとめに受けとる。」ここで示唆されているものは、権力への全面的譲渡と権力による

全面的保障という二重の関係の成立である。個々の暴力や部分的な従属にたいして力づよく反論したルソーは、結局、

共同体としての国家のなかにすべての人間を包括すること、各々の個人を「全体の不可分の一部」に転化させること

によって、自由と強制との矛盾を解決することができると主張する。

この政治理論は、いかにも見事な着想であって、ルソーの人民主義論、民主主義論を結実させた源泉であるが、しかしやや冷静にルソーの説くところを検討してみると、この場合にも多くの疑問ないしは難点が浮び上る。一体、全面譲渡による全面保障というメカニズムは、実際問題として可能なことであるのだろうか。可能だとすれば、どういう条件がみたされる必要があるのか。また、それはなにを帰結するのであろうか。おそらく、全面譲渡による全面保障を考えるに当って、ルソーの念頭にあったイメージは、圧制的な権力のもとにおいて人民のすべてがひとしく抑圧されており、しかもその人民は財産や地位や能力において著しい格差を内包しておらず、しかもその状態はかなり安定的であって急速な浮沈にさらされてはいないといったものであろう。全面譲渡がなり立つためには、すべての個人が身体や財産を権力に全面譲渡するための動機において同一でなければならない。ところで、すでに『不平等論』で認められているように、「社会状態」のもとでは財産の不平等は不可避であり、それに基礎をおく権力は必ず圧制的である。だとすれば、社会契約が圧制的でない権力をつくりうるためには、あらかじめ財産の不平等という状態がなくなっているか、あるいは大財産家の意志が排除されていなければならない。前者は不可能であるし、後者の場合は「一般意志」が成立しなくなる。そこで、この難点から逃れるためには、財産の不平等といっても、その格差はそれほど大きくなく、また大財産の所有者はきわめて少数であるという前提が必要になってくる。つまり、圧倒的な多数の自立的な小ブルジョワが併存する社会で、きわめて少数の大ブルジョワや特権者が他方に存在するという構成である。

ルソーの考える国家がこのような意味をもつとすれば、「一般意志」は多数者が少数者に向って行使する強制力以外のものではありえない。「一般意志」は全構成員の意志ではなく、少数者を排除し、強制を加える多数者の意志である。この点はルソー自身が承認している。

「社会契約を空虚な法規としないために、この契約は、何びとにせよ一般意志への服従を拒むものは、団体全体によって、それに服従するように強制されるという約束を暗黙のうちに含んでいる。そして、この約束だけが他の約束に効力をあたえうるのである。このことは、〔市民は〕自由であるように強制される、ということ以外の、いかなることをも意味していない。」

『社会契約論』の論理が民衆の意志にもとづく革命的強力の是認、正当化であることは、ルソーの意図いかんにかかわらず、否認することができない。ルソーは、啓蒙がしだいに浸透すれば、暴力や流血を伴うことなしに社会は改革されるだろうという立場をとってはいない。ルソーが否定したのは個人的暴力あるいは物理的暴力であり、その代わりに彼は共同体の力、公権力という力をもち出したのである。ところで、この公権力による「自由の強制」は、政治体の構成員のすべてにとって、その身体や財産を全面的に保障するものとなりうるであろうか。革命的強力によってうち立てられる権力が、もしもルソーが望んだように中位の財産所有者によってもっぱら構成され、それが長く安定的に維持されるとすれば、全面保障はあるいは可能であったかも知れない。しかし、そういう条件は、すでに一八世紀において存在しなかった。この時点での主要な財産の形態は土地所有であったが、ルソーが『社会契約論』で認めたような土地公有や土地の平等分割などは実現性をもたないユートピアでしかなかった。それだけではなく、商業や産業の発達に伴って、財産所有者の急速で大規模な没落、資本と賃労働という新たな人間関係が広く発生しつつあった。こういう状況のもとで政治権力による全構成員の全面保障を企てることは、不可能でなかったとしたら、社会を伝統的な農業社会のままに釘づけにすることを意味したであろう。現状維持的で、しかも強大な力をもつ政治体がルソーの理論から結果したとしてもふしぎではない。

純粋で、つきつめた思考力をもつルソーは、政治体＝国家についても同じ態度を適用した。彼は「完全な人間」について考えたと同じように、「完全な国家」についても考えた(2)。彼の主権論は、そうした国家がありうるということの証明である。周知のように、「一般意志」の行使としての主権は、ルソーによって、譲り渡すことも分割することもできず、決して誤ることがなく、つねにおおやけの利益を目指し、絶対的な力をもつものとされている。これは自立的で自己完結的な意志を「おおやけの人格」たる国家に帰属させたものであり、完全な人格を国家意志のなかに認めたものである。ルソーの国家は、彼自身が認めるように、「絶対的で、神聖で、不可侵のもの」であり、ただ社会契約によってのみ限界づけられるものである。

一体、絶対的に完全な国家がありうるというルソーの想定は、国家主義にたいする最良の贈り物である。それだけでなく、この想定にもとづいて、もしも政治的実践が行われ、一時的にせよ成功を収めるとすれば、その結果はおそるべきものとならざるをえない。自らを批判する契機や仕組みを自己自身のうちに用意することのない政治権力は、あらゆることを絶対的確信にもとづいて行うことができる。一部の民衆の反抗をうちくだき、見さかいのない弾圧を行い、思想や生活を統制し、戦争を挑発して平然としていることも可能である。ルソーの国家は、戦争によるか、内戦によるかは別として、力によってのみ壊されることになるだろう。なぜなら、それは完全なものであるから、自己自身の内部からの改革を必要としないからである。

完全なものとして成立した国家が、いかにして自分自身を正しく導いてゆくことができるか。それはすべてを民衆の自発性にゆだねることによってであるか。それとも、すべてを行政機関にゆだねることによってであろうか。「法によって」とルソーは答える。では、その法は一体だれがつくるのか。「目のみえぬ大衆は、何が自分たちのためになるのかを知ることがまれだから、自分が欲することを知らないことがよくある」「一般意志はつねに正しいが、それを導く判断はつねに啓蒙されているわけではない」。そこで民衆ではないが、民衆に代わって、「社会についての最大の規則」を見出すことのできる「すぐれた知性」が求められる。それが「立法者」である。

「立法者」は、「国家において異常の人」であり、「人間の力をこえた企てと、これを遂行するための無にひとしい権威」を両立させることができ、「かの偉大にして強力な天才」としてたたえられる人物でなければならない。ルソー自身の想定では、「立法者」は野心も権力ももたず、ただ卓越した知性のみをもつ「神のような」人間とされるけれども、この想定を政治の現実のなかに移しかえてみると、憲法制定や法律案の作成において主導的な役割を果す卓越した人物ということであり、それはこの人物への尊敬や崇拝、その強力なリーダーシップの確立ということになるだろう。すでに述べたルソー理論の文脈のなかで考えれば、そうした人物は容易に個人的独裁の遂行者となり、また個人崇拝の対象となりうるだろう。人民主権論は、ここにおいて個人統治と軌を一にするというパラドックスにおちいることとなる。

「立法者」の想定は「市民(国家)宗教」の想定とならんで、民衆の啓発度や実行力にたいするルソーのペシミスムを現わすものであったかも知れない。彼は人民についてこう述べた。「人民がみずから自由になりうるのは、人民が単に未開である間だけのことであって、市民の活力が消耗した時には、もはやそういうことはできない」。活力の消耗した文明諸国の民衆には、もはやルソーは期待をかけなかったのかもしれない。もし、そうならば、ルソーの「理論」を信奉して「民衆の革命」のために奮闘した革命家たちは、ルソーを誤認したことになるだろう。事実、「立法者」たるロベスピエールやサン＝ジュストが現われて個人独裁をしき、「最高存在の崇拝」を説いて「市民宗教」をうち立てたが、まさにそれはルソーの「理論」のあかしを示したものであった。しかし、それは果して「民主主義」の実現でありえたかどうか疑わしいといわなければならない。いずれにしても、「人民主権論」の文字どおりの実現としての「民主主義」は、ルソーの思想においても、また一八世紀の革命においても、重大な修正をこうむることなしには存在することができなかったのである。

（1）この点を日本で最初に指摘したのは中江兆民である。兆民は『民約訳解』につけた注解のなかで、つぎのようにいう。「ルソーは世の中の政治を論ずる人がしばしば、いたずらに事実にもとづいて説を立てることをすこぶるにくむ。だから、本書（『社会契約論』）では、もっぱら道理によって議論を進め、正義がいかにあるべきかを論じている。事実があるかないかは、はじめから問題ではない。」（河野編『中江兆民』中央公論社、参照）

（2）Bertrand de Jouvenel, Essai sur la Politique de Rousseau, Du Contrat social, 1947, Genève, p. 101.

四　理論と歴史の出合い

一八世紀の後半のヨーロッパは、たしかに政治の時代のなかにあった。社会に向って目を開きつつあった「心情の哲学者」ルソーは、政治にとらえられることを通じて政治への探究をはじめた。しかし、ルソーはなぜ政治の枠のなかでしか政治を問題にしなかったのであろうか。

人間の問題を政治の枠のなかにとじ込めるとき、政治はすべてをなしうるし、またなさねばならないという政治主義が生まれる。ルソーの同時代の思想家たちは、政治ではなく人間の日常的な生のいとなみ――生産や交換という物質的生活と、経験や認識という精神的生活――を優先させて、そこから政治を批判的にとらえようとした。経済学や人類学がその産物であったし、そこから生まれた自由主義や合理主義の立場を政治にも及ぼそうと試みた。権力欲のうずまく世界、権威と慣習によって硬直化した世界を批判しうるためには、批判の基準もしくは立脚点を政治以外の領域に設定することが、具体的で有効な方法であった。しかし、ルソーはそうした手続きをとることなく、媒介物を排して直接に政治の領域に切り込み、想像力と道徳感情をささえとして、自己の政治理論を組み立てようとした。そうなると、人間の問題をことごとく引きうけて、それを解決することが、政治によって可能であるという結論にならざるをえない。政治は極度に肥大化し、完全になり、絶対的となると同時に、きわめてこわれやすいもの、変動にたえられないものとなる。それはルソーの思考の頂点において、垣間みられた美しいインスピレーションの表出となる。政治によってつつまれえない現実は、やがて、この「理論」を裏切ることとならざるをえない。

フランス革命は、ルソーの「理論」をためす絶好の機会であった。「理論」は、このとき、「歴史」に出合った。ルソーの著作に鼓舞された革命家たちは、「政治がすべてである」という立場から政治的実践に加わった。かれらは、ルソーのえがいた「完全な国家」の実現が間近に迫っていると考えた。かれらとは、シエース、ロラン夫人、ロベスピエール、マラー、サン＝ジュスト、バブーフなどである。

ルソーの思想は革命の前半期には、旧制度の破壊力として大きな働きをした。貴族やブルジョワジーを含む階層が民衆とともに被抑圧階級である時点においては、絶対王政に反対するすべての思想潮流が巨大なコーラスを形成した。そのなかで、体制の全面的な転換、人民主権の確立を主張するルソーの考え方は、革命の最も急進的な部分によって積極的に受入れられ、鼓吹された。『社会契約論』の趣旨は、パンフレットや貸し本のなかでわかり易く解説されたり、シャンソンに盛りこまれたりして流布した。同時に、ルソーを革命思想家として援用することに反対する論陣も張られ、活発なルソー論争も起こった。(1) 反革命派は、たとえばルソーの議会主義否定を論拠として、ルソーと革命議会を切りはなそうと試みた。いずれにしても、「社会契約」とか「一般意志」という言葉が、革命期の人びとの日常用語となるまでに、ルソーの影響力は浸透したのである。

フランス革命が民衆の力による旧制度の破壊と外国勢力の撃退につとめている限りにおいては、ルソーの「理論」は有効なものであった。批判の武器として、これほど有効なものはなかったといってよい。しかし、ルソー理論の継承者たるロベスピエール、マラー、サン＝ジュストなどが政局の主導権を握って、まさにルソー理論の現実化をはかろうとした時期になって、困難は山のようにかれらの前に立ちふさがった。かれらはルソーの主張に最も近い一七九三年の憲法を作成したにもかかわらず、その実施をたな上げにせざるをえず、モンターニュ派独裁、さらには公安委員会独裁のテロリズムによって当面の政局を維持することをよぎなくされた。「自由の専制」とマラーは、それを呼んだ。これはルソーの「自由の強制」と同じ意味である。専制や強制によらなければ、革命権力は維持されなかったのである。

もちろん、歴史的事件としての革命は、それ自身の理由と動機にもとづいて進行するものであって、その成功や失敗をすべて理論家や革命家のせいにするわけにはいかない。フランス革命におけるテロリズムについていえば、それは何よりもまず殺伐な絶対王政のもとでのテロリズムに長い間民衆が慣らされてきたことが原因であり、さらに情報もなく閉鎖的な生活を送っていた民衆がもつ本能的な恐怖心のうら返しがテロリズムでもあった。「九月虐殺」において、マラーの呼びかけがテロリズムを誘発したとされたのも、それはマラーが民衆の根ぶかい復讐心を解き放っただけのことであった。マラーの呼びかけがなかったとしても、殺害はうたがいもなく起ったであろう。ただ、マラーをはじめ、モンターニュ派はテロリズムに方向と秩序をあたえるために、テロリズムの合法化をはかった。反革命容疑者を捕らえ、「革命裁判所」に送り、ヴァンドーム広場のギロチンで処刑するというシステムの完成である。これはテロリズムの国家独占であり、「絶対的で、正しい」国家が唯一の権力の主体であるという思想の実現であった。人民の間のテロリズムは、国家のテロリズムに転化した。この途はまっすぐに、ナポレオン独裁に通ずるものであった。

ロベスピエール政権は、「単一で不可分の共和国」をスローガンとして、「徳」と「テルール」をふたつながら備えた「正しい」国家を目指して奮闘した。かれらは集権制の強調において、愛国主義と道徳主義において、民衆への愛において、強力の行使において、「立法者」たる自覚において、また宗教心において、ルソーの「理論」の継承者であった。かれらはルソーを聖化し、その遺骸をパンテオンに移葬した。しかし、周知のように、かれらの支配はその内部分裂、セクトの対立によって、あっけなく終わりをつげた。皮肉なことに、かれらが組織したテロリズムの装置は、同時にかれら自身を絶滅させるための道具として役立ったのである。

ルソーが基礎におき、モンターニュ派が実践してみせた思想＝政治潮流は、テルミドールで消滅したのではなかった。それは、テルミドール以後はもちろん、ナポレオン時代にも、さらに一九世紀のすべての時期にわたって生きのびた。ジャコバン主義といわれる潮流がこれである。ジャコバン主義は、人民に依拠し民主主義を進めることを建前としながら愛国主義的で中央集権的であり、急進的な革命を主張しながら厳格な道徳主義と統制の側に立った。ジャコバン主義を鼓舞したものは、やはり「完全な国家」がつくられるというルソー的観念であった。ルイ・ブラン、ルドリュ＝ロランなどの一九世紀の政治家たちは、ジャコバン主義の継承者として政府反対派を形成し、二月革命やパリ・コミューン後の政局において主導権を握った。しかし、結局かれらはブルジョワ的反対派でしかなかった。かれらの政治主義は、産業と労働が提起しつつあった問題に答えることを不可能にした。政治は政治以外の問題との関連において、はじめて具体的に取扱われるものであることを、かれらは知らなかった。

ジャコバン主義を克服することのできた政治原理は「権力分立」を基礎とするリベラリズムであり、その思想的立場は経験論あるいは実証主義であった。イギリスの事例が示すように、ブルジョワジーが十分強力でありえた場合にはルソー＝モンターニュ派の心情ラディカリズムは実現の機会をもたなかった。フランス革命に直面して一時的に動揺したイギリスの支配階級は、危機がすぎると直ちにフランス革命に挑戦し、革命の影響力を海峡のかなたに追放し、ついで大陸におし渡って革命の圧殺にのり出した。

しかし、ブルジョワジーの力が弱くて帝政とキリスト教の強固な支配が継続した東欧諸国では、ルソー＝フランス革命の路線は新鮮な驚きであると同時に強烈な刺激剤であった。ドイツの思想界は、これを機縁として活発に動きはじめた。カント、フィヒテ、ヘーゲルなどの思想的営為は、ドイツ的状況のなかでルソー＝フランス革命があたえた衝撃をいかに受けとめるかを課題としたものであった。かれらがあたえた回答が「良心の自由」であろうと、「国家理性」であろうと、「愛国主義」であろうと、それらはすべてルソーのなかにすでに含まれていたものであった。『ライン新聞』時代に、政治的自由主義の立場をとったマルクスが、ドイツ・ブルジョワジーの怯懦に失望して急進的民主主義の立場に移行し、さらに「共産主義」と「階級闘争論」に向ってつき進む過程は、マルクスにおいてもルソー＝フランス革命がいかに抜き差しならぬ課題を構成していたかを示すものである。

ルソー＝フランス革命の路線にたいする徹底的な批判は、大陸においては社会主義者や共産主義者によって準備され、提出された。前者は労働の組織や産業体制のなかに根本的な矛盾を見出し、後者は非財産所有者たるプロレタリアートの階級闘争に期待をよせた。これらの問題領域はルソーの着想しえなかったものであり、またフランス革命はなんらの解決をこれらの問題にあたえることができなかった。こうして、一八四〇年代がジャコバン主義の歴史にとっての巨大な転換期を指示することとなる。その転換を可能にした人物として、われわれはサン＝シモン、プルードン、そしてマルクスなどの名前を挙げることができるであろう。[2]

(1) Joan McDonald, Rousseau and the French Revolution 1762-1791, London, p. 66.

(2) 原理的な立場からのルソー批判は、プルードンにおいてとくに顕著である。プルードン『一九世紀における革命の理念』(中央公論社『世界の名著』所収)。なお、拙著『もう一つの社会主義』世界書院、参照。「プロレタリア権力」を指向したマルクスやレーニンは、ルソーの政治理論とむしろ交錯するといえるだろう。

むすび

以上の立論にもし根拠があるとするならば、最初に紹介したルソーとマラーの論戦というフィクションにたいして、われわれはいかなる結論を用意すべきであろうか。答えは簡単である。ルソーは、その政治論に関するかぎり、マラーを非難できないということである。

マラーの政治的意見や行動は、ルソー自身があらかじめ正当とし、理論的表現をあたえ、あるいは少なくとも是認した枠の範囲を出るものではない。人民権力を是認しておいて、その権力が内外の敵対者とたたかうことをどうして非難することができるだろうか。もしも長期にわたる漸進的な改革をルソーが望んだとするならば、それを可能にしたものは、おそらくブルジョワ的な立憲君主政と、そのもとでの権力の分立と相互規制の機構であっただろう。ロベスピエールよりも、もっと強く直接民主主義への傾斜をもったマラーの場合には、実際問題として統治権力の一層の集中、独裁が必然的であった。なぜなら、広汎な民衆が意志を一つにして断乎たる処置を要求するとき、その要求を実現すべき執行権力は強力な権限と機動性を備えたものとなるからである。

ルソーがマラーを非難できないということは、またマラーがルソーの掌中にあったことをも意味する。マラーだけではなく、ロベスピエールも、サン＝ジュストも、ジャコバン主義者もそうであった。ルソーの影響力の大きさに驚かざるをえないが、それは単にルソーの「理論」のせいではなくて、「感性の人」ルソーが彼の生きた時代が直面していた課題と、それを担う民衆の意志と能力を、その欠陥をも含めて、鋭敏に感じとっていたことによるものであろう。ルソーの「理論」は、その欠陥、弱さ、不十分さにおいてもまた、時代精神の表現であった。したがって、その「理論」は「歴史」によってのり越えられるべきものであった。だが、社会科学の「理論」のうちで、のり越えられないものが果してありうるだろうか。

ルソーが真にわれわれに提出したものは、その「理論」ではなくて、「理論」を生み出す源泉としての彼の問題意識の深さ、事物の根源にまでさかのぼろうとする彼の問題設定の真摯さ、民衆の運命にたいする彼の深い共感にある。彼は答えることによってよりも、むしろ問うことによって、われわれに影響をあたえた。彼の問いは『社会契約論』

の冒頭にこう書かれている。

「人間をあるがままのものとして、また法律をありうべきものとして取上げた場合、市民の世界に正当で確実ななんらかの政治上の法則がありうるかどうか。」

この問いは、現代世界に生きるわれわれにとっても、依然として投げかけられている問いである。この問いが生きつづけるかぎり、ルソーが古くなることはありえない。それと同時に、この問いへの回答は、ルソーとは別個に、われわれみずからが新たに用意すべきものである。

第一一章　バルナーヴとフランス革命

一　「屋根瓦の事件」

一七八八年六月八日、南フランス、ドフィネ州の首都グルノーブルに、大さわぎがもちあがった。その日は上天気のうえに、市のたつ日なので、街の人出は多かったが、しかし人々の表情には市日のせいばかりとはいえないような異常なたかぶりが見られた。第一、鐘楼の上に人がのぼって鐘をうち鳴らしていることが異常だし、城門はいつになく閉ざされており、おまけに近在からきた百姓たちは、斧や、ツルハシや、小銃で武装しているではないか。やがて、群衆と向かい合っていたこの地区の軍隊が動き出し、小ぜりあいが始まった。兵士の一人がもっていた銃剣が、ふとしたことで一人の老人にあたって、傷をおわせた。さわぎは大きくなった。女をまじえた市民たちは、口々にののしりながら、屋根の上にのぼって、そこから瓦や石を王の軍隊めがけて手あたりしだいに投げつける。――「最初のフランス革命」といわれる「屋根瓦の事件」の光景である。

この騒ぎは、なぜ起ったか。この年の五月、国王は反動の拠点であるパルルマン(高等法院)の反抗をおさえつけるために、パルルマンの権限を大幅に縮小する改革令を定め、これを強制的におしつけた。フランス革命の序曲といわれる「貴族の反乱」がここに始まったが、この報道は直ちにグルノーブルのパルルマンにも伝えられた。ところが、グルノーブルのパルルマンはこの五月の勅令を登記することを拒否したので、五月十日、武力による強制登記が布告され、法廷を閉鎖し、パルルマンを強制停会とする処置がとられた。パルルマンの議員はこれに屈せず、非合法に集会して、強硬な声明を発表した。行政当局は、これらの議員を追放する命令を出し、軍司令官クレルモン＝トネールは、議員の退去をうながすために、グルノーブルにやってきた。ところが、グルノーブルの市民は、こうした弾圧を怒り、議員を守って、その強制退去を阻止しようとして、実力行動を展開したのであった。

民衆行動に恐れをなしたクレルモン＝トネールは、パルルマンの再開を認め、議員を退去させることをあきらめる様子を見せたので、騒ぎはしだいにおさまった。ところがその夜おそく市民の家の戸口に無署名の印刷物の包みがほとんど軒なみにおかれてあった。それには『一七八八年五月十日、グルノーブルのパルルマンに武力をもって登記された勅令の精神』という表題がつけられてあった。その題名は、明らかにモンテスキュの『法の精神』をもじったものだが、内容は、激しい口調で王政を非難し、パルルマン擁護のために全人民が団結してたちあがることを力づよく訴えたものであった。

警官がこれを見つけて、上役にさしだした。役人たちは、皆この文書の激越さに驚き、直ちにパリに報告した。パリからは、この危険文書の配布をおさえ、著者を逮捕せよとの命令がつたえられたが、しかしこの文書はひそかに市民の間に回覧され、非常な共感を呼びつつ、ドフィネ州の全地域のみならず、州外にまで影響を与えた。この不穏文書の筆者は誰か。グルノーブルの役人たちは、それをよく知っていた。しかし、かれらは、もし著者を逮捕しようものなら、「屋根瓦の事件」がもう一度くりかえされることは必至だと思ったので、手が出せなかったのだ。グルノーブルの市民もまた、この勇気のある著者が誰であるかを、一人のこらず知っていた。そして、これを愛していた。バルナーヴこそ、その著者である。

アントワーヌ＝ピエール＝ジョゼフ＝マリーという長い名前をもつバルナーヴは、一七六一年九月二十一日、グルノーブルに生まれた。父は、グルノーブルのパルルマンの検事であったが、のちに聖職者会議つきの弁護士となり、この町のもっとも名望ある法律家の一人であった。身分の上ではブルジョワであったが、聖職者会議の弁護士は貴族の待遇をうけることになっていた。母はド＝プレールとよばれる貴族の娘であるが、貧乏貴族をきらって、バルナーヴの父と結婚した。ふたりの結婚は、身分が違うことと、両人ともにプロテスタントであったことのため、いくらか障害があったが、結局、一七六〇年に成立し、翌年アントワーヌ・バルナーヴが生まれた。かれの下には、一人の弟と二人の妹があった。

バルナーヴ家の祖先は、上部ドフィネの丘陵地帯の小邑セイランに一五世紀以来、住みつき、吏員や町長をつとめた家がらである。家系のうちには軍人も出ているが、また絹織物の製造に従事したものもある。バルナーヴの祖先にあたるアントワーヌは、一八世紀の初頭、大尉の地位を棄てて、家業の絹織業に従事し、セイランからヴェルシェニーに移って、産をなした。バルナーヴの父はその二男であり、グルノーブルに出て法律家を志し、一七三七年、パルルマンの検事の地位を買い入れたのである。

父は、ドフィネ人特有の、重厚で厳格な性格の人であったが、母は南方人らしい明るい性格で、しかも帯剣貴族の血をうけて勝気であり、知的なひらめきをもっていた。彼女の性格を端的に示す一事件がある。

一七六九年一月二十六日、パリで評判をとった芝居がグルノーブルの町で上演されることになった。大変な人気で、七歳のアントワーヌをつれたバルナーヴ一家が劇場についたときは、場内は満員であった。ただ一階の桟敷の一つだけが空席で、その隣りは州知事の席であった。空席の桟敷は、王室の軍事関係の役人が、友人の夫人たちのために予約した席であって、ドアに名前がしるされ封印されていた。しかし、バルナーヴ夫人は、すこしもためらわず、隣りの桟敷からさくをまたいで、その席に入ってしまった。これを見た劇場の管理人や、護衛の役人や、スイス人兵士は、彼女に退去を迫ったが、彼女は頑として応じなかった。

ついに、騒ぎが大きくなって、軍司令官クレルモン＝トネール伯の公式命令が出されたので、彼女は立ち退かざるを得なくなった。この時、バルナーヴの父は劇場内にあふれているブルジョワたちにむかって、大声でこの処置の不当をうったえた。ブルジョワの夫人たちは、この処置が自己の階級に加えられた不正であるとして、バルナーヴ夫人のあとに従って、劇場から立ち去った。夫人は、この全員を自宅に連れ帰って、夕食を供したが、この事件はバルナーヴ夫妻の名声を一夜にして高め、グルノーブルのブルジョワジーは、バルナーヴ夫人が再び劇場に姿をあらわすまでは、観劇をとりやめることにしたという。

この事件は、バルナーヴ夫人の性格をよく示すばかりでなく、革命前夜の階級関係をみごとに反映している。当時七歳であったバルナーヴが、大きな衝撃をうけたことはいうまでもない。バルナーヴは、彼の母が貴族の夫人たちの勝ちほこった喝采の中を桟敷から追い出される情景をいつまでも忘れなかった。自己の階級、ブルジョワジーをこの「屈辱の状態」からひきあげることが、彼の革命行動のライトモチーフとなるのである。

バルナーヴは、こうした母親の手で育てられた。家はプロテスタントであったから、ジェスイットを指導原理としていた学校教育は受けないで、家庭教師を雇って「自由な」教育を受けたが、しかし彼の本当の教師は母親であった。父は、バルナーヴを文句なしに法律家にするつもりであったが、バルナーヴは法律の勉強や実務のわずらわしさをきらって、むしろ文学のほうに関心をよせた。この頃の彼は、社交ずきで、快楽を求め、落着いて勉強する気持をもたなかった。厳格な父は、こうしたバルナーヴをはげしく叱責したこともあった。バルナーヴは父の叱責にあうと、真剣な反省を自分自身に加えて、それを書きしるしていたという。文筆家になりたいという彼の気持も、こういう状況のなかでしだいに冷却し、結局、いつかはやめることを条件にして、弁護士になることにきめた。弁護士になったのは、二十歳であった。

二十二歳(一七八三年)のとき、彼はパルルマンの公式集会で演説をした。彼が選んだ題は、「政治団体における権力分割の必要性について」というテーマであり、明らかにこれは絶対王政に対する攻撃を意図したものであった。しかし、パルルマンの法律家にとって、このモンテスキュ理論は、それほど危険なものとは受け取られなかった。グルノーブルの一般感情は、すでにそれほど反王政的になっていたからである。しかしここでは、バルナーヴがヴォルテールや、ルソーではなくて、モンテスキュをもちだしていることを注意しておく必要がある。バルナーヴは政治論のみならず、歴史・哲学・文学という広い読書範囲をもつ教養人であったが、しかし同時に、主体的な判断力をつよくもった読書家であった。彼はつねにペンをもったまま本を読み、自分の判断なり観察をすぐ書きしるしたといわれるが、彼の残した覚え書きによると、思想家に対する彼の採点はなかなかきびしい。思想家にたいして彼ががまんできない欠陥としてあげた点は二つあった。その一つは、事物の表面にとどまる思想家は認めないことであり、いま一つは個性をもたない思想家は評価しないことである。彼は、ヴォルテール、ディドロ、ともに、この二つの欠陥をもっているると考え、またルソーの思想に対しても多くの共感を示さなかった。ルソーは疑い深く、傲慢で、恩知らずの人物だと考えていたようである。さきにも書いたように、彼が尊敬したのは、モンテスキュであった。

しかし、バルナーヴはたんなる書斎人ではなかった。彼は、十六歳のときに、弟のために人と決闘し、重傷をおったことがあるが、その弟がのちに軍人となってパリで病気していることを聞くと、家人に一言もつげずに、全速力で馬を駆ってパリにおもむき、三カ月間つききりで弟の看護にあたった。しかし、彼の献身にもかかわらず、弟は病死したが、彼は弟の死について哀切な言葉を書きのこしている。

彼はまた、グルノーブルの社交界にも出入りし、楽しみを求めたし、人気もあった。しかし、彼は、社交界に出て、世間を観察すると同時に、そこでの自分自身をたえず観察していた。彼は、社交やあそびを適当にたのしんだけれども、しかし「恋愛を第一義的な仕事とする」ことはせず、むしろ幸福と成功とを第一義的な目標として、そのための条件を追求するほうにむかった。彼が観察と反省によって知りえたことは、彼のような「若いブルジョワ」にとって、「途はあらゆる点で閉ざされている」ということであった。政治家になるにも、役人になるにも、軍人になるにも、低い地位ならともかくとして、すべては貴族の独占物であり、しかもそれがしだいに窮屈になりつつあった。ブルジョワジーは、才能と力とをもちながら、屈従に甘んじなければならない。バルナーヴは、「途はあらゆる点で閉ざされている」ことを痛感しながら、革命前の数年をすごした。

すでに知られているように、フランス革命の発端は王権とパルルマンとの対立・抗争に始まった。王権の「改革」に対するパルルマン・特権身分の反抗、これがフランス革命の序曲をなすものであった。一七八七年以来、この抗争がはげしくなる中で、バルナーヴはどのように考えたであろうか。この段階で絶対王政の「改革」をめざしたものは、パルルマンではなく、むしろ絶対主義官僚であったが、封建勢力にむかって譲歩を要求する「改革派」の大臣たちを彼は、支持しただろうか。あるいは封建的特権身分・貴族勢力を支持したであろうか。彼が選んだのは後者であった。彼は考えた――パルルマンが特権身分のとりでであることは明らかだ。しかし、現在の瞬間では、第三身分はパルルマンを支持すべきである。なぜなら、パルルマンは、今日では専制主義に対するもっとも有力な反対勢力であり、国民を動員する力をもっているばかりでなく、パルルマン自身が「三部会の招集」を要求することによって自己の行動を合理化することをよぎなくされている。第三身分は、パルルマンに同調して、三部会をかちとり、自己を自由にすることができさえすれば、その後の段階で、こんどはパルルマンを「裁判所」程度のものに圧縮してしまうことが可能であろう。ところが、もし、王権のパルルマン弾圧を第三身分が見送ったとしたら、パルルマンのつぎに弾圧されるものは第三身分それ自身であろう――。バルナーヴは、この戦術――パルルマンと第三身分とが結合して王権に抵抗するという戦術――をグルノーブルで実地にためす機会をもった。この戦術はみごとに成功した。これが最初のフランス革命といわれるグルノーブルの闘争であり、本編の冒頭で述べた「屋根瓦の事件」の闘争であった。

「屋根瓦の事件」をさかいにして、バルナーヴは、フランス革命のなかに登場してきた。しかし、この頃ドフィネにおける革命家の第一人者はバルナーヴではなかった。バルナーヴより三歳上のジャン＝ジョゼフ・ムーニエが第一人者であった。ムーニエは、同じくグルノーブルの有力な毛織物商の家に生まれ、二十一歳で弁護士となり、ついで王室つきの判事となった。彼は偶然の機会から、あるイギリス人と親交を結んで、イギリス議会制度の信奉者となり、モンテスキュがそうであったように、イギリスの議会制度をフランスに移し植えることを理想とするにいたった。彼はまじめな努力家であるが、無愛想で陰気な人間であった(肝臓が悪く、水しか飲まなかった)。しかし、八八年にはすでに妻帯して一家の父となっており、このことも作用してムーニエは、まだ三十歳にならないのに、すでにこの地方の政治的指導者と目されていた。バルナーヴは、このムーニエの補佐役、副官として、しばらくのあいだ活動する。

さて、「屋根瓦の事件」の一週間後、パルルマンの議員たちは、グルノーブルの市庁舎で、第三身分の名士たちの臨時集会を非合法のままで開催した。この集会は、王の勅令に対する抗議をくり返すとともに、七月二十一日を期してドフィネの三部会を招集すること、その集会における第三身分の代表の数は、他の二つの身分の合計と同数とすることを定めた。この決定は劃期的なものであり、八九年の革命議会で全フランスにわたって実現されたものの先駆をなすものであるが、この決定をうちだすためにバルナーヴがムーニエとともに活躍したことはいうまでもない。七月二十一日の三部会は、郊外のヴィジルの城館で開かれ、第三身分のすべてが一堂に会合し、採決は身分のいかんを問わず、個人別におこなわれた。この決定は文字どおり革命的な決定であった。フランス革命に先立って、ドフィネの第三身分は自力で革命議会の筋書きを完全につくりあげたのである。この集会は州三部会と、全国的な三部会の招集を要求し、また地方分権を克服して全フランスの統一を要求する決議を採択した。この決定は、直ちにムーニエの名によって、全国各地に通知され、革命の気運をいちじるしく昂揚させることとなった。

王権は、こうした情勢に直面して、結局、譲歩するよりほかはなかった。政府はドフィネの州三部会を認め、八月末にロマンで招集することを決定し、さらにヴィジルの集会後、十五日目には、八九年五月一日を期して全国の三部会を招集する旨が布告された。ドフィネの闘争はフランス革命の先駆としての役割を完全にはたしたのである。九月一日に招集されたドフィネの三部会は、ムーニエ、バルナーヴその他を立憲議会の議員に選出した。ときに、バルナーヴは弱冠二十七歳であった。

二　立憲議会へ

立憲議会が開かれた当時、ムーニエは早くも「三部会の調停者」として注目のまとになったが、バルナーヴはまだ無名の一議員にすぎなかった。しかし、一週間もたつと、バルナーヴがノートなしに即席で、きわめて論理的な、しかも力づよい演説をする卓越した能力をもつことが注目されはじめた。五月十九日、彼は第三身分を代表して貴族および僧侶身分と交渉する十六人の委員の一人に選ばれ、ムーニエ、ミラボー、タルジェ、トゥーレ、ル・シャプリエなどとともに、早くも頭角を現わした。しかし、この交渉は、バルナーヴ自身が見ぬいていたように、成功しなかった。第三身分は、非合法のうちに、自己の集会を「国民議会」と宣言して、革命の第一歩をふみ出したが、この議会の決意を王につたえるための宣言文を起草する委員に、バルナーヴは、ル・シャプリエ、ベルガスとともに再び選出された。

こうして革命議会と国王との間の対立が深まり、もはや動きがとれなくなったと思われたそのとき、バスチーユの破壊が起り、革命は決定的な前進をとげた。バルナーヴは、バスチーユの事件を「人類の年代記が示したもっとも美しい光景の一つ」として、郷里に書き送ったが、しかしバスチーユにつづいて起った一連の民衆運動の昂揚は、彼の政治的生命にも重要なかかわりをもつことになった。七月二十二日、ラリー＝トランダルは議会で、パリの民衆が悪質な汚職役人のフーロン、ベルチエを殺害したことを非難し、秩序維持のための宣言を発することを提案した。この提案は、もちろん、革命を恐怖する貴族に有利であり、また一般市民を革命からきり離すための手段でもあった。バルナーヴはここで発言を求めて演壇に上った。「諸君、ひとは昨日パリで流された血のために、われわれの同情を求めようとしている。しかし、この血はそれほど純潔なものであっただろうか。」バルナーヴは、秩序維持の宣言に反対して、できるかぎり早急に憲法をつくることと、ブルジョワの軍隊を急いでつくることを提案した。しかし、このバルナーヴの不用意な一言は、たちまち反革命派の利用するところとなった。貴族たちはバルナーヴと流血とをあらゆる方法で結びつけ、「死刑執行人バルナーヴ」「肉切人バルナーヴ」「小ネロン」等々の呼び名をつくり、はては料理屋で生焼きのビフテキを註文するのに「バルナーヴ」「バルナーヴ風の」ビフテキと呼ぶ流行語までがつくりだされた。

　バスチーユ以後、バルナーヴは革命を前進させようとして打撃をうけたが、彼の同僚ムーニエは逆に革命をくいとめようとして、同じく打撃をうけた。ムーニエは、心からの君主主義者であり、イギリス風の二院制と王の絶対的拒否権の支持者であったが、七月以来の革命の前進をおそれ、八月の議会ではラリー＝トランダル、マルーエ、クレルモン＝トネールなどと結んで、革命を絶対王政の修正という線でおわらせようと努力した。これによって、ムーニエとバルナーヴとの距離は急速に大きくなり、バルナーヴもまた議会の進歩派として、別のグループをつくって、同郷人ムーニエとの対決を準備する。アドリヤン・デュポール、アレクサンドルとシャルルのラメット兄弟、それにバルナーヴが加わったいわゆる三頭派《トリオムヴィラ》がこれである。

　ここで、バルナーヴの盟友、アドリヤン・デュポールとラメット兄弟について、簡単に紹介しておこう。デュポールは当時三十歳、弱々しい身体で肺病もちだが、知力にすぐれ、つよい精神の持ちぬし。父はパリのパルルマンの評定官で、彼自身も十九歳で評定官となり、パリ市内に城館と数家屋を所有した金持である。しかし彼は、ふつう考えられるような金持の息子らしい生活を送らず、「正義」への情熱から、法律の研究および政治行動に早くから没頭した。彼はパルルマンの一員でありながら、パルルマンの反動性を大胆に攻撃し、第三身分のなかに「正義」を認めた。三部会には貴族身分の代表として選ばれ、第三身分との結合を主張した。八月四日夜の封建制廃止にさいして、「議会は封建制を完全に破壊する」というラディカルな文句を通過させたのは彼であった。彼はバルナーヴのような一流の演説家ではなかったが、しかし、舞台裏での秘密工作に長じ、自由主義貴族を結集して、革命のお膳立てをつくる上では大いに貢献した。

ラメット兄弟のうちのアレクサンドル・ド・ラメットは、当時二十八歳、容姿端正な宮廷貴族である。革命前には女性関係が多く、アメリカ独立戦争に参加して、若いスマートな大佐として帰国した。彼は革命のなかでは、行動人、とくに術策にたけた「陰謀家」として行動する。

アレクサンドルの兄、シャルル・ド・ラメットは三十二歳、偉丈夫で、アメリカ戦争でヨークタウンの包囲を破って、勇猛をうたわれた人物。サン＝ドマング島の大地主の一人娘の話をきき、地主の居住地バイヨンヌへ出かけて、父と直接談判して、娘の婿になることを承諾させ、パリに帰って修道院学校にいる娘――美しい小娘――に面会を求め、直ちに結婚した。彼は、アルトワの貴族身分の代表として、革命議会に入り、第三身分との結合を熱望して目的を達した。血気にはやる人物で、それがまた民衆の人気を博した。革命中の民衆暴動によって、彼の城館の一つに火がつけられたとき、彼は嘆くどころか、だからこそ自分は不幸な民衆を愛するのだと叫んだという。

バルナーヴが親交を結んだデュポール、ラメット兄弟は、いずれも自由主義貴族、あるいは「貴族の革命家」と称すべき人々であった。バルナーヴ自身も母を通じて貴族につながるわけで、この点からも三頭派の結集がおこなわれる理由があった。しかし、三頭派は、貴族的利害を守ることに政治的生命をかけたのではけっしてなく、反対に貴族的特権を放棄して、自己とブルジョワジーの一体化を実現することに生きがいを見出だした。だから、かれらは立憲議会内の進歩派として「温和派」とたたかい、ブルジョワ的な改革の線をつよくおし進めたのである。

九月の立憲議会では、王の拒否権と二院制の問題をめぐって、ムーニエとバルナーヴがついに正面衝突した。ムーニエは、王の絶対的拒否権を主張して一歩もゆずらず、これに対してシエースは拒否権そのものを認めないという態度をとった。バルナーヴは、その中間をとって、拒否権は認めるが、それを制限つきのものとし、王は議会の定めた法律を、つぎの選挙がおこなわれるまで、一時停止させることができる。選挙によって、国民はその法律を最終的に決定する、と主張した。採決の結果は、絶対的拒否権に賛成が三二五票、停止的拒否権に賛成が六七三票で、バルナーヴの主張が勝利をおさめた。二院制の問題も圧倒的な多数で、左派の主張する一院制案が通過した。

しかし、八月四日夜の決議はもとより、人権宣言も、憲法の諸条項についても、国王の裁可を得ることは九月中かかってもできなかった。十月五日、議会は左派議員の非常な憤懣のうちに開かれ、議長のムーニエを国王のもとに送って法令の裁可を要請させるという決議を成立させるばかりになっていた。しかし、このときパリの民衆のヴェルサイユ行進部隊が議会に到着した。二人の男にひきつれられた二十人ほどの婦人(物売りの女たちのようで、雨と泥にまみれた服装)が請願のために議会にはいってきた。かれらはパンを要求し、また鎮圧のために出動した軍隊に抗議して、バルナーヴの表現によると、「いくらか粗野だが、しかし深く感動させる雄弁」をふるった。そこで議長ムーニエはパリ市の窮状をうったえるために、これらの婦人たちとともに国王のもとへ派遣されることがきめられた。ムーニエは、国王の居城で四時間ちかく待たされてのち、議会が要求した憲法の諸条項を国王は完全に受諾するという回答を文書で受け取った。ムーニエは「心のはりさける」思いで、ふたたび議会に引き返したが、これと反対にバルナーヴは、この間に議場を出て、六千から七千に達する武器をもった群衆のなかを歩き、人民の「つよく表明された」意志こそが、革命を救うただ一つの力であることにふかく感動している。

深夜の議会は朝の三時に閉会され、議員たちは宿舎に引き取ったが、しかし民衆は朝の六時に宮殿に侵入した。結局、国王は家族とともにパリに移ることを承認し、議会もまたこれに従ったことは周知のとおりである。この事件の翌日、ムーニエは傷心と恐怖にうちのめされてついに議員を辞職し、数日後にはグルノーブルに去ってしまう。この勝負はバルナーヴの決定的な勝利となっておわった。

ムーニエを倒してのち、三頭派たちは、いっそう結合をかため、活動を強化する。八九年の末には、ジャコバン修道院を本拠に「憲法友の会」を結成し、三頭派はその幹事となり、バルナーヴが綱領を作成した。三頭派の活動は緊密な連絡のもとにおこなわれ、当時のはやり文句に「デュポールは考え、バルナーヴは語り、ラメットは実行する」という言葉があるが、かれらの役割の分担を示すものであろう。

一七九〇年五月、議会は宣戦と講和の権利をめぐって、激しい討論を開始した。議会の右派や、王党派にとっては、もちろん宣戦・講和の権利は王権の一部であり、立法府の介入を許さないものであった。しかし、左派にとっては、この問題は単なる権限争いの問題ではなくて、革命の存続にかかわる重要性をもつものであった。げんに、イギリスとスペインとの間で紛争が起っており、この問題の解決しだいでは、イギリス、スペインの国王およびルイ十六世は、気脈を通じて戦争を挑発し、革命を圧殺しようとするであろう。ロベスピエールは、討論のなかですでにこの点を指摘した。

この討論でバルナーヴがたたかった相手は、ミラボーであった。ミラボーは革命の獅子と呼ばれた雄弁家であったが、しかしその立場は情勢に応じてめまぐるしくかわり、他の革命家のもっていたような一貫性をもっていない。彼は、ひそかに王と連絡をとって、大臣になり、収入を得ることを望んでいたが、この時まで目的をとげることができなかった。しかし、もし宣戦・講和の討論に成功すれば、彼は毎月六千リーヴルの手当と、議事の終了後、百万リーヴルを受け取ることになっていた。五月二十日、彼は演壇に上った。ミラボーは、右派と左派のいずれをも攻撃し、「中間派」の理論を展開した。彼の結論は、宣戦の権利を議会と国王のいずれにも認めないで、両者に平等の権利を与えるということであった。すなわち、国王は国の対外的安全に責任をもち、外交使臣を任命し、軍隊を配置し、陸海軍の指揮をとり、条約を結ぶ権限をもつが、議会はまた国王の決定を否認し、戦費の支出を決定する権限をもつというのである。この提案は、表面的には公平なものに見えるが、しかしミラボーの狙いは、これによって国王の事実上の権限を確保することにあった。つまり、国王が事実上の交戦状態をつくりだしさえすれば、あとはその既成事実によって議会を圧倒することができるのである。この意味で、国王(執行権)の主導性は実際上はあくまで維持されているのに対し、議会の権限は架空のものにすぎない。三頭派は、すぐさま、ミラボーの策略を見破った。バルナーヴは翌二十一日、ミラボーとたたかうために演壇に上った。

宣戦・講和という重大問題をせおって演壇に立ったバルナーヴは、二十七歳とは見えないほどしっかりした態度であった。彼の顔つきは、鼻がやや上向きで、口が大きく、造作はととのっているとはいえないが、しかしそれもまた彼の魅力の一つであった。「ひろい額は知性を示し、痩せた蒼白い容貌は内に秘めたエネルギーを物語るが、他方、栗色の捲毛と美しい笑顔、ゆき届いた身支度はひとに好感をあたえる。声は気持のいい声で、力づよさはないが、きわめて明せきである。」(ジャン゠ジャック・シュヴァリエ『バルナーヴ』) 彼は「反省の習慣をもつ人間に特有の性格」つまり品がよくて、しかも権威にみちたパーソナリティとされる。同時代人の評言によると、「青春のあらゆる優雅さをもつが、火もしくは焔をもたない。なぜなら、それは彼の内部で燃えているからだ」とある。この「意識的な冷静さ」、あるいは感情抑制は、ドフィネ人に特有のもので、ミラボーの南仏人的な熱狂ぶりとはまったく対照的であった。

五月二十一日、傍聴席は満員で、議場の外には群衆がつめかけた。バルナーヴの論理は単純で明快であった。彼は、人民主権と権力分立の原則と、一般意志の表現としての法律の性格について注意をうながしつつ、こう結論した。以上のことから、宣戦という一般意志の行為は、人民の代表者によっておこなわるべきである。ミラボーの「中間派」的提案は、権力の混乱を来たし、憲法上の無政府状態をつくりだし、それによって実質的には王権、すなわち大臣たちに利益を与えるものにすぎないと。バルナーヴの演説は、激しい拍手によって、いくども中断された。バルナーヴの勝利はもはや明白であった。しかし議会は、カザレスやミラボーその他の右派の抗議によって、直ちに採決に入らなかった。議事はなお一日、延長されて、翌日にもちこされた。

翌日は、さらに多くの群衆がおしかけた。議場の窓ぎわの傍聴者は、議場の様子を刻々にしらせる通信文を紐にぶらさげて、窓のそとにおろした。すぐさま、それが写しとられて、民衆の間に配られ、拍手と歓声がわき起った。議場では、ミラボーに賛成するデュケノワ、ル・シャプリエ、バルナーヴに味方するデュポールの演説がつづいて、ミラボーが立ちあがった。彼はあくまで真摯な調停者として、対立した意見の調整を求め、また自分を「裏切り者」と非難する者に対して、力づよく反論した。彼はバルナーヴの論点を一つ一つあげて、バルナーヴが憲法をまったく知らないこと、彼が問題を正しくとり上げていないことを指摘しながら、バルナーヴのいうように、国王が権利を濫用するものならば、それではバルナーヴは王政を廃止しようとしているのか、と問いただす。「では聞きたい。国王は存在しなくてもよいのか。役に立たぬ国王だけが存在してもよいとは、よもやいうまい。」これは三頭派の弱点を正確にあばき出し、同時に、一般の君主政擁護の感情をうまく利用した発言であった。このミラボーの演説によって、空気は一変した。ラファイエットが、それに追い討ちをかけてのち採決がおこなわれた。ミラボー＝ル・シャプリエの提案は絶対多数で承認され、バルナーヴは敗れた。しかし、左派は、国王は議会を無視して、宣戦することはできない旨の修正動議を提出して、ミラボー案の危険性を部分的に防止することに成功し、ミラボーとバルナーヴのたたかいは、両者あいうちの形でひとまず幕をとじた。

この年の八月、バルナーヴは議場での悪口の応酬から、右派のカザレスと決闘した。決闘はブーローニュの森で、イギリス渡来のピストルでおこなわれた。カザレスは傷つき、バルナーヴは無事であった。バルナーヴの身体を心配する世論は猛然と起り、マラーやグレゴワールなどの「民主派」は、これをとらえて、バルナーヴの頭の古さを攻撃したが、一般的には彼の人気は、いっそう高くなった。この年の十月、十一月には、彼の革命家としての人気は最高潮にたっした。彼は「革命の寵児」であり、デモクラシーと人民主権の「体現者」であり、「人民の気に入り」の人物であった。

十月二十五日、バルナーヴは国民議会の議長に選ばれた。任期は十五日間で、任期中には重要な事件がなかったが、彼の名声が高まったことは疑えない。しかし、この人気の絶頂は、同時にバルナーヴの没落のはじまりでもあった。三頭派は、もはや革命は基本的な意味で達成されたのであって、のこる問題は革命によってつくられた新しい秩序をいかにして維持するかだけだと考え始める。バルナーヴはジャコバン・クラブで語った。「自由を獲得することはもはや問題でなく、それを保持することが問題なのだ……専制主義をくつがえそうとするときは、たとい反乱が必要であるにしても、自由な政府を維持するためには、それにもまして平和が必要なのだ。」バルナーヴは、けっして立憲君主政以上のものを望みはしなかった。新しい憲法は、すでに絶対王政を廃棄して、人民主権を確定している。国王は立憲君主として再生し、人民と結ばれるだろう。これ以上、革命になにを望む必要があろうか——これが三頭派の到達した新しい考え方であった。

バルナーヴのこの態度は、議会内の急進派、デモクラットに対する挑戦であった。右翼とたたかってきたバルナーヴは、こんどは一転して左翼とのたたかいを始める。しかし、この闘争は受け身のたたかいであり、より多くの困難と苦痛とを覚悟しなければならなかった。

三　植民地問題

バルナーヴの新しい敵は、ブリッソであった。ブリッソは、のちのジロンダンの指導者、この当時は在野の一ジャーナリストであったが、すでに革命前から「黒人友の会」のリーダーであり、また新聞「フランスの愛国者」を発行して、反王政的、共和主義的傾向を代表していた。彼がバルナーヴ攻撃に転じたきっかけは、植民地問題であった。いわゆる仏領西インド諸島、サン゠ドマング、マルチニックなどを含むアンチル諸島の住民を、どう取り扱うかという問題である。植民地問題こそ、後年バルナーヴ自身が告白しているように、彼の政治生活のつまずきの始まりであった。では、植民地にはどのような問題が存在したのだろうか。

アンチル諸島との貿易は、フランスの当時の対外貿易の大半を占めるほどの重要性をもつものであったが、砂糖・コーヒー・煙草・棉花などのいわゆる「植民地物産」は、四十五万人にあまる黒人奴隷の血と汗の結晶であった。これらの黒人を支配する白人は約三万人、そのうち少数の大栽培企業者《プランター》や、大砂糖園主が「大白人《グラン・ブラン》」と呼ばれ、経済と政治の中枢部を支配していた。「大白人」と黒人との間には、下層白人たる「小白人《プティ・ブラン》」、白人と黒人との混血による「混血人《ミュラートル》」がおり、いずれも強い人種的偏見をもち、対立していた。白人と黒人とのあいだ、混血と白人とのあいだ、混血と黒人とのあいだには、軽蔑と憎悪と差別感が深刻であった。とくに、当時、問題となったのは混血人であった。かれらは、その数約二万四千人、土地の三分の一を所有し、また十万人以上の黒人を使役しており、経済的にはしだいに白人を凌駕する勢いを示しつつあった。それにもかかわらず、かれらは職業についても、住居についても、服装や言語にいたるまで、徹底的な差別待遇を白人から加えられていた。かれらは、「黒人友の会」を通じて、身分的・政治的解放をたたかいとるために活動していた。

これに対して、白人とくに「大白人」は混血人に自由を与えることは、黒人奴隷の反抗に油を注ぐことになるとして猛烈に反対したばかりでなく、かれらはこの問題をてこにして本国からの分離運動を展開しようとした。つまり、かれらは植民地貿易を本国が独占することに反対し、フランス以外のどこの国とも自由に貿易することを希望していたが、折からアメリカの独立戦争が成功したのに刺戟されて、本国からの独立をひそかに準備していたのだ。

革命が始まると、植民地の動揺は一挙にはげしくなった。混血人や黒人は本国の人民と同じ政治的自由が与えられるものと考えて立ちあがったし、また「大白人」はこの機会に本国から独立しようとして、本国とは無関係に「植民地議会」を招集し、フランスへの不服従運動を始めた。こうして、フランス革命議会は、いや応なしに、この問題に対処することを迫られた。

一七九〇年三月、立憲議会は植民地問題についての特別委員会を設置し、バルナーヴ、アレクサンドル・ド・ラメットは植民地関係議員や貿易都市出身の議員とともに委員会に入り、バルナーヴがその報告者となった。植民地委員会の結論としてバルナーヴが本会議に提案したものは、要するに立憲議会は植民地における既成事実を承認すること、したがって立憲議会がフランス国民について定めた政治的解放の諸法律は植民地には適用されない、また植民地自身の必要とする制度を本国議会に提案することができるという内容であった。前に述べたように、九〇年のこの時期は、バルナーヴあるいは三頭派は、国内政治の上で勇敢な革命の闘士として精力的に活動していた。その同じ人物が、植民地問題では、なぜこれほど保守的になって植民地での改革はいっさいおこなわないという態度を示したのだろうか。

これについては、まずバルナーヴがシャルル・ド・ラメットと親交を結んでいたこと、ラメットはサン＝ドマングの大地主の婿、つまり「大白人」の一員であり、この交友関係がバルナーヴを動かしたことが一因であろう。バルナーヴあるいは三頭派は、地主的利益そのもの——それは近代的土地所有者の利益であるが——を擁護するためには、革命のかかげた自由と平等をぎせいにすることもやむをえないという立場をとったのである。いずれにしても、バルナーヴがこの問題で示した態度は、ひとを驚かすのに十分であった。若干の急進派の議員はバルナーヴの変節を不満としたけれども、しかし議場の全体の空気は、植民地問題さらには人種問題という厄介な、不面目な、そして危険な議題から大急ぎでのがれたい、したがって討論は省略して直ちに採決に入るという状況であった。それはブルジョワ地主の急所にふれる問題だったからである。こうした空気のなかで、バルナーヴの提案が可決された。

しかし、これは植民地問題をなんら解決することにはならなかった。七月末に、「大白人」は「植民地議会」を招集してフランス議会に敵対することを宣言し、「植民地議会」独自の方針にもとづいて外国との通商を開始した。植民地に駐屯するフランス軍隊に対する反乱が起り、総督の指揮による武力弾圧がこれにつづいた。植民地議会の議員のうち八十五人が、弾圧をのがれて、要求貫徹のために本国におもむいた。しかし、バルナーヴは、この植民地の反乱に対して、激しい非難の声をあびせかけた。彼は、フランスが植民地を失うことを許すことができなかった。ちょうどそのとき、サン＝ドマングの北部の地方議会は、「大白人」の運動に参加せず、フランス本国の宗主権を認めた上で、本国議会に対する一つの提案をおこなってきた。その提案は、バルナーヴが三月に定めた法律では、植民者(白人)の地位がまだ不安定だから、フランス議会は植民地からの明文をもってする確実な要求がないかぎり、「人間の身分」について何らの法律をつくらないことを宣言せよということであった。つまり、三月の法律は、身分・奴隷制・黒人などの言葉をタブーとしてあつかって、それを頰かむりで避けたわけだが、この提案は革命議会に革命の原則そのものをはっきりと棄てることを要求したのである。しかし、バルナーヴは即座にこの提案をうけ入れて、植民地の分離運動を終結させることを決意した。十月十二日、彼の提案は再び、三月のときと同じく、討論ぬきで議会を通過した。

この十月の決定は、ブリッソをひどく憤慨させた。彼は『バルナーヴへの手紙』を発表して、バルナーヴが植民地問題について、人間性・自由・平等を合言葉とする哲学を放棄し、現実政治家に転落したことをはげしく攻撃した。「デモクラットは、自己の原則において不屈であり、その行為において不変であるべきだ。」「もし哲学がなかったなら、革命や憲法はどうなっただろうか、一体、バルナーヴ自身がどうなっただろうか。」哲学を放棄したバルナーヴは「にせの愛国者」であり、「にせのデモクラット」である。バルナーヴは、植民地の「栽培企業家《プランター》に誘惑され、かれらの原則を受け入れてしまった」のだ——。

ブリッソのこの攻撃は、全面的であり、徹底的であった。バルナーヴは、これにどう答えたか。彼は、終始一貫、答えようとしなかった。世論は、バルナーヴの反撃、ないしは釈明を期待していた。しかし、彼は答えなかった。なぜ、彼が答えなかったか。その本当の理由は、よくわからない。のちになって、彼は「わたしの公的生活のこの時期は、わたしが完全には自分自身でなかったただ一つの時期であった」と回想しているが、そうだとすれば、ブリッソが指摘したように、バルナーヴは「答えない」のではなくて、「答えられないのだ」というのがあたっていたかもしれない。

しかし、それではブリッソははたして「真のデモクラット」としてバルナーヴを批判したのだろうか。これについても疑問は多い。この年の末、ミラボーが例の策動をはじめ、革命憲法を改悪して、行政権力を強化する方向に動き出すが、そのさい、彼が攻撃目標としたのは、バルナーヴ一派であった。彼は人気の絶頂にあるバルナーヴをたたきおとすために、一方では、右の線からの攻撃をつよめるとともに、他方では、バルナーヴよりも左の線からのバルナーヴ攻撃をあおり立てる作戦を進めた。左翼からの攻撃にバルナーヴがもし対抗すれば、彼の人気は落ちるし、もしそれに譲歩すれば、国内の混乱がひどくなり、国王側はバルナーヴを危険人物と見なすようになるだろう、――これが、ミラボーの戦術であった。このとき、ブリッソが『バルナーヴへの手紙』で猛烈な攻撃の火の手をあげた。この間に、ミラボーとブリッソのあいだでどういう約束がなされたかは不明であるが、しかしブリッソがミラボーの作戦に完全に「はまっていた」ことは否定することができない。

ここで、植民地問題のその後の経過をついでにたどっておこう。植民地の紛争は、翌一七九一年の春になって、またもや燃えあがった。このとき、ミラボーはもはや亡く、議会でバルナーヴとたたかったのはロベスピエールであった。五月十一日、議会は、「大白人」の独立運動、軍隊の反乱、「混血人」の蜂起をめぐって討論をおこなった。バルナーヴは、いぜん「慎重」と「賢明」と「忍耐」を説くにとどまったが、翌日、ロベスピエールは「大白人」を攻撃し、白人の優越を意味する現行法をつよく批判した。討議はその後三日間つづけられ、ロベスピエールは人権の擁護者として再三、熱弁をふるった。五月十五日、デモクラット派の一人、ルーベルが妥協案を出した。それは、自由民たる父か母をもつ「混血人」にかぎって政治的権利を与えるという案であった。左派議員の大部分は、この提案を歓迎し、討論のうちきりと採決を要求した。バルナーヴは、この案をくいとめようとして登壇したが、左派の怒号に圧倒されて一度は壇をおりねばならなかった。しかし、再度発壇してこの案の危険性を説いたが、ついでロベスピエールが発言を求めて、バルナーヴに反撃を加えた。ロベスピエールは、原則を無制限にまもることを主張して、妥協案を認めない態度を示したが、採決の結果は予想どおりルーベル案が採択された。バルナーヴは、完全に敗北した。

四　ヴァレンヌ逃亡事件

植民地問題を討議した五月の立憲議会は、その他にも多くの討議材料をもっていた。たとえば、議員は大臣になりうるかどうか、国民衛兵の構成をどうするか、民衆運動にどう対処するか、立憲議会の議員はつぎの議会に再選されうるかどうか等であった。これらの議題をめぐって、バルナーヴ一派はロベスピエールと正面衝突した。議題によって勝ち負けは分かれたが、しかし民衆の支持は、勝っても負けても圧倒的にロベスピエールのほうに移った。議員の再選を認めるか、認めないかというさいごの論戦では、再選によって政局の主導権を握ろうとした三頭派に対して、ロベスピエールの反対論が勝ちをしめた。敗北した三頭派は、ジャコバン・クラブから脱会し、ラファイエットとの接近をはかって、ロベスピエール、ビュゾ、ペチヨンという新しいジャコバンの三頭派に復仇する機会を狙うこととなった。

一七九一年六月二十日、バルナーヴの政治生活のさいごを飾る大事件が勃発した。それはルイ十六世がひそかにパリをのがれて逃亡したことである。この事件こそは、バルナーヴの運命を最終的にきめたものであった。国王の逃亡という非常事態が起ったとき、バルナーヴの発言権と役割は大きくなった。議会は、もはや原則を討議する場所ではなくなって、応急処置をきめる場所となったからである。国王を護衛する任務にあったラファイエットの責任を問う発言に対して、バルナーヴはラファイエット弁護に立ち、全議員の団結を訴えて、喝采を博した。翌日、国王がヴァレンヌで逮捕されたという情報が入り、議会は国王護送のために三名の派遣委員を任命した。人選は議会の各分野を代表するようにおこなわれ、ラファイエット派からラトゥール＝モーブール、左派からバルナーヴ、極左＝民主派からはペチョンとなった。

バルナーヴにとって、国王はもはや敵ではなかった。革命はもはやおわった、と考える彼にとって、国王は必要な存在であり、国王と議会との結合＝相互承認こそが残された課題であった。バルナーヴは、心のなかでは国王が逮捕されたことを遺憾としていた。もし、国王が逮捕されなかったら、独立の地位にある国王と議会との互譲によって交渉が成立する可能性が生まれただろうし、また民主派の力もこれほど強くはならなかっただろう。バルナーヴは、いかにして国王、したがって王政を救うかについて心をめぐらしながら、出迎えの馬車に乗り込んだ。馬車は、六月二十三日の朝出発して、夜の八時頃、国王たちの四輪馬車と出会った。馬車から降り立った二人の夫人――マリー＝アントワネットとエリザベス夫人(王の妹)――は、派遣委員にむかって言った。「王はけっしてフランスから脱出するつもりはなかったのです」と。ルイ十六世も同じことを語った。バルナーヴは、これを聞いて、ペチョンに聞こえないように、低くつぶやいた。「もし国王がもう一度、同じことをいうのを忘れないでいてくれたら、われわれは彼を助けるだろう。」

バルナーヴとペチョンは、国王の馬車に同乗することとなった。総勢八人では車内は窮屈だった。バルナーヴは、王と王妃の間にすわり、王子は王妃の膝にとられた。ペチョンは向い側のエリザベス夫人とトゥールゼル公爵夫人の間にすわり、王女はトゥールゼル夫人が抱きとった。こうして、パリまで二日間の旅行が始まった。馬車は、集まってきた民衆の罵声と監視にさらされながら、六月の暑さのなかをゆっくりと進んでいった。

馬車のなかで何が話されたか。アントワネットはバルナーヴにむかって、民衆の忘恩について、自分のうけた苦痛について嘆きを語った。国王は、自分に拝謁を求めにきた一領主のことについて話した。その領主は、怒りに狂った群衆によって、王の面前で斬り殺され、殺害者は血まみれの手に領主の首をつかんで、これ見よがしに、王の馬車へ寄ってきて振り廻した。マリー＝アントワネットは言った。「なんと恐ろしいことでしょう。この領主は、教区で多くの善行をした人でした。ところが、その教区の住民が彼を殺したのです！」ある時、彼女は馬車につき従う国民衛兵に鳥の腿肉を与えようとした。それを見た群衆のなかから叫びが起った。「食べてはいけない！　毒殺されるのがわからないのか」と。彼女は、その時のことを思い出して身をふるわした。「おお、こんな疑いをうけて、どれほど憤慨したことでしょう、すぐさまこの肉を王子たちにわけてやり、私自身も食べてやりましたの。」

バルナーヴの気持は、しだいに王家への同情に傾いていった。同時にまた、彼の出身、彼の挙措動作、彼の言葉つきは、サント＝ブーヴがたたえたように、王やアントワネットにとっても不愉快なものではなかった。ペチョンが、ことごとに説教口調で話をし、尊大で粗野な態度を示したのに対して、バルナーヴは熱心な聞き手であり、王子の世話も見るという風であった。王は後になっていった。「私たちはまったくバルナーヴが気に入った。」アントワネットはいう。「バルナーヴは大へん良いが、ペチョンは不作法者です。」

バルナーヴがアントワネットとの間に、秘密の通信・連絡をおこなうという約束をかわしたのが、この旅行中のいつであったかはわからない。パリに帰ってのち、バルナーヴの裏切り、内通が問題となったとき、彼はペチョンの証言を求め、旅行中、一刻もペチョンと離れたことがないことを立証しているが、しかし旅行中、昼食のため立ち寄った市長舎の庭園で、あるいは馬車のなかでの午睡のひととき、わずかのひまを盗んで、両者の話し合いができたことは疑えないようだ。しかし、バルナーヴは無条件で国王側に加担しようとしたのではなかった。彼はただ、国王が憲法を認め、革命議会と妥協するかぎり、国王を弁護し、王政の存続をはかることを決意したのにすぎない。

六月二十五日の夜七時、馬車はパリ市民が怒りを沈黙のうちにこめて静かに出迎えるなかをチュイルリー宮殿に帰った。議会は、逃亡をはかった国王をいかに取り扱うかを議題として、七月に入ってはげしい討論をくりひろげた。議会では、ルイ十六世の廃位を要求するオルレアン派、国王の裁判を要求するジャコバン派、国民投票を主張するコルドリエ・クラブなどの強硬論が有力であったが、しかしバルナーヴをはじめ三頭派は、国王の不可侵性を規定した憲法の条項をたてとしてこれとたたかった。もし王政を廃止すれば、これまでの憲法や、憲法上のいっさいの制度は瓦解し、無秩序と混乱が起り、過激派が財産の分配すら要求するようになるだろう。国王の行為は、たしかによいとはいえない。しかし、それを理由として、大きな変革を試みることは、いっそう危険である。「罪を犯した個人にたいしてこれほどムキになって昂奮する人々にむかって、わたしはいおう。そうだとすれば、もしその個人が諸君の気に入ったら、諸君はその人間の足許にひれふすのであるかと。」「われわれは革命をおわらそうとしているのか、それとももう一度始めようとしているのか。」もし、もう一度、革命が始まれば、それはいま一つの貴族制たる「財産の貴族制」をかならず破壊するにいたるだろう。それでも、諸君はなお国王を攻撃しようとするのか——これがバルナーヴの主張であった。

議員たちはバルナーヴに圧倒され、反対派はほとんど影をひそめた。しかし、議会外の民衆の怒りは高まり、ラファイエットのひきいる数千の軍隊が議会を護衛する必要があったほど事態は緊迫した。七月十六日、バルナーヴ一派はフイヤン・クラブを結成して、ジャコバンとたもとを分かったが、その翌日十七日には、シャン・ド・マルスに集合したコルドリエ派の共和政請願の行動が弾圧され(シャン・ド・マルスの虐殺)、十八日の議会ではバルナーヴの支持のもとに、過激派の新聞を停止させ、コルドリエ・クラブを閉鎖し、その指導者たちを逮捕する法令が通過した。バルナーヴは、こうして王政を救うことにひとまず成功した。

バルナーヴの右のような行動は、彼が舞台裏でひそかに宮廷と接触していたことの現われであった。秘密の文書往復は、宮廷の侍女の夫を介して、アントワネットとバルナーヴ、ラメットとの間でおこなわれた。バルナーヴがマリー＝アントワネットに進言したことは、王が亡命貴族の帰国をうながす宣言を出すことと、アントワネットが兄のオーストリア皇帝に働きかけて、皇帝がフランスの新憲法を承認する宣言を出すようにすすめること、この二点であった。バルナーヴは、これによって外患を一掃し、立憲王政を確立することができると考えたのである。しかし、このバルナーヴの期待は実現さるべくもなかった。アントワネット、あるいは宮廷勢力は、それほど甘いものではなかった。アントワネットは、一方では三頭派をひきつけておきながら、他方、フェルセンを通じて諸外国をフランス革命圧殺の戦争にひき入れる方策をぬかりなく講じていた。アントワネット自身、革命憲法を認めるつもりがないのに、どうして彼女がそれをオーストリア皇帝にすすめるであろうか。これは明らかにバルナーヴの誤算であった。

しかし、バルナーヴはいぜんとして議会でも、彼の考えるコースを実現しようと努力した。彼は憲法の条文を確定し、修正する委員会において、すでに議決された条項を改めて、できるだけ王政と衝突しないように憲法をつくりかえる仕事を八月中かかっておこなった。バルナーヴは、かつて彼自身が通過させた憲法条項を、こんどはみずから取り消すために躍起にならざるをえなかった。当時の新聞が書いたように、「九一年のバルナーヴは、八九年のバルナーヴを見そこなうだろう」とか、「二つの顔の紳士」とか、「第二のムーニエ」とかの非難が、彼に投げかけられた。ロベスピエールは、雄弁をふるって彼に反対した。しかし、バルナーヴはかつてロベスピエールが擁護した植民地の混血人を解放する法令までをも撤廃させることに成功した。九月いっぱいかかって、立憲議会の仕事はおわり、議会は「国王万歳」の声を残して、ついに解散した。

結　び

立憲議会がおわってもバルナーヴは、すぐにはグルノーブルに帰らなかった。翌九二年の一月まで、約三ヵ月間、彼はパリにあって、王政維持のために努力を傾けた。しかし、王と革命とを調和させようとする彼の努力は、王室の側からの同意も、また立法議会の同意をも得ることが困難であった。十一月、立法議会は、亡命貴族に対して断乎たる処置をとる法令を可決したが、バルナーヴはこれに対して、王がこの法令に拒否権を発動すること、王は憲法を守る旨を亡命貴族にむかって宣言すること、その他の意見を王に伝達した。この意見書は、「アレクサンドル・ラメットおよびバルナーヴ氏との協議による大臣委員会の草案」という表題がつけられて、チュイルリー宮殿のなかにしまわれた。八月十日の革命でこの文書が、立法議会の手に入り、これがバルナーヴのいのち取りとなったのである。

九二年一月、バルナーヴは仕事をデュポールに託して、グルノーブルに帰った。郷里で彼は休息と思索の数カ月を送ったが、しかしパリの政治情勢は、バルナーヴの期待をまったく裏切る方向へ急速に進んでいった。しかし、バルナーヴは動こうとはしなかった。彼は別荘のあったサン＝テグレーヴの国民衛兵の司令官になり、さらに大きな地区の司令官になろうとして失敗におわったほかには、目立った動きを見せていない。しかしこの悠々自適の生活もながくはつづかなかった。八月十九日、彼はサン＝テグレーヴの自宅で逮捕され、グルノーブルの牢獄に護送された。逮捕の理由は前に述べた文書が発覚したことであったが、しかし、彼はもしそれだけの理由だとしたら、無罪をかちとるのに十分な自信をもっていた。なぜなら、その文書に述べられていることはまったく合法的であるばかりでなく、またそれは彼自身の執筆したものでないことは明らかだったからである。グルノーブルの牢獄に入れられた彼は、この機会を利用して『フランス革命序説』を執筆し、革命と政治についての自分の考えを書きのこした。

彼が捕えられてのちの一年間に革命の情勢は大きく変った。国王は処刑され、モンタニャールがついに政権をにぎり、まさに「恐怖政治」が開始されようとしていた。九三年六月、彼はドフィネのバローの城砦に移された。テオドール・ラメットは国民公会《コンヴァンシヨン》のダントンを通じて、バルナーヴの釈放を求めたが、バルナーヴ自身は国民公会に釈放を嘆願するということの試みを受けつけなかった。国民公会は国王を殺害したではないか、そういう連中に哀れみを乞うことがどうしてできよう、というのが、彼の主張であった。それだけではない。彼が収容されていたバローの城砦は、窓も低く、柵も不完全で、しかも国境に近い上に、ただ一人の監視人がいるだけで、もし彼が逃亡しようと思えば、容易に逃亡できる状態であった。あるとき、その一人の監視人が居ねむりをしていたのをバルナーヴは、わざわざ彼を起して注意をあたえてやったという。逃亡をすすめる友人もあったが、彼は断乎としてそれをしりぞけた。「もしわたしが国事に関係のない人間だったら、亡命することもできたでしょう。しかし、わたしは国事に積極的な役割をはたしてきた以上、あなた方が案じて下さる危険が明白に存すること自体が、祖国を去ることをわたしに禁ずるのです。いまの祖国はなんと不幸なことでしょう！」これが彼の態度であった。およそこうした言葉は政治に生命をかけた政治家のみがいいうる言葉であろう。

しかし、パリの政情は彼の側にますます不利に展開した。立憲君主政派のみならず、ジロンダンも断頭台に送られ、モンタニャールの強力独裁が進行していった。こういう状況のもとで、十月の末、ついに彼をパリに移送せよという命令がとどけられた。パリ送りになれば、死刑はもはや確定的であった。彼は「望みをもたず、しかも平静に」護送車に乗り込んだ。母と妹も、彼のあとを追って、パリに旅立った。

十一月二十七日、革命裁判所での公判が始まった。翌日、バルナーヴは起訴事実に対して理路整然たる駁論をおこなった。このときまでにすでに、マリー＝アントワネットをはじめ、ブリッソ、ロラン夫人などのジロンダンもすでに処刑されたあとであった。バルナーヴは、ブリッソが植民地問題を理由として処刑された事実をあげて、ブリッソと正反対の立場をとった自分が、同じく植民地問題を理由に裁かれるのは納得できないとして反論した。バルナーヴの弁論は、かなりの影響を与えたが、しかし裁判長は弁論の打ち切りを宣し、やがて反逆罪の故をもって、二十四時間以内に死刑に処する旨の判決文が読み上げられた。すべてはおわった。

一七九三年十一月二十九日の朝、バルナーヴは、家族とのさいごの面会も許されないままで、刑場へ引かれて行った。パリの民衆は静かにバルナーヴを見送ったが、ただある町角に固まっていた王党派だけが彼を罵った。「バルナーヴよ、お前の血は純潔なのか」と。王党派は、まだバルナーヴへの憎しみを棄てなかったのだ。しかし、彼は、「しっかりした静かな」態度をさいごまで失わなかった。一説によると、彼は、断頭台でのさいごの瞬間に天を仰いで、「これが自由のために私がおこなったすべてのことの代償なのだ」と叫んだというが、確かなことはわからない。

あとがき――本稿は桑原武夫編『フランス革命の指導者』創元歴史選書、一九五六年、所収「二つの顔の革命家・バルナーヴ」に手を加えたものである。なお本稿の作成に当ってつぎの書物を参照した。Œuvres de Barnave, éd. par Bérenger de la Drôme, 1843, 2 vol., Chevalier, J.-J.; Barnave ou les deux faces de la Révolution française, 1936; Barnave, Introduction à la Révolution française, éd. par Rude, F., 1960. なお、バルナーヴの思想については、本書第九章参照。

補論

第一二章　フランス革命の思想的「原型」

一

「革命陰謀説」は、フランス革命の研究者にとってはすでになじみ深いものである。フランス革命は、少数の陰謀家が計画し、巧みに民衆のうちの不平分子を煽動したために起ったのであって、革命そのものはなんら必然性をもつものでもなければ、民衆の希望を実現するものでもなかった。それは少数の「精神錯乱者」と不平分子とが、むりやりにつくり上げた突発事件でしかあり得ない。——大体、こういう想定である。こうした想定は、フランス革命というわれわれにとっては外国の、しかも一五〇年以上も前のことで人々の周知している事件に適用されてみると、たわいもない想定と思われるかも知れないが、しかしこの想定は決してわれわれにとって「ひとごと」ではないことは明らかである。フランス革命の研究史ではこの「陰謀説」がテーヌ以来、反革命派の歴史家によって現在までひきつがれていることは注目されなければならない。しかし「陰謀説」は、もちろん革命史研究の主流ではありえないが、しかし当時の人びとが陰謀や謀略の存在を広く信じて、それに影響されたことは事実であり、また実際に王室や反革命の貴族たちを初めとして数おおくの陰謀がめぐらされた。「陰謀説」は簡単に否定できないのである。

さて、フランス革命という一大陰謀事件(?)の主謀者あるいは共同謀議者として告発されているのが、これから扱おうとする啓蒙思想家たち、あるいは哲学者《フィロゾーフ》と呼ばれる人々である。かれらはフランス革命の勃発する四〇年ほど前から積極的な活動をはじめ、フランス革命にも顕著な影響を与えたとされる人々であるが、「陰謀説」によるとこれらの「精神錯乱者」たちこそ民衆を教育し、煽動して革命を勃発せしめた責任者だということになる。テーヌはこの限りでは革命における一八世紀思想家の役割を重要視するわけだが、これに対してまったく実証的な立場からこれを割引きして考える研究もすでに現われている。モルネの研究がこれであるが、しかしここではこうした点のせんさくに入ることなく、一八世紀フランスにおけるいわゆる革命的思想家がなにを問題としたか、その立場はいかなるものであったかを思想家自身に直接に尋ねて、回答を得ることとしよう。

ひろく啓蒙思想家といわれている人々を、わたしは次の三つの系統に分けて考えたいと思う。その一つはフィジオクラートあるいはエコノミストと呼ばれるグループで、いうまでもなくケネーを中心とする経済学者たちである。第二は『百科全書派』あるいはフィロゾーフと呼ばれる人々で、ディドロを中心とする「百科全書」への協力者である。哲学者グループといってもよい。第三には、明確なグループを作ることなく、時として前の二つのグループに接近したり加入したりするが、本質的には孤立している人々がある。ルソー、マブリー、モレリー等の政治思想家あるいは社会思想家が含まれるが、そのうちの代表的な人物はもちろんルソーである。以上の三つの思想家群のうち、フランス革命とのつながりにおいて特に問題となるのは、後者の二つであるとわたしは思う。第一のフィジオクラートは、もとより無視することはできないが、革命との関連からいえば、その立場はもっとも保守的であり、本章ではこれを革命的思想家の枠からはずして考えることとしたい(1)。そこで、第二と第三、とくにディドロとルソーに問題をしぼることとなるが、その前にこれらの思想家が革命をどう考えていたかという点から出発することにしたい。

簡単に要約すればこうである。革命的思想家のうち、抽象的な意味で革命の正当性を明らかにした者はあるが、しかし現実の問題として革命を主張し、民衆を動員しようとしたものは誰れひとりないということだ。理論的に革命の可能性と正当性を明らかにした著作としては、ルソーの『社会契約論』その他があるが、しかしそのルソーにしても現実的な意味では革命の非人間性と混乱とを指摘して、むしろこれを恐怖している。(2) ルソーにしてそうだから、フィロゾーフやフィジオクラートについてはいうまでもない。しかし、革命を好まないということと革命が起るか起らないかということの認識とは区別しなければならない。一般に一八世紀の思想家は、革命を好まないにせよ(これには絶対主義の制約があることはいうまでもない)、当時の社会情勢が革命に向って進んでいることを認識していたといってよい。そして革命的破局に対処するためにこそ、かれらは種々の改良策を呈示したのである。フィジオクラートの一員ラ・リヴィエールがヴェルサイユ宮のなかで語った言葉、「わが国は、中国のように征服されるか、または何らかの大きな内部的てん覆なしには一新されません」という言葉はポンパドゥール夫人の侍女をいたく驚かせたが、(3) ケネー自身にしても一七五八年、「国王の収入と権力との崩壊にたいして、非常手段をとらねばならない。今日ひとはこの崩壊──しかもそれは恐るべき程度のものだが──を感じはじめているのだ」と書いて、危機の深さを訴えている。(4) ディドロは『百科全書』八巻(一七六六年)の序文でいう。「革命──その萌芽はおそらく名も知らぬどこかの農村の地区でつくられるか、または警備地域の中心においてすら秘密のうちに企てられるのだが──その革命が時とともに勃発し、都市をくつがえし、住民を再び四散させ、無知と暗黒とをもたらすとしても、もしこの作品(『百科全書』)のただ一つの完全な見本さえ残っているならば、失われるものは何もないだろう。」ディドロは、革命の危機をのり越えて後世に伝わるべき書物として『百科全書』の刊行に着手したのだ。ルソーはどうか。『エミール』のなかで、ルソーは「われわれは危機に近づきつつある。革命の世紀に近づきつつある」と書き、(5) また『告白』のなかでは一七六一年頃を回想して、「綱紀の頽廃から近くフランスが崩壊しそうだということをわたしは考えていた」と述べている。(6) このような危機の自覚は、その程度のいかんは別として、啓蒙思想家に共通のものであったといって誤りではない。それは思想家のせいではなくて、革命前のフランスの現実そのものが、思想家のくもりなき眼に反映したものでしかないからである。では、かれらは好ましくないが、しかし現実にさし迫っているこの革命的危機をどのようにかれらの思想のなかで受けとめたであろうか。われわれは思想の内容に立入らなければならない。

(1) もちろんこの点は一層ふかい検討を必要とする。最良の研究書は Weulersse のフィジオクラート研究だが、さし当って本書、第一章および第二章参照。なお、G. Weulersse, La Physiocratie à l'aube de la Révolution 1781-1792, 1985 を見よ。
(2) 例えば、「ああ、人生がいかに悲惨であるにせよ、同胞の血をもってあがなうに値する何があろうか。自由ですらそれに値しない。」Lettres de la Montagne, Ed. Vaughan, II, p. 229. なお Cobban, Rousseau and the Modern State, p. 53.
(3) Quesnay, Œuvres, p. 136. 島津・菱山訳、一三六ページ。
(4) Weulersse, Les Physiocrates, p. 5.
(5) Ed. Hachette, II, p. 165. 訳、『ルソー全集』六巻、白水社、一五九ページ。
(6) Ed. Hachette, IX, p. 15. 岩波文庫、下、一二一ページ。

二

前にもいったように、わたしはディドロとルソーに代表される二つの系統をフランス革命の思想として定着したいのであるが、しかしこの二つとも直接的に革命を志向し、その実現をはかったという意味で革命的であったとはいえない。問題は思想の内実にかかわるのであって、陰謀とか煽動とかいった次元での問題ではあり得ないことをまず注意しよう。つぎに、わたしは一般的な意味において、ディドロをブルジョワジーの、ルソーを農民層の要求を代表する思想家であると規定するのだが、しかしこのことは普通よくなされるように産業資本家だからどう、商業資本家だからどうという風に機械的な割り切りかたを踏襲する意味ではない。およそ、われわれが現実に直面するとき、まったく白紙の状態から突如として思考を進めることはあり得ないことであって、われわれのいだくイメージ、用いる概念、思考の方法といったものは、われわれをつつむ社会の文化の程度とそのあり方にふかく規定されていることはいうまでもない。この意味で、ディドロとルソーの思想を分けるに当っても、まず両者の共通の基礎はなにかというところから始める必要があると思う。

共通の基礎としてとくに指摘しておきたいのは、自然法思想の問題である。自然法思想がヨーロッパの古代以来の伝統的思想であることはいうまでもないが、それが一八世紀の思想家によっても受入れられ、新しい意味を担うものとして再構成されていることはきわめて重要である。もちろん、自然法思想はフランスのみでなく、ヨーロッパ的な展がりで存在したものであり、その究明はわたしの能力をこえる問題であるが、問題を当面のフランスの啓蒙思想家にかぎって見ても自然法思想がふかくかれらを規定していることがわかる。啓蒙思想家が「自然」ということを強調したのは、いうまでもなくそれによって実定法ないしはさまざまの人為的諸制度を批判することが目的であった。この点はすべてに共通であったといってよい。しかし、その「自然」をいかなるものとして把握するか、いかなる意味でそれを批判の武器として役立てるか、という点になるとその間に微妙な差異が現われてくる。それは、思想家たちのもつ問題意識、ないしは、視角の相違につながってくるからである。

やや図式化の危険をおかしていえば、わたしは啓蒙思想家の三つのグループの間には自然法の理解において、次のような差異があると思う。すなわち、ケネーでは自然法は客観的に物理法則的に把えられ(ordre naturel)、ディドロでは人間の自然的欲求に即して人間主義的に理解され(nature humaine)、ルソーでは理想主義的に人間の原始性において考えられている(homme naturel)、といってよい。ケネーの自然法論は、具体的に生産力の源泉としての土地を中心として構想され、土地所有権を中軸として形成される「自然秩序」がかれの思想の眼目となっている。したがって、それはルソーの場合のように、現実のなかではすでに失われ、人間の主体的実践＝権力の再構成によってのみ再建されるものとは異り、現実のなかで物理的法則として不断に作用しており、ただそれを人間が認識しさえすればよいものと考えられている。この点では、ディドロもケネーに近いが、ただ彼はケネーのように土地という外的自然――もっともそれは神の意志の実現されたものであるが――ではなくして人間的自然を体系の基礎において、やはりそれを現実的なものとして把握しようとする。人間における自然的なもの、すなわち人間的諸欲望の肯定、その解放という観点が彼の思想形成のかなめとなる。(1) ルソーでは、外的自然あるいは人間的自然ではなくして、人間の原初的な理想状態――現実にはそうした状態から疎外されている――の回復、つまりは自然状態での人間の諸権利＝「自由」と「平等」の主体的な実現を目標として「自然」が持ち出される。

このように、いずれも自然法思想という点で共通であるにせよ、その内容や把え方においてはかなり明らかな相違をわれわれは認めるのであるが、こうした相違はかれらがひとしく社会体制の危機を自覚しながらも、どうして社会の矛盾を打開してゆくかという点で質的に区別される、そういった問題意識の差異――それは根本的にはかれらの階級的立場に制約されるが――が存在したことにもとづくものといわねばならない。そこで次には、かれらの各々がなにを、どういう視角から問題としたかについて述べよう。

(1) ディドロにおけるラディカルな作品とされる『ブーガンヴィル島旅行記補遺』も、性の解放という視点が中心であることは注目されてよい。

三

ディドロの思想をつらぬいているものは、人間にたいする彼のつよい関心である。「人間こそは、そこから出発すべき、またすべてがそこに帰着すべき唯一の項目である。」「わたしの存在および同胞の幸福を捨象するとすれば、残りの自然はわたしにとって何の値うちがあろうか。」(項目『百科全書』) ディドロは人間の自然的傾向、物質的・精神的諸欲求を肯定し、それをみたすために人間の諸能力をいかにして高めるかを彼の思想の中心目標におく。この場合、人間の諸欲望は現象的には対立するとしても、基本的には対立しないものと考えられている。なぜなら、人間には「社《ソシ》交性《アビリテ》」も同時に自然的性質として与えられており、それによって調和ある社会がいわば自然的につくられるべく定められているからだ。そうすると、人間のめざす方向は、社会をつくりかえることではなくて、人間の諸能力を高めることによって、人間の幸福をはかるということ、とくに外的自然とたたかって、これを征服することが基本となる。つまり、ディドロの幸福哲学は人間の技術能力を高め、生産力を増進することを中心課題としているわけである。少くとも『百科全書』においては、このことは明白である。彼は一八世紀とともに「哲学の世紀」が訪れたことを認め、有用な知識や技術をいまこそ普及し、啓蒙すべきであるという使命感にうながされて、『百科全書』にうち込んだのだ。彼がいうように「権威と旧慣の束縛」を脱して「理性の法則」にしたがうための「基本的で原理的な作品」、これが『百科全書』の狙いとするところであった（項目『百科全書』）。

ディドロのこうした関心は、彼の思想的遍歴を通じて見れば、およそ二つの方向を次第に明らかにしてくる。その一つの方向は、『ダランベールの夢』を通じて『生理学原理』にいたる科学的自然観＝生物学主義への途であり、いま一つは市民の日常生活への関心を文学作品を通じて表現するという方向である。

いずれにしても「人間的自然」、すなわち欲望と弱点と可能性をもった、あるがままの人間をきわめようとする彼の態度には変わりがない。しかし、ルフェーブルも指摘するように、『百科全書』以後のディドロは現実の社会にたいする積極的な関心を次第に失ってゆき、人々に対して語りかけ働らきかけることから、最後には孤独のなかで自分みずからのために物を書くようになるのであるが、上に述べた二つの方向もそうした彼の内的な矛盾の結果として生れてくる。しかし、ここではそうした点に立入ることはやめて、彼が最も積極的に現実への関心を示した時期、すなわち一七五〇年代から六〇年代の始めにかけて、どのような視角から問題を解こうとしているかをさらに考えることとしたい。

政治や経済の問題にたいするディドロの態度は、やはり人間主義と名づけて差支えないとわたしは思う。すでにみたように、彼は人間の諸能力を向上させることが幸福への途であるとしているが、それは現実的には人間の生産能力を高め、生産物＝富の増大をはかることによって、はじめて可能である。農業や工業生産にたいする彼の関心は、ここから生れてくる。例えば、手工業者について彼はいう。「これほど大切な人間を甚だしい軽蔑のまなこで眺めるようにさせることは、一体、理性あることか、それとも偏見であるか。ひどい軽蔑のまとであるこの職人がいなければ、詩人、哲学者も、雄弁家も、大臣も、軍人も、英雄も、丸裸のままでいなければならないし、パンにも事欠くことだろう。」（項目『手工業』）『百科全書』が一一巻の図版集を刊行し、また彼が生産技術に関する項目を書くために直接、仕事場を訪ねて調査したことは、あまりに有名な話しであるが、しかし彼の生産尊重は、あくまで人間とのつながりにおいて存在するということを理解しておく必要がある。

それは、こういうわけである。まず、ケネーあるいはフィジオクラートでも生産とくに農業生産が強調されているが、しかしそれは根本的には人間（あるいは労働）のはたらきとして把えられないで、土地（あるいは自然）の神秘的なはたらきとして理解されており、その結果として（というより実際は逆なのだが）土地の生む「純生産」は生産者たる農民の手に入ることなく、地主の懐に入るものとされている。したがって、フィジオクラートの思想は生産尊重ではあっても、生産者尊重であるということはできない。つぎに、ディドロの重視した生産技術の性格であるが、一般的にいって彼が普及につとめた技術はマニュファクチュア段階の手工的技術であって、近代的な機械技術とはいえない程度のものである。この意味で、ディドロの技術尊重は直接に生産者自身の手工的能力を高めるという性格をもっていたのである。

したがって、ディドロのイデオロギーは人間主義によって裏づけされた生産力説であると規定してよいであろう。

生産力説は、社会関係——したがって生産関係——の直接的な変革を通じてではなく、生産力の上昇・発展がそのまま理想社会に通ずるという展望をもっている。だから、それは社会の自然的な進歩に根本的な信頼をおき(楽天主義)、政治よりも経済の発展を重視し(経済主義)、革命よりも改革によって事態が解決される(改良主義)という立場をみちびき出す。教育や啓蒙の効果が重視されるのもその故である。ディドロによれば、「人間がより集まったのは、もっとも有効にその不断の敵である自然とたたかうためであった。」[1] したがって自然とたたかい、これを克服してゆくこと、つまり技術と生産力とを高めてゆくことが「人間的自然」のコースなのである。このコースへの関心を高め、それを促進することが、そのまま生産力説の課題であった。

しかし、ディドロは彼の生産力説をすぐれて人間主義的に把握した点においてユニークであるばかりでなく、そのことによって生産関係批判への途もある程度うち出すことができた。例えば、「財産」についての彼の主張をみよう。『百科全書』が私有財産の擁護をその体系の基礎としていることは別の機会に論じたからここでは触れないが、ディドロの財産論でとくに注目される点は、彼が私有財産の形成および維持を社会形成の基礎的な動機であり、また政治の主要目的であるとしながらも、他方、私有財産を運用するに当って、それが「私有財産の精神」にしたがって利己的に運用されてはならないことを強調する点である。彼は「私有財産の精神」に代えて「共同体の精神」を主張し、政治家の任務は私有財産が「共同体の精神」にしたがって運用されるように配慮することにあるとする(項目『奢侈』)。このことはディドロがまさしくケネーとルソーの中間にあることを明らかに示している。「私有財産の精神」こそはケネーの中心思想であり、ケネーによれば私有財産を「民衆の乱暴」から守ることが政治家の任務であった。[2] これに対してルソーは財産の不平等をつよく批判し、「所有権という悪魔は手にふれるすべてのものを毒する」ことを指摘する。[3] 彼の理想社会は「いかなる市民も、他人を買うことができるほどには豊かでなく、また自分を売らねばならぬほどには貧しくない」状態になることであった。[4] だから、ルソーにおいては、所有権の自由ではなくして、その平等こそが中心問題として設定されたのである。ディドロは、この両者の間にあって、財産それ自身の自由と平等を基本的には承認しながらも、しかも財産の平等化への途を求めようとする。その途はどこにあるか。それは生産力の向上であり、それを阻害する条件としての重税や、特権や生産規制を撤廃することであった。(5) 彼は、生産力の解放および上昇によって、「富が気のつかぬうちに分割され、増大し……すべてが秩序のなかに復帰する」ことに素朴な期待をよせるのである(項目『奢侈』)。つまり、ディドロの財産論は生産者の解放と直結しており、すべての生産者が可能なかぎり財産所有者となること、そのことは生産力の解放と向上とによって実現しうることを内容とするが、そのために妨害となる生産の諸拘束は廃棄されるべきであることを明らかにするのである。

(1) Lefebvre, Diderot, p. 293.
(2) Weulersse, Les physiocrates, p. 103, 174.
(3) 『エミール』II, p. 327. 訳、前掲『ルソー全集』七巻、一五四ページ。
(4) 『社会契約論』Ed. Vaughan, II, p. 61. 訳、七七ページ。
(5) ディドロの批判が重税や特権には向うが、しかし財産関係そのものには向わないこと、これが彼とルソーとの距離を示す。「わたしは決して農地法(土地共有法)や、財産の再分割や、過激な手段を提案せんとするものではない。」(項目『奢侈』)それと同時に、いかなる意味でも財産をもたない、したがって生産力の有効な担い手たり得ない下層民、貧民にたいする彼の蔑視――「人民は人間のなかで一番バカで有害なものだ。」『クロードとネロンの治世論』(Œuvres, VIII, p. 455)――とを把握しておくべきである。

四

ディドロが生産力説を基調として、全体としてのブルジョワ社会の自生的な展開を予想したのに対して、もう一人の偉大な思想家ルソーはこれとはちがったコースをうち出した。ルソーは、生産力の自然成長的な発展に期待をかけ、その前途を楽観するという態度をとることができなかった。ケネー、ディドロ、チュルゴーへと進行する経済学形成への途、経済主義的把握に彼は満足することができない。現実に社会のなかで進行しつつある事態——客観法則——は、彼の眼には悪と腐敗と、貧乏と奴隷状態への途であるとうつる。従って、この自然的進行をおしとどめ(「われわれの不幸な進歩をやめよ」[1])、「いつも最初の契約に溯らなければならない」という彼独自の方向が出てくる。[2] 自然のコースに事物を委ねるのではなくて、徹底的に人為の立場から社会を再構成すること、これがルソーの課題であった。したがって、それは経済主義のコースではなくして、まさに政治主義のコースそのものであった。こうしてディドロの生産力把握にたいして、ルソーの権力把握の基礎がおかれたのであった。

しかし、ルソーはどのような視角から権力を問題としたのであろうか。すでに自然法思想の個所で述べたように、ルソーは人間の原初的な諸権利を「自然」の名の下に理解し、現実の人間がいかにそこから遠ざかっているか、いかにすればそれを回復できるかを問うのであるが、そのさい彼の立論の基礎には全体としての人民の解放、人民の最後の一人をも除外しない全人民の解放という視点があることを見逃すことはできない。「もしも救い得たはずの市民が、ただ一人でも国家のなかで死ぬとか、ただ一人でも誤って投獄されるとか、またはただ一つの事件でもが明白な不正によってもみ消されるとか」するならば、社会契約したがって国家は解消されたものと見なされるのである。[3] なぜなら、「一般意志」すなわち全人民の意志は、そうした不正を許すはずはないし、また契約を解除する固有の権利は人民の側にあるからである。このことから明らかなように、ルソーのいう人間の自然的権利は、個人としての人間の権利(たとえば財産権)ではなくして、すべての人間が共通にもち、またすべての人間の共同の力によってのみ支えられる、そういった権利である。

「国民の最後の一人」をも保持しようとするルソーの考えは、当然に貧しき者、不幸な者への同情と、金持や圧政者への怒りをその背後にもっている。「貧乏人の利益を自己の利益とする」こと、これがルソーの教育論の一つの眼目であった。(4) 所有権を「悪魔」だとする彼の考えも同じ理由からきていることは明らかである。では、どうすればこの「国民の最後の一人」をも救うことができるのであるか。そのためには、何が批判され、なにが必要であると考えられているであろうか。

『社会契約論』でルソーが人民主権論を説き、完全な民主主義体制の下においてのみ「一般意志」の実現が可能であることを説いたことはもはや周知の事柄にぞくする。したがって、ここではそうした政治論には立入らないで、彼が政治制度について述べているところを、ディドロと対比しつつ問題にしよう。

ルソーが彼の祖国ジュネーヴの直接民主政を理想として政治論を展開したことは有名だが、ディドロおよび百科全書派はイギリスの政治制度、とくにロックの政治論をよりどころとしている。このちがいは単に政治論の上だけでなく、スイスの農業とイギリスの工業とを思い浮かべるだけで明らかなように、ルソーとディドロの経済問題への取組み方のちがいとしても現われているが、それはとにかくとしてルソーの直接民主政とディドロの制限君主政という対比をまずここで確認しておこう。こうした対比は当然、君主または君主政にたいする両者のちがいを明らかに示すものである。『社会契約論』でルソーは合法的な君主政体をうち立てることが人民主権の下でも可能なことを説いているが、しかし同時に君主政体がたえず反人民的なものとなる危険性を本質的にもっていることの指摘を忘れない。「政治の説教者たちが人民の力はとりもなおさず国王の力なのだから、国王にとって最大の利益は、人民が富み栄え、人口が多く、強大であることだというにしても、それはいうだけ無駄である。国王は、そんなことは嘘だということを知っている。国王の個人的利益は、まず第一に、人民が弱く、貧しくて国王に反抗する力をもたないことだ」[(5)]と。ところで、ディドロの考えは、ここにいわれている「政治の説教者たち」に酷似している。ディドロは「君主と人民との間の共同体精神」を説き(項目『立法者』)、「国王は外にたいしては祖国の擁護者たり、内には人民を善良にし、賢明にし、幸福ならしめるために、人民の審判者たるべきだ」(項目『王』)と説教する。この君主と人民の「調和」を実現するものが「代議士」であり、そのことを規定したものが「根本法」であることはいうまでもない。

このほか、民主政や貴族、教会その他の諸制度についても両者の理解の仕方は異っているが、それは別の機会にゆずって、最後に、こうした政治制度をつつむ政治体の変化について両者がどのように考えているかを見よう。ルソーによれば、一般に文明が進み、諸制度がつくられ、複雑となることは、「悪」である。それは人民の奴隷状態という「鉄鎖の上にひろげられた花飾り」[(6)]でしかないのである。したがって、彼は文明とともに諸制度さらにそれらを支えるものとしての国家は根本的にくつがえさるべきであり、またそのことが可能であることを結論せざるを得ない。「諸君は現在の社会の秩序を信頼している。この秩序そのものが避けがたい大変化を受けるものであること、諸君の子孫の時代に生ずる大革命を予言したり、それに対して準備したりすることが不可能だということを考えていないのだ。」またいう。「人間が建設した一切のものは、人間が破壊することができる」と。ルソーは、こうした認識にもとづいて、「わたしの考えによれば、ヨーロッパの大王国さえもはや長く存続していることができない」ことを言明するのである[(7)]。

これに対してディドロはどうか。ディドロは根本的には政治体の成立を自然状態の延長と考えて、ルソーのように人為の立場で把えないから、政治体＝国家そのものを自然的に基礎づけられたものとして把える。したがって、それは部分的に、あるいは漸次的に改良することは可能であるが、国家構造を根本的につくりかえることが可能であるとも、またその必要があるとも考えない。これは彼の客観主義の帰結であるといってよい。この意味で、彼はアンリ四世の善政を賞揚し、アンリ四世以後のフランスがコルベールの正しい努力にもかかわらず、次第に専制主義の危険が生れてきていることを認めはしたが、しかし彼は基本的な意味で絶対王政の批判者たることができなかった。(8) むしろ彼は、一八世紀の到来を「哲学の世紀」として歓迎し、『百科全書』に盛られた「哲学」が国民のあいだに浸入していって人々の心に「革命」をもたらすことによって目的は達せられるとする。したがって「哲学の世紀」は、ディドロにおいていわば歴史の終結点として把えられ、たとい革命が起るにしても「百科全書」の与える光明は依然として輝やきつづけることを信じて疑わないのである。

(1)『エミール』II, p. 235. 訳、四冊五一二ページ。
(2)『社会契約論』一篇五章の表題。
(3)『政治経済論』Ed. Vaughan, I, p. 252. 岩波文庫、三一ページ。
(4)『エミール』II, p. 221. 訳、四冊四四七ページ。
(5)『社会契約論』p. 77. 訳、一〇四ページ。
(6)『学芸論』Ed. Hachette, I, 3. 河出版、一四ページ。
(7)『エミール』II, p. 165. 訳、三冊三三八ページ。なお『社会契約論』三篇一一章「政治体の死滅」を見よ。
(8) R. Hubert, Les sciences sociales, p. 253 参照。

五

ディドロに現われている生産力把握と、ルソーに現われている権力把握とは、いずれもフランス革命への展望を担った革命思想の「原型」であると思う。それが「原型」であるという意味は、一八世紀の五〇年代に時を同じくして形成されたこの二つの思想が、その後四〇年間を通じてやはり導きの糸として作用し、その終結点たるフランス革命においてその実践的有効性が確認されているからである。(1)

しかし、ルソーはその思想内容において充分に革命的であったといえるにしても、ディドロあるいは百科全書派についてはそうはいえない。ディドロの生産力説は一見、改良主義的な外貌をもっているが、しかしそれにもかかわらず、事実は生産者のブルジョワ的意味での解放こそフランス革命を発端から終結までつらぬく論理であった。ロベスピエールは一七九四年五月七日の演説で百科全書派が絶対王政と妥協したことを烈しく攻撃したが、(2)しかしロベスピエールをのり越えて貫徹したものは生産力の論理であり、同時にそれは資本の論理であったことは重大である。この意味で、むしろディドロのうち立てたコースこそフランス革命およびその後の社会をつらぬく基本線であったといって差支えない。

ところで、ディドロとルソーが個人的に激しく対立したように、かれらによって表現された二つの思想も、少くとも一八世紀においては、まったく相容れないものであった。それは互いに他をしりぞけることなしには、自己の主張をつらぬくことができなかった。ディドロを楽観的とすれば、ルソーは悲観的であり、ディドロを客観主義とすれば、ルソーは主観主義であり、ディドロを合理主義とすれば、ルソーはロマン主義であった。この相違は一体、どこから来るのであろうか。根本的には、それは各々の思想家がどういう階級の立場で自己の思想を組みたてていったかの違いであると思う。この点で、ディドロは社会の新しい指導力たらんとしつつあるブルジョワジー＝産業資本家と自己を結びつけており、ルソーは没落の危機に直面しつつあった小農民・小市民の叫びを代表していたといえよう。ブルジョワジーと小農民・小市民、この二つの階級は一八世紀の後半という同じ時期に、ひとしく時代の苦痛を背負いながら、しかも異った要求と異った理想図を描きつつ、フランス革命の実践のなかに躍り込んでゆく階級であった。いうまでもなく、前者は革命の主導力であったが、しかし後者もまた革命の推進力であった。二つの力は、それぞれ異った役割を演じながら、しかも全体としてブルジョワ革命を完成させた力であった。革命の推進力であった小農民・小市民は、ジャコバン独裁まで革命を押し上げてゆき、徹底的な政治変革をかちとるための基本的な力として働いた。しかし、かれらは新しい社会を有効にうち立てるだけの生産的条件をもつことができず、その役割はもっぱらブルジョワジーによって果されねばならなかった。ブルジョワジーこそがこの時代の生産力の担い手であったからである。こうしてフランス革命は、推進者としての小市民(サン＝キュロット)と指導者としてのブルジョワジーとの二つの力が重なり合い、結合したところで最大の成果を収め(一七九三年)、それが分離し対立して主導力が推進力を切りはなしたときにおわりをつげることとなる(一七九四年)。革命におけるこの二つの階級のイデオロギーこそ、ディドロとルソーがあらかじめ表現を与えたところのものに他ならない。

フランス革命は、以上の二つの階級の力と思想とが統一されないままに勃発した革命であった。このことは革命の経過そのものが示すと同時に、ディドロとルソーの思想それ自体のなかにすでに示されている。今日の言葉でいえば、両者の欠陥は一は経験主義であり、他は主観主義であるということができるであろう。ディドロは生産力を把えて、その発展の上に未来の光明を認めたが、しかし生産関係、ひいては権力関係を全面的に分析することができなかったし、またルソーは権力関係を直観的に正しく把えたが、しかし生産力視点をもたないために空想主義の欠陥をまぬかれることができなかった。世界観的にいえば、ディドロは唯物論者とはなったが、その唯物論は機械的であり自然科学的であったのに対して、ルソーは観念論ではあるが方法論では弁証法的であるということができるのではなかろうか。ここで弁証法的というのは、ルソーほど明確に社会に内在する矛盾をとらえ、また革命を肯定する論理を展開した思想家は他に見出すことができないという意味においてである。そしてこの事実こそ唯物論と弁証法とが結合されてただ一つの革命的思想にきたえ上げられるためには、一八世紀をのりこえてプロレタリアートが階級として成熟する時期をまたねばならなかったことを示すものであろう。

（1）　五〇年代以後、革命までの時期においては思想家による原理的な立場からの問題の取り上げ方はもはや行われず、ディドロの思想を具体化したものとしての穀物貿易、租税問題、農業問題等、およびルソーの思想の具体化としての財産や政治の問題を扱った小冊子が、実務家や政治家によって書かれ、ひろく普及したものと見られる。これと反対に、ディドロおよびルソー自身は次第に孤独となり、観照的な態度をつよめている（晩年の作品）が、これにかわってチュルゴー、コンドルセとマブリーの対立が七〇年代に表面化する。

（2）　「かれら〔百科全書派〕の首領共は、時には専制主義の非を鳴らすが、しかしかれらは専制君主たちの年金で養われていたのだ。」Buchez et Roux, Histoire Parlementaire de la Révolution fr., t. 32, p. 369.

あとがき――この文章は仏訳して人文科学研究所の創立二五周年記念号（欧文、一九五四年）に掲載され（Deux prototypes idéologiques de la Révolution française）、さらに私のフランス留学の機会にルソー研究家の Maxime Nêmo 氏のあっせんで雑誌『ウロープ』（一九六一年一一―一二月号）に転載された。

第一三章　近代思想の総体

はじめに

デモクラシーは、わが国では奇妙なことにもっぱら「民主主義」として受け取られている。しかし、この言葉が練り上げられた一七、八世紀の西欧では、それは多様な統治の仕方の一つである「民主政」または「民主政治」を指すものであった。それは「主義」という堅苦しい、信仰にも似たものではなくて、「貴族政」や「君主政」と区別される統治の一つの在り方、しかもやがてはすべての人間や国家がそれに従うようになると思われた統治のありようであった。

こうした予想にたがわずデモクラシーは現在、普遍的な政治の在り方となっており、地域や文化の違いを超えて広く通用し受容されている。しかし、ひと昔まえでは、日本の大学でも、デモクラシーは西洋の間違った傾向や思想だと教えこまれていたことを思い出さずにはおられない。デモクラシーは「主義者」の思想だとされたのである。

しかし、政治のあり方としてのデモクラシーといっても、その内容はかなりあいまいであった。デモクラシーは「市民」を主権者とすると同時に、個々の市民の相対性と相互性を認めるすぐれた着想であったが、しかし、そこには人権の尊重も、憲法の制定も、議会政治も、法治主義も、三権分立も、すべて含まれていて見きわめがつかない。さらに重大な問題は、デモクラシーの政治が成立しても、それによって一般民衆の生活が豊かになったり、国家間の紛争がなくなったりはしなかったということであった。

一八世紀のアメリカ独立革命やフランス革命は、デモクラシーを基本とする国づくりを見事に成功させたが、同時にそれらの革命の成りゆきは、結局、いま述べた二つの難点を浮かび上がらせることとなった。一九世紀の半ばになると、「人民による人民のための」政治といっても、事実上それはエリートや金持ちの政治でしかないので、貧しい労働者のための政治は別個に求めるべきだという立場が主張され、そこから、共産主義やマルクス主義の思想がスタートした。他方、またデモクラシーといっても、それは進んだ産業と広大な領土をもつ先進国の産物でしかなく、後進国は強力な独裁政治なしにはやっていけないという立場からナショナリズムの運動が出発した。

デモクラシーは二〇世紀全体を通じて、右の二つの挑戦を受けることとなる。そのなかでデモクラシーは、みずからの立脚点を強め、改革を実行し、それによってついに挑戦をしりぞけることに成功した。その一つは第二次世界大戦による侵略的ナショナリズムの打破であり、いま一つは最近のソ連邦の解体が示しているマルクス主義の敗北である。ナショナリズムもマルクス主義も、思想としてそれぞれの長所をもつけれども、デモクラシー攻撃の武器としては役立たなかったのである。

デモクラシーは、この防戦のなかでその在り方を変えていった。すなわち、まず、議会政治の根幹である選挙権の範囲を広げ、政党間の対立を超える執行権の強化をはかり、民意を反映するための投票制度を導入するなどの「政治的」手段が数えられる。それだけではない。いわゆる「人権」を社会的弱者や少数派にまで拡大することで福祉政策に乗り出したことがその一つであり、またデモクラシーを一国限りで完結するものとしないで、国際的主権の下でのデモクラシーを追求することが、もう一つの仕事であった。つまりは、デモクラシーの社会化と国際化である。

一九四六年の新憲法によって、日本が受け取ることとなったデモクラシーは、以上のような含蓄のものであった。しかし、敗戦後の日本人にとって、それは当たり前の思想や制度ではなく、物珍しい異文化であり、「主義」であった。日本の近代は「文明開化」や「自由民権」、さらに「大正デモクラシー」の時期をもっているにもかかわらず、そのことは忘れ去られていたのである。

こんにち、デモクラシーは単に政治のあり方ではなく、社会のなかでの人間のふつうの生き方であり、また単に一国のあり方でなく、国際関係さらには世界のあり方についての普遍性をもった指針である。

日本の生きる道は、そうしたデモクラシーを自己のものとし、深め、広げることのなかにしか見いだすことはできない。わが国のデモクラシーは元来、「官」の思想ではなく「民」の思想として展開され、抑圧のなかを生きのびたものであった。デモクラシーの普遍主義に対して、官憲の側は常に東洋や日本の優秀さや独自性を対置してきた。しかし、地域や民族や文化の特殊性は、文明と道徳の普遍性の上で初めて光を放つものである。このことが忘れられてはならないと私は思う。

一七、八世紀から現在までの三百年ほどを「近代」と呼ぶとすれば、私たちはポスト・モダンの時代を目の前にしているのであり、そういう立場から「近代史」を全体として総括的にとらえることができるはずである。以下は社会思想の領域に視点をおいて近代史を総体として見ようとする試みである。

近代の世界で人びとをとらえ、つき動かし、立ち上がらせた大きな思想潮流は、いま述べたように、何よりもまずデモクラシーであり、つぎに、デモクラシーへの対抗思想としてのマルクス主義または共産主義、同じくデモクラシーへの対抗思想としてのナショナリズムの三つである。

一　デモクラシー

近代という時代が生んだこの三つの思想は、合理主義や科学思想とつながる面をもっているけれども、人びとに理想を説き、救済の方途を示した点で、いずれも強烈にロマン主義的であった。それらは理性に訴え、認識の視野を広めるよりも前に、感性をしげきし、陶酔をあたえ、行動を呼びかけた。

こういう思想の発案者がジャン＝ジャック・ルソーや、カール・マルクスであり、あるいはヒトラーであるという具合に異能の人であり、それらの思想に触発された実践が、近代史を決定したフランス革命やロシア革命、さらに世界戦争であった。この事実のもつ意味はいかにも重いというべきである。

それでは、近代を総括するに当たって、私たちはこれらのロマン主義的な救済思想をすべて否定し、夢なき日常性のなかに復帰することで「歴史は終わる」と見るべきであろうか。近代の歴史がそれほどやすやすと越えられると思うことも、またロマン主義的な発想ではないかという反省もつきまとう。そこで、まずデモクラシーの検討から始めよう。

デモクラシーの基本思想が主としてルソーによって与えられたことは、周知のことである。ルソーはイギリスのホッブス、ロックのみならず、フランス啓蒙主義の合理思想がもつ条件や限界を突破して、徹底したデモクラシーへの展望を切り開き、「人民」や「人民の意思」を至高のものとする政治体を構想した。

彼はすべての人間が自由で平等な存在としてつながる「完全な国家」が、人間の力によって出来上がることを確信し、それを求める人民の「一般意思」の存在と「社会契約」の必要性を説いた。王や君主を神とする主張に代えて、ルソーにおいては「人民」が神として崇められたのである。

人民を理念化し、その統一的な意思を絶対のものとすることは、まず第一に君主とその政府の存在を否定する「革命」を正当化することになり、さらにイギリス流の議会や政党、選挙制度をも否定することになる。この勢いがもう一段、前進して、いつの日にか人民の権力が成立したと仮定すると、その国家は完全であるが故に、一切の反対や異端を許さない「独裁」に向かうこととなる。「人民」の名によって、あらゆる非常手段が正当化されるのである。

ルソーの思想を受けたフランス革命では、この過程が典型的に進行した。革命の人びとは多かれ少なかれルソー思想に浸透されていた。その代表者はロベスピエール、サン＝ジュストなどのジャコバン派であった。かれらが批判勢力にとどまっていた間は、まだ救いはあったが、権力を手に入れたのち急速に「独裁」に移ったことはよく知られている。この点にこの革命の悲劇があった。

しかし、強調すべきことはフランス革命のなかではシエース、バルナーヴ、コンドルセなどの初期ジャコバン派と言うべき知識人が存在し、かれらはルソーの理念や情緒主義にくみしないで、当面する政治や社会を合理的に再建するために目覚ましい働きをしたことである。

シエースはルソーの「人民」を「第三身分」に具体化し、さらに「受動市民」とは異なる「能動市民」という考えを設定し、それを議会政治の根幹とした。バルナーヴは王権と議会との権限を具体的に区分する制度を考案し、コンドルセは議会外の意思をも酌みとる議会政治のあり方を構想した。

ルソーやフランス革命のロマン主義的な逸脱を食いとめて、デモクラシーに合理的な枠組みを与え、それを実行可能なシステムとして構築したのは、これらの知識人たちであった。ロベスピエールはパリの下町の人びとを「人民」に仕立て上げて動員し、議場に突入させて、合法的に選ばれた議員たちを追放した。しかし、デモクラシーを今日まで生き永らえさせたものは、「人民」の政治という抽象的理念を振りかざした側に求められるのではなくて、デモクラシーを議会や選挙の仕組みとして結実させた知性の働きであった。この点が重要だと思う。

二　マルクス主義・共産主義

デモクラシーが出現して以来、およそ百年たってマルクス主義や共産主義の思想が人びとを魅了することになる。忘れてならないのは、マルクスの思想はデモクラシーへの対抗思想として、デモクラシーを乗り越えるものとして着想されたことである。

リアルな目の持ち主であったマルクスは、デモクラシー思想の美しい文句の背後に、私有財産制と自由競争の社会、つまりは資本主義のシステムが隠されていることを見逃さなかった。『資本論』が「経済学批判」という副題をもっていたように、彼の関心は資本主義を肯定する経済学を批判して、資本主義を乗り越える途を見出すことにあった。資本主義の克服という神聖な任務を託されたのが「プロレタリアート」と呼ばれる労働者階級であった。それは現実の労働者ではなく、理念化された労働者であり、「何物ももたないが故に、すべてをもつ」ことになる不思議な存在として構想された。「プロレタリアート」がすべてをもつ社会が「共産主義」であった。

マルクスの時代は自然科学の発達によって科学への信頼が大きくなると同時に、科学信仰というか、人間の進歩や未来が美しい夢のように信じこまれた時期であった。マルクス自身も時代の流れに促されて、『資本論』に見られるように理論的・歴史的分析の領域で大きな仕事をした。

しかし、そのことは現実がマルクスの予想どおりに進行するということではなかった。資本主義のメカニズムの分析がいかに見事であっても、その資本主義が組みこまれている社会的、政治的構造を無視しては予測は成立しがたい。経済次元が決定的に優位することを説いたマルクスにとっては、社会や政治の問題の重要さや複雑さは目に入らなかった。彼は単にブルジョワジーとプロレタリアートの対抗という単純で機械的な図式を示したにすぎなかった。

それにもかかわらずマルクス派は自分たちの未来図を「科学的社会主義」の成果として誇り、プロレタリアートの階級闘争が社会主義から共産主義への大道を打開することを信じた。しかし、その同じ時期に、マルクスの説くプロレタリア革命や共産主義は、必ずや権力崇拝や独裁制に帰着するだろうことを鋭く指摘したフランスの思想家がいた。皮肉なことに、それはマルクスによってその空想性や「プチ・ブル性」が指摘されて断罪され、罵倒されたプルードンという名の社会主義者であった。プルードンはマルクスのもつ権威主義を嫌い、権力に依存しない社会主義を構想することでマルクスの仕事を相対化し、労働者の相互救済や、地域主義、連合主義などの主張者となった。

プルードンはマルクスのように理念化された「プロレタリアート」を認めず、ヘーゲル風の弁証法に感染することもなく、自分が印刷職人であった経験を通じて、あるがままの労働者を観察し、いかにすれば労働者の社会的、経済的地位を高めうるかを考えて、実践活動にふみこんだ。

プルードンの主張は、労働者は自力で連帯の組織を作り、それを発展させ、ついには中央集権制や国家権力も無用のものとすべきであるという点にあった。

ソ連邦の解体や、東欧社会主義の現状を知ることのできる現在の私たちの目からすれば、プルードンの先見性や着眼の鋭さに驚かされるが、同時代の社会主義者の間で彼は少数派であり、不遇であった。労働者の運動は、マルクス主義や共産党の影響をますます強く受ける方向に進んだ。しかし、他方、ドイツでは経済分析や労働運動の上でマルクス主義を認めながら、政治運動では議会主義の枠のなかにとどまるという社会民主主義政党の役割が大きくなり、そういう形でのマルクス主義の相対化が進んだ。

こうした試みは正統派からは「修正主義」のレッテルを貼られ、排斥された。カウツキー、ベルンシュタイン、ローザ・ルクセンブルクら、少数の知識人がひどい批判や圧迫にさらされながら、マルクス主義を相対化しようとした努力は、無視されてよいものとは思われない。ひるがえって、わが国のマルクス派知識人はどの程度の自立性を保ちえたか、改めて検討する必要があるだろう。

いずれにしてもマルクス主義は批判によって相対化され、修正を受けることなしには存続できなかった。社会主義がなお生きつづけるとすれば、その功績は修正派知識人の側にあると言わねばならない。

マルクス主義や共産主義が、デモクラシーを前向きに乗り越えようとした未来志向のロマン主義であったとすれば、ナショナリズムは後ろ向きというか、共同体や民族の伝統に復帰することで、デモクラシーを回避しようとした歴史志向のロマン主義である。

三　ナショナリズム

近代デモクラシーのもつ合理性や普遍性の追求にたいして違和感や不満をもち、伝統的な価値観や歴史的遺産の重要性を主張する立場は、すでにフランス革命の時期にイギリス人エドマンド・バークの説くところであった。フランス革命の普遍主義が、隣国ドイツへの侵略を結果したとき、フィヒテにしろヘーゲルにしろ、強烈な民族意識や歴史意識を抱くことをよぎなくされた。

フランスでも事態は同じである。革命の初期を例外として、ナショナリズムの傾向や運動は一七、八世紀の絶対王政の時代から、ナポレオン帝政の二つの時期を経て、ド・ゴール政権にいたるまで、脈々とつづいている。したがって、ナショナリズムを後進国意識の表現という具合に単純化し、軽視するわけにはいかない。

ナショナリズムは民族や国家への帰属意識を強調する思想であり、考えてみると何らかの集団、例えば家族に属さない個人は存在しない以上、この思想は、人間の自然感情をゆさぶる力をもっている。

しかし同時にナショナリズムは国家や国家装置、例えば軍隊や官僚という人為的なメカニズムの存続や拡大を無条件に擁護する点での非合理性をもっている。それは理性よりも感性、論理よりも感情、認識よりも直観を先立たせ、理論や科学よりも歴史や文化を選ばせ、思索よりも実践に向かって人びとを駆り立てる思想である。

ナショナリズムは、どの国の例を取ってみても共通性をもって存在するけれども、その主張の中身は自己中心、自国中心であって普遍性をもたない。ヘーゲルの歴史哲学の壮大さに感心することはあっても、プロシャ民族の世界史的優秀さを説く個所に私たちは同意しがたい。

そのせいで、ナショナリズムはすべての国民や国家に通用する代表的な思想家をもつことがない。むしろ、ナショナリズムの旗をふった政治家や権力者の言動のなかに思想の痕跡を見るにとどまる。フランスに例をとれば、ボナパルティズムと称されるナポレオン一世、三世の主張、ゴーリズムの担い手、ド・ゴールの著作などである。

ナショナリズムは国家の統一や独立性を促す思想として作用するかぎり有効なものである。国家や国民という枠組みを認める以上、それは当然のことである。しかし、国家の力が強大となって自国民を圧迫する独裁制に移行し、さらに他国に侵略して領土を奪い、他国民を征服するための道具となるとき、ナショナリズムは超ナショナリズムに転化する。ヨーロッパにおけるファシズム、わが国の昭和維新や大東亜共栄圏の思想などはこれであった。

多くの国がそれぞれのナショナリズムで「理論武装」することの弊害は、二〇世紀の二度の世界戦争によって経験的に明らかとなり、また最近の米ソの冷戦終結が再度そのことを立証した。核兵器の廃止や軍縮の推進は国家主権を超えた国際組織に頼らざるをえないことは、今日では自明のことであり、さらに活発な経済交流や輸送、通信革命は自己中心的なナショナリズムの働く余地をますます狭くしている。

日本文化の独自性や、東洋思想の深遠さに安住していた人びとも、「国際化」の現実を認め、世界に通用する論理や表現に向わざるをえない理由がここにある。

結論を述べよう。近代デモクラシーは、マルクス主義とナショナリズムという二つの異質な対抗思想による挑戦をうけたが、そのいずれをも克服して生きのびることができた。しかし、その過程でルソーの著作に見られたような空想性は退けられ、実践的な知識人たちによる原理の具体化、機能するシステムとしてのデモクラシーのあり方が探求され、のちになってそれが定着した。

思想家と知識人のこの関係は、共産主義やナショナリズムの場合にも見られ、理念を説き、実践を呼びかける思想家や政治家とは別個に、社会主義の具体化を探求し、国際組織のあり方を構想し、民族文化の類型について考える数多くの知識人の貢献があった。理念が不用というわけではないが、これらのすべてが相まって近代の思想史を豊かにし、歴史の深みを形成してきた。

もしも、ポスト・モダンの時代に私たちが直面しているとすれば、その立場はこれまで述べた思想史の総体を踏まえたものでなければならないだろう。それはいかなる立場か。少なくとも「人民」「プロレタリアート」「国民国家」の体現者のいずれでもない人間のあり方、あるいはそのいずれをも包み込むような人間の新たなあり方について考える必要があると私は思う。

初出・再録一覧(特記しない著作は筆者のもの)

序　絶対主義とブルジョワ革命　『絶対主義の構造』日本評論社、一九五〇・四、のち『フランス革命二〇〇年』朝日選書、一九八七・六所収。

第一章　アンシァン・レジーム下の「地主的」改革　人文科学研究所紀要『一八世紀フランス』一九五二、のち『革命思想の形成』ミネルヴァ書房、一九五六・六所収。

第二章　フィジオクラート運動の歴史的役割　『西洋史学』二五号、一九五五、のち『革命思想の形成』所収。

第三章　ルソーにおける疎外と自由　『フランス革命とその思想』岩波書店、一九六四・五。

第四章　農民史におけるルソー　桑原武夫編『ルソー研究』岩波書店、一九五一・六、のち『フランス革命とその思想』所収。

第五章　『フランス百科全書』の経済思想　桑原武夫編『フランス百科全書の研究』岩波書店、一九五四・六、のち『フランス革命とその思想』所収。

第六章　フランス革命のアウトライン　『資料フランス革命』岩波書店、一九八九・六。

第七章　ジロンド派とモンターニュ派の対立　中部大学『国際研究』三号、一九八六、のち『フランス革命二〇〇年』所収。

第八章　フランス革命の土地改革　桑原武夫編『フランス革命の研究』岩波書店、一九五九・一二、のち『フランス革命とその思想』所収。

第九章　フランス革命と経済思想　同前。

第一〇章　ルソーとフランス革命　『人文学報』二九号、一九七〇、のち桑原武夫編『ルソー論集』岩波書店、一九七〇・八、『フランス革命二〇〇年』所収。

第一一章　バルナーヴとフランス革命　桑原武夫編『フランス革命の指導者』創元社、一九五六・七、のち『フランス革命とその思想』所収。

第一二章　フランス革命の思想的「原型」　『思想』一九五四・四、のち『革命思想の形成』『フランス革命二〇〇年』所収。

第一三章　近代思想の総体　「民主主義からデモクラシーへ」『京都新聞』一九九二・一、「近代思想の総体」『東京新聞』一九九二・三。

■岩波オンデマンドブックス■

近代を問うI
フランス革命の思想と行動

1995年1月26日　第1刷発行
1995年6月9日　第3刷発行
2015年7月10日　オンデマンド版発行

著　者　河野健二《かわのけんじ》

発行者　岡本　厚

発行所　株式会社　岩波書店
〒101-8002 東京都千代田区一ツ橋2-5-5
電話案内 03-5210-4000
http://www.iwanami.co.jp/

印刷／製本・法令印刷

ISBN 978-4-00-730226-8　　Printed in Japan